JN426400

[제2판]

# 인간행동과 사회환경

엄태완

KNOWLEDGE COMMUNITY 공동체

# Preface

인간행동과 사회환경 교과목은 학생들로 하여금 인간행동, 사회환경 그리고 이들 간의 상호 복잡한 관련성을 이해하도록 함과 동시에 이를 바탕으로 사회복지실천을 위한 기초 지식을 학습할 수 있도록 구성되어 있다. 인간행동 그리고 사회환경과 관련된 지식들은 너무나 광범위하므로 교과목에 포함되어야 할 이론의 범주에 대한 다양한 논의들이 있어왔다. 하지만 지금까지 학생들의 학습량 그리고 사회복지사 1급 시험 등에 기인한 이유로 쉽게 변화를 시도할 수가 없었다. 2판에서는 2019년 한국사회복지교육협의회의 교과목 지침을 바탕으로 기존 교과목 구조에 약간의 변화를 시도하였다. 즉, 사회의 본질을 설명하는 이론과 사회적 불평등과 다양성 관련 주제들을 몇 가지 포함하였다.

우선 1부의 1장에서는 이 책에서 다룰 전체 내용을 요약적으로 설명하면서 사회복지의 중요한 가치라고 할 수 있는 인권과 사회정의가 왜 인간행동과 사회환경 교과목의 학습에서 상기되어야 하는지를 기술하였다. 그리고 2장부터 5장까지는 성격이론으로 인간의 행동을 이해하도록 구성되어 있는데, 주로 정신역동이론, 행동주의 및 인지이론, 인본주의 이론을 다루었으며 성격의 생물학적·성향적 관점을 자세하게 설명하지는 않았다.

2부는 6장부터 8장까지로, 사회의 구조를 설명하는 기능주의 이론, 갈등이론, 상징적 상호작용이론 그리고 교환이론을 하나의 장으로 다루었다. 애초에는 보다 자세하게 두 개의 장으로 살펴보려고 했으나 학생들의 학습 부담 등의 이유로 보다 간략하게 기술하기로 하였다. 7장에서는 사회적 불평등과 다양성 이슈를 확인하기 위해 사회계층, 젠더, 그리고 문화와 사회복지실천의 관련성을 살펴보았다. 8장은 인간과 사회환경의 상호 교류를 확인하기 위해 생태체계이론의 기본 개념과 사회복지실천의 관련성을 살펴보았다.

마지막 3부에서는 전 생애과정을 통합적으로 파악하기 위해 인간 발달을 단계적으로 이해하는 데 초점을 두었다. 애초에는 각 발달단계별로 사회적 억압과 차별의 문제를 보다 집중적으로 부각하려고 했지만 다음의 과제로 남기고 발달단계별로 생물학적・심리적・사회적 특성을 기존의 형식으로 기술하였다. 3부에서는 1부와 2부에서 다루었던 인간행동 그리고 사회환경과 관련된 이론들을 통합적으로 적용하여 인간의 발달과정을 고찰하려고 하였지만 제대로 정리되지 않은 것 같아 아쉬움이 있다.

2판을 집필하려고 했던 동기와 목적은 2018년에 한국사회복지교육협의회가 주관한 사회복지사 1급 국가시험과목 교과목지침 개발연구에 참여하면서 느꼈던 도전 과제를 해결하려는 것이었다. 하지만 모든 것이 그러하듯이 처음의 목적을 완벽하게 달성하였다고 할 수는 없으며, 부족하고 미흡한 이 책의 내용들은 향후 독자들의 조언을 통해 보완해 나가려고 한다. 끝으로 사회복지 교육의 발전을 위해 흔쾌히 출판을 허락해 주신 공동체의 김동훈 대표님과 꼼꼼하게 편집해 주신 선생님들께 감사를 드린다.

2020년 1월

경남대 고운관에서 엄태완

# Contents

## PART 3 전 생애과정의 통합적 이해와 사회복지실천

# PART 01

# 인간행동의 이해와 사회복지실천

# Chapter 1

# 인간행동과 사회환경 개관

## 학습목표

1. 인간행동과 사회환경 교과목의 전반적 구조를 이해하기
2. '환경 속의 인간' 관점을 이해하기

1장은 인간행동과 사회환경 교과목의 전체 내용을 개괄적으로 살펴보는 부분이다. 교과목의 구조는 2019년 개정된 한국사회복지교육협의회의 교과목 지침을 바탕으로 크게 세 가지 영역, 즉 인간행동을 이해하는 부분, 사회환경을 파악하는 부분, 그리고 전 생애를 통합적으로 설명하는 부분으로 구조화되어 있음을 밝히고 있다.

우선 인간의 행동을 이해하기 위해서 성격이론(personality theory)을 중심으로 구성하였다. 성격이론은 매우 방대한 이론적 스펙트럼 속에 존재하기 때문에 여기서는 주로 정신역동적 · 행동주의적 · 인지적 · 인본주의적 관점에서 인간행동을 포괄적으로 이해하는 데 초점을 둔다.

사회환경의 이해에 앞서 사회의 구조와 변동을 설명하는 전통적 이론들, 즉 기능주의 이론, 갈등이론, 상징적 상호작용이론, 교환이론을 살펴본다. 또한 역사적으로 사회복지에서 관심을 가진 사회적 불평등과 다양성에 대한 이슈를 사회계층, 젠더, 문화 개념을 통해 확인한다. 그리고 생태체계이론을 통해 인간과 사회환경의 상호 교류적 특성을 파악하면서 '환경 속의 인간' 관점을 이해하도록 구성되어 있다.

마지막으로 전 생애의 통합적 이해를 위해 인간의 역동적인 변화 과정을 파악하는 데 초점을 둔다. 여기서는 주로 인간발달이론을 근거로 하겠지만 앞서 살펴본 인간의 행동과 사회환경의 특성을 발달단계별로 통합하여 이해하는 데 목적을 둔다. 이를 바탕으로 하여 각 발달의 단계별로 사회복지실천과의 관련성을 검토한다.

## 1. 인간행동을 설명하는 이론과 사회복지실천

사회복지는 인간의 삶의 질 향상과 밀접한 관련이 있는 학문이다. 따라서 모든 사회복지실천 활동은 필연적으로 인간에 대한 이해를 바탕으로 하여 접근할 수밖에 없다. 마찬가지로 사회복지사(social worker)도 클라이언트(client)와 면대면의 만남 과정에서 클라이언트, 즉 인간을 이해하면서 사회복지실천을 수행해 나간다.

그렇다면 사회복지사는 클라이언트를 이해하기 위해 어떠한 측면에 초점을 두어야 할 것인가? 이를 위해 사회복지사는 주로 클라이언트의 언어적 또는 비언어적인 내용들, 즉 클라이언트가 밖으로 표현한 말이나 몸짓 등의 행동으로 이들을 이해하려고 한다. 이렇게 밖으로 드러난 인간의 행동은 보이지 않는 심리 내면의 사고 및 감정과 밀접하게 연관되어 있다. 따라서 클라이언트의 행동을 통해 복잡하고 다양한 욕구와 내적 상황을 이해할 수 있는 것이다.

그러나 밖으로 드러난 인간행동으로 모든 심리 내면의 상황을 파악하기란 여간 어려운 일이 아니다. 예컨대 어떤 클라이언트가 경제적인 열등감으로 인해 모든 일상생활을 일시적으로 왜곡하여 판단하는 사례를 보자. 사회복지사가 이 클라이언트를 찾아가서 전반적인 상황을 살피는 행위에 대해 자신을 무시하고 깔보려 한다고 생각하여 원조과정에 참여하지 않을 수도 있다. 이때 사회복지사가 클라이언트의 겉으로 드러난 거절 행동만으로 그 이면의 심리적 열등감과 사회적 빈곤의 문제를 이해하지 못한다면 제대로 된 사회복지실천을 할 수 없을 것이다. 또한 클라이언트의 원조거부에만 초점이 맞추어진다면 클라이언트의 분노는 더욱 커질 것이다.

이와 같이 인간을 완전히 이해한다는 것은 불가능하다는 전제하에 성격이론(personality theory)에서는 관찰할 수 있는 사람들의 행동을 바탕으로 판단되는 성격을 통해 인간을 이해하려고 한다. 인간의 심리사회적 특성을 규명하는 성격이론은 인간이 왜 그렇게 행동하는가에 대한 이해와 원조계획을 수립하는 데 유용하다. 사회복지사가 클라이언트의 성격을 이해하게 되면 어느 정도는 그 사람이 왜 다른 방식이 아닌 바로 그 방식으로 행동하는지를 이해하게 된다. 그뿐만 아니라 성격에 관한 이론은 행동을 수정하는 방법까지 시사해 준다(이인정 · 최해경, 2007).

따라서 사회복지사는 성격이론을 통해 다양한 형태의 인간행동을 체계적으로 이해하거나 예측할 수 있고, 또한 구체적으로 클라이언트의 변화를 위한 방법도 확인할 수 있기 때문에 유용하게 활용할 수 있다. 여기서는 성격의 개념 및 특성과 몇몇 관점들을 개괄적으로 소개하고자 한다.

### 1) 성격의 개념과 특성

성격(personality)은 통속적으로 개인의 가장 두드러지거나 지배적인 특징을 의미하지만 정의는 다양하며 몇 가지를 소개하면 다음과 같다. 성격은 개인의 특유한 행동과 사고를 결정하는 심리신체적 체계인 개인 내의 역동적 조직(Allport, 1961)이라거나, 혹은 인간의 행동, 사고, 감정의 특유한 패턴을 창조하는 심리 · 신체적 체계로 인간 내부의 역동적 조직(Carver & Scheier, 2004)이라고 정의되고 있다.

또 다르게 성격은 일관된 행동패턴 및 개인 내부에서 일어나는 정신 내적 과정(Burger, 2000)이라거나, 혹은 환경에 대한 반응행동에 영향을 주는 신체와 정신을 가진 특정 개인의 독특하고 역동적인 특성들의 조직(Liebert & Liebert, 1998)으로 설명되기도 한다. 이를 종합하면 성격은 '개인의 사고, 감정 그리고 행동을 결정하는 지속적이고 일관된 심리 · 신체적인 역동적 조직'이라고 할 수 있다.

하지만 성격은 하나의 문장으로 정의되기에는 복잡한 특성을 가지고 있기 때문에 성격이라는 구성개념에는 다음과 같은 다양한 측면을 포함하고 있다(Mischel, et al., 2003).

- 성격은 지속성과 일관성을 보인다.
- 성격은 외현적 행동에서 내면적인 사고와 감정을 포함하여 한 가지가 아니라 다양한 방식으로 표현된다.

- 성격은 조직화되어 있다. 실제로 성격이 조직화되어 있지 않다면 이는 장애의 징후라고 할 수 있다.
- 성격은 개인이 사회와 관계 맺는 방식에 영향을 주는 요인이다.
- 성격은 심리적 개념이지만 신체적이고 생물학적 특징들과도 연결되어 있는 것으로 본다.
- 성격은 수동적이지 않고 능동적이며 일종의 과정이다.

성격은 개인의 독특한 성질을 의미하는 것이며, 어떤 상황에서 나타나는 개인의 특별한 패턴으로 확인할 수 있다. 이런 개인의 독특한 경향성은 시간이 지나도 안정성 혹은 일관성을 가진다. 이는 어떤 동일한 상황에서 개인에 따라 다양하게 나타나는 반응양식을 이해하는 근거가 되는 것이다. 이러한 성격은 다음과 같은 기능을 한다(조흥식 외, 2010).

- 개인이 어떤 상황에서 통합적이고 조직적으로 행동하도록 한다.
- 인간관계나 사회생활을 유지하고 환경적 요구에 적응할 수 있는 기반을 제공한다.
- 개인을 독특한 존재로 규정해 줌으로써 다른 사람과 구별될 수 있다.
- 개인의 인간 본성을 탐색하여 그 사람이 어떤 사람인가를 이해하도록 도움을 제공한다.

한편 성격 특성들 중에 어떤 것은 소수의 개인에게 있으며 다른 특성은 다수의 사람에게 존재하지만 또 다른 어떤 특성들은 모든 사람이 공유하는 것도 있다. 예를 들면, 모든 사람에게 다 포함되는 보편적 성격을 자신만의 것으로 생각할 수 있다. 만약 어떤 사람에게 '당신은 자신의 결정에 항상 의문을 가진다'라고 해석한다면 대부분의 사람은 그렇다고 할 것이다. 이는 모든 사람에게 있는 공통된 특성이지 자신만의 독특성은 아니다. 이를 심리학에서는 바넘효과(Barnum effect)라고 한다. 바넘효과란 어떤 개인이 모든 사람들이 가지고 있는 일반화된 특성을 자신만의 고유하고 독특한 성질이라고 생각하고 받아들이는 것을 말한다.

성격의 탐색은 고대 철학자들의 인간 본성에 대한 의문으로부터 시작되어 다양한 학문과 이론가들에 의해 개인차와 그 원인을 이해하기 위한 시도들로 이어졌다. 이 과정에서 1900년대 초반에 프로이트는 당시의 이성적 인간 본성에 대한 관점을 밀어내고 비이성적인 무의식적 동기와 소망을 중심으로 하는 강력하고 포괄적인 성격이론을 제시하였다. 이후 프로이트의 수많은 제자들과 다른 과학적 영역에서 프로이트의 이론을 재해석하고 개정하여 더욱 다양하고 발전적인 성격이론들이 등장하게 되었다.

### 2) 성격의 주요 관점

현재 성격은 다양한 패러다임과 이론적 방향에서 연구되고 있다. 학자에 따라 성격에 관한 다양한 관점들을 제시하지만 일반적으로 성향적, 생물학적, 정신역동적, 행동주의적, 인지적, 인본주의적 관점으로 구분한다.

#### (1) 성격의 성향적 관점

성격의 성향적 관점은 개인들이 다양한 장면에서 비교적 안정된 성향(특성)을 지니고 있다는 전제를 바탕으로 한다. 이는 스스로에게 다음과 같은 물음을 통해 성향을 찾아가기도 한다. "개인으로서 나는 어떤 사람인가? 나는 대체적으로 다른 사람들과 어떤 점이 다른가? 사람들은 일반적으로 어떤 점이 다른 사람과 다른가?" 등이다. 대개 사람들은 자기 자신에 대해서는 이러한 질문에 잘 답하지 못하지만 다른 사람들에 대해서는 쉽게 그 사람은 '친절하다', '자기주장적이다', '유순하다', '공격적이다' 등과 같이 답한다(손정락, 2006).

성격의 성향적 특성은 다양한 방식을 통해 외부로 표출될 수도 있지만, 그 개인 내부에 깊이 숨겨져 있을 수도 있다. 성격의 성향적 특성을 연구하는 사람들은 단순히 성향이 존재한다는 것에 초점을 두기도 하지만 성향이 동기를 통해 행동에 영향을 미친다는 사실을 강하게 주장하는 이론가들도 있다. 성향적 관점에서 본다면 인간성은 그 사람 내부에 내재되어 있는 비교적 영구적인 속성들의 집합이라고 볼 수 있다. 이 책에서는 성향적 관점을 다루지는 않는다.

### (2) 성격의 생물학적 관점

이 관점은 인간이 생물학적 창조물이라는 사실을 강조한다. 인간은 생물학적 특징, 제약이나 가능성을 가지고 환경에 적응해 온 존재라고 본다. 이 관점은 성향적 관점과 유사하나 성격이 유전에 기초한다는 점을 강조한다. 즉, 다르게 말하면 개인의 성향은 유전된다는 것이다. 생물학적 관점에서 성격을 이해하려면 신체가 어떻게 작동하는가를 알아야 하며 오랜 시간에 걸친 인류의 진화적 과정을 파악하고 있어야 한다. 성격의 생물학적 관점에서는 신경계와 호르몬이 어떻게 작용해서 우리의 행동에 영향을 미치는가에 초점을 둔다 (Carver & Scheier, 2004).

성격의 생물학적 관점과 관련된 오랜 논쟁은 과연 성격의 어느 정도가 타고나는 것인지, 혹은 얼마만큼 양육에 영향을 받는지, 그리고 이 두 가지 요인이 어떻게 상호작용을 하는지에 대한 것이다. 현재까지 성격의 형성은 유전적 요인과 사회환경적 요인 중 어느 하나만 반영된다고 보지는 않는다. 즉, 성격은 유전적 요인과 인생의 경험이 개인에 따라 각각 다르게 반영된 결과라는 것이다. 이 책에서는 성격의 생물학적 관점을 다루지는 않는다.

### (3) 성격의 정신역동적 관점

성격의 정신역동적 관점은 사람들이 자각을 하지 못하지만 그들의 행동에서 나타나는 복잡한 일관성과 비일관성을 설명해 줄 수 있는 동기, 갈등 및 방어체계에 초점을 둔다. 정신역동적 관점은 사람들이 복잡하고 예측할 수 없는 행동을 하거나, 원래 알고 있는 것보다 더 많이 변한 것처럼 보일 때와 같이 여러 가지 이해하기 어려운 성격의 측면을 파악하고자 할 때 유용하다. 예를 들면, A씨는 평소에 친절하고 따뜻하고 재미있고 함께 있으면 편한 사람이라고 모두가 생각하였다. 그러나 어느 날 A씨의 마음 깊은 곳에 있었던 슬픔, 분노, 두려움, 그리고 예측 불가능성이 보이기 시작했다. 이후에 A씨는 대부분을 혼자 방에서 지냈으며, 자신의 불안이나 우울을 인정하지 않고 그 상태가 좋다고 하는 경우이다.

성격의 정신역동적 관점은 기본적으로 프로이트의 정신분석이론을 근거로 한다. 이에 따르면, 성격은 서로서로 경쟁하고 갈등하는 내적 힘들의 집합이며, 이런 힘들의 역동으로 나타나는 행동방식이라고 본다. 이 관점에서 인간성은 개인 내부에서 어떤 경우에는 서로 한편이 되고 어떤 때에는 서로 적대적으로 갈등하는 압력들의 집합이라고 본다. 정신역동적 관점은 정신분석이론과 신정신분석이론을 포함하는 것으로 간주한다. 신정신분석이론은 정신분석이론의 변형이라고 할 수 있지만 매우 다르게 발전하여 프로이트의 인간관과 유사하다고 볼 수는 없다. 이 책에서는 프로이트(S. Freud)의 정신분석이론과 광의적으로 신정신분석이론이라고 할 수 있는 아들러(A. Adler)의 개인심리이론, 융(C. G. Jung)의 분석심리이론, 에릭슨(E. H. Erikson)의 심리사회적 발달이론을 다루고 있다.

### (4) 성격의 행동주의적 관점

성격의 행동주의적 관점은 인간성에서 연속성보다는 변화에 초점을 둔다. 행동주의 이론은 인간의 행동양식이 어떻게 학습되고, 현재의 행동이 어떻게 과거 경험에 영향을 받는지 또는 현재의 행동과 감정을 어떻게 수정할 것인지 등을 다룬다. 행동주의 이론에 따르면, 성격이란 개인이 지금까지 직접적 혹은 간접적으로 경험하고 학습해 온 것들의 통합된 전체라고 본다.

행동주의적 관점에서는 성격의 변화, 즉 행동 양식의 변화에 보다 많은 관심을 가진다. 특정한 조건이나 상황에서 발생하는 문제가 되는 행동 양식을 수정하기 위해 학습 원리를 응용한다. 행동주의적 분석에서는 중요한 행동에 초점을 맞추고 그러한 행동을 더 좋게 하거나 나빠지게 하는 조건을 분석한다.

이렇게 어떤 조건하에서 문제가 개선되는지를 발견하게 되면 그 조건은 문제를 제거하거나 감소시키는 기초 자료로 활용되는 것이다. 행동 분석은 성격과 관련된 다양한 행동이 학습되고 수정되는 상황을 이해하도록 한다.

행동주의적 관점에 근거한 이론들은 개인들이 가지는 다양한 두려움, 학습장애, 대인관계문제, 자기주장이나 자존감 향상에 이르기까지 여러 가지 어려움을 해결하는 데 유용하게 활용된다. 이 책에서는 파블로프(I. P. Pavlov), 스키너(B. F. Skinner), 그리고 반두라(A. Bandura)의 이론을 주로 다룬다.

### (5) 성격의 인지적 관점

성격의 인지적 관점에서는 인간의 독특하고 의미 있는 경험과 행동의 결정요인을 개인의 특징적인 사고와 정보처리 방식에 초점을 맞춘다. 인지이론에서는 개인 내부의 정신적 및 정서적 과정을 이해하여 상이한 개인들의 특징적인 행동양식의 유형들을 이해하고자 한다. 즉, 인지이론을 통해 개인 머릿속의 사고틀을 확인하는 것이 목적이 아니라 다양한 개인차가 발생하는 안정적인 정신적-정서적 과정 및 구조를 이해하는 것에 초점을 둔다. 또한 개인의 인지적 차원은 정서적 및 행동적 특성과 밀접하게 연관되어 있다고 본다.

다음의 예시를 통해 성격의 인지적 관점을 이해할 수 있다. 자신의 어머니가 유방암으로 젊은 나이에 사망한 두 명의 여성이 있다. 이 두 여성은 유방암의 가족력 때문에 유전적으로 높은 취약성을 가졌으며, 똑같이 위험 상황에 대비하는 자가 점검의 방법에 대해 의사로부터 설명을 들었다. 한 명의 여성은 자가 점검을 하다가 자신도 어머니와 똑같은 유방암에 걸려 죽을 것이라고 자포자기 상태에 빠졌으나, 또 다른 여성은 설령 자가 점검으로 유방암을 발견한다고 하더라도 성공적으로 제거할 수 있다는 신념을 가지고 통제력을 발휘하는 경우이다.

인지적 관점에서 성격이란 개인이 구성하고 있는 체계적인 결정 규칙이며, 정보를 조직화하고 응집성을 보이는 행동양식이라고 할 수 있다. 여기서는 엘리스(A. Ellis)와 벡(A. T. Beck)의 인지이론을 간략하게 살펴볼 것이다.

### (6) 성격의 인본주의적 관점

성격의 인본주의적 관점은 다음과 같은 현상학적 특성을 반영한다(김교헌 외, 2005). 첫째, 모든 개인의 주관적 경험이 중요하며, 가치 있고, 의미 있으며, 고유하다는 것이다. 둘째, 인간은 자연적으로 자기완성을 향하는 경향성이 있으며, 각 개인의 자유의지를 행사함으로써 그 방향으로 나아갈 수 있다는 것이다. 인본주의적 관점에서 성격은 부분적으로는 그 사람 내부에 있는 독특함의 결과이고 또 다른 일부는 그 개인이 하기로 선택한 것의 결과라는 것이다. 따라서 성격의 형성에는 자기결정이 중요하며 인간 자체가 중요하다고 본다.

인간이 과거와 환경에 의해서 결정적인 영향을 받는다는 정신역동적 및 행동주의적 관점과 달리 인본주의적 관점에서는 인간의 자유의지를 강조하여 개인 스스로 자기실현을 향해 나아갈 수 있음을 강조한다. 인본주의적 관점에서 사람들은 모두 자신만의 개인적인 방식을 가지고 주관적으로 세상을 본다는 것이다. 인본주의적 관점에서 개인의 성격을 이해하려면 주관적 경험의 본질을 자세하게 조사해야 한다. 이를 위해서는 개인이 지각하고 있는 그대로의 경험에 대해 경청하고 이해하려는 자세가 중요하고 본다.

인본주의적 관점의 기본 가정은 인간은 본래 선하고 자기완성을 향해 나아가는 존재라는 것이다. 여기서는 인본주의 이론가로 알려진 로저스(C. Rogers)와 매슬로(A. Maslow)의 이론을 주로 다룬다.

이 책에서는 성격을 이해하는 방대한 분량으로 인하여 변화 가능성이 가장 낮다고 판단한 성향적·생물학적 관점을 직접적으로 다루지는 않는다. 대부분의 학자들은 성격은 성향적이고 생물학적 특성을 일정 부분 포함하고 있음을 인정하고 있다. 인간의 행동을 포괄적으로 이해할 때는 이러한 사실도 간과하지 않아야 한다.

## 2. 사회환경을 이해하는 이론과 사회복지실천

환경은 크게 사회환경과 물리적 환경으로 구분된다. 사회환경은 두 사람 사이의 관계에서부터 시작하여 사회 내에 존재하는 다양한 수준의 조직, 자원 등을 말한다. 물리적 환경은 인간에 의해 만들어진 인위적 차원과 자연적 상태를 포함한다. 인간과 사회환경 및 물리적 환경은 복잡한 방식으로 상호작용하며, 이러한 상호작용은 문화적 환경으로까지 확대되어 나간다.

사회복지실천에서는 특히 사회환경에 많은 관심을 가진다. 초기 사회복지실천에서는 가정, 직장, 학교, 병원, 그리고 법원 등을 사회환경으로 단순하게 정의 내렸다(Richmond, 1922). 그러나 이후에는 문화와 각종 제도를 모두 포함하여 상호작용하는 사회 전체를 사회환경이라고 인식하게 되었다. 사회환경은 다음과 같이 크게 네 가지로 분류될 수 있다(김기태 외, 2005). 첫째, 사회구조를 말한다. 여기에 포함되는 것은 사회계급체계, 인종 등이다. 둘째, 실업이라든가 차별 등과 같은 사회조건이다. 셋째, 경제적 및 교육적 조직망, 보건 조직망 등의 사회서비스체계이다. 넷째, 학교, 교회, 직업훈련 프로그램 등과 같은 지역사회자원 혹은 특정의 근린을 말한다.

보다 실제적으로 사회환경을 나열해 보면 개인의 사회적 지위와 역할, 가족과 가정생활, 고용과 소득, 학력과 교육기회, 주거, 지역사회 내의 사회복지자원, 정치적 참여 기회, 건강에 대한 접근, 이웃과 친구 관계, 경찰의 보호와 범죄 통제, 여가 시설 등이 포함된다(강흥구, 2007). 어쩌면 사회환경은 인간의 삶에 직간접으로 영향을 미치는 모든 관련 요인들이라고 볼 수 있다.

사회환경을 이해하기 위해서는 우선적으로 사회가 어떤 원리로 구성되어 있으며 어떻게 움직이고 있는지를 살펴볼 필요가 있다. 이를 위해 이 책에서는 사회의 본질을 파악하도록 하고 사회 전체를 조망하게 하는 기본 이론들, 즉 기능주의 이론, 갈등이론, 상징적 상호작용이론, 교환이론을 살펴볼 것이다. 다음으로 사회적 불평등과 다양성을 이해하기 위해 사회계층, 젠더, 문화와 관련된 이슈들을 검토하게 될 것이다. 마지막으로 인간과 사회환경의 상호작용과 상호의존을 확인하는 생태체계이론을 학습하게 될 것이다. 이 관점을 가장 잘 표현하고 있는 개념이 바로 '환경 속의 인간'이라고 할 수 있다.

### 1) 사회의 본질을 이해하는 이론

#### (1) 기능주의 이론

기능주의(functionalism)는 구조기능주의(structural functionalism)라고도 불리며 가장 오랜 전통을 가진 사회를 이해하는 이론이다. 기능주의 이론은 사회를 하나의 복합적인 기능을 소유하고 있는 살아 있는 유기적 조직체로 본다. 그래서 사회의 구성 부분인 개인은 각자의 기능을 수행하면서 실제로 존재하는 사회를 유지·존속시켜 주는 역할을 한다고 본다. 따라서 사회 전체의 균형, 안정, 그리고 통합을 중요시한다.

기능주의 이론에 의하면 사회란 그것의 각각 다른 부분들이 상호 밀접한 관계를 맺으면서 안정을 만들어내고 연대를 위해 움직이는 복잡한 체계로 본다. 기능주의자들은 사회를 살아 있는 유기체에 비유하여 사회는 하나의 전체로서 각각의 부분들이 전체 사회의 이익을 위해 움직인다고 주장한다. 이는 우리 신체의 각기 다른 부분들이 전체로서 몸의 안정과 균형을 위해 움직이는 것과 같다고 보는 것이다. 대표적인 기능주의자는 콩트(A. Comte), 스펜서(H. Spencer), 뒤르케임(E. Durkheim), 파슨스(T. Parsons), 머튼(R. K. Merton) 등이 있다.

#### (2) 갈등이론

갈등이론(conflict theory)은 기능주의 이론에 대립되는 사회를 보는 또 하나의 이론이다. 갈등이론은 사회를 희소한 권력과 결핍된 자원으로 말미암아 불평등, 갈등, 경쟁, 변화가 있을 수밖에 없는 인간의 집단으로 본다. 갈등이론에서 보면 사회는 대립과 갈등을 통해 사회발전으로 나아간다는 것이다. 갈등이론도 기능주의 이론과 마찬가지로 사회 구조의 중요성을 강조하고, 더 나아가 사회가 어떻게 움직이는지를 설명하려고 한다.

갈등이론에 의하면, 사회는 대립과 갈등의 속성을 가지고 있는 인간의 집단이다. 즉, 사회는 이해관계를 달리하는 여러 부분들이 모여서 대립과 갈등이 연속적으로 이어지는 집단이라는 것이다. 대표적인 갈등이론가는 마르크스주의자(Marxist), 짐멜(G. Simmel), 다렌도르프(R. Dahrendort), 코저(L. Coser) 등이 있다.

### (3) 상징적 상호작용이론

상징적 상호작용이론(symbolic interactionism)은 사회구성원들의 상호작용을 통해서 부여하는 사회적 의미를 중심으로 사회현상들을 설명하는 이론이다. 상징적 상호작용이론은 사회의 질서가 어떤 객관적으로 존재하는 실체에 의해서가 아니라 사회구성원들 간의 의미의 상호 교환에 의해 이루어진다고 본다.

상징적 상호작용이론에 따르면, 사회는 다양한 인간들이 모여서 형성된 집단이므로 그 구성원들 각각의 의지에 따라 다양하게 규정될 수 있다고 본다. 상징적 상호작용이론은 사회의 어떤 현상이 발생할 때 원인보다는 그것이 사회에 미치는 영향을 더욱 중요하게 고려한다. 또한 동일한 사회현상도 시대와 장소 그리고 사회구성원들의 가치관에 따라 다르게 의미부여될 수 있다고 본다. 상징적 상호작용이론의 가장 대표적인 학자는 미드(G. H. Mead)와 블루머(H. Blumer)이다.

### (4) 교환이론

교환이론(exchange theory)은 상징적 상호작용이론의 연장선에서 논의되는 하나의 학설이라고 할 수 있다. 교환이론은 사회는 역사가 존재한 이래로 구성원들 간의 주고받는 관계의 역사였다고 보는 것이다. 즉, 사회는 개인들 간의 면대면 관계에서 유·무형의 가치나 자원을 서로 주고받으면서 살아가는 곳이라고 본다.

교환이론가들은 인간이 다른 사람과 하는 사회적 행동은 교환관계를 통해서만 설명될 수 있으며, 이를 통해 사회적 결속력을 높일 수 있다고 본다. 교환이론은 인간을 자유로운 경쟁적 시장에서 타인과의 거래나 교환 시 최소한의 비용으로 최대한의 물질적 효용이나 이익을 찾는 합리적 존재로 가정하는 공리주의 등의 영향을 받았다. 대표적인 학자로는 호먼스(G. Homans)와 블라우(P. M. Blau) 등이다.

### 2) 사회적 불평등과 다양성의 이해

#### (1) 사회계층

역사가 창조된 이래로 재산과 권력의 불평등한 분배는 어떤 사회에서나 존재하였다. 이러한 불평등의 결과로 발생한 사회구조의 형태를 사회계층(social stratification)이라고 한다. 사회계층은 사회적 불평등에 의해 형성된 사회적 현상이다. 사회적 불평등은 인간의 무한한 욕구를 충족시킬 수 있는 자원이 어느 시대를 막론하고 한정되어 있기 때문에 발생한다.

사회의 불평등은 사회구성원 모두가 동일해지지 않는 한 필연적으로 존재할 수밖에 없다고 본다. 이러한 불평등은 사회구성원들을 유사한 부류로 무리짓게 만들어 사회계층을 형성하게 된다. 이 책에서는 사회계층의 개념과 형성 원인, 그리고 구조 및 사회이동을 살펴본다.

#### (2) 젠더

젠더(gender)는 사회적이고 문화적으로 구축된 성이라고 할 수 있는데 반드시 생물학적 성(sex)과 연계되는 것은 아니다. 현대 사회에서 생물학적 성, 젠더 및 섹슈얼리티에 관한 논쟁은 매우 빠른 변화의 흐름 속에서 진행되고 있다. 어떤 관점과 이론은 급진적 접근이라고 생각하였지만 또 다른 근본주의에 함몰된 것으로 간주되어 수명을 다하기도 하였다. 하지만 오늘날에도 남성의 지배와 여성에 대한 착취는 세계 여러 곳에서 일어나고 있다. 이 책에서는 젠더에 관한 다양한 논쟁보다는 젠더 불평등에 초점을 둔다.

#### (3) 문화

문화(culture)는 인간이 자연환경이나 사회환경에 적응하거나 극복하기 위해 스스로 만들어낸 생존수단이자 생활양식이라고 할 수 있다. 인간의 행동이나 생활, 그리고 사회적 환경이 변화됨에 따라 문화도 변동하게 된다. 이러한 문화의 변동은 다시 인간의 사고와 행동 및 생활에 영향을 주어서 새로운 문화를 창조하게 된다.

과거 전통 사회에서는 유사한 문화를 가진 사람들이 모여서 살았지만 오늘날에는 인간과 자본이 국경 없이 넘나드는 세계화의 영향으로 많은 국가들이 다문화 속에서 살고 있다. 다문화사회란 둘 이상의 문화권이 공존하는 사회를 의미하는 것으로, 이로부터 시작되는 불평등과 다양성의 이슈들이 우리 사회에도 존재하고 있다. 이 책에서는 이러한 관점을 중심으로 문화를 이해하고자 한다.

### 3) 인간과 사회환경의 상호작용 이해

#### (1) 생태체계이론

초기 사회복지실천에서는 사회구성원의 안녕감을 증진하기 위해 환경보다는 개인의 변화에 보다 많은 초점을 둔 것도 사실이다. 근대 사회복지실천의 출발이라고 할 수 있는 자선조직협회(Charity Organization Society)의 활동도 사회적 지원을 통한 개인의 변화를 중시하고 있다. 즉, 초기 사회복지실천에서 환경은 개인에 대해 본질적으로 정적이며 외적인 것으로 간주되었으며, 인간은 그를 둘러싼 환경에 적응해야 하는 존재로 인식되었다.

예를 들면, 사회복지사들이 정신분석을 비롯한 정신역동이론에 강조점을 두었을 시기에는 인간을 둘러싸고 있는 상황보다는 개인의 대인관계 기능을 보다 중요한 변화의 원천이라고 간주하였다. 물론 인보관운동(settlement house movement)과 같이 사회환경의 변화를 통해 개인의 삶의 질 증진을 도모해야 한다는 입장도 존재하였지만 주류적 활동이나 관점에 포함되지는 않았다.

사회복지실천의 초점을 개인에 둘 것인지 아니면 사회환경에 둘 것인지에 대한 오랜 논쟁 끝에 1960년대부터 개인과 환경의 동시적 초점이 강조되었으며, 지금까지 변함없는 사회복지실천의 관점으로 자리매김하고 있다. 이에 대한 근거 이론이 바로 생태체계이론이라고 할 수 있으며, 이 이론의 인간과 사회환경에 대한 기본 전제는 일생을 통해 개인과 그를 둘러싼 사회환경 간에 상호작용을 한다는 것이다. 생태체계이론은 생태학적 이론과 일반체계이론의 주요 개념들을 빌려서 이론을 구성하였으며, 그 밖에도 자아심리학, 스트레스 이론, 역할이론, 인류학, 인본주의 이론 등의 영향을 받았다.

생태체계이론은 거의 대부분 일반체계이론의 주요 개념을 그대로 받아들이고 있지만 몇몇 부분에서 일반체계이론의 한계를 보완하고 있다(Germain & Gitterman, 1980). 우선 일반체계이론에서 크게 설명하지 않았던 체계 간의 공유 영역에 대해 적응과 상호교류라는 개념을 적용하여 인간과 환경의 상호작용 방법을 구체적으로 확인할 수 있도록 하였다. 또한 일반체계이론에서는 체계의 변화 속성만 강조하였지만 생태체계이론에서는 체계의 변화와 유지 기능을 똑같이 중요하게 고려한다는 것이다. 그리고 일반체계이론보다 생태체계이론은 일상적 삶을 살아가는 인간의 문제에 초점을 맞추기가 보다 적절하다고 할 수 있다.

생태체계이론은 기본적으로 일반체계이론의 구조와 속성을 바탕으로 생태학적 관점, 즉 인간을 포함한 유기체와 환경이 어떻게 서로 조화롭고 적응적인 형태를 유지해 나가는지를 이해하도록 한다. 생태체계이론의 핵심 내용은 인간을 복잡한 체계로 바라보고, 인간과 환경은 끊임없이 상호 적응하면서 발달한다는 것이다. 생태체계이론은 사회복지실천의 기본 관점을 제공해 주는 이론이다.

### (2) '환경 속의 인간'

인간과 사회환경은 어떻게 관련되어 있을까? 인간의 행동은 개인 내적 힘과 특성뿐만 아니라 물리적·사회적·문화적 환경의 영향을 받아서 나타나며, 인간과 환경의 상호작용 속에서 유지, 반복, 수정된다고 할 수 있다. 이러한 맥락을 가장 잘 표현하고 있는 개념이 바로 '환경 속의 인간(PIE : Person-In-Environment)'이다. 이는 인간과 환경은 상호 영향을 주고받으며 상호 의존하는 역동적 관계 속에 있다는 의미이다. 이를 가장 잘 설명하는 이론이 생태체계이론이라고 할 수 있다.

현대 사회에서도 한 개인의 빈곤, 질병, 부적응 등의 문제를 그 개인에게 원인과 해결에 일차적 책임을 둘 것인지, 그를 둘러싼 주위 환경의 변화가 더욱 중요한지는 논란이 되고 있다. 사회에서 불필요한 존재는 자연적인 순리에 의해서 제거되어야 한다는 '사회적 다윈주의(social Darwinism)'와 인간의 천성을 존중하고 스스로를 도울 수 있는 가능성 있는 존재로 보는 '인도주의(humanitarian ethos)'의 논리가 실제적으로 공존하고 있다. 그러나 현대 산업사회가 전자인 사회적 다윈주의 가치를 받아들이는 경향이 있으나 사회복지사들은 후자를 그들의 철학으로 받아들인다(최순남, 1999). 따라서 사회복지사는 클라이언트의 문제와 욕구가 개인 내적인 영역에만 머무르는 것이 아니라 환경의 영역까지 확대하여 관련이 있다고 믿는다.

사회복지실천에서는 인간과 사회환경을 어떻게 바라보고 접근할 것인지를 규정하는 것은 중요한 문제이다. 사회복지실천에서는 생태체계이론에서 비롯된 '환경 속의 인간'이라는 관점을 가지고 클라이언트 문제의 원인과 해결책을 개인 자체와 그를 둘러싼 환경에 동시적인 초점을 둔다. 예를 들면, 학교에서 청소년이 폭력과 같은 문제행동을 보이는 경우에 그 자신의 공격성과 분노에만 관심을 가지는 것이 아니라 가족관계, 또래관계, 사회의 전반적 정책과 제도에 이르기까지 다양한 차원에서 원인과 해결방안들을 찾으려 한다. 이러한 문제해결 과정에서 사회복지사는 클라이언트 내부의 문제와 병리적 차원에만 중점을 두는 것이 아니라 강점과 긍정적 측면에 더욱 치중하면서 개인을 둘러싼 환경과의 관계도 세심하게 관찰한다.

이때 인간은 그들의 환경에 대한 수동적 반응자가 아니라 환경과 역동적이고 능동적으로 반응하는 유기체로 위치하게 된다. 사회복지사들이 정신 내적인 과정에 몰두하여 좁은 시각으로 클라이언트의 문제를 다룰 경우에 환경변화를 통하여 해결할 수 있는 의미 있는 결과들을 간과할 수 있다. 따라서 사회복지실천에서는 인간 고유의 능력을 개발하고 인간의 성장과 발달에 방해가 되는 환경을 조정하고 유익한 환경을 강화하는 데 관심을 가진다. 이를 가장 잘 설명해 주는 개념이 바로 생태체계이론에 근거한 '환경 속의 인간'이라고 할 수 있다.

## 3. 전 생애과정의 통합적 이해와 사회복지실천

인간의 행동과 그를 둘러싼 사회환경에 대해 횡단적으로 이해한 이후에 인간의 삶을 종단적으로 살펴볼 필요가 있다. 한 개인의 일생 동안 진행되는 여러 형태의 과도기적 전환은 생물학적 · 심리적 · 사회적 현상의 복합적 특성에 의해 발생한다. 개인의 일생의 전반적 현상을 다루는 용어로 생애기간(life span), 생애주기(life cycle), 생애과정(life-course) 등이 있다. 생애기간이나 생애주기는 생물학적이고 심리적 측면이 보다 부각된 현상을 설명하지만 생애과정은 이질적 사회에 나타나는 삶의 단계적 차이점이나 동일 사회라도 시기별로 존재하는 다양성에 초점을 둔다.

인간의 생애과정을 통합적으로 이해하기 위해 전 생애 발달의 관점을 유지하면서 단계별로 생물학적 · 심리적 · 사회적 특성을 살펴볼 필요가 있다. 이때 간과하지 않아야 하는 것은 생물학적이고 심리적인 특성이 개인이 속한 사회 혹은 시대별 차이와 다양성에 따라 다르게 영향을 주고받는다는 사실이다. 인간의 전 생애 발달 과정을 의미 있게 탐색하는 것은 사회복지의 중요한 가치인 인간의 변화 가능성과도 맥락을 같이한다.

인간발달은 세포의 생화학적 변화로부터 역사적·문화적 변화에 이르기까지 다양하게 영향을 받는다. 따라서 인간발달은 인류학, 생물학, 역사학, 심리학, 사회학 등의 다학문적 분야에서 접근한다. 예를 들면, 인류학에서는 문화가 인간발달에 미치는 영향을 살펴보는 것이고, 생물학에서는 세포와 신체기관의 성장과 노화에 관심을 가지며, 역사학에서는 시대의 흐름에 따른 인간발달의 변화를 설명하며, 심리학에서는 개인의 인지, 언어, 정서 변화에 관심을 가지며, 사회학에서는 인간발달 과정에서의 개인과 사회의 관계에 초점을 둔다(Sigelman & Shaffer, 1995).

전 생애 인간의 발달은 단계별로 구분하는데, 이러한 발달단계란 발달상에서 어떤 과제의 성취와 특정한 측면의 발달이 강조되는 삶의 특정 기간을 말한다. 발달단계는 대략 연령을 기준으로 구분하고 있으며, 각 단계를 나누는 연령에 따라 발달적 전환이 나타난다는 의미이다. 학자에 따라 발달단계의 구분이 다르고 그에 따른 과업의 관심도 다양하게 제시하고 있다. 하지만 인간의 욕구는 연령대나 발달단계에 따른 유사한 특징들을 나타내기 때문에 단계별 발달과업을 이해하는 것은 중요하다. 왜냐하면 사회복지실천에서 클라이언트의 욕구 충족은 발달 과정상의 특성이나 기준도 중요한 근거가 되기 때문이다.

이 책에서는 여덟 단계의 전 생애 발달과정을 생물학적, 심리적, 사회적인 차원으로 구분하여 살펴볼 것이다. 생물학적 영역에서는 인간의 신체적 발달을 주도하는 요인들을 살펴보게 될 것이며, 심리적 영역은 개인의 인지, 언어, 정서, 행동 상태와 관련된 내용들을 다룰 것이며, 사회적 영역은 개인의 가족, 조직, 사회 등에서의 역할, 상호작용 등을 중심으로 논의하게 될 것이다. 또한 인간의 전 생애 발달의 관점을 유지하면서 인간과 환경에 대한 다양하고 통합적인 관점을 제공하는 데 초점을 둘 것이다.

인간행동과 사회환경 교과목의 내용은 전 생애 과정의 인지 및 정서, 행동 발달뿐만 아니라 생물학적 이해와 사회학적 이해가 포함되어야 한다. 또한 인간의 발달과 행동에 영향을 미치는 인류학적 특성, 인종, 계급, 연령, 젠더, 성적 지향, 장애, 문화적 측면들을 포함해야 한다(엄태완 외, 2019). 전 생애의 통합적 이해를 위해서는 인간발달의 생리 · 심리 · 사회적 이해를 바탕으로 하여 발달단계별로 사회복지에서 역사적으로 중요하게 다루고 있는 사회적 불평등과 다양성의 문제에도 초점을 두어야 한다.

## 4. 인권 및 사회정의와 인간행동과 사회환경

### 1) 인권과 인간행동과 사회환경의 관련성

인간 존엄성은 사회복지의 핵심 가치라고 할 수 있다(박지영 외, 2014). 인간 존엄성의 기본 전제는 '인간은 그 자체로 절대적 가치를 지닌다'라는 의미에서 출발한다. 따라서 모든 사람은 자신도 스스로 특별한 존재로 자각하고 타인도 자신과 똑같이 특별하게 대우해야 한다. 사회복지실천에서는 인간 존엄성의 가치를 실현하기 위해 어떠한 클라이언트라도 인간답게 살 권리, 즉 인권의 보장을 강조한다.

인권(human rights)이란 '모든 인간의 타고난 천성에 내재되어 있는 것으로, 이것이 보장되지 않으면 인간답게 살 수 없는 모든 권리'를 말한다(Reichert, 2011). 인권은 성별, 연령, 종교, 경제력, 국적, 인종 등의 구분과 상관없이 평등하게 공유되는 보편적 권리를 의미하며, 이것은 정치 · 경제 · 사회 · 문화적 삶을 영위하는 과정 속에서 자유와 평등을 누리며 인간다운 삶을 보장받는 실질적 상황들을 통해 확인할 수 있다(Arat, 1991).

인권은 시민적 · 정치적 권리와 경제적 · 사회적 · 문화적 권리로 구분할 수 있다. 시민적 · 정치적 권리(civil and political rights)는 사람들이 천부적으로 소유하고 있는 권리이고, 인권 침해의 예방과 권리의 보호에 초점을 둔다. 이 권리는 투표권, 언론의 자유, 법 앞의 평등, 사생활 보장, 차별 금지, 존엄하게 대우받을 권리, 자기표현의 권리, 종교의 자유, 자유로운 참여 등을 포함하며 개인의 자유를 박탈하는 어떠한 것으로부터도 해방을 보장하도록 고안되어 있다.

다음으로 경제적 · 사회적 · 문화적 권리(economic, social and cultural rights)는 인간이 인간답게 살아갈 수 있도록 보장하는 권리이며, 사회보장에 대한 권리, 적절한 의식주에 대한 권리, 취업할 권리, 적정임금을 받을 권리, 의료보호를 받을 권리, 교육을 받을 권리, 노년기에 존엄 있게 대우받을 권리, 적당한 레크리에이션과 여가에 대한 권리 등을 포함한다.

보통 인권은 시민적 · 정치적 권리와 동일시하는 경향이 있으며, 이를 보장하기 위해 변호사를 포함하는 법률가들이 적극적 역할을 수행하고 있다. 경제적 · 사회적 · 문화적 권리는 국가가 훨씬 더 적극적이고 능동적인 역할을 요구하기 때문에 시민적 · 정치적 권리보다도 법적 보장이 취약한 상태에 머무르고 있다.

사회복지사는 시민적 · 정치적 권리의 보장을 위해서도 노력해야 하지만 경제적 · 사회적 · 문화적 권리를 보장하는 전문직으로서의 사명을 다해야 한다(Ife, 2010). 사회복지실천은 보다 인권중심의 실천이 되도록 지속적으로 인권 영역을 확대해야 할 것이며, 인권이 단지 일부 옹호(advocacy)지향적 사회복지사들의 이념이 아니라 모든 사회복지실천에서 핵심적 실천 원리로 자리매김해야 한다.

인간행동과 사회환경은 사회복지의 기초교과목이기 때문에 모든 사회구성원의 인권 보장이라는 핵심적 실천 원리로부터 벗어나지 않아야 한다. 하지만 인간행동과 사회환경 교과목은 성격이론이나 생태체계이론을 중심으로 구성되어 있기 때문에 개인의 적응을 강조한다. 따라서 자칫 계층, 성, 인종 등으로 인한 불평등의 문제를 개인의 내부적 요인이나 가족 차원에서 해결책을 발견하는 데에만 집중하도록 만들 수 있다. 이러한 관점을 형성하게 된다면 인권의 보장, 특히 경제적 · 사회적 · 문화적 권리를 소홀히 다룰 수 있다.

사회복지실천의 핵심 가치는 모든 사람이 인간답게 살도록 제도적 장치를 마련하고 환경의 변화에도 적극 관여하는 것과 관련이 있다. 결국 인간행동과 사회환경 교과목을 학습하는 이유도 모든 사회구성원이 인간답게 살아야 한다는 사회복지실천의 가치를 체득하는 과정이라 할 수 있다. 보다 구체적으로 말하면 인간행동과 사회환경 교과목에서 학습하는 내용들이 사회구성원의 인권을 보장하는 차원에서는 어떤 의미가 있는지를 반복적으로 확인할 필요가 있다는 것이다.

### 2) 사회정의와 인간행동과 사회환경의 관련성

사회정의는 사회복지의 핵심 가치이다(박지영 외, 2014). 사회정의(social justice)란 한마디로 정리하기 어려우며 역사적으로 계속 논쟁이 되어 왔던 개념이다. 웨이드(Wade, 2007)는 사회정의란 사회적 부와 권력의 공정한 분배뿐만 아니라 불합리한 사회구조에 대한 개선을 목표로 하며, 억압, 차별, 가난 그리고 인종주의 같은 비정의(injustice)와 반대되는 개념이라고 하였다.

모든 사회구성원은 사회정의가 달성된 사회에 살고 싶어 한다. 하지만 사회정의란 개념은 사람에 따라 다양한 의미로 해석될 수 있다. 사회정의는 다양하게 분류될 수 있지만 분배적 정의, 인지적 정의, 정치적 정의, 절차적 정의로 구분하여 사회복지실천과의 관계를 간략하게 설명하면 다음과 같다.

분배적 정의(distributive justice)는 한정된 재화와 자원을 공평하게 필요한 사람들에게 분배하는 것과 관련된다(김달효, 2013). 우리 사회의 사회적・경제적 불평등에도 불구하고 정의로운 사회가 되기 위해서는 사회적 약자와 소수자들이 공정한 기회를 얻고 보다 적극적인 지원을 받아야 한다. 사회복지실천에서 클라이언트를 위해 국가 재정을 투입하고 특화된 서비스를 실시하는 것이 바로 사회정의를 실현하는 과정이라고 할 수 있다.

인지적 정의(recognitive justice)는 문화적 제국주의가 존재하지 않는 것이 정의라는 의미이다. 문화적 제국주의(cultural imperialism)란 한 사회의 지배적 집단의 경험과 문화가 대표적인 것으로 일반화되어 그 사회의 중심 네트워크와 정체성으로 자리매김하는 것을 말한다(엄태완, 2018). 사회적 약자들과 같이 지배적 집단에 포함될 가능성이 낮은 사람들은 문화적으로나 실제적 삶 속에서 억압과 차별을 받을 수 있다. 사회복지사는 이러한 대상과 상황에 대해 민감성을 가지고 사회복지실천을 해야 한다.

정치적 정의(political justice)는 정치적 권리의 평등을 의미하는데, 정치는 사회구성원의 동의를 받아서 이루어져야 하고, 그러한 정치의 과정과 의사결정은 민주적이고 평등해야 한다. 또한 모든 사회구성원이 실질적인 시민권적 자유를 보장받아야 하는 것과 관련된다(김달효, 2013). 이와 관련된 사회복지실천의 가치는 클라이언트의 자기결정이라고 할 수 있다.

절차적 정의(procedural justice)는 의사결정이 얼마나 중립적이고, 신뢰로우며, 상호 존중하는 토의 과정에서 이루어지고 있는가와 관련된다(Rawls, 1971). 사회복지사는 사회적 약자 및 소수자와 관련된 의사결정 과정에서 단지 효율성이나 다수제의 원칙만을 강조하기보다는 절차적 정의에 근거한 사회적 합의를 중요하게 생각해야 한다. 예를 들면, 다수 사회구성원이 원한다고 하여 정신장애인을 강제로 입원시키는 법적 절차와 내용을 강화하는 것은 사회정의를 지향하는 것이 아니다.

사회복지사는 사회정의의 가치를 바탕으로 사회적 약자와 소수자를 위해 일하고 그들과 함께 사회 변화를 추구해야 한다. 사회복지사의 사회변화 노력은 빈곤이나 장애로 인한 차별, 기타 사회적 불의의 문제에 초점을 두어야 한다. 사회복지사는 단순히 경제적 측면의 재분배에만 관심을 보이는 것이 아니라 성별이나 인종, 장애 유무에 따른 차별의 금지, 고용기회의 평등 등과 같은 정치적·문화적 정의의 영역에서도 적극성을 보여야 한다.

현재 인간행동과 사회환경 교과목은 사회복지의 기초과목이지만 전반적 내용들이 사회정의의 가치를 실현하는 데 초점을 두고 있지는 않다. 여기서는 사회의 본질이나 구조를 이해하기 위해 기능주의 이론, 갈등이론, 계층이론 그리고 젠더 불평등에 대한 내용들을 소개하고 있지만 구체적으로 사회정의를 실현하는 방안들을 제시하고 있지는 않다.

더욱이 사회의 구조나 본질을 설명하는 몇몇 부분을 제외하고 인간행동과 사회환경 교과목의 대부분은 성격이론이나 인간발달과 관련된 내용들이 주를 이루고 있다. 물론 사회의 구조나 본질을 이해하는 이론들을 통해 사회적 불합리나 부정의의 문제를 확인할 수는 있다. 하지만 인간행동과 사회환경 교과목은 심리이론의 학습과 사회정의의 가치를 실현하는 연관성을 구체적으로 제시하고 있지는 않다. 이러한 맥락을 이해한다면 사회복지실천의 가치로부터 벗어나지 않으면서 인간행동과 사회환경 교과목의 학습 목적을 달성하게 될 것이다.

## 요약

1) 1장은 '인간행동과 사회환경' 교과목의 전체 구조를 제시하고 있다. 인간의 행동은 성격이론을 중심으로 살펴보고, 사회환경은 사회의 구조와 변동을 설명하는 전통적 사회이론과 사회적 불평등 및 다양성과 관련된 이론으로 구성되었음을 밝히고 있다. 또한 인간과 사회환경의 상호작용과 관계를 설명하기 위한 생태체계이론의 중요성을 언급하고 있다. 마지막으로 전 생애 인간발달의 과정을 통해 인간의 삶을 생리 · 심리 · 사회적 측면에서 통합적으로 이해해야 할 필요성을 제시하고 있다.

2) 성격이란 '개인의 사고, 감정 그리고 행동을 결정하는 지속적이고 일관된 심리 · 신체적인 역동적 조직'이며, 성격의 특성과 기능이 무엇인지를 이해할 필요가 있다. 성격의 특성은 지속성과 일관성, 복잡한 방식으로 표현, 조직화, 사회와의 관계 맺는 방식, 심리적이면서 생물학적인 특징과 연결, 그리고 능동적인 과정이라는 점에 있다. 또한 성격의 기능은 통합적 조직적 행동의 근거, 적응의 기반, 다른 사람과의 구별, 인간 본성의 탐색을 위한 기능으로 살펴볼 수 있다. 학자에 따라 성격에 관한 다양한 관점들을 제시하지만 일반적으로 성향적, 생물학적, 정신역동적, 행동주의적, 인지적, 인본주의적 관점으로 구분한다.

3) 사회의 본질을 파악하고 사회 전체를 조망하도록 하는 전통적 사회이론은 기능주의 이론, 갈등이론, 상징적 상호작용이론, 교환이론이 있다. 기능주의 이론은 사회를 하나의 복합적인 기능을 소유하고 있는 살아 있는 유기적 조직체로 본다. 갈등이론은 사회를 희소한 권력과 결핍된 자원으로 말미암아 불평등, 갈등, 경쟁, 변화가 있을 수밖에 없는 인간의 집단으로 본다. 상징적 상호작용이론은 사회의 질서가 어떤 객관적으로 존재하는 실체에 의해서가 아니라 사회구성원들 간의 의미의 상호 교환에 의해 이루어진다고 본다. 교환이론은 사회는 역사가 존재한 이래로 구성원들 간의 주고받는 관계의 역사였다고 보는 것이다.

4) 사회적 불평등과 다양성을 이해하기 위한 개념으로는 사회계층, 젠더, 문화가 있다. 사회계층은 사회적 불평등에 의해 형성된 사회적 현상이다. 젠더는 사회적이고 문화적으로 구축된 성이라고 할 수 있는데 반드시 생물학적 성과 연계되는 것은 아니다. 문화는 인간이 자연환경이나 사회환경에 적응하거나 극복하기 위해 스스로 만들어낸 생존수단이자 생활양식이라고 할 수 있다. 다문화사회에서는 사회적 불평등과 다양성의 이슈가 등장하게 된다.

5) 생태체계이론은 인간과 사회환경의 상호작용과 상호의존을 구체적으로 확인할 수 있는 이론이며, 생태학적 이론과 일반체계이론을 접목한 사회복지실천의 주요한 이론이다. 이 관점을 가장 잘 표현하고 있는 개념이 바로 '환경 속의 인간'이라고 할 수 있다. 환경 속의 인간이란 인간과 환경은 상호 영향을 주고받으며 상호 의존하는 역동적 관계 속에 있다는 의미이다.

6) 인간의 행동과 그를 둘러싼 사회환경에 대해 횡단적으로 이해한 이후에 인간의 삶을 종단적, 그리고 통합적으로 살펴보기 위해 전 생애 인간발달 과정을 고찰할 필요가 있다. 인간발달은 세포의 생화학적 변화로부터 역사적 · 문화적 변화에 이르기까지 다양하게 영향을 받는다. 전 생애 인간의 발달은 단계별로 구분하는데, 발달단계란 발달상에서 어떤 과제의 성취와 특정한 측면의 발달이 강조되는 삶의 특정 기간을 말한다. 인간발달의 단계는 학자에 따라 다르지만 이 책에서는 여덟 단계의 발달과정을 통해 생리 · 심리 · 사회적 측면을 통합적으로 살펴본다.

7) 사회복지의 기초과목으로서의 정체성을 유지하기 위해 인간행동과 사회환경 교과목의 학습 과정에서는 인권과 사회정의의 개념을 끊임없이 확인해야 한다.

Chapter 2

# 인간행동의 정신분석적 접근

## 학습목표

1. 정신분석이론의 주요 개념 이해 및 사회복지실천 적용 탐색하기
2. 정신분석의 사회복지 도입과 비판 이해하기

이 장은 인간의 행동을 이해하기 위해 프로이트(Sigmund Freud, 1856~1939)가 확립한 정신분석(psychoanalysis)을 중심으로 살펴보고자 한다. 프로이트는 기본적으로 인간의 행동은 의식과 통제를 벗어난 내적 힘에 의해 부분적으로 결정되는 것으로 본다. 즉, 인간의 행동은 결코 우연에 의해 나타나는 것이 아니라 개인 내부의 의식 또는 자각의 밖에 있는 정신적인 동기적 원인에 의해 심리적으로 결정된다는 것이다.

인간행동의 정신분석적 이해를 위해 여기서는 마음의 지형학적 모형과 성격의 구조모형을 확인할 것이다. 지형학적 모형은 마음의 영역을 의식, 전의식, 무의식으로 분류한 내용이다. 구조모형은 원초아, 자아 및 초자아로 인간의 정신을 구조화한 것이며, 이들의 상호작용으로 복잡한 인간의 행동이 나타난다는 것이다.

다음으로 인간행동의 동기적 힘에 대해 살펴볼 것인데, 주로 본능이론을 고찰하게 될 것이다. 정신구조의 세 가지 부분, 즉 원초아, 자아 및 초자아는 항상 역동적인 갈등 속에 있다. 이러한 갈등으로 인한 불안은 고통스럽기 때문에 개인 내부에서는 자동적으로 긴장을 감소시키려고 하는데, 이는 자아방어기제의 작동으로 가능하다. 마지막으로 프로이트가 성격의 발달을 설명한 심리성적 발달을 살펴볼 것이다.

## 1. 기본 개요

프로이트의 정신분석적 견해에 의하면, 인간의 행동은 반드시 정신적 동기가 원인이 되어 밖으로 드러난 것이라고 본다. 또한 그 원인은 개인의 의식이나 자각의 밖에 존재한다고 하였다. 프로이트는 인간의 행동은 이성에 의해 지배되는 것이 아니라 무의식의 본능에 의해 결정된다고 보았다.

프로이트는 인간행동의 동기를 성욕과 공격욕에 기인한다고 보았으며, 모든 인간의 행동은 성욕과 공격욕을 해결하여 쾌락을 얻는 데 있다고 하였다. 그러나 인간 사회는 성욕과 공격욕을 언제나 완전하게 충족시키거나 우선적으로 만족시킬 수 없는 곳이다. 따라서 프로이트는 성욕 및 공격욕의 만족과 사회적 제약 사이에 적절한 타협이 필요하며, 이 과정에서 형성되는 것이 성격이라고 하였다.

프로이트는 성격은 심리성적 발달단계를 통해 대략 5세경에 결정된다고 보았다. 인간은 비합리적 본능적 힘의 영향을 벗어날 수 없는 생물학적 존재이기 때문에 심리성적 발달단계를 통해 성숙한다고 믿었다. 또한 인간은 강한 성적 충동과 사회적으로 수용될 수 있는 방식으로 행동하려는 욕구 간의 균형을 통해 사회화된다고 보았다. 프로이트는 과거의 경험이 현재와 미래의 사건을 결정한다고 보았으며, 특히 5세경까지의 초기 경험의 중요성을 강조하였다.

프로이트에 의하면 인간행동은 생물학적 특성과 영유아기 초기 경험의 영향에 의해 형성된 후에 그 범위 안에서 점진적으로 발현되며, 변화가 상당히 어렵다고 보았다(Roazen, 1975). 각 개인의 성격 형성에 영향을 미치는 환경적 요인은 주로 양육자이며 그중에서 모와의 관계에 초점을 두었다. 따라서 정신분석적 관점에서 성격에 영향을 미치는 환경적 요인은 가족중심의 극히 제한적 차원을 의미한다. 하지만 개인이 양육자와 상호작용하여 형성한 성격은 이후 모든 대인관계 혹은 사회적 관계의 바탕이 된다고 본다.

프로이트는 모든 인간의 행동은 원인이 있다는 동기적 결정론(motivational

determinism)의 원리를 제안하였으며, 성격의 변화는 오랜 시간이 걸리고 쉽지 않다고 보았다. 프로이트의 정신분석이론은 인간이 비합리적인 본능적 힘에 이끌려 다니는 존재라고 본 점 때문에 많은 비판을 받고 있다. 하지만 인간 심리의 본질과 행동의 독특성에 관한 체계적 연구는 프로이트의 정신분석이론으로부터 시작되었다. 이후에 프로이트의 정신분석이론을 확장, 비판, 이탈한 많은 이론가들이 인간 이해에 대한 다양한 이론들을 제시하였다. 프로이트의 정신분석이론을 포함하여 이후 정신분석이론의 한계를 보완하면서 새롭게 정립된 이론들을 정신역동이론(psychodynamic theory)이라고 지칭한다. 이는 이러한 이론들이 정신 내의 운동과 상호작용에 초점을 두고 인간의 행동을 이해하려는 시도이기 때문이다.

## 2. 주요 개념

### 1) 지형학적 모형

프로이트는 인간의 마음을 의식, 전의식, 무의식의 세 가지 수준으로 구분하였다. 프로이트의 마음의 세 가지 수준은 마음의 다양한 현상들을 단순화하고 명료화시킨 일종의 지도로 개념화한 지형학적 모형이다. 이러한 마음의 세 가지 층은 객관적으로 구분되거나 절대적인 범주로 볼 수 없으며 정도의 범주로 보아야 한다.

프로이트는 마음의 세 가지 수준을 빙산에 비유하여 설명하였다. 빙산에서 물 밖의 부분은 의식이며, 물 위에서 보이는 빙산의 모습은 전의식이고 나머지 빙산의 대부분을 무의식으로 보았다. 인간의 생각은 의식과 전의식 수준에서는 쉽게 상호작용한다. 의식과 전의식의 내용들은 무의식에 들어갈 수 있지만, 이렇게 한 번 무의식에 포함된 내용은 의식화되기가 어렵다.

### (1) 의식

의식(consciousness)은 말 그대로 우리가 의식할 수 있는 부분이다. 의식은 현재 느끼거나 알 수 있는 모든 경험과 감각이며, 개인이 자각하고 있는 생각을 포함한다. 의식은 새로운 생각이 계속 만들어지고, 오래된 생각은 의식에서 물러나면서 전의식이나 무의식 속으로 들어가게 된다.

의식의 새로운 생각은 외부자극으로 대부분 생기게 되지만 일부는 전의식, 무의식 속에 잠재하던 것이 의식으로 나오는 경우도 있다. 우리가 현재 어떤 말을 할 때 이는 우리의 의식 일부분을 표현하고 있다고 할 수 있다. 의식은 사람의 생각, 심상, 기억 중의 아주 작은 일부분으로서 전체 정신에서 빙산의 일각에 불과하다.

### (2) 전의식

전의식(preconsciousness)은 의식과 무의식의 중간에 있는 자각으로서 어느 정도 쉽게 의식으로 가져올 수 있는 정신의 부분이다. 전의식은 무의식의 일부분이지만 거기에 저장된 기억, 감정, 지각이 의식으로 변화될 수 있는 부분이다. 전의식은 평소에는 의식하지 못하지만 어떤 계기로 인해서 의식할 수 있다. 예컨대 초등학교 담임선생님의 성함, 몇 년 전 놀러 갔던 도시 등과 같이 깜박 잊어버렸지만 기억해 내려고 애쓰면 의식할 수 있는 부분이다.

### (3) 무의식

무의식(unconsciousness)은 프로이트가 가장 중요하게 생각한 인간행동의 결정 원인이 존재하는 영역이다. 무의식은 정신의 가장 깊은 수준에서 작동되어 의식할 수 없는 부분이다. 우리가 평소에는 전혀 인식하지 못하는 것이지만 마음속에서 일어나는 현상 중 많은 부분은 무의식에 속한다. 어떤 개인이 원인을 알 수 없는 행동을 했을 때 그 행동은 우연히 나타난 것이 아니라 무의식적 정신 활동의 결과인 것이다.

무의식은 본능에 의해 지배되며 모든 행동의 배후에 작동하는 중요한 추진력으로 인간의 행동을 방향 짓는 충동과 욕망이 자리 잡고 있는 곳이다. 무의식의 내용은 의식 속에 있다가 억압되어 무의식에 저장된 일부분을 제외한 나머지는 절대로 의식될 수 없거나 의식되지 않았던 무의식 속에만 있었던 내용들이다(이인정 · 최해경, 2007). 프로이트는 인간이 하는 행동 중에서 정말로 중요한 측면들은 모두 의식의 영역 밖, 무의식에 위치하고 있는 충동과 욕망들에 의해 형성되고 결정된다고 보았다. 이러한 무의식은 개인이 의식하거나 행동으로 직접 표현되는 것을 막는 강한 힘을 가지고 있기 때문에 쉽게 알아차릴 수 없다.

프로이트는 무의식이 작용하는 증거로 잘 알고 있는 사람의 이름이나 인상 그리고 생활상의 경험을 잊어버리는 경향, 소유물을 잃어버리는 경향, 말실수, 실수로 잘못 쓴 문장, 글자를 잘못 읽는 것, 행동상의 실수 등을 들고 있다(권중돈 · 김동배, 2005). 예컨대 영어권 국가에서 어떤 사람이 아빠(dad)를 반복해서 'dead(죽은)'로 말하는 경우에 아버지에 대한 무의식적 공격적 욕구가 표출된 것이라고 보는 것이다. 중요한 약속시간을 잊어버리는 것도 무의식적으로 참여하기 싫어서 나타난 망각이라는 것이다.

### 2) 구조모형

프로이트는 지형학적 모형을 보완하는 성격에 관한 구조모형을 발전시켰다. 그는 성격은 의식, 전의식, 그리고 무의식 속에서 작동하는 원초아, 자아 및 초자아의 관계로 작동한다고 보았다. 이러한 원초아, 자아 및 초자아는 이론적 구성 개념이기 때문에 뇌 등에 물리적인 실체로 존재하지는 않는다. 인간의 행동은 항상 이 세 가지의 체계가 서로 아주 밀접하게 작용하면서 이루어진다고 본다. 원초아는 완전히 무의식의 영역에서 기능하는 반면에 자아와 초자아는 의식, 전의식, 무의식 모두에서 작용하지만 주로 무의식의 영역에 존재한다.

|그림 2-1| **프로이트의 정신구조와 의식 수준의 관계**

### (1) 성격의 핵심인 원초아

#### ① 원초아란

원초아(id)는 성격의 가장 원시적인 부분으로 모든 본능(instinct)의 저장소이다. 이것은 성격의 생물학적 구성요소로 타고나는 것이다. 인간이 태어날 때 신체 부분을 제외하고 정신 부분만을 언급한다면 인간은 원초아의 덩어리로 태어나게 된다. 인간의 생리적 긴장에 의한 본능적 충동이 원초아 속에 내재되면 이러한 긴장상태를 감소시키기 위해 어떤 활동이나 꿈, 그리고 환상과 같은 상징을 통해 긴장을 해소하려고 한다. 원초아는 전적으로 무의식의 영역에 속하기 때문에 의식화될 수 없다.

원초아는 성격의 기초이며, 일생 동안 그 기능과 분별력은 유아적인 수준에 머물러 있다. 원초아는 외부세계와 단절되어 있으며, 법칙, 논리, 이성 또는 가치에 대해 전혀 알지 못하므로 시간이나 경험에 따라서도 변화하지 않는다. 만약 성인기에도 원초아가 대부분의 정신에너지에 대한 통제력을 보유하고 있다면, 이런 성인은 상대적으로 충동적이고, 야만적이며, 비합리적 행동을 하게 된다(권중돈 · 김동배, 2005). 원초아는 본능적 욕동에 의해 충동적으로 작동하며 성격의 다른 두 부분인 자아, 초자아에 쾌락을 위한 압력을 가한다. 또한 원초아는 인간을 본능적으로 존재·유지하게 하는 생명력이며 에너지원이 된다.

### ② 쾌락원칙

원초아가 긴장을 감소시키는 방법은 쾌락원칙과 일차 과정 사고로 설명할 수 있다. 정신적 긴장은 불쾌하거나 고통스럽다. 따라서 긴장의 감소는 즐거운 경험이 된다. 긴장을 즉각적으로 감소시키려는 원칙을 쾌락원칙(pleasure principle)이라고 한다. 원초아는 쾌락원칙에 의해 반사적으로 긴장이나 불쾌감을 제거하려고 한다(Liebert & Liebert, 1998). 따라서 원초아의 지배를 받는 아이는 현실이나 도덕성에 대한 고려 없이 쾌락만 추구하게 된다. 원초아의 정신에너지가 사회적으로 인정되는 방식으로 발산되지 않으면 압력이 증가하게 되고 불쾌감을 가지게 된다.

### ③ 일차 과정 사고

일차 과정 사고(primary process thinking)는 욕구를 만족시키는 대상을 즉시 구하지 못할 때 우선 그 이미지를 기억 속에서 만들어 내어 긴장을 감소시키는 작용을 말한다. 이는 비논리적이고 환상적으로 본능을 충족시키는 것이다. 영유아기에 강하게 나타나지만 일생에 걸쳐서 나타난다. 일차 과정 사고를 하는 아이는 자기 외부의 세계를 인식하지 못하여 모든 욕구가 마술과 같이 충족될 것이라고 믿는다.

이렇게 신체적 긴장이 원초아에 전달되는 즉시 현실을 고려하지 않고 방출하려는 사고 형태를 보이게 된다. 예컨대 아기가 배고픔을 현실적 충족 없이 생각만으로 만족을 느낀다든지, 성인의 경우에 좋아하는 사람과 꿈속에서 만나서 결혼하는 경우이다. 성인이 되어서도 일차 과정 사고를 중심으로 행동을 한다면 현실 사회에 적응이 어렵게 된다.

### (2) 현실의 검증자인 자아

#### ① 자아란

자아(ego)는 성격의 외적 세계에 대한 현실지향적인 체계로서 조직적이고 합리적이며, 이성과 상식이라고 불리는 내용들을 포함한다. 자아는 원초아와 초자아의 욕구를 현실에 맞게 조정하여 개체를 적절히 유지시키는 기능을 한다. 따라서 자아는 원초아 및 초자아와 외적 현실 사이를 조정하는 역할을 수행한다(Freud, 1920). 자아는 개인의 본능적 요소와 주위 환경의 상태와의 조화 및 조정을 통하여 각 개인의 안정된 삶을 유지하게 한다. 그러나 자아는 원초아에서 분리되어 나왔기 때문에 원초아의 힘으로부터 완전히 자유롭지는 않다.

인간이 태어난 직후에는 전적으로 원초아의 쾌락원칙에 의해 자신의 충동이나 긴장을 감소시킨다. 그러나 인간의 이러한 삶은 오래 지속되지 못하며 현실에 적응하는 방법을 배워야 한다. 따라서 초보적인 형태의 자아는 현실적응이 요구되는 생후 1년 무렵부터 원초아에서 분화되기 시작하여, 유전과 같은 생물학적 요인과 환경적 요인이 상호작용하여 발달한다(Brenner, 1973). 원초아에 있던 정신에너지의 일부분이 자아로 이동하게 되면 아기는 만족을 더 잘 기다릴 수 있게 된다.

#### ② 현실원칙

자아는 현실원칙과 이차 과정 사고에 의해 작동된다. 현실원칙(reality principle)은 욕구충족을 위해 적당한 대상이나 환경적 조건이 이루어질 때까지 본능적 만족을 지연시켜 개체를 안전하게 보전하려는 것을 말한다. 자아가 현실원칙을 적용한다고 하여 쾌락원칙이 포기되는 것이 아니며 쾌락의 획득이 일단 유보되는 것이며, 결국에는 쾌락을 획득하게 된다(권중돈 · 김동배, 2005). 현실원칙을 유지하기 위해서는 이차 과정 사고를 필요로 한다.

#### ③ 이차 과정 사고

이차 과정 사고(secondary process thinking)는 현실에 적용되는 합리적 사고방식을 말한다. 즉, 자아가 현실검증을 통하여 충동을 더욱 잘 지배하고 환상과 현실을 구분할 수 있는 사고능력이 작동되는 것을 말한다. 자아가 현실적으로 가능한 본능적 긴장을 감소시키지 못하면 원초아의 에너지가 작동하게 되어 환상적·자폐적 사고와 같은 일차 과정 사고가 지배하게 된다. 자아의 이차 과정 사고는 현실의 대상이나 상황에 대처하기 위해 전략을 세우는 것이다. 예를 들면, 배고픈 아이가 과자가 있는 상자로 간다든지, 성인의 경우에 성적 충동을 미술, 음악, 스포츠 등의 활동으로 전환시켜서 해결하려는 전략을 말한다.

### (3) 완벽을 추구하는 심판자인 초자아

#### ① 초자아란

초자아(superego)는 인간의 마음속에 있는 윤리적이고 도덕적이며 이상적인 면을 말한다. 초자아는 현실보다 이상을 강조하며, 원초아와 마찬가지로 비현실적이다. 초자아는 유전되는 것이 아니고 정신의 구조 중에서 맨 나중에 발달되는 체계이다. 초자아는 아동의 선악이 구별되는 시기에 부모의 보상 및 처벌과 같은 양육태도에 의해 형성된다. 초자아는 성격의 도덕적인 부분이며 심판자로서 개인의 행동 통제에 관여한다.

#### ② 양심과 자아이상

초자아는 성격의 사회적 구성요소이며, 주로 개인의 내적 도덕성인 양심과 개인이 추구하고자 하는 자아이상에 의해 작동한다. 양심(conscience)은 부모의 처벌에 의해서 발달되는 자신에 대한 비판적 평가나 도덕적 억압, 죄의식 등을 말한다. 양심은 원초아 충동을 억제하거나 자아를 설득해 도덕적 관심에 집중하도록 하여 행동의 금지에 관여한다.

자아이상(ego ideal)은 부모의 보상이나 칭찬에 의해서 발달되는 각 개인의 목표나 포부를 말한다. 자아이상은 이상적이고 완벽한 목표를 추구하는 기능이다(Edwards, 1987). 초자아는 자아로 하여금 원초아를 억제하도록 압력을 가하여 개인으로 하여금 사회규범에 맞는 생활을 하도록 한다.

#### (4) 힘의 균형

자아는 원초아의 욕망들과 초자아의 도덕적 명령 그리고 현실의 제약을 동시에 다루어야 한다. 프로이트는 원초아, 자아 및 초자아의 에너지 보유량에 따라 성격의 특질이 결정된다고 보았다. 예를 들면, 초자아가 에너지를 장악하고 있는 개인은 도덕적이고 이상적 측면이 강하며, 원초아가 에너지를 장악하고 있는 개인은 충동적 특성이 나타나기 쉽다. 또한 자아가 너무 강해도 자아의 목표 수준이 지나치게 높기 때문에 언제나 욕구를 충족하지 못해서 좌절감을 느끼게 된다. 반대로 자아가 붕괴되어 원초아 속의 억압된 생각이 자아로 들어와 개인을 압도하게 되면 심리적으로 큰 혼란에 빠지게 된다.

따라서 성격의 집행자인 자아는 원초아의 욕구를 충족하고, 초자아의 요구를 조정하며, 현실의 요구에 적절히 대처할 수 있는 정도의 에너지를 보유해야 한다. 즉, 성격의 세 구조인 원초아, 자아 및 초자아의 에너지가 균형 있게 배치되어야 한다는 의미이다.

### 3) 인간행동의 동기

#### (1) 본능과 정신에너지

프로이트는 인간의 모든 행동은 원초아에 저장된 본능의 지배를 받고 있다고 보며, 본능은 정신에너지를 발산하는 데 그 목적이 있다고 보았다. 본능이론에서는 인간행동의 주요한 추진력을 욕동(drive) 혹은 충동(impulse)으로 본다. 따라서 본능은 성격의 기본적 요소이며 행동을 추진하고 방향 짓는 동기이다(노안영 · 강영신, 2002).

본능은 정신 긴장을 감소하는 방향으로 움직이며, 긴장의 감소는 즐거운 경험이지만 긴장의 증가는 불쾌하고 고통스러운 경험이 된다. 따라서 사람들은 정신 긴장을 즉각적으로 감소시키기 위해 노력하지만 사회적으로 인정되는 방식으로 발산되지 않을 경우에 갈등에 직면한다.

프로이트는 본능을 정신에너지 형태로 보았으며 이러한 에너지가 신체적 욕구와 정신의 소망을 연결한다고 보았다. 만약 정신에너지가 사회적으로 인정되는 방식으로 만족스럽게 발산되지 않으면 정신적 압력은 증가하게 된다. 예를 들면, 정신에너지의 압력을 물의 수압에 비교해 보자. 수도관에서 물은 계속 흐르는데 밸브가 잠겨 있다면 수압은 계속 증가하여 수도관의 가장 약한 부분이 터지게 된다. 마찬가지로 사람도 정신의 긴장을 해소하지 못하고 계속 억압한다면 어떤 심리적 문제를 일으키게 된다는 것이다.

이러한 정신활동을 하는 데 있어서 각 개인의 에너지 총량은 정해져 있다. 어떤 부분에 과도한 정신에너지를 사용하면 다른 부분에서 활용할 수 있는 에너지의 양은 줄어든다. 정신에너지의 양은 제한되어 있기 때문에 어떤 정신활동에 지나치게 많은 에너지를 소모한다면 당분간 에너지를 보충하기 위한 시간과 휴식이 필요한 것이다. 예를 들면, 사회복지사가 단기간 너무 집중적으로 클라이언트를 위해서 정신에너지를 사용한다면 어느 시점에서 활동성이 떨어지는 소진(burnout)이 나타나는 경우이다.

### (2) 삶과 죽음의 본능

프로이트는 본능을 삶과 죽음 본능으로 나누고 모든 사람은 이 두 가지 본능을 동시에 소유하고 있다고 믿었다(Carver & Scheier, 2004).

#### ① 삶 본능

삶 혹은 성적 본능인 에로스(eros)는 인간의 생명을 유지하고 사랑을 하는 데 기여하여 성장과 발달 지향적 특성을 가진다. 이 삶의 본능으로 인해 인간은 배고픔, 성욕 등과 같은 생물학적인 욕구를 충족시키고자 한다. 프로이트는 삶의 본능에 의해 나타난 정신에너지를 리비도(libido)라고 하였다. 하지만 이후에 프로이트는 죽음의 본능에 의해 나타난 정신에너지를 포함하여 모든 정신적 에너지 또는 본능적 충동을 리비도라고 하였다.

리비도는 의식적으로나 무의식적으로 인간의 성격에 영향을 미치게 된다. 프로이트가 성격에 있어 가장 중요한 것으로 여겼던 삶의 본능은 성(sex)과 관련된다. 그것은 단순히 남녀 간의 성욕을 의미하는 것이 아니라 신체적 접촉부터 인간에게 쾌락을 주는 모든 행동이나 생각을 포함한다.

#### ② 죽음 본능

프로이트는 삶 본능과 상반된 개념으로 죽음 본능인 타나토스(thanatos)를 가정하였다. 인간은 죽는 것에 대한 무의식적 소망을 가지고 있다고 보았다. 이러한 죽음 본능 때문에 자기를 파괴하거나 처벌하고 타인이나 환경을 파괴하는 공격성을 가진다고 하였다. 죽음 본능은 생물체가 무생물체로 돌아가려는 본능이고 잔인성, 공격, 자살, 그리고 살인과 같은 성질을 말한다.

## 4) 불안과 자아방어기제

### (1) 불안

성격 내의 많은 과정은 불안(anxiety)과 관련되어 있다. 불안은 사람들이 회피하거나 벗어나려고 하는 불쾌한 내부 상태를 말한다. 프로이트는 불안을 닥쳐올 위험에 대한 경고 신호라고 보았다. 불안의 원인은 외부적일 수도 있고 개인 내부적일 수도 있지만 프로이트는 주로 원초아의 충동에 의해서 일어나는 내적인 결과라고 보았다. 프로이트는 불안이 자아를 위협하는 외부환경, 원초아, 초자아로 인해 야기된다고 보았다. 즉, 외부환경에 기인한 현실 불안, 원초아에 기인한 신경증적 불안, 초자아에 기인한 도덕적 불안으로 유형화하여 설명하였다(김교헌 외, 2005).

■ 현실 불안

현실 불안(objective anxiety)은 자아가 현실을 지각하여 두려움을 느끼는 불안으로 실제적 위험에서 우리를 보호하는 데 기여한다. 예컨대 현실 불안은 시험을 앞둔 학생이 느끼는 불안의 경우이다. 현실 불안은 현실에 적절히 대처할 수 있는 기회를 제공하고 원인이 사라지면 약화되거나 없어진다. 그러나 너무 과도하면 불안에 효과적으로 대처할 수 있는 능력이 약화되어 현실적 대처를 어렵게 한다.

■ 신경증적 불안

신경증적 불안(neurotic anxiety)은 자아와 원초아의 갈등으로 발생한다. 이러한 불안은 막대한 힘을 가진 원초아에 의해 충동적으로 표출된 행동이 처벌되지 않을까 하는 무의식적 두려움에 기인한다. 즉, 원초아의 충동이 의식화될 것이라는 위협에 따라 생긴 불안이다.

■ 도덕적 불안

도덕적 불안(moral anxiety)은 자아와 초자아 간의 갈등에서 비롯된 불안이다. 도덕적 불안은 자아가 초자아로부터 처벌을 예감할 때 발생하며, 죄책감이나 수치심으로 느껴진다. 예컨대 개인의 도덕관념을 벗어난 행동을 하려고 할 때 도덕적 불안을 느끼게 된다.

자아가 강한 개인은 현실 불안에 효과적으로 대처할 수 있으며, 본능적 충동도 적절하게 통제하면서 방출시키고, 가치관과 규범도 조화롭게 적용할 수 있다. 따라서 자아가 강하면 불안은 높은 수준에 도달하기 전에 감소한다.

### (2) 자아방어기제

불안은 자아에게 닥친 위험을 알리는 신호이다. 이러한 불안에 대해 인간은 자아방어기제를 통해 대처한다. 자아방어기제(ego defense mechanism)란 불안으로부터 자신을 보호하기 위해 자아가 무의식적 수준에서 사용하는 심리적 기제이다. 따라서 자아방어기제의 작용을 의식적 수준에서 인식하기는 어렵다. 다시 말하면 우리는 자아방어기제가 실제적으로 작동하는 상황을 알 수 없다.

자아방어기제는 자아가 원초아와 초자아의 요구, 그리고 과거의 기억과 외부세계의 요구 등으로부터 스스로를 보호하기 위해 무의식적으로 작동시키는 심리기제이다. 자아방어기제는 무의식적 차원에서 작용하여 정신 내적 갈등의 원천을 왜곡, 대체, 차단하며, 대부분 한 번에 한 가지 이상의 방어기제가 동원된다.

방어기제는 고통에서 우리를 보호한다는 점에서 유용한 목적이 있지만, 그것이 무분별하고, 충동적으로 사용될 때는 병리적이 된다. 방어기제의 과다한 사용은 다른 자아기능이 발달하지 못하도록 정신에너지를 소모하기 때문이다. 어떤 사람들은 특정한 방어기제를 다른 것들보다 더 자주 사용하며, 방어유형이 그 사람 성격 패턴의 일부가 되기도 한다(노안영 · 강영신, 2002).

방어기제의 사용이 정상적인지 병리적인지를 확인하려면, 방어의 균형(한 가지 방어기제를 사용하는지 혹은 여러 가지 방어기제를 사용하는지), 방어의 강도, 사용한 방어기제의 연령적합성, 철회 가능성(자아가 불안이 사라졌을 때 사용한 방어기제를 철회하는지 여부)이라는 네 가지 요소로 판단해야 한다(이인정 · 최해경, 2007). 자아방어기제는 프로이트의 딸인 안나 프로이트(Anna Freud)에 의해 체계화되었다. 주요 자아방어기제에 대한 간략한 설명은 다음과 같다.

### ① 억압

억압(repression)은 가장 기본적 방어기제이다. 억압은 자아가 위협적인 내용을 의식에서 적극적이고 철저하게 배제시키려는 노력이다. 그러나 모든 무의식적 충동과 마찬가지로 억압된 사고는 인간의 행동에 강력하게 영향을 미친다. 또한 위협적인 정보를 억압하기 위해서는 엄청난 양의 정신에너지가 필요하다.

다른 방어기제와 마찬가지로 억압도 모든 사람들에게 나타난다. 그러나 억압은 대가를 필요로 하는데, 억압된 충동이 건강하거나 적응적일 수도 있지만 성격의 발달에 부정적 영향을 미칠 수 있다. 예컨대 어릴 때부터 공격적 충동을 철저히 억압한 사람은 집단에서 순종적으로 적응할 수는 있지만 지나친 소극성을 보일 수 있다.

### ② 퇴행

퇴행(regression)은 위협적인 현실에 직면하여 덜 불안을 느꼈던 그리고 책임감이 적었던 이전 발달단계의 행동을 하는 것이다. 즉, 초기 발달단계의 쾌락이나 만족과 관련된 행동을 하는 것이다. 예를 들면, 동생이 태어나자 하던 말을 갑자기 못하고 가리던 대소변을 못 가리는 아동의 경우와, 심각한 질병으로 입원한 어른 환자가 간호사에게 아이같이 졸라대는 모습의 경우이다. 또한 성인의 경우에 손톱 물어뜯기, 자제력 잃기, 어린아이와 같은 말투 등으로 나타난다.

### ③ 반동형성

반동형성(reaction formation)은 억압이 과도하게 일어난 결과 그 반대의 욕구, 생각을 의식에서 갖게 되는 것이다. 개인의 내면에서 수용할 수 없는 충동을 정반대로 적극적으로 표현하는 것이다. 예를 들면, 위협적인 성적 충동에 사로잡혀 있는 사람이 정반대로 포르노그래피(pornography)를 맹렬하게 비판하는 경우, 어려서 남동생이 태어나서 부모의 사랑을 빼앗긴 누나가 감정을 억압하여 남동생을 극단적으로 귀여워해 주는 경우이다.

### ④ 투사

투사(projection)는 자신이 무의식에서 가지고 있는 좋지 않은 충동을 다른 사람이 가지고 있다고 원인을 돌리는 것이다. 자신의 인정할 수 없는 충동이나 바람을 다른 사람이나 사물에 돌리는 것을 말한다. 따라서 투사는 자신이 싫어하는 자기 자신의 어떤 측면을 인식하지 않게 하는 방법을 제공한다.

투사는 세 단계로 진행된다(Kernberg, 1987). 첫 번째는, 자신의 위협적 충동을 억압하는 단계이다. 두 번째는, 이러한 충동을 다른 사람에게 전가하는 단계이다. 세 번째는, 자신은 다른 사람과 다르다고 생각하는 단계이다. 투사는 자신의 부정적 특성을 알지 못할 때 발생하며 이것이 의식에서 인식되는 것을 막기 위해 다른 사람에게 뒤집어씌우는 것이다. 예를 들면, 내가 어떤 사람을 미워한다는 사실을 숨기고 상대방이 나를 미워한다고 생각하는 것이다. 이를 통해 자신의 공격적 충동을 인식할 수 없게 된다.

### ⑤ 합리화

합리화(rationalization)는 자신의 행동을 그럴듯하지만 부정확한 핑계를 사용하여 받아들여질 수 있게끔 행동을 재해석하는 것이다. 자신의 무의식적 동기를 전혀 의식할 수 없기 때문에 자신은 성실하고 정직하게 대처하고 있다고 믿는다. 이때 바른 충고를 하면 받아들이지 못하고 화를 내게 된다. 예를 들면, 어떤 사람이 의대에 합격하지 못했을 경우 자신이 실제로는 의사가 되고 싶지 않았다고 자기 스스로 확신하는 경우이다.

### ⑥ 부정

부정(denial)은 현실에서 일어났던 위협적이거나 외상적(traumatic)인 사건을 받아들이지 않고 거절하는 것이다. 이는 의식화된다면 도저히 감당하지 못할 어떤 생각・욕구・현실적 존재를 무의식적으로 받아들이지 않는 것이다. 부정은 사람에게 인정하기 싫은 일을 인식하지 않고 살 수 있도록 돕는다. 예를 들면, 불치병으로 죽어가면서도 10년, 20년 후의 장기 계획을 세우는 경우, 심각한 알코올 중독 상황에서도 애주가라고 우기는 경우이다.

### ⑦ 전치

전치(displacement)는 어떤 대상에게 원초아의 충동을 표현하기가 부적절하면, 그 대상에 향했던 감정 그대로를 다른 대상에 표현하는 것이다. 즉, 강하고 위협적인 대상이 만든 충동을 약하고 덜 위협적인 대상에게 돌리는 것을 말한다. 예를 들면, 아빠에게 꾸중들은 아이가 적대감을 아빠에게 표현하지 못하고 동생을 때리거나 개를 발로 차는 경우, 직장에서 상사에게 야단을 맞은 사람이 집에 와서 뚜렷한 이유도 없이 가족에게 화를 내는 경우, 자신의 도덕적 타락에 대한 무의식적 죄책감에 휩싸인 사람이 더러움을 타는 것을 무서워해서 하루에 몇 번씩 속옷을 갈아입거나 버스 손잡이도 장갑을 끼고 잡아야 하는 경우를 말한다.

#### ⑧ 승화

승화(sublimation)는 전치의 한 형태로서 수용될 수 없는 충동을 사회적으로 받아들여질 수 있는 충동으로 대체하는 것이다. 이는 가장 바람직하고 건전한 심리기제로서 사회적으로나 개인적으로 유용하다. 예를 들면, 타인에 대한 공격성을 훌륭한 권투선수로 대체하여 사회적으로 인정받는 경우, 성적 욕망을 예술로 승화하거나 잔인한 파괴적 충동을 외과 의사로 승화하는 경우를 말한다.

#### ⑨ 주지화

주지화(intellectualization)는 개인에게 닥친 위협을 분석적으로 냉정하고 초연하게 생각하는 방어기제이다. 어떤 고통스럽거나 위협적인 사건들과 관련된 생각을 감정으로부터 분리하는 것이다. 예를 들면, 남편이 암으로 죽어 간다는 것을 알게 된 부인이 자신이 할 수 있는 최대한 암과 그 치료에 관련된 것을 배우려고 하는 것이다. 이렇게 암에 대한 지적 내용에 초점을 둠으로써 자신의 실제 괴로움이나 불안으로부터 회피하는 것이다.

#### ⑩ 취소

취소(undoing)는 받아들일 수 없는 충동이나 행동에 대해 상징적으로 복구하는 것이다. 예컨대 부인 이외에 다른 여인을 사랑한 남편이 부인에게 값비싼 선물을 사주는 경우이다. 또한 부정한 방법으로 돈을 벌었다고 생각한 사람이 자선모임에 참석하여 기부하는 것을 말한다.

## 5) 심리성적 발달

프로이트는 성격발달을 일련의 단계를 거치는 과정으로 보았으며, 성격발달에서 사회적 요인보다 생물학적 요인이 더 중요하다고 하였다. 따라서 각 단계는 특정한 신체 영역에 리비도 혹은 성적 에너지가 집중된다. 프로이트의 성격발달단계를 심리성적 단계(psychosexual stage)라 하는데, 그 이유는 성적 에너지인 리비도(libido)가 집중된 부위(입, 항문, 남근)에 따라 단계를 나누었기 때문이다.

프로이트의 심리성적 단계는 구강기, 항문기, 남근기, 잠복기, 생식기 순이다. 개인은 각 심리성적 단계에서 긴장의 원천이 되는 생리적 성장, 욕구좌절, 갈등, 그리고 위협을 해소하기 위한 새로운 방법을 습득해야 한다. 이 과정을 통해 성격발달은 이루어지고 그 차별성이 각 개인의 성격 차이가 된다는 것이다.

성격의 발달단계에서 개인은 리비도가 집중된 부위에 에너지를 투입하여 적절한 정도의 만족을 얻어야 다음 단계로 이동할 수 있다. 특정 단계에서 좌절하거나 과잉만족을 하게 되면 다음 단계로 나아가지 못하고 그 단계에 머무르게 된다. 이 경우에는 리비도가 신체의 다른 부위로 이동하지 않는 고착(fixation)이 나타나게 된다.

고착된 에너지는 다른 단계로 이동하는 데 사용될 수가 없어서 성격발달에 지장을 받거나, 성인이 된 이후에도 성장을 방해하는 요인으로 작용할 수 있다. 프로이트는 대략 5세경까지를 성격형성의 중요 기간으로 보는데, 즉 남근기까지 형성된 성격의 기본 구조가 일생을 좌우한다고 보았다. 프로이트가 제시한 심리성적 발달의 다섯 단계를 정리하면 다음과 같다(민경환, 2002; Liebert & Liebert, 1998; Mischel, et al., 2003). 특히 프로이트는 구강기, 항문기, 남근기까지의 단계를 중요하게 생각하였다.

### (1) 구강기

구강기(oral stage)는 아이가 출생하여 약 1년 6개월까지에 해당하는 심리성적 발달의 첫 단계이다. 이 시기에 아이는 자신의 생존이 전적으로 다른 사람에 달려 있으며, 리비도는 구강(입)에 집중되어 있다. 아이는 입을 통해 빨고, 먹고, 깨무는 행위에서 긴장 감소와 쾌락을 경험한다. 아이의 빨기는 생존에 필요한 영양분을 섭취하는 것 이외에도 긴장 감소와 쾌락을 가져다주기 때문에 배가 고프지 않아도 손가락을 빨게 된다.

아이는 리비도의 일차적 대상인 어머니의 젖을 빨면서 어머니에게 전적으로 의존한 상태에서 이 세상에 대한 지각을 배우게 된다. 그러나 시간이 지나면서 자신의 욕구를 채워주는 대상(어머니)이 있다는 사실을 알게 된다. 이 과정에서 어머니에 대해 욕구 충족의 애정과 욕구 불만의 적대감을 동시에 가지는 양가감정을 느끼게 된다.

이 단계에서 적절하게 욕구를 충족하게 되면 개별화와 분리, 그리고 대인관계에서 친밀한 관계를 형성하는 것과 같은 발달과업을 성취하게 된다. 그러나 구강기에 적절한 만족을 경험하지 못하면 성인이 된 후에 의존성, 대인관계의 문제와 사회적 고립을 경험할 수 있다.

구강기 동안에 나타나는 두 가지 특징적 행동방식은 구강의존적 행동과 구강공격적 행동이다. 구강의존적 행동은 구강기 동안에 욕구가 지나치게 만족되면 성인이 되어 세상에 대하여 지나치게 낙관론을 갖거나 의존적인 성격을 갖는 경향을 말한다. 구강공격성은 아이가 좌절감을 경험할 때 깨물고 싶은 충동을 느끼면서 발달하는 것이다. 구강공격적 행동에 고착된 사람은 지나친 비관론, 논쟁적, 적대감, 공격성을 보이는 경향이 있다.

### (2) 항문기

항문기(anal stage)는 두 번째 심리성적 단계이며, 보통 18개월에서 3세까지의 기간으로 리비도가 항문에 집중된다. 이 시기의 성격 형성은 본능적 충동인 배설과 양육자의 배변훈련이 관련되어 결정된다. 배변을 통해서 성적 쾌감을 추구하려는 유아와 청결습관을 기르려는 양육자의 현실적 요구 사이에 갈등이 발생한다. 이때 유아는 양육자와 배변훈련의 타협 및 조정 과정에서 원초아로부터 자아를 분화시키기 시작한다.

배설물을 방출하는 것은 유아에게 쾌락이지만, 배변훈련의 시작과 함께 유아는 이 쾌락을 지연시키는 방법을 배우게 된다. 만약 배변훈련이 순조롭게 진행되지 않으면, 유아는 두 가지 방식으로 반응할 수 있다(노안영 · 강신영, 2002).

한 가지 방식은 부모가 하지 말라고 한 시간과 장소에 배변을 함으로써 부모의 요구를 거절하는 행동을 하는 것이다. 유아가 이러한 행동을 좌절 감소의 만족스러운 행동으로 여기고 자주 하면 항문공격적 성격을 발달시킬 수 있다. 이러한 유형의 성인은 뒤죽박죽이고 무질서하며 무모하고 반항적이며 공격적이고 낭비적인 생활패턴을 가진다.

유아가 배변훈련의 좌절에 반응할 수 있는 두 번째 방식은 배설해야 할 변을 보유하는 것이다. 변을 보유하면서 만족을 느끼고 부모를 조종하는 아이는 고집이 세고 구두쇠로 특징되는 항문보유적 성격을 형성하게 된다. 이러한 유형의 성인은 깔끔하고 절약하며 꼼꼼하고 대인관계에서 회피적 패턴을 보이게 된다.

유아가 부모와 긍정적 관계 속에서 배변을 적절히 조절하는 방법을 습득할 경우에는 창조성, 생산성, 관용, 자선, 박애행동을 특징으로 하는 성격을 형성하게 된다. 그러나 부모와의 배변훈련이 순조롭지 않을 경우에는 항문공격적 성격이나 항문보유적 성격 특성을 지니게 된다. 이렇게 될 경우에 지나치게 자신에게 몰입하며 사회적으로 위축되어 타인과의 상호관계를 형성하는 데 어려움을 겪는 성격적 특성을 지니게 된다.

### (3) 남근기

남근기(phallic stage)는 3세에서 5세 정도까지에 걸쳐서 발달된다. 이 시기부터 원초아, 자아, 초자아는 역동적으로 작용하기 시작한다. 이 시기에 유아의 성적 관심과 흥분이 더욱 강해지며 리비도의 초점, 즉 쾌락의 초점이 항문에서 성기로 옮겨진다. 남근기의 갈등은 유아가 이성인 부모와 관련한 근친상간 욕망에 대한 환상과 관련되어 있다. 이러한 갈등관계의 형성은 유아의 성에 따라 차이가 있는데, 프로이트는 남아가 겪는 갈등을 오이디푸스 콤플렉스

(Oedipus complex), 여아가 겪는 갈등을 엘렉트라 콤플렉스(Electra complex)라고 불렀다.

오이디푸스 콤플렉스는 남아가 이성인 어머니에 대한 무의식적 성적 욕망에서 비롯된 갈등이다. 이 용어는 아들과 어머니의 성 관계와 그 결과를 비극적으로 묘사한 그리스 신화로부터 가져왔다. 남근기에 이르게 되면 어머니는 남아에게 사랑의 대상이 되며, 남아는 환상과 행동을 통해 어머니에 대한 성적 소망을 가지게 된다는 것이다. 따라서 남아는 아버지를 자신의 경쟁자이며 위협적 존재로 인식하게 된다.

남아는 아버지에 대한 질투심과 적대감을 가지게 되지만 연약한 자신이 힘 있는 적대자인 아버지로부터 자신의 성기가 잘리지 않을까 하는 두려움을 가지게 되는데 이를 거세불안(castration anxiety)이라고 한다. 남아는 이러한 두려움을 극복하기 위하여 위대한 힘을 가진 자신의 아버지와 동일시함으로써 오이디푸스 콤플렉스를 극복한다. 아버지에 대한 동일시를 통해 사회적 규범, 도덕적 실체라고 할 수 있는 초자아를 형성하게 된다. 이 과정에서 아버지의 초자아를 남아가 그대로 받아들이게 된다는 것이다. 따라서 남아의 초자아 형성에 아버지의 역할은 상당히 크다고 본다.

엘렉트라 콤플렉스는 여아가 이성인 아버지에 대하여 겪는 성적 갈등이다. 남근기 중에 여아는 아버지를 좋아하지만 어머니는 싫어하는 경향을 가진다. 프로이트는 남아의 거세불안과 상반되게 여아는 남근선망(penis envy)을 가진다고 보았다. 즉, 남아는 자신의 성기를 잃을까 두려워하고 여아는 성기를 잃었다고 믿는다는 것이다. 여아는 남근기 중에 점차로 자신과 같은 처지에 있는 어머니를 연민하면서 동일시하게 되고 이 과정을 통해 엘렉트라 콤플렉스를 해결하게 된다. 이러한 동일시의 과정에서 어머니의 초자아를 여아가 그대로 받아들이게 된다는 것이다. 따라서 여아의 초자아 형성에 어머니의 역할은 상당히 크다고 본다.

프로이트는 남근기의 갈등해결을 통하여 유아가 초자아를 형성한다고 하였다. 그러나 프로이트는 구조적으로 남성이 여성보다 초자아가 더 많이 발달된다고 말한 점과 유아의 근친상간적 소망에 대해서 많은 비판을 받고 있다. 이 시기를 성공적으로 해결할 경우에는 성적 정체감을 형성할 수 있으며, 충성심, 효도, 헌신, 그리고 낭만적 사랑과 같은 감정을 표현할 수 있다.

### (4) 잠복기

잠복기(latent stage)는 6세부터 사춘기까지로 실제로는 심리성적 단계가 아니다. 이 시기에 성적 본능은 휴면을 취한다. 이 시기에 원초아는 약해지고 자아와 초자아는 강력해지게 된다. 아동들은 이 기간 동안에 학교활동, 취미, 스포츠, 우정관계 등을 통해 성적 충동을 승화시킨다. 그런데 이 시기에 과도한 성적 억압을 하게 되면 성에 대한 수치심, 도덕적 반동 형성, 혐오감에 빠질 수 있다. 잠복기에 고착되면 성인이 되어서도 이성에 대한 정상적인 친밀감을 갖지 못할 수도 있다(이인정 · 최해경, 2007).

### (5) 생식기

이 단계는 급격한 신체적 성장과 더불어 호르몬의 변화를 보이는 청소년기에 해당한다. 청소년은 신체적 변화에 따라 오랫동안 휴면에 있었던 리비도가 성기에 집중되면서 이성에 대한 관심과 함께 성행위를 추구하기 시작한다. 청소년기에는 서로 다른 남녀의 성적 정체감을 인식하면서 성 및 대인관계 욕구를 충족할 방법을 찾는다. 생식할 능력을 갖춘 존재로서 청소년은 타인과의 관계를 통해 만족을 추구하며 직접적으로 성행위를 충족시키지 못할 경우 자위행위를 통해 긴장을 해소하면서 쾌락을 경험한다.

이상적인 생식기적 성격발달을 위해서는 근면을 배워야 하며 즉각적인 만족을 지연시키면서 책임감도 있어야 한다. 아동기 초기에 경험한 심각한 외상(trauma)으로 인해 성적 에너지의 고착이 있으면 생식기에 적응하기 어렵다(이인정 · 최해경, 2007). 생식기에 해당하는 청소년들은 쾌락추구에 몰두하거나 정서적 억압을 강하게 하는 경향을 나타내며 혼란된 모습을 보인다. 그러나 점차 청소년들은 성적 성숙을 하고 가족과의 분리를 통해 진정한 자신을 찾는 방향으로 나아가게 된다.

## 3. 정신분석적 접근과 사회복지실천

### 1) 사회복지실천과의 관련성

정신분석이론의 사회복지 도입은 20세기 초 미국 사회복지실천에서 이론에 근거하지 않은 인간 이해에 대한 고민에서 출발하였다. 그 당시에 사회복지는 내외부에서 클라이언트를 이해하고 사정하는 이론적 틀을 마련하지 못하면 전문성을 보장받을 수 없다는 비판에 직면하였다.

이에 사회복지사는 클라이언트를 이해하기 위한 기본 이론이 필요하게 되었고, 그 당시에 인간의 내면세계를 이해하는 가장 중요한 도구로 활용되고 있던 정신분석이론을 주목하였다. 이후 정신분석은 아동과 성인의 문제행동을 사정하거나 개입하는 중요한 근거 이론이 되었다. 정신분석으로 무장한 사회복지사들은 다른 전문가팀과 일하거나 개인적으로 클리닉을 개업하여 치료자로서도 각광을 받게 되었다.

그러나 사회복지사들이 지나치게 프로이트의 정신분석에 심취하여 개인을 둘러싼 환경보다는 정신 내적 현상을 강조하면서 문제들이 드러나게 되었다. 정신분석에 입각하여 개인을 치료중심의 대상으로 파악하여 개입해야 한다는 입장과 전통적으로 개인을 둘러싼 환경에 더 많은 관심을 가져야 한다는 입장의 견해 차이로 사회복지직 간의 내부분열을 발생하게 만들었다.

정신분석이론에서 성격은 초기 아동기에 거의 형성된다는 점, 생물학적 요인이 강하게 작용한다는 점, 성적 편향성, 그리고 비합리성으로 구성된다고 본다. 이는 사회복지에서 추구하는 가치와 일치하지 않기 때문에 사회복지실천의 방법과 관점으로 자리매김하기는 어렵다는 것이었다. 따라서 정신분석이론은 클라이언트와의 일대일 관계에서 보다 나은 관계를 형성하거나 이해하는 도구로만 미시적 활용이 가능하다는 지적도 있다. 또한 정신분석이론은 클라이언트를 환경 속의 개인으로 파악하지 않고 내부적인 병리적 관점을 중시하기 때문에 사회복지실천의 사정(assessment)과 개입에서 한계를 가진다는 것을 알아야 한다.

정신분석이론은 다양한 영역에 영향을 미쳤지만 다음과 같은 비판들이 존재한다(Carver & Scheier, 2004; Mischel, et al., 2003). 첫째는, 인간을 무의식의 본능에 지배당하는 비합리적인 존재로 파악하여 이성적 힘을 크게 고려하지 않았다는 점이다. 둘째는, 인간의 성격발달에 생물학적 요인을 지나치게 강조하여 환경과 상호교류하면서 발달하는 인간의 모습을 무시하였다는 것이다. 셋째는, 인간행동의 동기를 지나치게 성적 충동에 기인하는 것으로 가정하여 다른 많은 요인들을 의미 없는 것으로 간주한 점이다. 넷째는, 프로이트의 사례연구가 주로 신경증 환자를 대상으로 했기 때문에 보편성을 바탕으로 모든 사람들에게 적용하기는 어렵다는 것이다. 다섯째는, 성격발달에서 남녀를 차별적으로 보는 관점이나 근친상간적 충동을 과학적으로 입증하지는 못하였다는 점이다. 여섯째는, 성격발달의 과거결정론으로 현재 시점에서 변화를 위해 노력할 수 있는 여지를 별로 남기지 않았다는 사실이다.

사회복지사는 정신분석의 이러한 비판들을 숙고하면서 사회복지실천의 과정에서 만나는 다양한 사람들의 특성을 이해하는 하나의 이해틀로 활용할 수 있을 것이다. 하지만 분명한 점은 정신분석적 접근을 통한 인간 이해가 사회복지실천의 기본 관점이라고 볼 수는 없다.

### 2) 사회복지실천의 활용 방안

프로이트가 확립한 정신분석은 광범위하게 인간에 대한 이해 및 심리적 문제해결에 적용되어 왔다. 정신분석은 사회복지실천에서도 클라이언트와 관계형성 및 사정, 그리고 개별 및 집단 면담의 과정에서 실천적이고 이론적인 도구로 활용되고 있다.

■ 정신분석의 목표

프로이트에 의하면 심리적 문제는 주로 어린 시절(남근기까지)의 해결되지 못한 외상(trauma), 갈등, 고착 등의 문제들이 심층적으로 작동하여 무의식적으로 일어난다고 보았다. 따라서 정신분석의 목표는 문제를 일으키는 무의식 속의 정서를 의식 속에서 표현하게 하여 통찰력(insight)을 갖도록 하는 것이다. 이러한 과정을 통해 의식 속에서 카타르시스를 경험하고 그 문제를 해결하도록 하는 것이다(최옥채 외, 2007). 정신분석은 사회복지실천에서 클라이언트의 통찰을 이끌어내는 접근을 하는 경우에 중요한 이론이 될 수 있다.

■ 자유연상

자유연상(free association)은 어떠한 자기검열 없이 마음에 떠오르는 모든 생각이나 기억을 치료자에게 보고하는 기법이다. 자신의 마음속에 떠오르는 생각이 아무리 유치하고, 비논리적이고, 사소하고, 자기 자신을 당황하게 하는 것일지라도 모든 생각을 그대로 치료자에게 말하는 것이다. 이러한 자유연상 기법을 통해 무의식에 잠재된 인생 초기에 경험했던 충격적 상황들을 발견하게 된다.

■ 꿈 분석

꿈 분석(dream analysis)은 프로이트가 개인이 가진 무의식의 비밀을 알아내기 위해 사용했던 또 다른 중요한 기법이다. 프로이트는 꿈을 소망 충족의 위장된 시도라고 보았다. 이러한 소망은 개인에게 수용될 수 없는 무의식적 동기로 위장되거나 상징적인 형태로써 인간의 억압된 욕망, 공포, 갈등을 나타낸다. 꿈의 중요성을 역설하며, 프로이트는 '꿈은 무의식에 이르는 왕도다'라고 하였다. 프로이트는 꿈의 내용을 꿈에서 실제 보여지는 사건(현재몽)과 그런 사건들의 숨겨진 상징적 의미(잠재몽)의 두 측면으로 구분했다.

■ 전이

전이(transference)란 인생 초기의 의미 있는 대상(주로 부모)과의 관계에서 발생했으나 의식화되지 못하고 억압되어 무의식에 묻혀 있었던 생각, 감정, 욕망을 치료자에게 자신도 모르게 표현하는 것을 의미한다. 정신분석에서 치료자는 중립적이고 비간섭적인 태도를 취하여 치료자에게 클라이언트의 중요인물에 대한 감정과 사고를 전이시키도록 한다.

치료자는 전이관계를 통하여 과거의 미해결된 상황이 현재의 자신에게 미치는 영향을 통찰하여 새로운 변화 기회를 가지게 한다. 예를 들면, 전이관계란 어린 시절 완강하고 권위적인 아버지를 싫어했던 사람이 치료과정에서 치료자가 아버지상과 닮았을 경우에 특별한 이유 없이 치료자를 싫어하게 되는 것을 말한다. 그 반대의 경우를 역전이(countertransference)라고 한다. 즉, 역전이란 전이관계에서 클라이언트에 대한 치료자의 무의식적인 감정반응을 말한다.

■ 정신분석의 과정

정신분석의 목표는 일차적으로 중요한 무의식적 자료를 의식으로 가져오는 것이다. 치료자의 과업은 환자가 무의식적 자료를 회상하여 재해석하도록 하여 그의 현재 생활이 보다 만족스럽게 될 수 있도록 조력하는 것이다. 이러한 과업은 정신분석의 일반적 단계인 시작단계, 전이 발달단계, 훈습, 전이해결의 과정을 통해 달성한다. 여기서 훈습(working through)이란 전이관계가 형성된 이후에 클라이언트로 하여금 저항을 극복하도록 하여 자신의 문제를 통찰할 수 있도록 지속적이고 반복적으로 도와주는 일련의 과정을 말한다.

이를 통해 클라이언트의 변화는 오랜 기간 동안에 지속적으로 사회복지사 그리고 클라이언트 자신의 노력으로 달성될 수 있음을 의미하는 것이다. 정신분석에서 중요한 것은 전이관계를 형성하고 해결하는 것이다. 전이관계를 형성하고 해결하는 궁극적 목적은 자신이 무의식에 억압해 버린 자료를 이해하도록 하는 것이다. 전이관계를 이해하게 되면 사회복지사와 클라이언트의 관계에서 발생하는 내면의 역동성을 보다 잘 파악할 수 있다.

■ 저항

저항(resistance)을 이해함으로써 사회복지사가 클라이언트에게 보일 수 있는 비경제적 에너지의 손실을 감소시킬 수 있다. 저항은 무의식에 묻어 두었던 자신에게 고통스러운 기억을 드러내기를 싫어하는 인간의 본성이다. 개인들이 저항하는 중요한 이유는 변화에 대한 두려움, 무의식적 소망과 욕구의 충족 유지, 그리고 무의식적 갈등에 직면하기를 피하는 것이다.

프로이트는 '저항의 해결이 치료의 법칙이다'라고 하였다. 즉, 무의식에 숨겨둔 자료를 각 개인들이 철저히 이해하도록 하는 과정에서 필연적으로 나타나는 저항을 해결하는 것이 필요하다는 것이다. 그러나 사회복지사는 클라이언트의 현실적 비판과 거부를 무조건 무의식적 저항이라고 판단하여 대처해서는 안 된다.

## 요약

1) 프로이트는 인간의 행동은 이성에 의해 지배되는 것이 아니라 무의식의 본능에 의해 결정된다고 보았다. 인간은 비합리적 본능적 힘의 영향을 벗어날 수 없는 생물학적 존재이기 때문에 심리성적 발달단계를 통해 성숙한다고 본다. 프로이트는 인간 행동의 동기인 성욕과 공격욕의 만족과 사회적 제약 사이에 적절한 타협이 필요하며, 이 과정에서 형성되는 것이 성격이라고 하였다.

2) 프로이트는 마음의 지형학적 모형을 제시하였는데, 이는 의식, 전의식, 무의식의 세 가지 수준이다. 의식은 현재 느끼거나 알 수 있는 모든 경험과 감각이며, 개인이 자각하고 있는 생각을 포함한다. 전의식은 의식과 무의식의 중간에 있는 자각으로서 어느 정도 쉽게 의식으로 가져올 수 있는 정신의 부분이다. 무의식은 프로이트가 가장 중요하게 생각한 인간행동의 결정 원인이 존재하는 영역이다. 무의식은 정신의 가장 깊은 수준에서 작동되어 의식할 수 없는 부분이다.

3) 프로이트는 지형학적 모형을 보완하는 성격에 관한 구조모형을 발전시켰다. 그는 성격은 의식, 전의식, 그리고 무의식 속에서 작동하는 원초아, 자아 및 초자아의 관계로 작동한다고 보았다. 원초아는 성격의 가장 원시적인 부분으로 모든 본능의 저장소이며, 성격의 생물학적 구성요소로 타고나는 것이다. 원초아는 쾌락원칙과 일차 과정 사고에 의해 작동된다. 자아는 성격의 외적 세계에 대한 현실지향적인 체계로서 조직적이고 합리적이며, 이성과 상식이라고 불리는 내용들을 포함한다. 자아는 현실원칙과 이차 과정 사고에 의해 작동된다. 정신의 구조 중에서 맨 나중에 발달되는 초자아는 인간의 마음속에 있는 윤리적이고 도덕적이며 이상적인 면을 말한다. 성격의 세 구조인 원초아, 자아 및 초자아의 에너지가 균형 있게 배치되어야 잘 적응하는 개인이 될 수 있다.

4) 프로이트는 인간의 모든 행동은 원초아에 저장된 본능의 지배를 받고 있다고 보며, 본능은 정신에너지를 발산하는 데 그 목적이 있다고 보았다. 본능은 정신 긴장을 감소하는 방향으로 움직이며, 긴장의 감소는 즐거운 경험이지만 긴장의 증가는 불쾌하고 고통스러운 경험이 된다. 프로이트는 본능을 삶과 죽음 본능으로 나누고 모든 사람은 이 두 가지 본능을 동시에 소유하고 있다고 본다.

5) 성격 내의 많은 과정은 불안과 관련되어 있다. 불안은 사람들이 회피하거나 벗어나려고 하는 불쾌한 내부 상태를 말한다. 불안은 외부환경에 기인한 현실 불안, 원초아에 기인한 신경증적 불안, 초자아에 기인한 도덕적 불안으로 유형화할 수 있다.

6) 자아방어기제란 불안으로부터 자신을 보호하기 위해 자아가 무의식적 수준에서 사용하는 심리적 기제이다. 자아방어기제는 무의식적 차원에서 작용하여 정신 내적 갈등의 원천을 왜곡, 대체, 차단하며, 대부분 한 번에 한 가지 이상의 방어기제가 동원된다. 자아방어기제는 프로이트의 딸인 안나 프로이트에 의해 체계화되었다. 주요 자아방어기제는 억압, 퇴행, 반동형성, 투사, 합리화, 부정, 전치, 승화, 주지화, 취소 등이 있으며, 사회적으로 가장 바람직한 형태의 방어기제는 승화라고 알려져 있다.

7) 프로이트는 성격발달을 일련의 단계를 거치는 과정으로 보았으며, 성격발달에서 사회적 요인보다 생물학적 요인이 더 중요하다고 하였다. 프로이트의 성격발달단계를 심리성적 단계라고 하는데, 그 이유는 성적 에너지인 리비도가 집중된 부위(입, 항문, 남근)에 따라 단계를 나누었기 때문이다. 프로이트의 심리성적 단계는 구강기, 항문기, 남근기, 잠복기, 생식기 순이다. 개인은 각 심리성적 단계에서 긴장의 원천이 되는 생리적 성장, 욕구좌절, 갈등, 그리고 위협을 해소하기 위한 새로운 방법을 습득해야 한다. 이 과정을 통해 성격발달이 이루어지고 그 차별성이 각 개인의 성격 차이가 된다는 것이다. 프로이트는 대략 5세경까지를 성격형성의 중요 기간으로 보는데, 즉 남근기까지 형성된 성격의 기본 구조가 일생을 좌우한다고 보았다.

8) 프로이트의 정신분석이론은 20세기 초 미국 사회복지실천에 많은 영향을 미치었다. 이후 정신분석적 개입이 개인을 둘러싼 환경보다는 정신 내적 현상을 강조하면서 문제들이 드러나게 되었으며, 이렇게 정신분석이론이 가지는 한계로 인하여 사정 영역 등에 제한적으로 적용되고 있다. 하지만 정신분석이론은 사회복지실천의 통찰적 접근이나 전이와 저항 등의 기법들이 상황에 맞게 활용되고 있다.

Chapter 3

# 인간행동의 신정신분석적 접근

## 학습목표

1. 개인심리이론의 주요 개념 이해 및 사회복지실천 적용 탐색하기
2. 분석심리이론의 주요 개념 이해 및 사회복지실천 적용 탐색하기
3. 심리사회적 발달이론의 주요 개념 이해 및 사회복지실천 적용 탐색하기

이 장에서는 프로이트의 정신분석이론을 확장, 비판, 이탈한 정신역동이론을 살펴볼 것인데, 이를 신정신분석적 이론이라고도 한다. 신정신분석적 이론은 다양하게 존재하지만 여기서는 개인심리이론(individual psychology), 분석심리이론(analytical psychology), 그리고 심리사회적 발달이론(psychosocial development theory)을 살펴볼 것이다.

개인심리이론은 아들러(Adler)가 확립한 이론으로 인간은 기본적으로 더 유능해지려는 열망을 가지고 있는데, 이는 열등감의 극복이라는 과제를 수행함으로써 가능하다고 본다. 아들러의 개인심리이론과 관련되는 주요 개념은 열등감과 보상을 비롯하여 우월 추구, 사회적 관심, 생활양식, 허구적 목적, 창조적 자아 등이 있다.

분석심리이론은 융(Jung)이 창시자이며, 융은 정신분석, 무의식, 리비도에 대한 해석을 프로이트와 달리하게 되면서 1914년 결별하였다. 융은 정신을 의식, 개인무의식, 집단무의식으로 구분하였으며 집단무의식을 중심으로 분석심리이론을 확립하였다. 주요 개념으로는 의식의 문지기인 자아, 콤플렉스, 원형, 페르소나, 그림자, 아니마와 아니무스, 자기 등이 있으며, 성격발달의 과정을 개성화라고 하였다.

심리사회적 발달이론은 에릭슨(Erikson)이 확립하였으며, 스스로 프로이트의 정신분석이론을 확장하고 보완한 것이라고 하였다. 심리사회적 발달이론은 자아의 역할을 강조하였으며, 전 생애에 걸쳐 인간의 발달이 지속된다는 관점을 가지고 있다.

# 1. 개인심리이론

## 1) 기본 개요

개인심리이론(individual psychology)의 창시자는 아들러(Alfred Adler, 1870~1937)이다. 아들러는 대략 9년 동안 프로이트와 교류하다가 관점의 차이로 1912년에 개인심리이론의 창시자가 되었다. 아들러는 인간은 기본적으로 더 유능해지려는 열망을 가지고 있는데 그 기저에는 열등감이 자리 잡고 있다고 본다. 이러한 열등감을 극복하기 위한 투쟁의 결과들이 바로 개인의 성장과 발달이라는 것이다.

아들러는 인간의 행동이 밖으로 드러나는 힘은 열등감에 따른 보상 동기(compensatory motivation)라고 보았는데, 이는 프로이트가 추동의 힘으로 묘사한 원초아의 충동, 성 본능 및 공격 본능과는 완전하게 다르다고 할 수 있다. 프로이트는 인간의 행동이 무의식적 내면의 힘에 의해 많은 영향을 받는다고 보았지만 아들러는 보다 더 인간행동의 사회적 동기를 지지한다. 다르게 말하면 아들러는 프로이트보다 성격형성에 있어 사회적 영향을 더욱 중요시하였다.

아들러는 어린 시절의 신체적 허약함이 열등감으로 이어지지만 용기 있는 태도가 있다면 평생 동안 보상추구의 동기를 제공하여 열등감을 극복할 수 있다고 본다. 예를 들면, 역사적으로 고대 그리스의 데모스테네스(Demosthenes, BC 431~404)는 어린 시절의 말더듬을 극복하고 위대한 웅변가로서 명성을 얻었으며, 어린 시절의 허약함이나 질병에 대한 염려를 보상하려고 오랜 시간 노력하여 올림픽에 참여한 선수 등에서 확인할 수 있다.

아들러는 인간을 사회적이며 목적론적인 존재로 보았다. 이런 점에서 아들러는 인간의 사회적 관심을 강조하였으며, '인간의 모든 행동은 목적이 있다'고 하였다. 사회에 잘 적응하는 개인은 사회적 관심, 즉 인류애와 용기 및 상식을 가지고 피할 수 없는 무력감과 열등감과 같은 삶의 현실에 대하여 비현실적 환상이 아니라 확신에 찬 건설적인 노력을 한다고 보았다. 아들러가 강조한 사회적 관심, 용기 및 상식과 같은 긍정적 성격 특징들은 모든 사람들이 발달 과정에서 차단되거나 좌절되지 않는 한 자발적으로 그것들을 소유할 수 있다는 것이다.

## 2) 주요 개념

### (1) 열등감과 보상

아들러는 '인간이 된다는 것은 자신이 열등하다는 것을 인식하는 것이다'라고 할 정도로 열등감을 중요시하고 긍정적으로 강조하였다. 인간은 누구나 어떤 측면에서 열등감을 느끼고 있다. 왜냐하면 인간은 현재보다 나은 상태인 완전성을 실현하기 위해 노력하는 존재이기 때문이다. 그리고 사회적 존재로서 다른 사람들과 비교하여 자신을 평가하기 때문이다(노안영 · 강영신, 2002).

아들러는 모든 인간의 성장과 발달은 상상에 의한 것이든, 사실에 입각한 것이든 열등감을 극복하려는 시도에서 나온다고 보았다. 인간이 열등하다고 자각하는 것은 결코 약점이나 비정상이 아니고 모든 사람에게 공통적으로 존재하는 특성이라고 본다. 또한 아들러는 모든 사람은 자기완성을 위해 자신이 느끼는 열등감을 극복해야 한다고 강조하였다.

아들러는 개인이 열등감을 극복하고 완성에 도달하기 위해 노력하면 건설적 생활양식을 갖게 되어 건강한 삶을 유지한다고 보았다. 이러한 사람들은 열등감을 지배하여 신체적 약점이나 결함을 연습이나 훈련을 통하여 보상(consideration)하려고 노력하게 된다. 반면에 어떤 개인이 열등감에 사로잡혀 열등감의 노예가 된다면 열등감 콤플렉스(inferiority complex)에 빠져버리게 된다.

열등감 콤플렉스에 의한 행동은 자기중심적이거나, 타인 의존적이 되거나, 열등하다고 공언하고 도피하거나, 질병 등을 이유로 문제해결의 어려움을 강조하거나, 자신보다 약한 대상과 관계를 맺으며 타인을 지배하려 하거나, 타인의 행위와 성과를 고의적으로 무시하거나 가치절하하며, 자신의 우월함을 증명하는 데 필사적이 되는 것 등으로 나타난다(박아청, 2006).

아들러는 병적 열등감에 이르는 환경을 신체기관의 결함, 과잉보호, 방임으로 제안하였다(Adler, 1958).

첫째는, 신체적으로 병약하거나 허약하여 나타나는 열등감이다. 자신의 신체가 불완전하다고 생각할 경우에 마음속으로 능력이나 기술을 제한하여 열등감을 경험하게 된다. 아들러는 정신에 영향을 미치는 것은 신체적 결함 그 자체가 아니고 결함에 대한 태도와 훈련이라고 하였다. 이러한 성장과정을 경험한 사람들은 관심을 자신에게만 집중하기 쉬우며, 다른 사람에 대해 공헌하는 이타심을 발휘하기가 어렵다. 이들은 열등감이라는 소라껍질 속에서 밖으로 나오기 어렵게 된다. 그러나 대부분의 사람들은 열등감을 극복하고 자기완성을 위해 노력한다.

둘째는, 응석받이로 과잉보호 받아서 나타나는 열등감이다. 이는 자녀를 지나치게 의존적으로 양육함으로써 어려움과 좌절에 대처하는 방법을 배우지 못해서 나타나는 현상이다. 이런 사람들은 자신의 인생에서 어려운 고비를 만나게 되면 대처하는 유일한 방법이 다른 사람에게 요구하는 것이다. 이러한 대처가 성공적이지 않으면 자신은 문제를 해결할 능력이 없다고 판단하여 깊은 열등감을 가지게 된다. 이들은 일상에서 모든 관심을 자신에게 향하고 있기 때문에 다른 사람과 공동체를 위한 협동의 필요성을 인식하지 못한다.

셋째는, 거부되거나 방임으로 인한 열등감이다. 아동이 양육되는 과정에서 물리적 폭력이나 심리적 학대의 지속으로 신뢰감을 형성하지 못한다면 다른 사람과 세상을 적대적 또는 위협적으로 인식한다. 이러한 사람들은 신뢰할 수 있는 세상을 접해보지 않았으므로 다른 사람들과 협력하고 사랑을 통해 서로 간에 애정과 존경을 가질 수 있다는 사실을 알지 못한다. 이들은 근본적으로 자신이 필요하지 않다고 느끼기 때문에 열등감을 극복하기보다는 문제에 대해 도망가거나 회피하게 된다.

이와 반대로 과잉보상으로 인해 자신의 신체적·지적·사회적 기술을 과장하여 병적 우월감을 가지는 사람도 있다. 이들은 과장되고, 자만하고, 건방지고, 이기적이고, 남을 업신여기는 것을 통해 자신이 권위 있는 존재라는 인상을 남기려고 한다. 아들러는 초기에 신체기관의 허약함에 의한 열등감에 관심을 가졌으나 점차로 심리적 열등감과 이에 따른 고통스러운 감정을 해소하기 위한 보상 노력에 관심을 가졌다(Pervin, et al., 2001).

열등감과 보상의 구체적 사례를 살펴보자. 대학에 갓 입학한 어떤 신입생은 학과에 친구가 한 명도 없었다. 그런데 다른 신입생들은 여러 명이 모여서 이야기하는 것을 보면서 약간 부끄럽고 열등감을 느꼈다. 이후 이 신입생은 용기를 내어 학과의 모임에서 자신을 소개하며 친구들을 사귀면서 이러한 열등감을 극복하려고 하였다. 이후에 친구들은 많아졌지만 대학에서는 좀 더 친밀한 관계를 가지는 것이 필요하다고 생각하면서 또다시 열등감을 느꼈다. 그래서 대학의 동아리 모임에 참여하거나 타 대학의 학생들과 교류하면서 이러한 열등감을 극복하려고 하였다. 이러한 노력을 통해 이 학생은 점점 성장하고 자신을 위한 바람직한 생활양식을 만들어 가게 되는 것이다.

### (2) 우월 추구

아들러는 모든 인간은 우월을 추구하려는 기본적 동기를 선천적으로 가지고 태어난다고 하였다. 아들러는 인간행위의 궁극적 동기를 설명하기 위해 초기의 공격성에서 우월 추구의 개념으로 발전시켰다. 우월 추구(striving for superiority)는 삶의 기초적인 사실로서 모든 인간이 문제에 직면하였을 때 부족한 것을 보충하며, 낮은 것은 높이고, 미완성의 것은 완성하며, 무능한 것은 유능한 것으로 만드는 경향성이다(Pervin, et al., 2001). 아들러는 우월 추구를 모든 인간의 문제해결 과정의 기초로 보았으며, 이는 잠재력으로 존재하기 때문에 개인에 따라 현실화하는 과정이 다르다고 보았다.

우월 추구는 열등감을 극복하려는 기본적 동기에서 출발한다. 전 생애 기간 동안에 나타나는 우월 추구의 노력은 인간을 성장과 발달로 이끌어 준다. 그러나 모든 사람은 자신의 인생에 부여하는 의미와 목적이 다르기 때문에 우월 추구의 잠재력을 실현하는 방법도 다르다. 따라서 우월 추구의 방법은 수천, 수만 가지가 될 수 있으며 개인의 노력이 중요하다.

아들러는 우월을 향한 인간의 욕구가 개인과 사회 두 가지 수준에 모두 일어나며, 모든 욕구는 완성을 위한 노력에서 비롯되기 때문에 분리된 욕구란 존재하지 않는다고 보았다. 또한 우월을 향한 목표가 반드시 긍정적인 경향을 띠는 것은 아니다. 우월 추구가 사회 전체를 위해, 그리고 이타적인 관심에서 비롯되지 않고 자기만족, 자기충족 또는 권력을 향한 맹목적인 추종으로 나타난다면 부정적 경향성으로 발전한다. 우월 추구는 사회적 관심을 중심으로 바람직한 생활양식을 바탕으로 이루어져야 긍정적으로 개발된다.

### (3) 사회적 관심

아들러는 사회적 관심(social interest)은 선천적으로 타고나는 것이지만 출생 이후의 양육과정과 학습을 통해 개인마다 다르게 발달한다고 보았다. 사회적 관심이란 다른 사람에게 이타심을 가지고 사회 전체의 발전을 위해 자신이 공헌하려고 하는 성향을 의미한다(김필진, 2007). 아들러는 최초의 양육자가 보이는 사회적 관심을 통해 이타심을 배우고 사회적 관심을 발달시킨다고 하였다. 아들러는 인간은 사회의 이익을 위해 개인적 이익을 포기하는 선천적·사회적 본능을 가졌다고 생각했다. 즉, 개인은 이상적인 공동사회의 목표를 달성할 수 있도록 사회에 기여하려고 한다는 것이다.

아들러는 사회적 관심은 선천적으로 타고나는 것이지만 사회적 관계로부터 많은 영향을 받는다고 하였다. 사회적 관심의 발달은 아동에 대한 부모의 관심과 태도에서 출발한다. 하지만 사회적 관심은 지도와 훈련 등에 의해 더 많이 실현될 수 있으므로 학교와 사회에서 수행하는 교육의 중요성도 강조하였다. 개인의 사회적 관심은 심리적 문제와 사회적응의 중요한 기준이 된다. 아들러는 사회적 관심이 높은 사람은 심리적으로 건강할 뿐만 아니라 일상적인 적응을 잘하게 되고, 반대 경우의 개인은 사회적 부적응이 나타날 가능성이 높다고 보았다.

### (4) 생활양식

#### ① 생활양식의 개념

생활양식(life style)은 삶을 살아가는 근거가 되는 기본적 전제와 가정을 말한다. 아들러에게 있어 생활양식은 성격구조라고 할 수 있다. 생활양식은 자아개념, 타인과 세상에 대한 태도를 포함하는 개인의 독특한 특징들을 포괄한다. 생활양식은 '나는 무엇이다-타인과 세상은 어떠하다-그러므로 ~하다'와 같은 삼단논법으로 표현될 수 있다(노안영·강영신, 2002). 따라서 사람들은 자신의 독특한 생활양식에 따라 생각하고, 느끼고, 행동한다.

아들러는 생활양식은 열등감을 보상하기 위한 행동의 결과로 형성된다고 보았다. 예컨대 동물원에 놀러간 세 명의 아이들이 무서운 사자 앞에서 보이는 행동을 통해서 확인할 수 있다. 이들은 자신의 열등감에 대처하기 위해 행동하는데, 어떤 아이는 다른 이유를 대면서 집에 가자고 보채고, 다른 아이는 겁이 나서 벌벌 떨면서도 하나도 안 무섭다고 하며, 또 다른 아이는 사자를 노려보며 대응하는 자세를 보인다.

이러한 행동들은 자신의 열등감에 대해 스스로의 방식으로 대처한 것이며, 그러한 일들이 쌓여 개인의 생활양식으로 구조화되는 것이다. 아들러는 생활양식은 출생 후부터 5세경까지 형성되며, 이 시기 이후 개인의 생활양식은 거의 변하지 않는다고 보았다. 생활양식은 사람들의 습관, 여가생활, 일상생활, 직업, 대인관계 등의 모든 영역을 지배하게 된다. 개인적 또는 사회적 결핍 때문에 잘못된 생활양식을 가지는 경우에 이것이 그 개인을 지배하여 현재와 미래의 문제들에 대해 부적절하게 대응하도록 한다.

#### ② 생활양식의 유형

아들러는 인생 초기에 형성된 생활양식은 일생 동안 일관성 있게 적용된다고 보았다. 생활양식의 형태는 개인의 일, 우정, 사랑과 결혼이라는 세 가지 주요 인생과업에 대한 태도에 따라 분류할 수 있다고 하였다. 이러한 생활양식 태도의 유형은 사회적 관심과 활동수준이라는 두 가지 차원을 기준으로 한다. 이를 근거로 범주화한 네 가지 생활양식은 다음과 같다(권중돈 · 김동배, 2005; 최옥채 외, 2007).

■ 지배형 생활양식

이 생활양식은 사회적 관심이 낮으나 활동수준은 높은 유형으로 독단적이고 공격적이며 활동적이지만, 사회적인 인식이나 관심이 거의 없는 사람이다. 이런 사람은 자신의 욕구충족을 위해 다른 사람의 안녕이나 고통은 생각하지 않고 공격적이며 반사회적 경향을 나타낸다.

■ 획득형 생활양식

이 생활양식은 사회적 관심과 활동수준 모두 낮아서 기생적인 방법으로 외부세계와 관계를 맺으며, 다른 사람에게 의존하여 대부분의 욕구를 충족하는 생활유형이다. 이런 개인은 자신의 욕구를 대부분 다른 사람을 통해 얻으려는 사람이지만 활동수준이 낮아 사회적으로 위험하지는 않다.

■ 회피형 생활양식

이 생활양식은 어떠한 방법으로든 참여하려는 사회적 관심도 적고 어떤 형식으로든 인생에 참여하려는 활동도 하지 않는다. 이들은 사회적으로 참여하는 것에 대해 자신이 없거나 실패가 두려워서 아무런 일도 하지 않고 살아가려고 한다.

■ 사회적으로 유용한 생활양식

이 생활양식은 사회적 관심과 인생과업을 성취하기 위한 활동수준도 모두 높다. 가장 바람직한 유형으로 자신과 타인의 욕구를 충족하기 위해 노력하며 인생과업을 완수하기 위해 다른 사람과도 협력한다.

아들러는 생활양식의 유형구분에서 높은 사회적 관심과 낮은 활동수준을 보이는 유형은 제시하지 않고 있는데, 이러한 생활양식을 가진 사람은 현실적으로 존재하지 않기 때문이다. 즉, 사회적 관심이 높은 사람은 적극적으로 어떤 사회적 활동에 참여하지 않을 수 없다는 것이다.

〈표 3-1〉 생활양식의 유형

| 활동수준 \ 사회적 관심 | 고 | 저 |
|---|---|---|
| 고 | 사회적 유용형 | 지배형 |
| 저 | | 획득형, 회피형 |

(5) 출생순위와 생활양식

아들러는 가족성원 간의 정서적 유대, 가족의 크기, 가족역할모델 등과 같은 사회적 요인이 생활양식에 영향을 미친다고 보았다. 특히 아이들의 출생순위는 생활양식에 크게 영향을 미친다고 보았으며 출생순위에 따라 유사한 특징들을 갖는다고 보았다.

출생순위는 단지 순서가 중요한 것이 아니라 개인의 지각이 더 큰 의미를 가진다. 예컨대 첫째 아들과 20년 차이로 둘째가 태어난다면 이는 둘째로서의 특성을 가지는 것이 아니라 또 다른 첫째로서의 특징을 가지는 것이다. 모든 사람들이 출생순위에 따라 똑같은 특징을 보이는 것이 아니라 가족구조의 위치에 의해 생활양식이 달라진다고 본다. 다음은 출생순위에 따른 생활양식의 일반적 유형이다(Adler, 1931, 1964, 이인정 · 최해경, 2007 재인용).

첫째 아이는 태어났을 때 혼자라는 독특한 위치로 인해 사랑과 관심을 독차지하게 된다. 그러나 이러한 상황은 동생이 태어나면서 모든 것이 극단적으로 바뀌게 된다. 이는 첫째 아이에게 매우 불안하고 위험한 상황이기 때문에 자신의 관심과 사랑을 다시 되찾기 위해 퇴행하거나 파괴적으로 행동하기도 한다. 이를 흔히 폐위된 왕에 비유할 만큼 첫째 아이가 마음의 상처를 입는다고 본다.

이 폐위된 왕은 자신의 과거 위치를 되찾고자 노력하지만 이전의 상황과 똑같이 될 수 없음을 깨닫게 된다. 이 과정에서 첫째 아이는 혼자서 살아가는 방법을 터득하고 자신에게 성숙과 책임을 요구하는 부모의 요구에 동조하게 된다. 한때 지배했던 자신의 왕국을 잃은 첫째 아이는 성장한 후에도 권력과 권위의 중요성을 다른 출생순위의 아이들보다 더 잘 이해한다.

둘째 아이는 처음 태어났을 때부터 누나와 형이라는 속도조정자를 가지고 있기 때문에 더욱 도전적이고 경쟁적이다. 둘째 아이는 첫째 아이를 상대로 자극받기 때문에 신체적·언어적으로 빠른 발달을 보이는 경우가 많다. 따라서 둘째 아이는 아주 경쟁심이 강하고 야망을 가진 사람으로 성장할 수 있다.

막내 아이는 동생에게 자신의 자리를 빼앗기지 않고 과잉보호 받을 수 있다. 이런 사람들은 성장한 후에 과도하게 의존적인 성향을 가지게 된다. 또 다른 차원에서 막내는 다른 힘세고 능력 있는 형제들과 비교하여 열등감을 경험하기 쉽다. 그러나 열등감을 극복하고 모든 형제자매들을 능가하려는 강한 동기부여를 통해 가족 중에 가장 야망 있는 사람이 되거나 혁명가로 성장할 수도 있다.

독자는 경쟁이 필요 없는 독특한 위치를 지속하게 된다. 그러므로 부모로부터 응석받이가 되고 다른 모든 사람으로부터도 보호받기를 원한다. 이런 이유로 독자는 의존심과 자기중심성이 현저하게 나타난다. 독자는 어린 시절에 자신이 모든 것의 중심에 있게 된다. 따라서 점차 성장하면서 자신이 관심의 대상이 되지 못할 경우에 이를 극복하기 위한 노력이 필요하다.

### (6) 허구적 목적

아들러는 인간은 현실적으로 전혀 실현 불가능한 많은 허구적인(가상적인) 생각에 의해서 살아간다고 보았다. 아들러는 인간의 모든 행동에는 목적이 있다고 보았다. 즉, 인간은 현재를 바탕으로 미래지향적인 삶의 목적을 향해 노력하는 존재라는 것이다. 하지만 아들러는 개인이 추구하는 궁극적인 목표는 현실에서 결코 검증되거나 확인될 수 없는 허구적 목적(fictional finalism)이라고 보았다(김춘경, 2006).

예컨대 어떤 사람은 무슨 일이든지 열심히 노력하면 그것을 달성할 수 있다고 믿고 세상을 살아갈 수 있다. 그러나 이 세상의 일은 그 개인이 노력한다고 모두 이루어지는 것이 아니기 때문에 그 신념은 허구라는 것이다. 이렇게 사람들은 진리라고 믿는 허구적 믿음들을 가지고 살고 있다. 이러한 목적이 일상생활에 도움이 되지 못한다면 수정하거나 버려야 하겠지만 어떤 경우에는 현실의 어려움을 대처하는 데 도움이 되기도 한다. 즉, '열심히 노력하면 성공할 수 있다'와 같은 허구적 목적은 개인의 긍정적 변화에 기여할 수 있다.

아들러는 개인의 모든 심리 현상은 그의 허구적 최종 목적을 이해함으로써 설명될 수 있다고 주장하였다. 개인의 우월 추구는 그들이 채택하는 허구적 목적에 의해 결정된다. 허구적 목적은 자기 스스로 결정한 것이기 때문에 개인마다 독특하다(노안영 · 강영신, 2002). 따라서 한 개인의 허구적 목적을 이해하게 되면 그가 하는 다양한 행동의 의미를 이해할 수 있다.

#### (7) 창조적 자아

아들러는 인간에게는 유전과 경험이라는 원료를 사용하여 창조적 자아(creative-self)를 만들어 내는 능력이 있다고 본다. 이는 인간은 스스로 자신의 성격을 만들 수 있다는 것이다. 즉, 유전에서 나온 능력과 환경과의 상호작용에서 나온 경험을 해석하여 자기 나름대로의 성격을 만든다는 주장이다. 개인마다 원료를 이용하는 방법이 다르기 때문에 사람들 간에 성격구조인 생활양식이 다르게 나타나는 것이다.

아들러는 생활양식이 개인의 창조적 행위라고 보았으며, 다른 아들러의 개념은 창조적 자아의 부수적인 것이라고 볼 수 있다(김춘경, 2006). 이는 인본주의적 특성을 의미하는 것으로 정신분석학이 파괴하였던 인간의 존엄성에 대한 부활이라고 할 수 있다. 인간은 환경에 의해 영향을 받기도 하지만 스스로 환경에 영향을 미치고, 환경이 자신에게 적절히 반응하도록 창조하는 존재라는 것이다. 이러한 개념은 인간이 운명의 주인이지 운명의 희생물이 될 수 없다는 주장과 일치한다.

### 3) 개인심리이론과 사회복지실천

#### (1) 사회복지실천과의 관련성

아들러는 개인의 성격은 자기 스스로 창조할 수 있다고 보았다. 개인의 유전적 요인과 환경적 요인의 창조적 융합으로 성격을 발달시킨다는 아들러의 관점은 사회복지실천현장의 사회복지사도 공통적으로 받아들이는 측면이다.

아들러는 인간은 유전적이고 생물학적으로 결정되는 존재가 아니라 다양한 외부환경에 반응하면서 자신을 새롭게 만들 수 있다는 사실을 강조하였다. 예컨대 사회복지사는 지능이 보통 이하인 클라이언트를 단순히 생물학적 능력으로만 모든 사회적 기대와 활동의 수준을 단정하는 것이 아니라 환경적 자원을 적절히 제공하면 충분히 자신의 삶을 살 수 있다는 믿음을 가지고 대하는 것과 관련이 있다.

그러나 아들러의 개인심리이론은 다른 정신역동이론과 마찬가지로 거시적 환경 요인이 인간에게 미치는 영향을 중요하게 고려하지 않았다. 인간 이해에서 개인의 심리 내면의 역동적 상황에 초점이 맞추어져 있으며, 외부환경적 요인이 인간에게 어떤 영향을 줄 수 있는지보다는 외부적 조건을 인간이 어떻게 받아들여야 하는지를 중심으로 이론을 전개하고 있다.

다르게 말하면, 클라이언트의 문제를 개인의 탓으로 돌리고 해결책도 개인에게서 찾으려는 관점의 추구라고 할 수 있다. 이는 모든 정신역동이론이 지니고 있는 한계라 할 수 있다. 정신역동이론은 분명 우리가 클라이언트를 전인적으로 이해하는 데 도움이 되는 이론이지만 외부의 거시적 환경보다는 개인적 조건을 보다 강조한다는 사실을 이해할 필요가 있다.

### (2) 사회복지실천의 활용 방안

아들러의 개인심리이론은 사회복지사로 하여금 인간을 이해하는 하나의 맥락을 제공해 준다. 아들러에 의하면 인간에게 열등감은 당연히 존재하는 것이며 보다 나은 삶을 살도록 하는 원동력과 같다고 하였다. 이러한 관점의 적용은 사회복지서비스 이용자가 될 수 있는 모든 사회구성원을 보다 폭넓게 이해하도록 한다. 예컨대 서비스이용자가 지니고 있는 열등감을 단지 제거해야 할 대상이 아니라 보상의 추구를 통해 오히려 성장의 기회 요인으로 작용할 수 있다고 생각하는 것이다.

아들러의 중요한 개념인 사회적 관심도 사회복지실천에서 활용 가능하다. 특히 사회복지사가 심리 내면의 문제를 가지고 있는 클라이언트와 문제를 해결하는 과정에서 적용할 수 있다. 인간의 내적 어려움을 해결할 때는 생물학적·심리적·사회적 차원을 모두 고려하여야 한다. 그중에서 사회복지사는 심리사회적 차원의 해결 방안들을 주로 고민한다. 이때 개인의 사회적 관심의 정도를 확인하고 그에 따른 적절한 대처 방안들을 적용한다면 보다 쉽게 심리 내면의 문제들로부터 회복될 수 있을 것이다.

아들러의 생활양식과 허구적 목적은 클라이언트를 사정(assessment)할 때 활용 가능하다. 사회복지실천에서 사정의 목적은 다양하지만 문제를 정확하게 확인하여 실천의 방향을 결정하는 것이다. 클라이언트의 문제를 제대로 이해하기 위해서는 다양한 방법을 통해 클라이언트를 전인적으로 바라보아야 한다. 아들러가 주장한 생활양식의 유형과 출생순위에 따른 패턴을 확인하여 클라이언트를 보다 전인적으로 이해할 수 있다.

또한 아들러의 허구적 목적을 이해함으로써 인간의 행동을 보다 심층적으로 파악할 수 있다. 예를 들면, 클라이언트의 수많은 부적절한 행위가 그의 이면의 허구적 목적에 기인하고 있다는 사실을 발견하게 된다면 사회복지사가 클라이언트와 정서적 갈등을 초래하지 않고 있는 그대로 클라이언트를 이해할 수도 있을 것이다. 그 연장선에서 클라이언트가 이에 대한 통찰력을 가진다면 적응이나 성장을 가져올 수 있다.

## 2. 분석심리이론

### 1) 기본 개요

분석심리이론(analytical psychology)을 확립한 사람은 융(Carl Gustav Jung, 1875~1961)이다. 융은 스위스에서 태어나 1907년부터 프로이트와 교류하였으며, 1911년에는 프로이트의 후원으로 국제정신분석학회장이 되기도 하였다. 그러나 융은 정신분석, 무의식, 리비도에 대한 해석을 프로이트와 달리하게 되면서 1914년 결별하고 분석심리학의 창시자가 되었다.

융은 어렸을 때부터 상당히 내성적인 아이였으며 아동기에도 많은 시간을 꿈의 의미와 그가 경험했던 초자연적 환상에 깊이 빠져서 보냈다. 일례로 융은 아동기에 인간형상을 조각하여 혼자 있을 때 그 조각물과 이야기를 하거나 내용을 비밀스러운 부호로 기록하기도 했다. 또한 융은 내적 혼란으로 정신적 고통을 심각히 받은 시기도 있었으나 이를 극복하여 오히려 성장의 시간으로 활용하였다.

융의 분석심리와 프로이트의 정신분석의 공통점은 인간의 무의식 세계를 강조했다는 점이다. 또한 인간의 발달과 성장은 내면의 무의식적인 것을 의식화시키는 과정을 통해 가능하다는 관점에서도 유사하다. 그러나 인간을 이해하는 데 있어 몇 가지 기본적인 차이가 있다.

첫째, 성격에 영향을 미치는 힘을 프로이트는 과거의 사건이나 과정에 의해서 결정된다고 보았으나, 융은 과거의 사건과 함께 미래의 목표와 열망에 의해서도 형성된다고 보았다.

둘째, 리비도의 역할인데, 프로이트는 리비도를 생물학적 성적 에너지에 초점을 두었으나, 융은 성적 에너지와 다른 삶의 에너지를 모두 포괄하는 정신에너지로 간주하였다.

셋째, 무의식 개념의 차이인데, 프로이트는 인간정신의 자각 수준까지를 무의식으로 파악하였으나, 융은 인류 정신문화의 발달을 포함하는 집단무의식의 개념을 제시하였다.

넷째, 인간의 삶 전체에 대해, 프로이트는 끊임없는 갈등 속에서 자신을 방어하며 힘들고 어렵게 살아가는 존재로 파악한 반면에 융은 인간을 원래 자신에 포함된 정신의 전체성을 실현하는 존재로 보았다. 즉, 융은 인간 삶의 핵심을 자기실현의 과정이라고 보았다.

## 2) 주요 개념

### (1) 정신의 구조

융은 전체적 성격을 정신으로 보았다. 정신은 의식과 무의식에 포함된 모든 생각, 감정, 행동을 말한다. 융은 정신적 에너지는 인간정신에 깊이 존재하는 모든 상이한 충동을 만족시키는 많은 형태를 가진다고 본다. 예를 들면, 예술의 목적은 사회적·종교적 목적을 충족시킬 뿐만 아니라 권력, 성적 충족, 상징적 죽음과 부활, 파괴적-공격적 충동의 방출 또는 창조력이라고 보았다(이인정·최해경, 2007).

융에 의하면 인간은 전체적 성격을 가지고 태어나며 일생을 통해 이러한 타고난 전체성을 분화하고 통합해 간다고 하였다. 융은 전체적 성격인 정신을 의식, 개인무의식, 집단무의식으로 구분하였으며, 집단무의식을 중심으로 분석심리이론을 확립하였다(노안영·강영신, 2002).

#### ■ 의식

의식(consciousness)은 인간이 직접 인식하고 있는 정신의 부분이다. 의식은 자아(ego)에 의해 지배된다.

#### ■ 개인무의식

개인무의식(personal unconscious)은 의식에 인접해 있는 부분으로 쉽게 의식화될 수 있는 망각된 경험이나 감각으로 구성된다. 개인무의식의 자료는 개인의 과거경험에서 비롯된 내용으로 프로이트의 전의식과 유사한 개념이지만 무의식까지 포함한 개념이라고 할 수 있다. 개인무의식은 의식되었지만 그 내용이 중요하지 않거나 고통스러운 것이기 때문에 망각되었거나 억제된 경험적 자료의 저장소이다(노안영 · 강영신, 2002).

■ 집단무의식

집단무의식(collective unconscious)은 융이 제안한 독창적인 개념이다. 집단무의식은 개인적 경험이 아니라 모든 인류 전체가 역사와 문화를 통해 공유해 온 모든 정신적 자료의 저장소이다. 집단무의식에 의해 인간의 정신은 계승되고 유전되어 다음 세대로 전달된다. 융은 모든 인간은 태고의 선조들이 원시시대부터 경험하였던 내용들의 영향을 받는다고 하였다.

집단무의식은 직접적으로 의식화되지는 않지만 인류역사의 산물인 신화, 민속, 예술 등을 통하여 확인할 수 있다. 예를 들면, 동서양의 영웅에 대한 신화는 유사한 과정으로 묘사된다. 이런 영웅신화에서 영웅은 어렸을 때 집을 떠나서 어려움에 직면하고 여러 사람이나 환경의 도움으로 고난을 극복하게 된다. 결과적으로 권선징악을 보여주며 그 보상으로 왕이 되거나 위대한 지도자로 남는다. 이러한 유사성은 인간정신의 세대 간 전승에 의해 가능하다고 보았다. 이와 같이 융은 인류에게 공통적으로 유전되고 전달되는 정신을 집단무의식으로 개념화하였다.

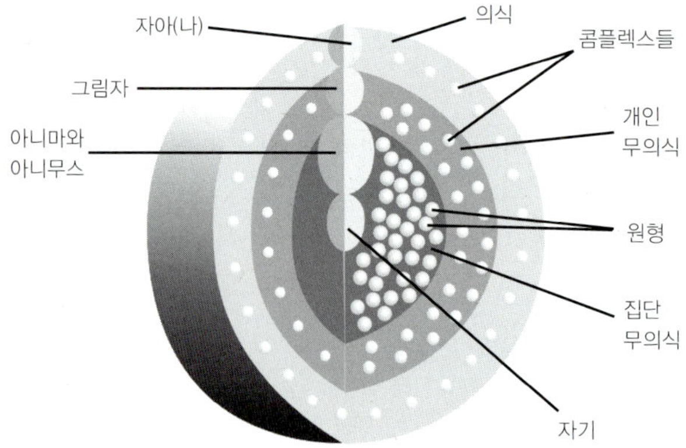


|그림 3-1| 융이 말하는 정신의 구조

출처 : 이부영(2001), p. 34.

### (2) 자아

#### ① 융의 자아

자아(ego)는 의식적인 지각, 기억, 사고, 감정 등으로 이루어져 있다. 자아는 정신 전체에서 작은 부분을 차지하고 있지만 의식에서는 문지기와 같은 중요한 역할을 하고 있다. 인간은 자아를 통해 내면세계를 탐색하고 자신을 외부에 표현하거나 외부현실을 인식한다. 자아는 외부세계와 접촉하는 과정에서 자신이 속한 사회집단의 견해나 가치관, 행동규범을 지각하게 되고, 그 집단의 요구에 적응하기 위한 여러 가지 행동양식을 익히게 된다(권중돈 · 김동배, 2005).

#### ② 자아 태도

융은 자아의 기본적인 태도와 기능들을 통해 심리적 유형을 분류하였다. 융은 이러한 태도와 기능의 결합으로 개인의 성격이 결정된다고 하였다. 우선 태도는 자아가 갖는 정신적 에너지 방향이며, 외향성과 내향성으로 구분된다. 외향성(extraversion)은 자아가 외부대상에 가지는 능동적인 태도를 말하며, 내향성(introversion)은 의식의 초점이 자신의 주관적 세계로 향하는 성격태도를 일컫는다(이부영, 2001).

융은 자아의 기본적 태도는 선천적으로 결정되어 있는 것으로 보았다. 내향성의 사람은 외부대상이 아니라 자신의 주관적인 성찰에 의해 사물을 판단한다. 그러나 외향적인 사람은 객관적인 사실과 조건들을 중요시하며 자신 이외의 환경에 대해 흥미를 가지고 쉽게 적응을 한다. 융에 의하면 인간은 이러한 두 가지 성격태도를 모두 가지고 있으며 둘 중 어느 태도가 지배적이냐에 따라 성격유형이 결정된다고 하였다. 이러한 유형은 내적 성향과 외부환경 중에 어느 한쪽을 지지하고 다른 쪽은 제한하여 발생한다.

자아의 태도유형은 의도적이거나 의식적인 판단에 의해 나타나는 것이 아니라 무의식적인 본능적 동기에 의해 결정된다. 외향적인 사람은 다른 사람과 상호작용을 좋아하고 활동적이며 외부의 일에 적극적인 관심을 가진다. 반면에 내향적인 사람은 자신의 내적 세계에 관심을 가지고 비사교적이며 사색하기를 좋아한다.

### ③ 자아 기능

자아의 기능은 주관적 세계와 외부세계를 지각하고 이해하는 서로 다른 방식을 의미한다. 융이 제안한 정신적 기능의 구성요소는 사고(thinking), 감정(feeling), 감각(sensing), 직관(intuiting)이다(Hjelle & Ziegler, 1992).

사고기능은 관념적이며 지적인 기능이다. 이 유형의 사람은 세계와 자신의 본질을 이해하려고 힘쓴다. 사고형의 사람은 객관적 진실과 원리원칙에 의해 판단하며 논리적·분석적이고 규범과 기준을 중시한다. 감정기능은 인간에게 있는 유쾌, 고통, 분노, 공포, 비애, 즐거움 그리고 사랑 등의 주관적 경험을 포함한다. 감정형의 사람은 객관적 진실에 관심을 가지는 사고형과 달리 사람과의 관계, 보편적 선 따위에 관심을 가지며 원칙보다 상황적·우호적 판단을 중시한다.

사고형의 사람은 관계에서 감정의 문제를 잘 다루지 못한다. 감정형은 어떤 사건을 파악할 때 자신의 관심 또는 기분의 상태에 따라 거부하거나 받아들인다. 사고와 감정 기능은 정반대의 기능이라고 볼 수 있지만 둘 다 경험적으로 판단하고 평가하여 사물을 이해하려고 하기 때문에 합리적 기능이라고 본다.

그러나 이성을 필요로 하지 않는 지각의 형태인 감각과 직관은 비합리적 기능이다(이부영, 2001). 감각기능은 지각적 또는 현실적 기능으로 외부세계의 구체적 사실들이나 표상을 포함한다. 감각형의 사람은 구체적이고 사실적인 측면에 초점을 두고 매우 일관성 있는 현실수용을 중시한다. 직관기능은 무의식적 과정과 잠재적 내용들에 의한 지각이다.

직관형의 사람은 미래의 가능성과 육감에 초점을 두어 변화와 다양성을 중시한다. 감각형의 사람은 의식적 경험을 통해 구체적인 현실을 파악하려고 하지만 직관형의 사람은 전체적 형태를 즉각 깨닫는 방법으로 사물을 파악하려고 한다.

이와 같은 심리적 기능도 모든 사람에게 존재하지만 주로 활용하는 기능은 의식에서 지배적이 되고 나머지 세 가지는 개인무의식에 남아 있게 된다. 이러한 원리에 의해 개인의 성격이 밖으로 드러나는 것이다.

### (3) 콤플렉스

콤플렉스(complex)는 하나의 공통된 주제와 관련된 감정, 기억, 사고, 지각이 집합을 이루는 것으로 개인무의식 속의 관념덩어리이다. 하지만 콤플렉스의 내용은 완전히 개인무의식 속에 있을 수도 있고 어떤 경우는 의식에 있다가 다시 개인무의식 속에 포함된다(이부영, 2001).

콤플렉스는 개인의 경험들이 어떤 유사한 정신적 요소들끼리 모아진 것이다. 콤플렉스는 각 개인마다 다른 형태를 취하고 있는데, 이 콤플렉스로 인하여 사고의 흐름이 방해를 받거나 감정적으로 흥분을 하는 등 부정적으로 작용하기도 한다. 콤플렉스는 자율성을 가지고 자아의 지배를 벗어나서 부정적 요소와 긍정적 요소를 동시에 가지기 때문에 성장과 촉진적 요인을 동시에 가지고 있다.

콤플렉스는 무의식의 영역에 있기 때문에 자아는 콤플렉스의 지배를 받고 있는지를 깨닫지 못한다(권중돈 · 김동배, 2005). 예컨대 사랑하는 사람의 죽음을 체험한 사람은 죽은 사람에 관하여 연상되는 것들을 모아서 하나의 응어리를 형성하게 되며, 보통 때는 개인무의식에 숨어 있으므로 그 존재를 느끼지 못하다가 죽음을 연상할 만한 상황에 이르면 자아로 하여금 슬픔과 같은 특정의 강한 감정반응을 하도록 만든다.

### (4) 원형

원형(archetypes)은 인류역사를 통해 선조로부터 물려받은 인간의 행동에 영향을 주는 수없이 많은 정신적 소인이다. 원형은 감정적으로 비슷한 연합된 이미지의 집합인 점에서는 콤플렉스와 유사하다. 그러나 콤플렉스가 개별화된 개인의 무의식으로 구성된 반면에 원형은 일반화된 것이며 집단무의식의 내용에서 유래한다(이부영, 2001).

원형은 형태를 가진 이미지 혹은 심상이지 내용(content)은 아니다. 원형은 인류 전체의 무한한 반복적 경험들이 모든 인간의 정신적 소질 속에 남겨진 것이다. 예를 들면, 부모의 원형은 어떤 부모의 사진이 아니라 경험에 의해 현상되어야 하는 음화(陰畫)라고 할 수 있다. 따라서 원형은 과거의 기억과 같은 완전한 심상이 아니라 어떤 경험에 의해 부합되는 대상이 있을 때에 의식적 실재가 된다. 따라서 원형은 꿈, 신화, 동화, 예술 등에서 나타나는 상징을 통해서만 표현된다.

원형의 수는 무수히 많아서, 신, 악마, 부모, 현자, 사기꾼, 영웅, 지도자 등 사람들이 삶을 영위하면서 형성해 온 수없이 많은 원초적 이미지이다(Jung, 1968). 원형들은 각각 별개의 구조물로 존재하지만 서로 조합할 수도 있다. 예컨대 영웅의 원형이 악마의 원형과 조합을 이루면 무자비한 지도자 유형의 인간이 된다.

### (5) 페르소나

페르소나(persona)는 개인이 사회적 요구에 조화를 이루려고 하는 적응의 측면으로 간주한다. 페르소나는 가면을 뜻하는 희랍어이고, 자아의 가면으로 외부세계에 내보이는 사회적 모습이다(이부영, 2001). 즉, 사회생활을 하기 위한 개인의 사회적 역할을 말한다.

개인이 사회에 적응하기 위해서는 어느 정도의 페르소나가 발달해야 한다. 그러나 개인의 페르소나가 지나치게 발달하여 사회적 역할에만 자신을 동일시하게 되면 성격의 다른 부분은 발달하지 못한다. 이는 자신의 진정한 모습에서 멀어지는 것을 말하는데, 페르소나와 내면의 자기가 불일치로 인해 이중적 성격을 형성해서 사회적응을 곤란하게 할 수 있다. 페르소나는 그림자 또는 아니마(anima)와 아니무스(animus)에 대비되기도 한다.

### (6) 그림자

그림자(shadow)는 인류 역사를 통해 의식에서 억압되어 어두운 무의식에 있는 자료 및 인간의 원초적인 동물적 욕망을 포함하는 마음의 측면이다(Jung, 1968). 그림자는 인간이 지니고 있는 사악하고 어두운 측면을 나타낸다. 그림자는 인간의식의 이면으로 무시되고 용납하기 어려운 마음이지만 개인 속에 포함되어 지니고 있는 특질이나 감정이다. 인간이 사회생활을 무리 없이 하기 위해서는 그림자에 포함되어 있는 동물적 본성을 자제해야 하므로 페르소나를 발달시키게 된다(이인정 · 최해경, 2007).

그림자는 사회에서 부정되거나 부도덕하며 악하다고 생각하는 측면이 있기는 하지만, 어떤 면에서는 생명력, 자발성, 창조성의 원천이 되기도 하고 이로움을 주기도 한다. 따라서 어떤 개인이 그림자를 자아와 통합한다면 생기와 활력을 가지게 된다. 그러나 그림자는 자신의 어두운 측면이기 때문에 좀처럼 의식에서 인식하기 어려우며, 자아에 의해 받아들여져 에너지로 활용되기에는 상당한 어려움이 있다. 인간이 자신의 그림자를 이해하고 통합하게 될 때 창조적이고 생명력 있는 에너지를 확보할 수 있다.

### (7) 아니마와 아니무스

융은 인간이 출생할 때 본질적으로 남성성과 여성성을 동시에 가지고 태어난다고 보았다. 인간은 생물학적으로 양성의 성질을 가지고 있으며 심리적으로도 양성적 특질을 가지고 있다. 그러나 융은 성장하면서 유전적인 성차와 사회화의 영향으로 양성의 성질이 억압되고 약화된다고 보았다. 이러한 양성은 사라지지 않고 무의식 속에 존재한다.

융은 남성의 내부에 있는 여성성을 아니마(anima)라고 하고, 여성의 내부에 있는 남성성을 아니무스(animus)라고 하였다(Jung, 1968). 성숙된 인간이 되기 위해 내부에 억압되어 있는 양성을 모두 개발해야 한다. 남성은 양육, 감정, 예술, 사랑 및 자연과의 일치와 같은 여성성을 개발하고, 여성은 이성, 영웅적 주장,

자연의 정복과 같은 남성성을 발달시켜야 한다. 융은 남성과 여성이 자신의 반대적 본성을 억압하고 경멸하거나 홀대하게 되면 자기 자신의 창조력과 전체성으로부터 고립되어 진정한 발달을 이룰 수가 없다고 보았다.

### (8) 자기

의식의 중심인 자아(ego)는 의식의 영역에만 머물지만 자기(self)는 정신 전체를 볼 수 있고 통합하는 기제이다(Jung, 1968). 자아는 의식을 전부라고 여기고 의식의 판단에 따라 행동하지만 자기는 정신 전체의 중심으로 모든 것을 알 수 있고 통합시킬 수 있다. 즉, 자기는 전체로서 성격의 조화와 통합을 위해 노력하는 원형이다.

자기는 다른 정신체계가 충분히 발달할 때까지 나타나지 않는다. 자기는 인생의 가장 결정적인 변화의 시기인 중년의 시기에 나타나서 자기실현의 중심 역할을 하게 된다. 어떤 개인이 자신과 환경이 조화를 이루고 있다고 느낀다면 그것은 자기가 역할을 효과적으로 수행한다는 증거이다. 반대로 삶이 불만과 갈등으로 가득 차서 극도의 혼란을 경험하고 있다면 그것은 자기가 적절한 역할을 하지 못하는 경우이다.

### (9) 성격발달

#### ① 자기실현의 과정

융에게 있어 성격발달은 자기를 실현하는 과정이다. 타고난 인간의 잠재력인 자기를 실현하기 위해 인생 전반기에는 자기의 방향이 외부로 지향되어 분화된 자아를 통해 현실 속에서 자기를 찾으려고 노력한다. 이런 점에서 인생의 전반기는 보다 활동적이고 환경과 상호작용이 활발하게 이루어진다. 그러나 대략 40세인 중년기를 전환점으로 인생 후반기에는 자기의 방향이 내부로 지향되어 자아는 다시 자기에 통합되면서 성격발달이 이루어진다.

융은 이렇게 분화와 통합을 통해 자기가 발달하는 과정을 개성화(individuation)

라고 하였다. 개성화는 다음과 같은 중심적 개념 세 가지를 강조한다(Jung, 1968). 첫째, 개성화는 인격 전체의 발달을 목적으로 하며, 집단 관계를 전제로 하여 고립된 상태에서는 일어나지 않는다. 둘째, 개성화는 사회적 규범을 절대적 기준으로 삼지 않는다. 셋째, 개성화 과정을 통해 자기(self)는 페르소나와 관련된 모든 거짓에서 벗어나서 원형으로부터 오는 에너지를 창조적으로 활용하게 된다.

융에 의하면 성격발달은 전 생애를 통해 역동적으로 지속하면서 개개인마다 고유한 과정을 거친다고 하였다. 이는 융의 개성화를 통한 자기실현 과정을 포함하고 있다. 개성화는 미분화된 개인이 무의식의 내용을 분화하고 통합하여 원래의 자신을 발견해 가는 과정이다(이부영, 2001).

개성화는 전 생애의 과정에 걸쳐 이루어진다. 융은 인생의 전반기에는 의식의 중심인 자아를 강화하고 분화하여 외부현실 속에서 자신을 발달시켜야 한다고 보았다. 이를 위해서는 사회적 요구와 기대에 자신을 적응하여 외부환경과의 상호작용을 활발히 해야 한다고 보았다. 융은 인생의 전반기는 정신에너지를 외부와 관계하는 데에 보다 집중해야 한다고 보았다.

중년기를 전환점으로 인생의 후반기에는 전반기에 강화된 자아의 힘을 바탕으로 자신의 내면세계에 대한 탐색을 해야 한다. 인생의 후반기에는 무의식 속에 억압된 측면을 인식하여 정신의 균형과 조화를 이루어야 한다. 자기로부터 분리된 자아를 다시 자기에 통합하는 과정으로, 정신의 전체성을 회복하는 시기이다.

그러나 인간이 무의식을 의식화하여 완전한 자기실현을 한다는 것은 불가능하다. 모든 인간은 무의식을 완전히 의식화하는 것이 불가능하기 때문에 어느 정도까지만 분화, 균형, 통일의 목표에 도달할 수 있다.

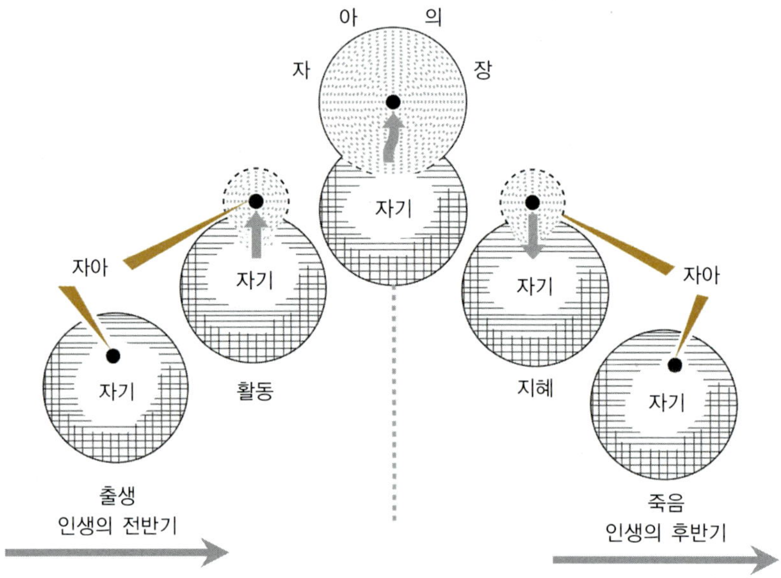


|그림 3-2| 융의 개성화(자기실현) 과정

출처 : 노안영·강영신(2002), p. 123.

### ② 성격발달의 단계

융은 인생의 후반기를 강조하면서 성격발달을 네 단계로 설명하였다. 이는 다음과 같이 아동기, 청소년기와 성인기, 중년기, 노년기로 구분할 수 있다(엄신자, 2007; 이부영, 2001; 이인정·최해경, 2007; Jung, 1968).

■ 아동기

아동기는 출생에서 사춘기까지이다. 출생 이후 몇 년 동안은 정신이 본능에 지배되므로 혼란하고 산발적이며 무질서한 특징을 갖는다. 의식적인 자아가 발달하기 전까지 아동은 본능에 의해 지배를 받으므로 심리적 문제는 있을 수 없고 사실상 있지도 않다. 자아가 발달하고 논리적인 사고와 언어가 발달하면서 아동은 어느 정도 객관적으로 사물을 판단하기 시작한다.

■ 청소년기와 성인기

청소년기와 성인기는 사춘기부터 중년기 이전까지를 말한다. 청소년기는 심리적 또는 신체적으로 독립하는 시기이다. 융은 청소년기는 성적으로 성숙하고 의식이 증대되어 아무런 걱정이 없는 아동기는 영원히 돌아오지 않는다는 것을 인정해야 하는 시기라고 하였다. 청소년기에 이르러서도 현실에 근거한 자각과 적응을 하지 못하고 환상에 집착하면 많은 문제에 부딪히게 된다. 예컨대 청소년기를 어른이 되는 과정으로 생각하지 못하고 계속해서 걱정 없는 아동으로 머무르기를 원한다면 문제가 발생하게 된다. 따라서 청소년기와 성인기에는 정신에너지를 외부로 향하게 하여 환경과 적극적이고 실제적인 관계를 가지는 것이 중요하다.

■ 중년기

중년기는 외향적 목표와 야망에서 자신의 내면으로 시선을 돌려야 하는 시기이다. 중년기에도 청소년기의 가치와 목표에 여전히 매달려 있으면 소위 말하는 '중년의 위기'를 경험할 수 있다. 이는 원래의 자기 자신을 찾으려는 무의식의 요구에 반응하지 않기 때문에 나타나는 현상이다. 따라서 중년기에는 자신이 억압한 무의식의 측면과 과감히 직면하기 위해 내면으로 시선을 돌려 삶의 의미를 파악해야 한다. 예컨대 중년기에도 자신의 신체적 매력이나 체력을 유지하기 위해 안간힘을 쓰는 사람의 경우에는 내면을 더 이상 발달시킬 수 없다.

■ 노년기

노년기에는 자기 자신에 대한 진지한 관심을 가지는 것이 필요하다. 융은 노년기에는 인생을 그대로 받아들이면서 죽음 앞에서 생의 본질을 이해하려고 노력하는 것이 필요하다고 보았다. 그렇지 않고 건강에 대해 지나치게 염려하거나 과거에만 집착하고 인색하며 인생의 전반부처럼 외부세계에 집착한다면 삶을 제대로 직면할 수 없다고 보았다. 또한 노년기에는 죽음의 불가피성을 받아들이고 죽음도 인간이 추구하는 하나의 목표로 간주해야 한다. 융은 죽음은 회피의 대상이 아니라 인생 후반부에 해결해야 하는 중요한 목표라고 하였다.

### 3) 분석심리이론과 사회복지실천

#### (1) 사회복지실천과의 관련성

융은 수많은 사람들을 관찰하고 꿈을 분석하면서 분석심리이론을 체계화하였다. 융의 분석심리이론을 통해 인간의 출생부터 사망에 이르기까지를 보다 긴 역사적·인류학적 차원으로 생각하고 바라볼 수 있다. 이는 우리가 클라이언트에게 관여할 때 단지 하나의 서비스 대상이 아니라 고귀한 한 명의 인간으로 소중하게 대해야 한다는 사실을 재확인하는 것이다.

융은 인간은 단지 물질적 존재가 아니라 고대로부터 전해 내려오는 모든 정신적 내용물들을 개개인 모두 포함하고 있다고 보았다. 인간은 단순한 생물이 아니라 수천수만 년을 이어져 오는 정신의 결정체이므로 어느 누구도 하찮은 존재라고 할 수 없다. 이는 인간 한 명 한 명을 소중하게 생각하는 사회복지철학을 더욱 공고히 한다.

융의 분석심리이론은 복잡하고 심오하여 완벽하게 이해하기에는 많은 시간이 걸리며, 심지어 불가능할지도 모른다. 따라서 융의 이론을 정확하게 이해하고 이것을 사회복지실천현장에서 클라이언트에게 그대로 적용하기에는 한계가 있다. 융의 심리적 유형과 이에 근거한 MBTI의 극단적 활용은 바람직하지 않다. 모든 인간을 유형화하는 것의 가장 큰 단점은 인간을 개별화하지 않는다는 것이다.

#### (2) 사회복지실천의 활용 방안

융의 분석심리이론은 사회복지실천의 과정에 적용하고 활용할 수 있다. 융은 중년기 이후의 개성화를 위해 아동·청소년기에는 외부환경에 보다 적극적으로 대응하여 자아를 발달시켜야 한다고 보았다. 아동·청소년과 함께하는 사회복지사는 이들이 보다 진취적이고 적극적으로 사회적 참여를 할 수 있도록 기회를 제공해야 한다. 융은 삶의 전반기에 자신의 내부로만 에너지를 쏟는 것은 죄악이라고 할 만큼 외부환경과의 적극적 관계를 강조하였다. 또한 융의 분석심리이론은 노년기에 삶과 죽음을 통합하는 과정을 이해하게 하며, 자신의 늙음과 사라짐을 부정하여 고립되거나 분노하는 사람들을 이해할 수 있는 도구가 된다.

융의 분석심리이론은 사회복지사 자신을 돌아보는 이해 틀이 될 수도 있다. 콤플렉스 개념은 클라이언트에 대한 이유 없는 자신의 분노를 이해하도록 한다. 사회복지사 자신의 그림자를 확인하려는 노력은 클라이언트와의 관계를 더욱 진지하게 만들 수 있다. 사회복지사 역할의 페르소나가 얼마나 자신의 일에 작용하며 이것이 어떻게 업무에 영향을 미치는지도 생각해 볼 수 있다.

사회복지사가 자신과 클라이언트를 이해하기 위해 활용하는 MBTI(Myers-Briggs Type Indicator)는 융의 심리적 유형에 근거하여 만들어졌다. 융은 자아의 기본적인 태도(외향성과 내향성)와 기능들(사고, 감정, 감각, 직관)의 결합을 통해 여덟 가지 심리적 유형을 제시하였다(이부영, 2001). 이후 마이어스와 브릭스(Myers & Briggs)는 융의 태도와 기능에 추가하여 생활양식 차원인 판단과정(judgement)과 인식과정(perception)을 추가하여 총 16가지의 성격유형을 제시하였다. 융의 심리적 태도와 기능을 조합하여 구성한 여덟 가지 심리적 유형은 MBTI의 기초가 되었다.

〈표 3-2〉 **융의 심리적 유형**

| 유 형 | 내 용 |
|---|---|
| 외향적 사고유형 | 이들은 세계를 탐구하는 데 전력투구하는 형으로 자연현상의 이해, 자연법칙의 발견 등에 관심을 보임. 감성적 측면을 억압하므로 다른 사람에게 인간미가 없고 냉혹하며 오만하게 보일 수 있음. 과학자가 표본이라고 할 수 있음 |
| 내향적 사고유형 | 내면적 세계에 대한 관심이 많지만 극단적인 경우에 이들의 내적 탐구는 현실성이 없게 됨. 이런 유형의 사람들은 완고하고 거만하게 보일 수 있으며 철학자가 표본이 될 수 있음 |

| | |
|---|---|
| 외향적 감정유형 | 사고보다는 감정을 우선시하는 유형임. 이 유형은 상황에 따라 감정이 빠르게 변함. 이런 유형은 다른 사람에게 강한 애착을 보이기도 하지만 변덕이 심하고 과시적 기분파로 보임 |
| 내향적 감정유형 | 자신의 감정을 잘 표현하지 않으며 말수가 적고 우울해 보임. 어떤 때는 침착하고 자신 있는 인상을 주기도 하지만 접근하기 어렵고 독창적이고 깊은 감정이 감추어져 있음 |
| 외향적 감각유형 | 현실적이고 실제적인 사실들을 파악하는 데 관심을 보임. 이 유형은 현실을 신중하게 생각하지 않고 있는 그대로 받아들이는 유형임. 극단적인 쾌락주의자나 삶을 진지하게 받아들이지 못하는 사람이 될 수도 있음 |
| 내향적 감각유형 | 외부세계와는 거리를 두고 자신의 정신적 감각에 몰두하는 유형임. 이런 유형은 수동적으로 보이며 다른 사람에게 자신을 이해시키는 데 어려움을 보임. 어떤 때는 자제력이 있는 것처럼 보이지만 이는 외부세계에 무관심한 것임 |
| 외향적 직관유형 | 외부의 객관적 상황에서 새로운 사실을 파악하고자 하기 때문에 여기저기 관심을 많이 보임. 그러나 흥미 있는 일에만 관심을 가지므로 장기간 끈기 있게 일을 하지 못하고 신뢰를 얻기가 어려움 |
| 내향적 직관유형 | 이 유형의 표본은 예술가들임. 이런 유형의 사람들은 자신의 직관에 따라 새로운 가능성을 찾지만, 다른 사람에게는 현실감이 부족하거나 이해할 수 없는 사람으로 보임 |

## 3. 심리사회적 발달이론

### 1) 기본 개요

심리사회적 발달이론(psychosocial development theory)은 에릭슨(Erik H. Erikson, 1902~1994)에 의해 확립된 이론이다. 에릭슨은 프로이트의 정신분석이론을 확장하면서 성격발달의 본능적 측면뿐만 아니라 심리사회적 측면도 강조하였다. 에릭슨은 원초아(id)보다 자아(ego)를 강조하여 프로이트처럼 자아가 원초아에 종속되거나 보조적인 것이 아니라고 보았다. 에릭슨의 이론은 사회 및 문화적 힘이 성격발달에 미치는 영향을 강조하였기 때문에 심리사회적 발달이론이라고 한다.

에릭슨은 인간은 출생 이후부터 점차로 광범위한 인간관계와 새로운 도전에 직면하게 되는데 그 과정에서 발생하는 특수한 문제를 어떻게 어느 정도로 해결하는지에 따라 성격이 다르게 형성된다고 본다. 에릭슨은 인생의 심리사회적 위기가 되는 새로운 도전을 8단계로 구분하였으며, 이 위기는 각 단계에서 문제를 해결하려는 개인의 노력으로부터 비롯된다고 본다.

인간은 사회적 활동의 범위가 점차로 확대되면서 추진력을 갖고 그 사회를 인식하고 사회와 상호작용하는 능력도 향상되는데, 이러한 과정에서 발달하는 인간의 성격은 원칙적으로 예정된 단계에 따라 발달한다. 마찬가지로 사회는 인간의 상호작용 잠재력을 실현시킬 수 있도록 적절한 순서로 보호하고 북돋워 주는 역할이 필요하다고 본다(Erikson, 1963).

에릭슨의 견해는 인간 본성과 일반적인 지적 문화에 영향을 끼쳤는데, 특히 청소년들이 스스로에게 의미 있는 목적의식을 가져다주는 어떤 핵심적인 소망을 스스로 생성해야 한다고 본다(Mischel, et al., 2003). 프로이트의 정신분석이론은 무의식적 힘에 이끌려 다니는 인간의 비합리적 측면을 강조한 반면에, 에릭슨은 자아의 합리적이고 자율적 힘을 더 중요하게 생각한다고 볼 수 있다.

## 2) 주요 개념

### (1) 자아

에릭슨의 심리사회적 발달이론에서 자아는 보다 중요한 개념이다. 에릭슨은 자아를 일생 동안의 신체·심리·사회적 발달 과정에서 외부환경에 대처하고 적응하는 과정에 형성되는 역동적인 힘으로 규정하였다(권중돈·김동배, 2005). 프로이트는 자아의 역할을 본능적 충동과 도덕적 규제 간의 갈등을 해결하는 것으로 여긴 반면, 에릭슨은 자아가 지각, 사고, 주의, 기억 등을 통해 현실을 다루어 나가는 자율적인 체제라고 보았다(Goldstein, 1984). 에릭슨의 심리사회적 발달이론에 따르면 자아는 유전적이고 생리적인 요인 외에 문화적

·역사적 영향이 더해진 창조적 특성을 지닌다. 또한 자아는 개인과 환경 간의 관계와 성격의 다양한 요인들 사이의 내적 갈등을 중재한다.

에릭슨의 심리사회적 발달이론은 전 생애에 걸쳐서 심리사회적 위기를 극복하고 발생하는 자아의 특성에 초점을 둔다. 자아는 성격구조의 주인으로서 갈등과 위기에 직면했을 때 그것을 해결하기 위해 노력하는 과정에서 발달한다. 따라서 자아의 기능에 의해 인간은 의사결정을 하고 문제를 해결하는 과정에서 의식적이고 합리적인 선택을 하는 존재가 된다.

### (2) 점성적 모델

에릭슨의 심리사회적 발달이론은 점성적 모델(epigenetic model)을 바탕으로 한다. 점성적이라는 용어는 epi(근거하여)와 genetic(유전)을 합성한 말로, 발달이 유전적 요인에 근거한다는 뜻이다(Goldstein, 1984). 점성적 모델에 의하면, 인간의 발달은 생물학적으로 타고난 원래의 기본 계획이 존재하며, 이러한 기본적 구조 아래에서 적절한 시기에 각 부분들의 발달이 이루어진다고 본다.

인간의 성격발달에서 사회·문화적인 요인의 작용은 원천적으로 생물학적이고 유전적인 구조 이내에서 발달한다고 본다. 자아의 경우에도 정신분석이론에서처럼 원초아에서 파생되는 것이 아니라 유전적으로 타고나는 것으로 그 자체의 독립적인 발달 과정이 있다고 보았다.

### (3) 위기

에릭슨에 의하면 인간발달은 전 생애에 걸쳐서 8단계로 지속되며 생리적 성숙을 하는 과정과 동시에 심리적 위기를 수반한다고 하였다. 이러한 위기는 부정적인 것이 아니라 인생의 전환점이 되며 개인의 발달 과정에서 겪는 어려움을 극복할 수 있는 생존의 원천이라고 할 수 있다.

에릭슨은 인간발달단계마다 사회적 관계 속에서 해결되어야 할 발달과업이 있으며, 이러한 위기를 해결하는 방식에 따라 긍정적 혹은 부정적인 행동 패턴이 결정된다고 보았다. 심리사회적 발달단계에서 위기는 반드시 발생하며 이는 긍정적 요소와 부정적 요소가 동시에 포함된다.

성장과정에서 발생하는 위기가 해결되어 나타나는 긍정적 요소는 자아의 발달을 가져오지만, 위기가 계속되거나 불만족스럽게 해결된다면 자아발달은 손상을 입는다. 그러나 이전 단계의 실패가 영구적으로 치명상을 입는 것이 아니라 이후 단계에서 치유 또는 변화가 가능하다.

### (4) 심리사회적 발달의 특징

에릭슨의 전 생애 심리사회적 발달은 다음과 같은 특징을 가지고 있다.

첫째, 인간의 발달은 평생 동안 지속된다.

둘째, 각 발달의 단계에는 달성해야 할 발달과업이 있다.

셋째, 발달은 점성적 원리에 따라 일어난다.

넷째, 심리사회적 발달의 각 단계는 위기가 있으며, 이 위기는 모든 개인들이 반드시 경험하는 과정이고 이를 극복하는 과정에서 자아가 발달한다.

다섯째, 각 단계에서 자아는 적절하거나 부적절한 적응방법을 통합해야 한다.

여섯째, 심리사회적 발달의 각 단계는 개인에게 기본적 강점을 발달할 기회를 제공한다.

일곱째, 심리사회적 발달은 모든 인류에게 나타나는 보편적 현상이지만 각 단계에서 해결하는 방식에서의 문화적 차이는 존재한다.

### (5) 심리사회적 발달단계

에릭슨의 심리사회적 발달의 여덟 단계 내용은 다음과 같다(권중돈 · 김동배, 2005; 노안영 · 강영신, 2002; 최옥채 외, 2007; Liebert & Liebert, 1998).

〈표 3-3〉 에릭슨의 심리사회적 발달단계

| 단계 | 대략적 연령 | 심리사회적 위기 | 위기의 해결 | 위기의 미해결 | 기본 강점 | 프로이트 발달단계 |
|---|---|---|---|---|---|---|
| 1 | 출생~1세 | 신뢰감 대 불신감 | 욕구 만족으로 인한 믿음과 안정 | 만족의 불확실성으로 인한 분노 | 희망 | 구강기 |
| 2 | 1~3세 | 자율성 대 수치심 및 의심 | 자기통제에서 비롯되는 자신감 | 타인 통제에 기인한 무력감 | 의지 | 항문기 |
| 3 | 3~5세 | 솔선성 대 죄의식 | 욕구 충족을 위한 적극적 활동 | 자신의 의식적 추구를 제한함 | 목적 | 남근기 |
| 4 | 5~12세 (아동기) | 근면성 대 열등감 | 현실적 삶에 적응함 | 부적절한 기술과 상태로 부적응 | 유능성 | 잠복기 |
| 5 | 12~19세 (청소년기) | 정체감 대 정체감 혼란 | 자신이 원하는 삶을 살아감 | 삶의 방향을 제대로 잡지 못함 | 성실 | 생식기 |
| 6 | 19~35세 (청년기) | 친밀감 대 고립감 | 타인과 친밀한 교감을 형성함 | 친밀한 관계 형성에 어려움 | 사랑 | |
| 7 | 35~60세 (중년기) | 생산성 대 침체 | 다음 세대를 이끌어 가는 역할 | 자신의 욕구 충족에만 관심 | 배려 | |
| 8 | 60세~사망 (노년기) | 자아통합 대 절망 | 삶에 대한 충족감과 만족감 | 패배의식과 분노 | 지혜 | |

출처 : Allen(2003), p. 163 재정리.

### ① 신뢰감 대 불신감

신뢰감 대 불신감(trust vs mistrust) 단계는 프로이트의 구강기에 해당된다. 영아는 양육자와의 상호작용을 통해서 사회적 관계를 형성하게 된다. 이 과정에서 영아는 세상을 신뢰 혹은 불신의 태도로 볼지에 대해 결정하게 된다. 영아에게 신뢰는 양육자에 대한 기본적 믿음이지만, 점점 확대되어 다른 사람을 믿을 수 있으며 그들의 행동을 예측할 수 있다는 믿음이 된다. 영아에게 양육자는 최초의 사회적 관계이자 전부가 되는 것이다.

이 시기에 자아는 신뢰감 대 불신감 갈등의 해결을 위한 지속적 패턴을 확립하도록 과업을 부여받는다. 먼저 영아가 양육자로부터 충분한 사랑과 안정감을 받는다면 자신과 다른 사람, 그리고 사회 전체를 신뢰하게 된다. 반대로 영아가 양육자로부터 거부적이고 무뚝뚝하고 일관성이 없는 태도로 양육된다면 영아는 세상에 대해 불신의 태도를 발달시킨다. 이런 사람은 이후에 다른 사람들과의 관계에서 의심이 많고 두려워하며 늘 걱정하는 사람이 된다.

이 시기의 발달은 신뢰와 불신의 적절한 비율을 통해 이루어진다고 본다. 양육자가 항상 충분한 신뢰감을 주지 못했다고 죄책감을 가질 필요는 없다. 에릭슨은 신뢰감 혹은 불신감의 패턴은 영아기에 형성되지만 이후의 단계에서 얼마든지 다시 조정될 수 있다고 보았다. 예를 들면, 신뢰감이 충분히 형성되었다고 하더라도 양육자의 갑작스러운 사망이나 부모의 이혼 등으로 불신감이 확대될 수 있고, 반대로 학령기에 교사나 친구의 사랑과 인내로 인해 불신감이 극복될 수도 있다.

신뢰감 대 불신감의 단계에서 심리사회적 위기를 경험하면서 개발되어야 하는 기본적 강점 또는 자아특질(ego quality)은 희망이다. 이러한 강점은 타고난 것이 아니며 개발되어야 하고 전 생애에 걸쳐서 끊임없이 재확인되어야 한다. 희망은 바라는 것이 충족될 것이라는 확실한 믿음이며 기본적인 신뢰에서 발달하는 것이다. 이 첫 번째 단계에서 기본적 신뢰감 발달에 심한 결함이 있을 때 사회적 관계로부터의 철퇴 경향이 나타난다. 예를 들면, 이들은 낮은 자존감, 우울, 그리고 편집증적 성향을 보이기도 한다.

### ② 자율성 대 수치심 및 의심

자율성 대 수치심 및 의심(autonomy vs shame & doubt) 단계는 프로이트의 항문기에 해당한다. 유아는 다양한 신체적 및 정신적 능력을 빠르게 발달시키며

괄약근의 발달로 스스로 변의 배설과 보유를 조절할 수 있다. 특히 유아는 걷기 등으로 움직임이 자유로워지면서 모든 것을 스스로 하겠다는 자율성이 발달한다.

유아는 자신이 새롭게 할 수 있는 기능과 능력들에 대해 자부심을 갖게 되고 가능하면 스스로 많은 것들을 하려고 한다. 그러나 이 단계에서 양육자는 유아의 행동을 통제할 수밖에 없으며 그 통제의 정도에 따라 수치감 혹은 의심이 발달하게 된다. 양육자가 유아의 자율성을 지나치게 통제하면 유아는 스스로 하고자 하는 충동을 억제하면서 그 분노가 내면으로 향하여 수치심과 의심이 발달하게 된다.

수치심과 의심은 사회적 압력과 기대를 유아가 의식함으로써 생기는 것이다. 수치심은 다른 사람의 눈에 자신이 좋게 보이지 않는다는 것이고, 의심은 자신이 보잘것없기 때문에 다른 사람들이 자기를 통제할 수 있고 자기보다 더 나은 행동을 할 수 있다고 믿는 것이다. 예를 들면, 적절한 연령이 되어도 대소변을 가리지 못하는 유아는 의식적으로 자신의 실수가 다른 사람에게 좋지 않게 보이는 것을 걱정하는 수치심이 발달하게 된다.

모든 심리사회적 발달단계와 마찬가지로 사회에 잘 적응하기 위해서는 적절한 비율의 수치감과 의심도 필요하다. 이 단계의 심리사회적 위기를 잘 극복하면 의지라는 기본적 강점 또는 자아특질을 얻게 된다. 의지는 선택의 자유와 자기통제를 실천하기 위해 거부할 수 없는 확고한 자기결심이며 자율성으로부터 나온다. 수치심과 의심이 발달된 유아는 자신감을 가지고 다른 사람과 환경에 효과적으로 대처하지 못하고 자신을 무능하게 평가하여 무기력한 존재가 된다. 이런 사람들은 이후에 강박적 행동과 피해망상을 보일 수 있다.

### ③ 솔선성 대 죄의식

솔선성 대 죄의식(initiative vs guilt)은 프로이트의 남근기에 상응하는 단계이다. 이 단계의 아동은 운동 및 정신적 능력을 충분히 개발한 상태이다. 아동은 보다 많은 일들을 주도적으로 하려는 솔선성을 보이게 된다.

에릭슨은 이 단계에서 아동은 프로이트와 달리 성적 관심보다는 놀이와 자신이 선택한 활동에 더 많은 관심을 가진다고 보았다. 아동은 실제적인 육체적 놀이와 부모나 다른 성인들의 역할을 가상한 정신적인 놀이를 통해 솔선성을 발달시킨다.

이때 아동의 죄의식은 양육자가 아동 스스로 그 일을 완수하도록 기회를 주고 참을성이 부족할 때 나타난다. 어느 정도의 죄의식은 사회화 과정에 필수적이지만 아동의 주도적 활동을 위축시킬 수 있다. 따라서 아동의 솔선성은 양육자의 반응에 영향을 많이 받는다. 양육자가 아동의 호기심을 인식하고 스스로 활동을 하도록 격려한다면 솔선성은 강화된다.

이 단계의 심리사회적 위기를 잘 극복하면 자아는 목적이라는 기본적 강점을 가지게 된다. 목적은 솔선성에서 비롯되며 중요한 목표를 계획하고 수행하려는 용기를 수반한다. 그러나 죄의식에 의해 발달에 방해를 받게 되면 어떤 일이든지 잘 체념하고 자신에 대해 무가치함을 갖는다. 또한 이런 사람들은 가능한 목표를 세워 그것을 달성하려는 용기가 부족하게 되어 자신의 생각이나 표현을 억제하게 된다.

이 단계의 위기를 성공적으로 극복한 사람들은 모든 일에 목적의식을 가지고 열정적으로 참여하지만, 반대의 경우에는 죄의식을 가지고 무기력하거나 정신병리적 행동을 하게 된다.

#### ④ 근면성 대 열등감

근면성 대 열등감(industry vs inferiority)의 단계는 프로이트 이론의 잠복기에 상응하는 초등학교 시기이다. 이 단계에서 아동은 인지적·사회적 기술을 습득하거나 협동적인 활동을 통해 근면성을 발달시킨다. 이 단계에서 자신의 학습이나 운동능력을 또래들과 비교하여 느끼는 심리사회적 위기는 열등감이다.

아동은 열등감으로 인해 학습 추구의 동기를 잃을 수 있으며 가정이나 학교에서 지지와 격려를 하지 않을 경우에 열등감에서 벗어나지 못할 수도 있다. 또한 이 시기의 아동은 사회적 지위와 관계의 영향을 파악하기 시작하는

데 부모의 배경, 의복의 가격 등으로 자신의 가치를 결정하기도 한다. 이는 또 다른 열등감 형성의 원인이 된다.

에릭슨은 학교교사의 역할을 강조하였는데, 이 시기의 아동은 사명감과 훌륭한 자질을 가진 교사에 의해 열등감을 극복하고 자신의 재능을 발견하면서 근면성을 발달시킬 수 있다고 보았다. 아동은 자신의 활동으로 인해 조롱받거나 거절당한다면 자신을 가치 없는 존재로 판단하여 열등감을 발달시킨다. 하지만 지속적인 칭찬과 격려를 받는 아동은 근면성이 발달된다. 따라서 이 단계의 학교교사와 관련 지도자들의 역할은 매우 중요하다.

이 단계의 심리사회적 위기를 잘 극복하면 자아는 유능성이라는 기본적 강점을 얻게 된다. 유능성은 자신이 해야 할 일을 수행하고 완성하는 것에 있어서 자신의 기술적 능력과 지혜를 활용할 수 있는 힘을 의미하며 근면성에 기인한다.

### ⑤ 정체감 대 정체감 혼란

정체감 대 정체감 혼란(identity vs identity confusion)은 청소년기에 해당하는 단계이다. 에릭슨은 청소년기가 자신의 기본적인 정체성에 대한 의문을 가지고 심사숙고하는 시기라고 하였다. 에릭슨에 의하면 정체감이란 자기 자신의 독특성에 대한 비교적 안정된 느낌으로 내가 누구인가를 아는 것이며 이는 타인이 나를 보는 방식과 일관성이 있어야 한다고 하였다.

에릭슨은 청소년이 자신의 정체감을 형성하고 받아들이는 것은 매우 어렵고 불안한 과업이라고 여겼다. 왜냐하면 청소년은 자신에게 가장 적합한 것을 결정하기 위해 여러 가지 다른 역할이나 이데올로기를 시험해 보아야 하기 때문이다. 에릭슨은 청소년기를 자신의 삶의 목표와 정체감을 확립하기 위해 필요한 심리적 유예기간이라고 보았다.

청소년기에 정체감 형성의 어려움을 극복한 사람은 이후의 성인기 과업을 원활히 수행할 수 있게 된다. 그러나 청소년기에 정체감을 확립하는 데 실패하고 정체감 위기를 경험하는 사람은 역할혼란 속에 살게 된다. 청소년기에 자신의 정체감에 대한 확신이 없다면 소속집단과 동일시하게 된다. 이러한 소속집단이 긍정적이라면 정체감 형성에 도움이 되지만, 비행집단과 같이 다른 사람들에 대해 냉혹하고 배타적이 되도록 동기부여 할 수도 있다.

정체감 혼란에 있는 사람은 스스로가 누구이며 어디에 속해 있고 어디로 향하는지 모른다. 이런 사람은 이후 발달단계의 과업인 교육, 결혼, 직업을 제대로 수행하는 데 어려움을 겪게 된다. 이 단계의 심리사회적 위기를 잘 극복하면 자아는 성실이라는 기본적 강점을 얻게 된다. 성실은 타인과의 관계에서 기본적인 의무감, 순수함, 그리고 정직함을 유지하는 것을 의미한다.

### ⑥ 친밀감 대 고립감

친밀감 대 고립감(intimacy vs isolation)은 에릭슨의 여섯 번째 심리사회적 발달단계로 청년기에 해당한다. 이 단계의 사람들은 부모로부터 독립하고 결혼을 하며 책임감 있는 성숙한 성인으로서 기능하기 시작한다. 또한 어떤 종류의 생산적인 일을 수행하기도 하고 동성에 대한 우정 및 이성과의 친밀한 관계를 형성하기도 한다.

이 시기에 진정한 친밀감은 합리적인 정체성이 형성되었을 때에 가능하다. 왜냐하면 정체성을 확립한 사람만이 다른 사람과의 상호관계에 몰두할 수 있기 때문이다. 따라서 성인 초기에 개인은 자기상실에 대한 두려움 없이 자신의 정체성을 누군가의 정체성과 상호 관계할 수 있어야 한다(최순남, 1999). 이는 개인으로서 내가 누구이고 어떤 사람인가를 확실히 알고 있을 때 가능하다. 즉, 각 개인의 정체감이 형성되어 있어야 친밀감 획득이 가능하다는 의미이다.

이 시기의 위기를 잘 극복하게 되면 자아는 상호 헌신하는 사랑이라는 기본적 강점을 얻게 된다. 사랑은 친밀감에서 나온다. 에릭슨은 사랑은 위대하고 인간에게 가장 중요한 덕목이라고 하였다. 이 단계에서 친밀감이나 사회적 관계를 회피하고 자기만의 세계에 심취한다면 고립을 경험하게 된다. 또한 자아도취 상황에 있는 사람도 피상적이고 공식적인 인간관계만을 추구한다. 이런 사람들은 친밀감의 요구를 위협으로 느끼기 때문에 진정으로 어떤 일이나 관계에 동참하지 못한다.

### ⑦ 생산성 대 침체

생산성 대 침체(generativity vs stagnation)의 단계는 인간의 완전한 성숙기인 중년기에 해당된다. 이 단계의 사람들은 자신의 세대를 넘어 다음 세대를 양육하는 것에 관심을 갖게 되는데 이것이 생산성이다. 이는 자녀양육을 포함하여 사적 · 공적인 측면에서의 기여를 말한다. 생산성을 발달시킨 사람들은 타인에 대한 관심을 가지고 원조가 필요한 사람들에게 지식과 경험, 그리고 물질을 나누어 주기를 원한다.

이 시기의 위기를 성공적으로 극복하면 다른 사람을 보호하고 배려할 수 있는 능력이 생긴다. 그러나 생산성이 중년기에 나타나지 않게 되면, 이런 사람은 권태와 대인관계의 악화 상태에 빠지고 자신의 에너지를 오로지 자기확대와 자기만족을 위해 사용하게 된다. 이러한 침체를 겪는 개인은 자신의 삶 전체를 회의적으로 보고 잘못되었다는 인식하에 소위 '중년의 위기'를 겪게 된다.

이 시기의 심리사회적 위기를 잘 극복하면 자아는 배려라는 기본적 강점을 발달하게 된다. 배려는 생산성으로부터 생겨난다. 배려는 타인을 돌보는 능력으로서 다른 사람에 대한 관심과 염려에서 보호하고 지도하고자 하는 욕구에서 생성된다.

### ⑧ 자아통합 대 절망

에릭슨의 심리사회적 발달의 마지막 단계는 자아통합 대 절망(integrity vs despair)으로 노년기에 해당한다. 이 단계는 자신의 전체 삶을 되돌아보면서 평가하는 숙고의 시간이다. 이 단계는 새로운 심리사회적 위기의 출현보다는 오히려 자아발달의 이전 7단계의 종합, 통합, 그리고 평가의 시기이다. 자기 인생의 성공과 실패에 잘 적응해 왔다고 인정하면서 충족감과 만족감으로 자신의 삶을 평가하는 사람은 자아통합을 하게 된다.

자아통합을 한 사람은 자신의 인생 전반에서 일어났던 결혼, 자녀, 직업, 취미, 대인관계 등을 돌아보면서 자신의 현재 상황과 과거를 수용하게 된다. 자아통합을 달성한 사람은 자신의 존재가 후손이나 창조적 업적을 통해 계속 지속된다는 것을 알기 때문에 죽음도 두려운 것이 아니다.

그러나 자아통합을 달성하지 못한 사람은 절망감에 빠지게 된다. 절망의 상태에 있는 사람은 자신의 지나간 실수에 대해 후회하고 놓쳐버린 기회에 대해 분노하면서 좌절감과 증오로 자신의 삶을 바라보게 된다. 이런 사람은 자신의 인생을 실패작으로 생각하지만 다시 시작하기에는 너무 늦었다고 비통해한다.

또한 자신의 인생을 다시 살 수 없다는 후회 때문에 삶을 혐오하며 타인들을 경멸한다. 자신의 성취하지 못했던 일들을 분노하면서 '만약 ~만 했더라면'이라는 식으로 생각하면서 매우 고통스러워한다. 이들은 죽음을 두려워하여서 노인복지시설에 입소하는 것을 죽음의 장소에 가는 것으로 생각한다. 이 시기의 위기를 잘 극복하면 자아는 지혜라는 기본적 강점을 얻게 된다.

### 3) 심리사회적 발달이론과 사회복지실천

#### (1) 사회복지실천과의 관련성

에릭슨의 심리사회적 발달이론이 사회복지실천에 미친 가장 중요한 영향은 인간의 전 생애 발달 관점을 제시하였다는 것이다. 프로이트와 아들러 등은 성격이 생애 초기에 결정된다고 보았다. 그러나 에릭슨에 의하면, 성격은 생물학적 측면뿐만 아니라 사회 및 문화적 차원의 지속적인 자극을 통해 전 생애 동안 발달한다고 하였다. 또한 발달의 과정을 8단계로 제시하였기 때문에 사회복지사는 이를 근거로 클라이언트의 연령대에 따른 구체적이고 세부적인 발달과업을 확인하고 실행으로 옮길 수 있다.

심리사회적 발달이론은 인간에 대한 과도한 낙관론과 정신분석이론의 비판을 단지 완화시켰다는 한계도 있다. 인간발달의 문제에 대한 명확한 개념 정의가 부족하고 발달의 원인이 무엇인가에 대한 설명도 부족하다고 비판받고 있다. 또한 심리사회적 발달의 각 단계로 어떻게 전환되는지를 제대로 설명하고 있지 못하다. 하지만 에릭슨의 심리사회적 발달이론은 사회복지사로 하여금 클라이언트를 전 생애 관점에서 접근하고 개입하여야 한다는 당위성을 확인함과 동시에 구체적 과업을 이해하도록 한다.

### (2) 사회복지실천의 활용 방안

에릭슨의 심리사회적 발달은 주로 자아의 발달에 관한 내용이다. 따라서 인간의 발달에서 다양한 심리사회적 요인들이 어떻게 상호작용하면서 영향을 행사하는지에 관한 설명은 부족하다. 그러나 자아를 원초아에 종속되어 있지 않은 것으로 보기 때문에 개인이 훨씬 자율적으로 자아를 발달시킬 수 있는 것으로 본다. 또한 에릭슨은 성격의 형성에 문화, 사회, 역사의 영향을 중요하게 생각하였다. 이는 사회복지실천에서 클라이언트의 변화 가능성과 사회환경 및 문화를 중요하게 생각하는 사실과 맥락을 같이한다.

프로이트는 인간의 본능적인 추구를 내버려 둔다면 인류는 멸망의 길을 갈 것이라고 인간에 대해 비관적 견해를 가졌다. 그러나 에릭슨은 인간의 위기는 어려움을 극복하고 성장으로 이끈다는 낙관적인 인간관을 가진다. 즉, 인간의 발달 과정에서 나타나는 위기는 새로운 힘을 만들고 이를 바탕으로 다음 단계의 위기를 극복하게 하는 원동력이 된다는 것이다. 이에 대한 보다 구체적인 접근 방법은 사회복지실천의 중요 모델 중 하나인 위기개입 모델에서 확인할 수 있을 것이다.

## 요약

### 1. 개인심리이론

1) 아들러는 인간의 행동이 밖으로 드러나는 힘은 열등감에 따른 보상 동기라고 본다. 모든 인간의 성장과 발달은 열등감과 관련이 있으며, 병적 열등감에 이르는 환경을 신체기관의 결함, 과잉보호, 방임으로 제안하였다.

2) 우월 추구는 삶의 기초적인 사실로서 모든 인간이 문제에 직면하였을 때 부족한 것을 보충하며, 낮은 것은 높이고, 미완성의 것은 완성하며, 무능한 것은 유능한 것으로 만드는 경향성이다. 아들러는 모든 인간은 우월을 추구하려는 기본적 동기를 선천적으로 가지고 태어난다고 본다.

3) 사회적 관심이란 다른 사람에게 이타심을 가지고 사회 전체의 발전을 위해 자신이 공헌하려고 하는 성향을 의미한다. 아들러는 사회적 관심은 선천적으로 타고나는 것이지만 출생 이후의 양육과정과 학습을 통해 개인마다 다르게 발달한다고 보았다.

4) 생활양식은 삶을 살아가는 근거가 되는 기본적 전제와 가정을 말하며, 성격구조를 의미한다. 생활양식은 열등감을 보상하기 위한 행동의 결과로 형성된다. 생활양식의 유형은 사회적 관심과 활동수준이라는 두 가지 차원을 기준으로 지배형, 획득형, 회피형, 사회적으로 유용한 생활양식으로 구분된다.

5) 아들러는 가족성원 간의 정서적 유대, 가족의 크기, 가족역할 등과 같은 사회적 요인이 생활양식에 영향을 미친다고 보았다. 특히 출생순위는 생활양식에 크게 영향을 미치며, 첫째, 둘째, 막내, 그리고 독자의 위치에 따라 유사한 생활양식의 특징을 가진다고 본다.

6) 아들러는 인간은 현실적으로 전혀 실현 불가능한 많은 허구적 목적을 향해 노력하는 존재라고 본다. 허구적 목적은 개인의 삶에 도움이 되지 않지만 경우에 따라서는 적응에 긍정적으로 작용하기도 한다.

7) 아들러는 인간에게는 유전과 경험이라는 원료를 사용하여 창조적 자아를 만들어 내는 능력이 있다고 본다. 인간은 환경에 의해 영향을 받기도 하지만 스스로 환경에 영향을 미치고, 환경이 자신에게 적절히 반응하도록 창조하는 존재라는 것이다.

8) 개인심리이론의 인간에 대한 관점은 사회복지실천 과정에서 의미 있게 활용될 수 있다. 예컨대 인간은 유전적이고 생물학적으로 결정되는 존재가 아니라 다양한 외부환경에 반응하면서 자신을 새롭게 만들 수 있다는 주장 등이다. 개인심리이론은 다른 정신역동이론과 마찬가지로 거시적 환경 요인이 인간에게 미치는 영향을 중요하게 고려하지 않았다. 하지만 개인심리이론의 지식들은 사회복지실천의 관계형성, 사정이나 개입 과정에서 어느 정도 활용 가능하다.

## 2. 분석심리이론

1) 융의 분석심리와 프로이트의 정신분석의 공통점은 인간의 무의식 세계를 강조했다는 점이다. 그러나 성격에 영향을 미치는 힘, 리비도의 역할, 무의식 개념이나 인간 삶의 목적이나 방향에서는 분명한 차이를 나타내고 있다.

2) 융은 전체적 성격인 정신을 의식, 개인무의식, 집단무의식으로 구분하였으며, 집단무의식을 중심으로 분석심리이론을 확립하였다. 집단무의식은 개인적 경험이 아니라 모든 인류 전체가 역사와 문화를 통해 공유해 온 모든 정신적 자료의 저장소라고 본다.

3) 자아는 정신 전체에서 작은 부분을 차지하고 있지만 의식에서는 문지기와 같은 중요한 역할을 하고 있다. 자아의 기본적 태도는 선천적으로 결정되어 있으며, 자아가 갖는 정신적 에너지 방향으로 외향성과 내향성으로 구분된다. 자아

의 기능은 주관적 세계와 외부세계를 지각하고 이해하는 서로 다른 방식을 의미한다. 융이 제안한 정신적 기능의 구성요소는 합리적 기능인 사고와 감정, 그리고 비합리적 기능인 감각과 직관으로 구분된다.

4) 콤플렉스는 개인의 경험들이 어떤 유사한 정신적 요소들끼리 모아진 것이며, 주로 개인무의식 속에 있지만 어떤 경우에는 의식에 나타날 수도 있다. 콤플렉스는 자율성을 가지고 자아의 지배를 벗어나서 작용하며 부정적 요소와 긍정적 요소를 동시에 가진다.

5) 원형은 인류역사를 통해 선조로부터 물려받은 인간의 행동에 영향을 주는 수없이 많은 정신적 소인으로 집단무의식의 내용에서 유래한다. 원형은 형태를 가진 이미지 혹은 심상이지 내용은 아니며 꿈, 신화, 동화, 예술 등에서 나타나는 상징을 통해서만 표현된다.

6) 페르소나는 개인이 사회적 요구에 조화를 이루려고 하는 적응의 측면으로 간주한다. 사회생활을 하기 위한 개인의 사회적 역할을 말한다. 그러나 페르소나가 지나치게 발달하면 성격의 다른 부분의 발달을 방해할 수 있다.

7) 그림자는 인간이 지니고 있는 사악하고 어두운 측면을 나타낸다. 인간이 사회생활을 무리 없이 하기 위해서는 그림자에 포함되어 있는 동물적 본성을 자제해야 하므로 페르소나를 발달시키게 된다.

8) 융은 인간이 출생할 때 본질적으로 남성성과 여성성을 동시에 가지고 태어난다고 보았다. 융은 남성의 내부에 있는 여성성을 아니마라고 하고, 여성의 내부에 있는 남성성을 아니무스라고 하였다. 성숙된 인간이 되기 위해 내부에 억압되어 있는 양성을 모두 개발해야 한다.

9) 의식의 중심인 자아는 의식의 영역에만 머물지만 자기(self)는 정신 전체를 볼 수 있고 통합하는 기제이다. 자기는 전체로서 성격의 조화와 통합을 위해 노력하는 원형이다.

10) 융은 인간이 자기를 실현하는 과정을 개성화라고 하였다. 개성화는 전 생애의 과정에 걸쳐 이루어진다. 융은 인생의 전반기에는 의식의 중심인 자아를 강화하고 분화하여 외부현실 속에서 자신을 발달시켜야 하며, 중년기를 전환점으로 자기로부터 분리된 자아를 다시 자기에 통합하여 정신의 전체성을 회복해야 한다고 본다.

11) 분석심리이론은 사회복지실천에서 인간의 존엄성을 확인하도록 하며, MBTI 등과 같은 성격을 확인하는 도구의 이해에 도움을 준다. 또한 사회복지사와 클라이언트 관계를 심층적으로 이해하거나 페르소나 개념 등을 통해 자신의 역할을 재탐색하도록 한다. 아동이나 청소년 혹은 노년기의 사람들에게 나타나는 방황을 이해하고 삶의 방향을 제시할 수 있는 이론 중의 하나가 될 수 있다.

## 3. 심리사회적 발달이론

1) 심리사회적 발달이론은 프로이트의 정신분석이론을 확장하면서 성격발달의 본능적 측면뿐만 아니라 심리사회적 측면도 강조하였다. 원초아보다 자아를 강조하여 프로이트처럼 자아가 원초아에 종속되거나 보조적인 것이 아니라 자율적 존재로 보았다.

2) 심리사회적 이론에서 자아는 일생 동안의 신체·심리·사회적 발달 과정에서 외부환경에 대처하고 적응하는 과정에 형성되는 역동적인 힘으로 규정한다. 자아는 성격구조의 주인으로서 갈등과 위기에 직면했을 때 그것을 해결하기 위해 노력하는 과정에서 발달한다.

3) 심리사회적 발달이론의 특징은 다음과 같다. 인간발달은 전 생애에 걸쳐 진행되고, 발달단계별 발달과업이 존재하며, 발달은 점성적 원리에 의하고, 발달의 각 단계는 위기가 있으며, 이 위기는 모든 개인들이 반드시 경험하는 과정이고 이를 극복하는 과정에서 자아가 발달하며, 각 단계에서 자아는 적절하거나 부적절한 적응방법을 통합해야 하고, 발달의 각 단계는 개인에게 기본적 강점을

발달할 기회를 제공하며, 심리사회적 발달은 모든 인류에게 나타나는 보편적 현상이지만 각 단계에서 해결하는 방식에서의 문화적 차이가 존재한다.

4) 에릭슨의 심리사회적 발달이론은 전 생애 발달을 8단계로 제시하였다. 첫 번째, 신뢰감 대 불신감 단계는 프로이트의 구강기에 해당되며, 양육자와의 상호작용을 통해서 사회적 관계를 형성하는 단계이다. 두 번째, 자율성 대 수치심 및 의심 단계는 프로이트의 항문기에 해당하며, 이 단계에서 양육자는 유아의 행동을 통제할 수밖에 없으며 그 통제의 정도에 따라 수치감 혹은 의심이 발달하게 된다. 세 번째, 솔선성 대 죄의식의 단계는 프로이트의 남근기에 상응하는 단계이며 양육자가 아동의 호기심을 인식하고 스스로 활동을 하도록 격려한다면 솔선성은 강화된다. 네 번째, 근면성 대 열등감의 단계는 프로이트의 잠복기에 상응하는 초등학교 시기이며, 이 단계에서 자신의 학습이나 운동능력을 또래들과 비교하여 느끼는 심리사회적 위기는 열등감이다. 다섯 번째, 정체감 대 정체감 혼란은 청소년기에 해당하는 단계이며, 청소년기에 정체감 형성의 어려움을 극복한 사람은 이후의 성인기 과업을 원활히 수행할 수 있게 된다. 여섯 번째, 친밀감 대 고립감의 단계는 청년기에 해당하며, 이 시기에 진정한 친밀감은 정체성이 형성되었을 때에 가능하다. 일곱 번째, 생산성 대 침체의 단계는 인간의 완전한 성숙기인 중년기에 해당된다. 이 시기의 위기를 성공적으로 극복하면 다른 사람을 보호하고 배려할 수 있는 능력이 생긴다. 여덟 번째, 자아통합 대 절망의 단계로 노년기에 해당하며, 이 단계는 새로운 심리사회적 위기의 출현보다는 오히려 자아발달의 이전 7단계의 종합, 통합, 그리고 평가의 시기이다.

5) 에릭슨의 심리사회적 발달이론이 사회복지실천에 미친 가장 중요한 영향은 인간의 전 생애 발달 관점을 제시하였다는 것이다. 또한 성격은 생물학적 측면뿐만 아니라 사회 및 문화적 차원의 통합적 자극에 의해 이루어진다는 관점도 다른 정신역동이론과 차이 나는 내용이다. 인간 발달의 과정을 8단계로 제시하였기 때문에 사회복지사는 이를 근거로 클라이언트의 연령대에 따른 구체적이고 세부적인 발달과업을 확인하고 실행으로 옮길 수 있다.

# Chapter 4

# 인간행동의 행동주의 및 인지적 접근

## 학습목표

1. 조건형성이론의 주요 개념 이해 및 사회복지실천 관련성 탐색하기
2. 사회인지이론의 주요 개념 이해 및 사회복지실천 관련성 탐색하기
3. 인지이론 중 엘리스와 벡의 주요 개념 이해 및 사회복지실천 관련성 탐색하기

이 장에서는 인간의 행동을 이해하기 위한 행동주의 및 인지적 접근을 살펴보고자 한다. 먼저 행동주의 이론은 미국에서 1930년대부터 1960년대까지 인간 이해의 주요한 이론으로 집중적으로 관심을 받았다. 행동주의의 근간이 되는 이론은 파블로프(Pavlov)의 동물실험에 근거한 고전적 조건형성이론과 손다이크(Thorndike)의 실험을 확대 · 재창조한 스키너(Skinner)의 조작적 조건형성이론이다. 이후 급진적 행동주의의 단점을 보완하기 위하여 인지 및 학습의 중요성을 통합하려는 시도들이 반두라(Bandura) 등에 의해 이루어졌다.

행동주의 이론은 인간의 행동을 형성하는 데 환경을 중요시하는 유일한 이론은 아니지만 환경이 성격 형성에 절대적인 영향을 미친다고 주장하는 이론이다. 정신분석이론에서는 심리 내부적인 힘인 본능, 충동, 욕구 등이 인간행동의 주요한 원인이라고 보지만 행동주의 이론은 외적인 환경의 힘에 의해서 인간의 행동이 형성, 유지, 수정된다고 주장한다. 여기서는 파블로프와 스키너의 조건형성이론과 반두라의 사회인지이론을 주로 살펴볼 것이다.

다음으로 인지적 관점에서 인간의 행동을 이해하는 부분이다. 일반적으로 인간의 행동을 이해하는 제1, 2, 3세력은 정신역동주의, 행동주의, 인본주의를 일컫는데, 인지적 관점은 제4세력이라고 불린다. 1960년대 이후에 인지혁명이라는 말을 사용하며 인지의 중요성을 강조하고 있으며, 현대 컴퓨터의 발달 그리고 합리주의와 구성주의에 그 뿌리를 두고 발달하고 있다.

성격을 논하는 대부분의 이론은 인간의 정신 및 정신 과정을 연구하고 있다는 점에서 인지적 관점을 반영하고 있다. 그러나 인지적 관점의 성격이론가들은 인간체계를 분류하는 정서, 인지, 행동 중에서 인지의 중요성을 가장 강조한다. 인지이론에서는 개인의 감정이나 행동이 인지 또는 생각에 의해 통제될 수 있다고 본다. 여기서는 사회복지의 직접실천에서 유용하게 활용할 수 있는 엘리스(Ellis)와 벡(Beck)의 인지적 성격이론을 살펴본다.

# 1. 조건형성이론

## 1) 기본 개요

행동주의 이론(behaviorism theory)에서는 인간의 모든 행동은 주어진 환경에 의해 결정되므로 관찰될 수 있는 행동만 의미가 있다고 본다. 조작적 조건형성이론은 급진적 행동주의 이론가 중 대표적인 스키너(Burrhus Frederic Skinner, 1904~1990)가 파블로프의 고전적 조건형성 개념과 손다이크의 실험을 확대·재창조한 이론이다. 스키너는 인간의 대부분 행동은 심리 내적 충동이 아니라 외부환경의 자극에 의해 동기화된다고 주장하였다.

스키너는 인간행동의 생물학적 결정론을 지지하지 않는다. 또한 만약 인간의 행동이 유전적으로 출생하면서 어느 정도 결정되어 있다고 하더라도 인간이 할 수 있는 일은 없기 때문에 그러한 강조는 의미가 없다고 보았다. 스키너는 인간이 행동을 형성하는 데 있어 생물학적 요인이 어느 정도 작용한다는 점을 인정하지만 이는 개인이 어찌할 수 없는 것이므로 중요하지 않다고 보았다.

스키너는 성격 혹은 자아와 같은 내적 구조에 의해서 행동을 설명하거나 설명하려는 노력은 과학이 아니라 허구를 이야기하는 것이라고 본다. 스키너는 성격을 행동패턴의 집합이라고 정의하였다(노안영·강영신, 2002). 스키너는 '성격'이라는 용어는 필요 없는 말이라고 보았으며, 개인은 각각의 다른 상황에서 다른 반응패턴을 보인다고 하였다.

스키너는 인간의 행동을 설명하기 위해 무의식을 거론하는 것은 부적절하다고 생각하였는데, 무의식으로 인간의 행동을 설명하는 것은 과학적이고 객관적으로 검증할 수 없을 때 나타나는 것이라고 보았다. 이는 사후가설적 논리의 적용이기 때문에 사실의 정확한 판단을 하지 못하는 것이라고 생각했다. 예컨대 직장을 표면적인 이유 없이 그만둔 사람에게 '승진에 대한 두려움' 또는 '완벽주의적 성향'이라는 무의식의 작용이라고 보는 것은 적절하지 않다는 것이다. 이는 객관적으로 관찰 가능하지 않기 때문이다. 이러한 설명보다는 가족환경, 신체적 건강, 직장동료와의 관계 등과 같은 행동의 선행조건이 되는 객관적인 환경변인을 찾는 것이 더욱 중요하다고 보는 것이다(최순남, 1999).

스키너는 인간을 일종의 기계와 같은 존재로 보았기 때문에 개인의 자율성을 부정한다. 따라서 스키너의 이론에 의하면 선행을 하거나 범죄를 저지르는 개인을 칭찬하거나 비난할 수 없다. 왜냐하면 인간의 행동은 자율적으로 형성되는 것이 아니라 외부환경에 의해 만들어지기 때문이다. 인간은 자유의지 또는 삶의 목적을 가지고 행동하는 존재가 아니라 이전의 외부환경적 조건에 의해 만들어지기 때문에 행동에 있어 개인적 책임은 없다고 본다.

스키너는 인간행동에는 일정한 법칙이 있다고 보았으며, 이러한 법칙을 객관적으로 설명할 수 없을 경우에 무의식의 개념을 가져온다고 하였다. 모든 인간의 행동은 앞선 원인에 의해서 만들어지기 때문에 예측과 통제가 가능하다고 주장한다. 따라서 인간의 행동을 이해하기 위해서 심리 내부적인 동기, 감정, 욕구를 파악하기보다는 개인을 둘러싸고 있는 환경을 우선적으로 이해해야 한다고 본다.

## 2) 주요 개념

### (1) 고전적 조건형성

행동주의 이론은 파블로프(Ivan Petrovich Pavlov, 1849~1936), 손다이크(Edward L. Thorndike, 1874~1949), 왓슨(John B. Watson, 1878~1958) 등의 초기 이론가들에 의해 정교화되었다. 스키너의 조작적 조건형성이론에 절대적으로 기여한 이론은 파블로프의 고전적 조건형성 개념이다. 생리학자인 파블로프는 소화생리 연구를 통해 반응행동이 조건형성되는 것을 처음으로 발견하였다.

고전적 조건형성(classical conditioning)이란 유기체가 환경적 자극(S : Stimulus)에 수동적으로 반응(R : Response)하여 형성되는 반응행동을 설명하는 개념이다. 즉, 원래의 반응과 관계가 없는 중립자극에 반응유발능력을 가지도록 만들어서 조건자극으로 변화시키는 과정을 말한다. 파블로프의 고전적 조건형성 과정을 살펴보면 다음과 같다(Carver & Scheier, 2004).

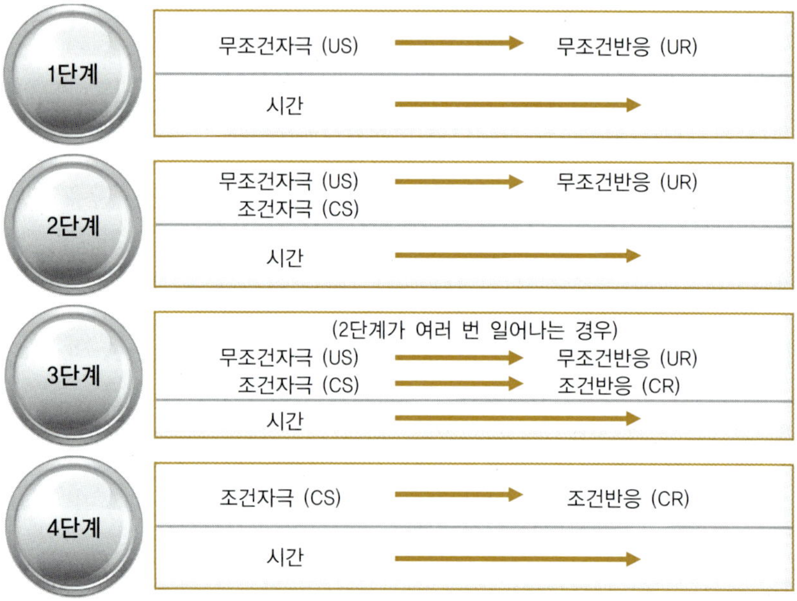


|그림 4-1| **고전적 조건형성의 단계**

첫 번째 단계는 조건형성이 되지 않은 상황이다. 이 단계에서는 특정 자극에 대해 자동적으로 반응을 한다. 이때의 자극을 무조건자극(US : Unconditional Stimulus)이라 하며, 반응을 무조건반응(UR : Unconditional Response)이라 한다. 예컨대 배고픈 개에게 고기조각(무조건자극)을 주니 타액분비(무조건반응)를 하는 상황이다.

두 번째 단계는 조건형성이 시작되는 상황이다. 이 단계에서는 무조건자극과 동시에 중립자극(어떤 특정한 반응도 유발하지 않는 자극)을 제공한다. 이 중립자극은 나중에 조건자극(CS : Conditional Stimulus)이 되는 것이다. 예컨대 배고픈 개에게 고기조각(무조건자극)과 동시에 종소리(중립자극)를 들려주는 것이다. 이 종소리가 이후에 조건자극이 된다.

세 번째 단계는 조건형성이 되어가고 있는 상황이다. 무조건자극과 조건자극이 자주 동시에 발생하면 무언가가 변하는 상황이다. 즉, 배고픈 개에게 고기조각과 종소리를 지속적으로 들려주면 무조건자극과 조건자극 둘 다에 의해 타액분비(무조건반응+조건반응)를 하는 단계이다. 이때 조건자극에 대한 반응을 조건반응(CR : Conditional Response)이라고 한다.

네 번째 단계는 조건형성이 되어 무조건자극을 제공하지 않고 조건자극만 제시해도 반응이 발생한다. 이제는 배고픈 개에게 무조건자극인 고기조각 없이도 조건자극인 종소리만으로도 조건반응인 타액이 분비된다.

위와 같이 배고픈 개에게 무조건자극인 고기조각이 없이 이전에 중립적 자극이었던 종소리가 조건자극으로 변화되어 타액분비라는 조건반응이 유발되는 것을 고전적 조건형성이라고 한다. 종소리는 처음에 중립적으로 의미가 없었으나 고기조각인 무조건자극과 연합하여 반복적으로 제공하니 나중에는 타액분비를 통제하는 조건자극이 되는 것이다. 즉, 종소리만으로 타액을 분비하는 것은 무조건 반응이 아니라 조건형성된 조건반응이다. 이는 조건자극에 의해 조건반응을 유발하게 하는 고전적 조건형성을 설명하는 것이 된다.

파블로프에 의하면 음식에 침을 흘리는 것, 무릎반사, 눈깜박거림 등과 같은 선천적인 반응을 무조건반응이라고 하였다. 반면에 외부의 주어진 조건자극에 대한 새롭고 학습된 반응을 조건반응이라고 하였다. 파블로프는 모든 반응행동은 어떤 선행자극에 의해서 발생하게 되며, 이것은 선천적인 무조건자극이나 환경적으로 주어진 조건자극에 의해 학습된 행동이라고 보았다. 또한 무조건자극과 조건자극이 연합되면 반응행동이 강화된다고 보았다.

고전적 조건형성의 실제적인 효과를 다음과 같이 확인할 수 있다(Mischel, et al., 2003). 조건형성 이전에 '개가 아이를 문다(US)' → '아이가 운다(UR)', 하지만 조건형성 이후에는 '개가 접근한다(CS)' → '아이가 운다(CR)'로 설명할 수 있다. 또 다른 예로 조건형성 이전에 '자동차 사고로 남자가 다친다(US)' → '남자가 두려워한다(UR)', 하지만 조건형성 이후에는 '남자가 차 타는 것에 대해 생각한다(CS)' → '남자가 두려워한다(CR)'로 조건형성된 조건반응을 설명할 수 있다.

### (2) 조작적 조건형성

스키너는 행동을 두 가지 유형인 반응행동(respondent behavior)과 조작행동(operant behavior)으로 구분하였다(노안영 · 강영신, 2002). 반응행동은 자극에 의해서 야기되는 자동적 반응을 의미한다. 반응행동은 앞서 파블로프의 고전적 조건형성과 관련된다.

조작행동은 제시되는 자극이 없이 방출되는 반응이다. 즉, 자발적으로 나타나는 행동이다. 반응행동은 선행사건에 의해 전적으로 통제되지만 조작행동은 그것의 결과에 의해 통제된다. 조작적 조건형성(operant conditioning)은 개인이 능동적으로 환경에 반응하는 조작행동으로 형성되는 조건형성을 말한다.

개인이 행하는 조작행동은 그 보상 결과에 따라 증가하기도 하고 감소하기도 하는데, 이를 통해 어떤 반응을 증가시키거나 감소시키는 것이 조작적 조건형성이다. 스키너의 조작적 조건형성은 손다이크의 효과의 법칙(law of effect)에 영향을 받았다.

**〈표 4-1〉 손다이크의 효과의 법칙**

| |
|---|
| 손다이크는 내부의 막대기를 건드리면 문이 열리도록 설계된 문제상자 안의 굶주린 고양이가 밖으로 탈출하려고 발버둥 치다가 우연히 막대기를 건드려 상자 문을 열어 밖의 고기를 먹는 것을 관찰하였다. 이후 고양이들이 시행착오를 거듭함에 따라 탈출 막대기를 건드리는 시간이 점점 짧아지는 것을 발견하였다. 이러한 실험을 통해 손다이크는 지속적인 연습과 시행착오를 통해 행동이 학습되는 것에 주목하였다.<br>이러한 과정을 효과의 법칙(law of effect)이라고 한다. 효과의 법칙은 모든 상황에서 수많은 행동이 가능하지만, 만족스러운 결과가 나타나는 어떤 행동은 규칙적으로 계속 발생하지만 그렇지 않은 행동들은 사라지거나 가끔씩 발생한다는 내용이다. 예컨대 위 사례의 고양이가 막대기를 건드리자 문이 열리면서 고기가 나타나는 만족스러운 결과를 발견하면서 그 행동(막대기 건드림)을 계속하는 것을 일컫는다. |

조작적 조건형성은 어떤 행동의 결과가 긍정적이냐 혹은 부정적이냐에 따라 그 다음 행동의 계속 여부가 결정된다는 효과의 법칙에 근거한다. 즉, 만족

감을 주는 결과는 계속 반복되고 불만족을 주는 결과는 사라진다는 것이다.

조작적 조건형성의 방법은 다음과 같다(Carver & Scheier, 2004). 첫째, 어떤 행동으로 현재의 상태가 더 나아지거나 만족스럽게 된다면 그 행동은 이후에 비슷한 상황에서 다시 행해질 가능성이 높다(상황 1). 둘째, 어떤 행동으로 현재의 상태가 더 나빠지거나 불만족스럽게 된다면 그 행동이 이후에 행해질 가능성은 줄어든다(상황 2). 마지막으로 어떤 상황에서 다양한 행동이 가능한데 그중에서 가장 만족스러운 결과를 나타내는 행동을 선택하여 이후에 습관적인 반응이나 반복을 하게 된다(상황 3).

**상황 1** : 행동 → 보다 만족스러운 상태가 됨 → 행동의 반복 가능성 증가

**상황 2** : 행동 → 불만족스러운 상태가 됨 → 행동의 반복 가능성 감소

**상황 3** : 행동 A<br>행동 B<br>행동 C<br>행동 D<br>행동 E<br>→ 행동 C가 가장 만족스러운 상태가 됨 → 행동 C의 반복 가능성 높음

|그림 4-2| **조작적 조건형성의 방법**

일상생활에서 일어나는 조작적 조건형성의 사례는 다음과 같다. 배고픈 아이가 울면 부모들이 안아주고 관심을 보이게 된다. 그러면 아이는 만족스러운 상태가 되고 이것이 조건형성되면 배가 고프지 않아도 관심을 받기 위해 울게 된다. 또한 학교에서 친구들과 잘 지내서 칭찬을 받은 학생은 나중에 대인관계를 잘 유지하게 된다. 또 다른 예는 자녀가 부모에게 용돈을 요구할 때 과거에 효과적이었던 전략은 계속 사용하고 그렇지 않았던 방법은 활용하지 않는 것이다.

고전적 조건형성과 조작적 조건형성은 여러 가지 면에서 다르다. 고전적 조건형성은 수동적 반응으로 조건형성 과정에 유기체가 무엇을 하도록 요구하지 않는다. 그러나 조작적 조건형성은 능동적이어서 유기체의 행동이 요구된다. 고전적 조건형성은 개인이 반응행동을 하는 데 있어 비자발적일 수밖에 없는 외부의 자극에 초점을 두는 반면에, 조작적 조건형성은 개인의 과거 행동의 결과가 현재 행동에 어떻게 영향을 미치는가에 중점을 둔다.

### (3) 강화와 처벌

#### ① 강화

스키너의 조작적 조건형성의 핵심은 강화(reinforcement)이다. 조작적 조건형성은 어떤 반응에 대해 강화와 처벌로서 그 반응이 일어날 확률을 증가시키거나 감소시키는 방법이다. 강화는 특정 행동에 뒤따르는 결과 중에서 그 행동을 다시 야기할 가능성을 높여주는 것을 말한다. 즉, 반응의 빈도를 증가시키는 것을 강화라 한다.

강화물(reinforcer)은 행동을 다시 재현하도록 하는 어떤 것을 말한다. 즉, 반응의 빈도를 증가시키는 구체적인 어떤 것을 지칭한다. 강화물은 생물학적 욕구를 감소시키는 음식이나 물이 될 수도 있고, 사회적 욕구를 만족시키는 미소와 관심도 포함된다. 심지어는 시각적 감각을 충족하는 그림이나 영화를 보는 것도 해당된다(Hayes, et al., 1980).

강화물은 일차적 강화물(primary reinforcer)과 이차적 강화물(secondary reinforcer)이 있다. 일차적 강화물은 생물학적 욕구(음식과 물 등)를 충족시키는 것과 같은 애초부터 강화속성을 가진 사건이나 대상이다. 이차적 강화물은 개인의 과거 조건형성 과정에서 일차적 강화와 밀접한 관련이 있는 미소, 칭찬, 돈 등과 같은 대상이다. 예컨대 영아에게 젖을 주면서 어머니가 보여준 미소가 그 예에 해당한다.

강화에는 정적 강화(positive reinforcement)와 부적 강화(negative reinforcement)가 있다. 이 두 가지는 반응의 빈도를 증가시킨다는 측면에서 공통적이다. 정적 강화란 특정 행동이 정적 강화물에 의해 반응의 빈도가 증가하는 것을 의미한다. 이는 유기체의 특정 행동에 만족스러운 어떤 것이 보태지는 것을 말한다. 예컨대 심부름을 잘 한 자녀에게 어머니가 용돈을 주는 경우이다. 이 과정에서 정적 강화물(용돈)을 받은 자녀는 이후에도 심부름을 계속하려고 한다.

반면에 부적 강화는 혐오적인 어떤 것이 제거될 때 발생한다. 부적 강화도 정적 강화와 마찬가지로 개인에게 유익함을 주어 반응의 빈도를 증가시키는 것이다. 예를 들면, 어떤 학생을 수업에 적극적으로 참여시키기 위해 이전에 확정되어 있던 혐오자극인 화장실 청소를 제외시키는 조건으로 그 학생의 수업 참여도를 높이는 것을 말한다.

### ② 처벌

처벌(punishment)과 부적 강화는 다른 개념이다. 처벌은 불쾌한 또는 혐오적인 결과로 이를 통해 행동 이후의 반응빈도를 감소시키는 것을 말한다. 처벌에는 정적 처벌과 부적 처벌이 있다. 정적 처벌은 신체적 고통이나 야단치기 등의 혐오자극을 통해 반응의 빈도를 감소시키는 것이다. 예컨대 학교에서 비행행동을 한 학생에게 체벌을 하는 것이 대표적이다.

부적 처벌은 행동에 뒤따르는 긍정적 자극을 제거함으로써 반응의 빈도를 감소시키는 것이다. 부적 처벌의 예는 타임아웃(time out)이 있다. 타임아웃은 현재 진행되고 있는 활동으로부터 아무 재미가 없는 장소로 격리하는 것을 말한다. 이를 통해 부적절한 행동의 빈도를 감소시킨다.

처벌의 효과는 처벌의 시기와 방법에 따라 다르다. 처벌은 잘못된 행동을 저지른 후 바로 실행해야 효과적이다. 또한 처벌은 일관성이 있어야 한다. 처벌자의 감정에 따라 변덕스럽게 처벌할 경우 아동은 그 행동을 수정하기보다는 불안한 정서를 갖게 된다(최순남, 1999).

정적 처벌은 개인의 행동을 수정하기 위한 방법이지만 다양한 부작용을 나타낼 수 있다. 처벌의 효과는 다른 자극보다는 일시적이다. 처벌로 눈앞의 문제가 해결된 것으로 보이지만 그것은 지속되기 어렵다. 또한 처벌로 인해 분노를 폭발하거나 처벌자에 대한 공포와 회피의 문제도 발생한다. 처벌자에 대한 정서적 반응은 또 다른 심리적이고 대인관계적인 문제를 초래하게 된다.

### (4) 강화계획

강화계획(reinforcement schedules)은 행동을 증가하기 위해 사용하는 강화물의 빈도와 유형의 변이를 말한다. 즉, 강화물을 어떤 방식으로 제공할지에 관한 계획이다.

강화계획에는 강화간격과 강화비율에 따라 연속적 강화(continuous reinforcement)와 간헐적 강화(partial reinforcement)로 구분된다(Carver & Scheier, 2004). 연속적 강화는 반응이 있을 때마다 강화물을 제공하는 경우로 일상생활에 실제로 적용하기는 어려움이 있다. 왜냐하면 한 개인의 모든 일상을 함께하면서 기대되는 반응을 했을 때마다 강화물을 준다는 것은 불가능하기 때문이다. 간헐적 강화는 행동을 통제하기 위해 시간 간격과 비율에 근거하여 강화물을 제공하는 것이다. 간헐적 강화는 다음과 같은 네 가지의 종류가 있다.

■ **고정간격계획**(fixed-interval schedule)

개인이 실행하는 반응의 수와 관계없이 일정한 시간 간격마다 강화물이 주어지는 계획이다. 예컨대 직장인의 경우에 자신이 얼마나 많이 일했는가에 관계없이 월급이 주어지는 경우이다. 고정간격계획을 실시하면 강화물을 받은 뒤에는 행동이 별로 없다가 이후에 점차로 회복하여 그 다음 강화물에 가까이 갈수록 행동이 가속화된다.

■ **변동간격계획**(variable-interval schedule)

개인이 실행하는 반응의 비율과 관계없이 변동된 시간에 따라 강화물이 주어지는 계획이다. 이 과정에서 강화물의 평균은 변화되지 않는다. 예컨대 한 학기에 5번의 시험을 보기로 한 교수가 학생들에게 예측할 수 있는 시기에 시험을 실시하지 않고 불시에 시험을 5번 보는 경우이다.

■ 고정비율계획(fixed-ratio schedule)

개인이 반응한 수에 근거하여 일정한 반응비율에 따라 강화물이 주어지는 계획이다. 예컨대 성과급 방식의 작업에 해당되는데, 자동차를 10대 조립할 때마다 100만 원의 보상금을 주는 방식이다.

■ 변동비율계획(interval-ratio schedule)

평균적으로 일정한 수의 반응이 일어난 후에 강화물이 주어지는 계획이다. 따라서 반드시 반응한 수에 따라 강화물이 주어지는 것이 아니라 확률에 근거하게 된다. 예컨대 도박에서 돈을 획득할 확률은 일정하지만 그 결과를 예측할 수 없으므로 지속해서 도박을 하는 경우이다.

강화계획을 반응률이 가장 높게 일어나는 것부터 순서대로 나열하면 변동비율계획, 고정비율계획, 변동간격계획, 고정간격계획, 연속적 계획 순이다(노안영 · 강신영, 2002).

### (5) 변별

조작적 조건형성에서 변별과 일반화는 강화의 원인을 제공하기 때문에 매우 중요하다. 변별(discrimination)이란 다양한 자극에 적절하게 구별된 반응을 하는 것을 말한다(Carver & Scheier, 2004). 인간은 발달과정에서 변별로 외부환경에 조화롭게 대처한다. 예를 들면, 어두운 곳을 무서워하는 아이가 영화관과 같은 장소에서는 공포를 느끼지 않는 경우에 해당한다. 인간은 발달과정에서 자극의 신호를 보다 정교하게 이해하여 그에 따른 적절한 반응을 지속적으로 발달시키게 된다.

변별은 일반화의 반대 의미이다. 예를 들면, 어떤 아이가 벌에 쏘여 고통을 경험한 후에 유사한 벌레에도 공포를 느끼게 된다면 일반화의 원리가 작용한 것이다. 반대로 이 아이가 자라면서 벌과 비슷하게 생긴 다른 벌레들에게는 아무런 고통을 경험하지 않는 것이 반복된다면 벌과 유사한 다른 벌레들에게는 차별적 반응을 보이게 된다. 즉, 벌에는 과거와 비슷한 고통스러운 반응을 나타내지만 다른 벌레에게는 그러한 반응을 보이지 않는다는 것이다. 이러한 반응현상을 변별이라고 한다.

### (6) 일반화

일반화(generalization)란 어떤 상황에서 일어났던 행동은 비슷한 상황에서도 연속적으로 발생한다는 것이다(Carver & Scheier, 2004). 예컨대 가정에서 어른을 공경해서 보상을 받은 경험이 있는 아동이 집 밖의 상황에서도 어른을 공경하는 것이다. 또한 한 종류의 차량만 운전해 본 경험이 있는 사람이 다양한 차종도 운전할 수 있는 경우를 말한다. 남성에게 성폭행을 당한 여성이 모든 남성에게 수치심과 분노를 가지는 경우도 해당된다.

일반화는 인간행동의 복잡성을 이해하게 하는 개념이다. 즉, 결코 새롭게 학습하지 않은 행동들을 실행할 수 있는 이유를 설명한다. 그러나 일반화의 범위는 그 행동의 유사성과 개인의 내적 특성과 관련된다.

### (7) 소거

소거(extinction)란 강화를 통해 증가된 반응이 강화가 중단되고 난 이후에 줄어들거나 나타나지 않는 것을 말한다. 소거는 조건형성된 반응이 나타나지 않고 효과가 사라지는 것에 초점이 맞추어져 있다. 그러나 일시적 소거가 나타난다고 해도 그것이 완전히 사라지지 않고 어떤 상황이 되면 자발적인 회복이 일어난다(Wagner, et al., 1964). 이는 긍정적 반응에도 해당되지만 바람직하지 않은 반응행동에도 해당된다. 예컨대 어릴 때부터 바람직하지 않은 행동이 성장하면서 지속적으로 강화되었다면 그러한 행동의 소거에 저항적이 된다.

### (8) 행동조성

행동조성(shaping)은 새로운 행동을 학습하는 조작적 조건형성의 대표적 기법이다(오창순 외, 2009). 행동조성은 개인의 복잡한 행동이 점진적으로 원하는 방향으로 만들어지는 것을 말한다. 돌고래가 재주를 부리는 행동이 몇 번의 연습으로 만들어지지 않는 것처럼 인간의 행동도 단계적이고 점진적으로 학습된다. 복잡한 행동을 학습하기 위해서는 구체적이고 세분화된 행동으로 나누어 바람직한 행동에 도달할 때까지 강화하는 것이 필요하다(최옥채 외, 2007).

이에 대한 구체적 적용 사례는 다음과 같다. 물에 대한 공포로 수영을 거부하는 아동의 사례를 보자(Zastrow & Kirst-Ashman, 2001). 이 아동은 아예 수영장 입구에서 들어가기를 거부하고 있다. 이때 이 아동에게 강제적으로 수영장에 들어가도록 하는 것이 아니라, 단계적으로 수영장 입구에서 놀기, 얕은 물에서 놀기, 허리 정도의 물에서 공놀이 하기, 키판을 들고 발장구 연습하기, 머리를 잠깐 물에 넣어보기 등의 순차적 접근을 하는 것이다. 이 과정에서 아동에게 칭찬, 관심, 미소, 사탕 등의 보상이 제공되어 수영이라는 행동이 새롭게 조성된다.

이를 인간발달의 과정에 적용해 보면, 어떤 사람이 아동기에는 단순히 학교에 가는 행동이 나타나고 이후에 사회복지학을 공부하고자 하는 경향으로 바뀌며 더욱 구체적으로 사회복지학과를 졸업하여 사회복지사가 되는 것으로 진행하는 경우이다.

### 3) 조건형성이론과 사회복지실천

#### (1) 사회복지실천과의 관련성

스키너는 인간의 행동은 스스로 자율적으로 창조하거나 생물학적인 본능으로 구성되는 것이 아니라고 보는데, 인간행동은 전적으로 외부환경의 영향이라는 것이다. 하지만 행동은 단순히 외부환경의 자극에 대한 반응에 의해 형성되기보다는 그 반응의 결과를 따져보고 계속하거나 약화시킬지를 판단한 결과물이라고 본다. 이것이 강화의 원리이다.

스키너는 인간의 행동은 강화의 연속적 과정으로 만들어진 것이라고 하였다. 예컨대 초등학교 시기에 친구의 사소한 물건을 훔쳤을 때 다른 사람들이

용감하다고 칭찬하는 것이 지속되었다면, 현재 이 사람이 다른 사람의 물건을 별다른 죄책감이 없이 함부로 만지거나 가지고 가는 행동에 대한 설명이 되는 것이다. 인간의 모든 행동을 이러한 기준으로 판단한다면 자신의 행동을 통제하지 않은 사람들을 비난하거나 제재할 수 없다. 예컨대 범죄를 저지른 사람들도 자기 스스로 그의 성격이나 행동을 규정하지 않았기 때문에 전적으로 가족을 포함한 외부환경의 잘못이라고 보는 것이다.

이러한 스키너의 관점을 학습한 사회복지사가 사회복지현장에서 비행이나 문제행동을 드러낸 클라이언트를 어떻게 이해해야 할까? 행동주의 이론에 근거하여 클라이언트는 자신의 문제를 스스로 통제할 수 없는 사람이라고 간주하거나 억압적 제한도 바람직하지 않다. 사회복지사는 클라이언트에게 삶의 목적과 의미를 부여하는 방안을 지속적으로 찾아야 한다. 단지 사회 전체의 이익을 위해 처벌하거나 희생하도록 요구하는 것이 아니라 클라이언트가 보다 나은 삶의 만족이나 기회를 확보할 수 있도록 해야 한다.

사회복지사는 행동주의 이론에 대한 다음의 비판들도 고려할 필요가 있다. 행동주의 이론에 의하면 클라이언트의 모든 행동 변화는 사회복지사의 의도적 개입에 의해 가능하다는 것이다. 클라이언트들이 가지고 있는 수많은 문제를 수정하기 위해 각각 다른 방법을 적용한다는 것은 어렵다. 이는 스키너가 인간의 창조성과 자율성을 무시했기 때문에 나타난 비판이다.

클라이언트의 문제를 정확하게 측정하는 것이 가능한지에 대해서도 생각해 보아야 한다. 스키너는 인간의 문제를 객관적으로 명확하게 측정할 수 없을 경우에 무의식의 영역으로 간주하여 문제를 애매모호하게 만든다고 하였다. 그러나 사회복지사가 클라이언트의 문제를 파악할 때 언제나 정확하게 측정하기란 한계가 있다. 인간의 문제나 욕구는 복잡한 원인에 의해 나타나며 시간적·공간적 상황에 따른 변화도 매우 심하기 때문이다.

행동주의적 접근의 방법들은 실제생활이 아니라 실험실이나 의도된 장소에서 연습한다. 이는 실제생활에서 나타나는 다양한 환경들을 모두 고려할 수 없게 된다. 행동주의적 접근방법을 통한 반복연습은 실제적 현실과 괴리를 보일 수 있다.

### (2) 사회복지실천의 활용 방안

사회복지사는 사회복지의 가치와 윤리적 원칙을 근거로 하여 클라이언트의 행동 변화를 목적으로 실천한다. 행동주의 이론에서는 인간의 습관, 신념 그리고 심지어 목표까지도 형성시킬 수 있으며, 반대로 수정할 수도 있다고 믿는다. 지금까지 형성된 바람직하지 않은 행동을 변화시키는 것을 행동수정(behavior modification)이라고 한다. 행동수정에서는 사회적으로 바람직한 행동은 강화하며, 반면에 적응에 도움이 되지 않는 행동은 감소 혹은 제거시키는 것에 초점을 둔다.

행동수정을 위한 대표적인 기법은 토큰경제(token economy)이다. 토큰경제에서는 보상으로 바람직한 행동을 할 때마다 토큰이 주어진다. 표적행동을 선정하고 바람직한 반응을 하면 그에 따라 강화가 제공되는 것이다(오창순 외, 2009). 토큰은 아동에게는 사탕이나 음식물로 교환되며, 성인에게는 자신들이 원하는 바를 성취하는 데 사용하도록 한다. 즉, 획득한 토큰으로 자신에게 만족을 가져다주는 욕구를 충족시키는 데 활용할 수 있다는 것이다.

토큰경제는 바람직한 사회적 행동을 강화시키거나 공격성 등과 같은 부적응적 행동을 감소시키는 데 유용한 기법 중 하나이다. 예컨대 학교에 근무하는 사회복지사가 수업에 집중하지 못하는 학생에게 가만히 앉아 있거나, 필기를 열심히 하거나, 선생님의 말씀에 지속적으로 집중할 때 토큰을 나누어 준다. 이 토큰은 나중에 학생이 좋아하는 음식이나 휴식시간 등과 같은 실제적 강화물과 교환할 수 있다. 이 기법은 아동·청소년에 관여하는 사회복지사들이 많이 활용하고 있다.

행동수정의 선행조건은 클라이언트의 행동을 정확하게 평가해야 하는 것에 있다. 사회복지사는 클라이언트의 문제를 명확히 확인한 이후에 행동수정의 기법을 활용해야 한다. 또한 클라이언트의 문제행동과 관련된 특정한 환경을 파악해야 한다. 그리고 클라이언트의 문제를 해결하기 위한 효과적인 보상을 발견해야 한다.

사회복지사는 클라이언트 문제의 규정, 문제를 지속하는 외부환경, 그리고 해결을 위한 전략을 동시에 파악해야 한다. 사회복지사는 행동주의 이론을 근거로 보다 명확하게 클라이언트 개입의 시작부터 최종 해결까지 과정을 계획할 수 있다. 이 과정에서 사회복지사가 클라이언트 문제와 외부환경적 요인을 제대로 파악하지 못한다면 클라이언트에게 도움이 되지 않거나 어떤 경우에는 해롭게 할 수도 있다.

행동주의 이론은 사회복지실천의 모든 분야에서 활발하게 적용되고 있다. 특히 클라이언트의 행동 변화를 위한 수많은 기법들이 사회복지실천현장의 실정에 맞게 사용되고 있다. 행동주의 이론을 기반으로 하는 실천방법으로는 사회기술훈련(social skills training), 자기주장훈련(self-assertiveness training), 체계적 둔감화(systematic desensitization), 혐오치료(aversion therapy) 등이 있다.

사회기술훈련과 자기주장훈련은 정신장애인의 심리사회재활 과정에서 사회복지사들이 자주 활용하는 방법이다. 체계적 둔감화는 긴장이나 불안을 일으키는 문제의 강도를 점진적으로 높여서 그 문제로부터 벗어나는 것을 말한다. 체계적 둔감화는 고소공포증 등 특정 상황이나 대상으로 인한 불안을 감소시키는 기법 중 하나이다. 혐오치료는 바람직하지 않은 행동을 감소시키기 위해 혐오적 자극을 제공하는 것을 말한다.

## 2. 사회인지이론

### 1) 기본 개요

사회인지이론은 반두라(Albert Bandura, 1925~)가 행동주의 관점에 인지적 접근을 추가하여 확립하였다. 반두라는 초기에는 사회학습이론(social learning theory)이라고 자신의 이론을 명명하였으나 이후에 인간행동의 인지적 역할을 강조하면서 사회인지이론(social cognitive theory)이라고 수정하였다.

반두라는 인간행동은 인지, 환경, 행동 요인이 종합적으로 관여하는 상호결정론에 근거한다고 본다. 사회인지이론에서 행동은 개인의 내적 과정과 환경의 복잡한 순환반복 작용으로 형성된다고 본다. 개인의 행동은 사회적 환경의 영향 아래에서 학습을 통해 조성되고, 이러한 개인들의 행동들이 모여서 다시 환경적 조건을 형성한다는 것이다.

스키너는 인간행동은 직접경험에 의한 학습으로 조성된다고 보았지만 반두라는 인간의 인지적 기능을 강조하여 직접적 경험뿐만 아니라 관찰을 통한 대리 경험으로도 행동을 학습할 수 있다고 보았다. 반두라는 인간의 행동에서 개인의 내적 인지를 바탕으로 사회에서 함께 살아가는 다른 사람들과의 관계를 중요시하였다.

반두라는 모든 행동은 직접적인 외적 자극에 의해 조성된다는 스키너의 주장을 전적으로 받아들이지는 않았다. 반두라는 인간의 행동이 직접적 강화에 의해 조성된다는 견해를 받아들이지만 다른 사람과의 관계를 통한 간접적인 관찰에서도 형성된다고 보았다. 반두라는 인간행동은 강화만을 통해 조성되는 것이 아니라 과거 경험과 미래의 결과를 예측하여 자신의 행동을 어느 정도 통제할 수 있다고 보았다.

## 2) 주요 개념

### (1) 상호결정론

반두라는 인간의 행동은 개인의 심리 내적 과정과 외부 환경적 요인의 복잡한 상호작용에 의해 결정된다고 보았다. 인간행동은 환경, 인지, 그리고 행동이 모두 상호작용하여 형성된다는 것이다. 이는 인간행동의 원인을 본능, 충동, 기질과 같은 심리 내적 힘으로 간주하는 것도 아니고 단순히 외부환경의 영향이라고 생각하지도 않는 것이다.

반두라는 행동의 내적 및 외적 결정요인이 있지만, 행동은 배타적으로 내적 요인이나 외적 요인에 의해, 혹은 단순한 둘의 조합에 의해 결정되지 않는다고 주장한다(노안영 · 강영신, 2002). 인간행동은 행동, 인지, 환경 요인을 수반하는 상호결정론에 기인한다는 것이다.

반두라의 상호결정론(reciprocal determinism)은 환경자극이 인간행동에 영향을 주지만, 신념, 기대와 같은 인지요인도 인간의 행동에 영향을 준다는 가정이다. 인지요인은 어떤 환경사건이 지각되는가와 어떻게 해석되고, 조직화되고 다루어질 것인가를 결정한다. 이 과정에서 사람들은 단순히 환경사건에 반응하지 않고 적극적으로 자신의 환경을 창조하고 변화시키기 위해 활동한다.

반두라의 이론에 의하면, 인간의 행동은 환경에 의하여 영향을 받기도 하지만 환경도 부분적으로는 인간의 행동으로 만들어진 부분이 있다고 본다. 따라서 인간은 어느 정도 자신의 행동을 스스로 창조할 수 있다. 인간은 환경의 자극에 단순히 반응하는 존재가 아니라 그들의 인지능력을 통해 행동을 새롭게 창조하고 수정할 수 있는 것이다.

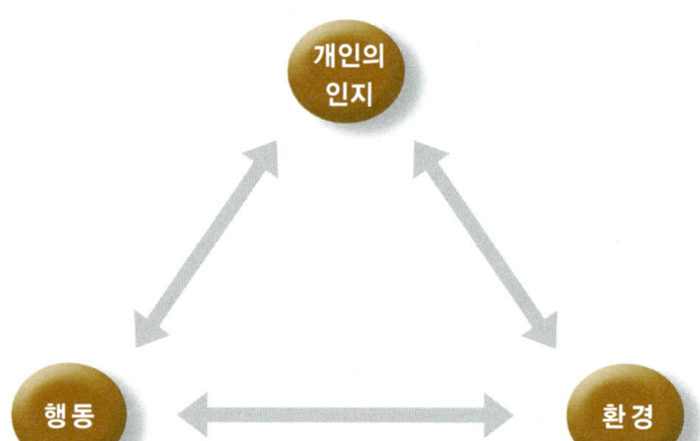


|그림 4-3| 반두라의 상호결정론

(2) 관찰학습

① 개념 및 의의

관찰학습은 인간행동이나 성격이론에서 반두라가 가장 크게 기여한 개념이라고 할 수 있다. 반두라는 인간행동의 학습은 고전적 및 조작적 조건형성 과정보다는 모방이 중요하다고 보았다. 이는 인간의 행동이 반드시 직접적인 강화 없이도 모델을 관찰하거나 결과를 예측하여 형성할 수 있다는 것이다. 반두라는 인간은 외부의 모델을 통해 모방적인 유형을 학습하고, 접촉의 빈도에 따라 반응이 증가된다고 보았다.

관찰학습(observational learning)이란 직접적인 강화 없이 다른 사람의 행동을 관찰함으로써 그 행위를 반복할 능력을 획득하는 것을 말한다(Bandura, 1977). 관찰학습은 개인이 다른 사람이 하는 행동을 관찰함으로써 어떤 행동을 학습하는 것이다. 이 과정에서 관찰의 대상이 되는 사람을 모델이라고 한다. 관찰학습에서는 단순히 기계적으로 다른 사람의 모든 행동을 모방하는 것이 아니라 여러 모델이나 사례들을 종합적으로 검토하여 새로운 행동을 학습한다. 개인들은 모델을 관찰하고 학습한 내용을 모두 행동으로 옮기지는 않는다.

반두라는 실험연구의 결과를 통해서 아이들은 세상에 널리 알려져 있거나 사회적으로 명망이 있는 사람의 행동을 더 잘 모방하며, 자신과 비슷하다고 생각하는 사람들이나 동일한 성별을 가진 사람들을 더욱 모방한다는 사실을 알았다. 또한 사회경제적 지위가 높은 모델을 더욱 모방하는 반면에 상대적으로 자신들의 행동에 처벌을 가하는 사람들이나 벌을 받는 모델에 대해서는 거의 모방하지 않으려는 경향이 있다는 사실을 발견하였다(Bandura, 1977).

반두라는 행동의 획득 또는 학습과 수행의 차이를 구별하였다. 개인은 관찰을 통해 학습한 어떤 행동은 수행하고 다른 행동은 수행하지 않는다. 왜냐하면 인간은 인지능력을 통해 어떤 수행의 결과를 예측할 수 있기 때문이다. 예컨대 모델을 통하여 관찰한 결과가 부정적이라고 판단한다면 그 행동은 수행하지 않는다. 관찰학습은 단순한 모방이 아니라 개인의 적극적인 판단과 이해의 과정이다.

### ② 과정

#### ■ 주의집중 과정

관찰학습에서 가장 우선적으로 필요한 것은 모델을 단순히 보는 것으로는 부족하고 필요한 정보를 주의 깊게 지각해야 한다. 주의집중 과정(attentional process)은 다양한 모델들의 행위 중에서 어떤 것을 선택할 것인지를 결정하는 것이다. 이 과정에서 반드시 필요한 것은 모델에 대해 주의집중 하는 것이다. 우리는 일상의 삶을 살면서 많은 사람의 행동과 상황들을 경험하지만 대부분은 주의하지 않고 지나치게 된다. 그러나 자신의 기능과 가치에 따라 관심 있는 모델의 행동은 주의를 집중하게 된다.

모델의 행동을 모방하기 위한 주의집중은 자기 자신과 쉽게 교제하고 상호작용이 용이한 사람들 중에서 주로 이루어진다(최순남, 1999). 아동기에는 부모, 형제와 선생님, 그리고 또래친구들의 행동이 주의집중의 대상이 된다. 그러나 반드시 직접 대면하는 사람들의 행동만 모방하는 것이 아니라 TV와 같은 대중매체에서 자주 등장하는 모델에 의해서도 영향을 받는다. 특히 자아정체감이 아직까지 형성되지 않은 사춘기의 청소년들은 대중매체의 스타들에게 강력하게 영향을 받는다. 이러한 직접적 또는 간접적인 사람들의 행동 중에서도 자신이 판단하여 매력적이거나 보살핌을 주거나 유능한 능력을 발휘하는 사람들의 행동에 대해 주의집중한다.

■ 보존 과정

보존 과정(retention process)은 이전에 모방한 모델의 행동을 나중에 반복하기 위해 기억하거나 유지하는 것을 말한다. 관찰학습은 인간의 기억능력이 없다면 불가능하다. 관찰학습을 위해 개인은 관찰했던 내용을 부호화하고 상징적으로 마음속에 보존해야 한다. 인간은 모델의 행동을 기억하여 행동으로 옮기기 위해 다음과 같은 두 가지 방법으로 기억한다.

첫째는, 심상체계(imaginal system)를 통해 정보를 보존한다. 어떤 사람이 모델을 관찰할 때는 그 내용에 대한 생생하고 쉽게 기억해낼 수 있는 심상, 즉 이미지를 형성한다. 예컨대 우리가 10년 전에 가족들과 함께 놀러갔을 때의 이미지를 지금도 기억하는 것이다. 특히 언어능력이 발달하지 못한 아동기 이전의 아이들은 심상으로 많은 사실들을 기억한다.

둘째는 언어체계를 통해 모델의 행위를 언어로 부호화하여 보존한다. 언어를 통한 기억은 행동을 실제로 하지 않고도 마음속에서 체계적으로 정리하여 기억하는 것이다. 언어에 의한 기억보다는 심상에 의한 보존이 더욱 강력하고 장기간 마음속에 남는 경우가 많다.

■ 운동재생 과정

인간은 모델을 모방하기 위해서 심상 및 언어로 저장된 내용을 적절한 행동으로 옮겨야 한다. 이렇게 전환하는 과정을 운동재생 과정(motoric reproduction process)이라고 한다. 모방한 행동을 재생하기 위해서는 처음부터 완전하게 실행하지는 못한다. 따라서 모델의 행동을 모방하여 처음으로 자신의 행동으로 바꾸어 옮길 때는 매우 서투르다. 지속적인 연습과 반복을 통해 모델의 행동을 재생하게 되는 것이다.

어떤 경우에는 관찰을 통해 새로운 모델의 행동을 인지하여 수행방법을 알았다고 하더라도 신체적 능력의 한계로 그 행동을 수행할 수 없다. 예컨대 아이가 아버지가 하는 톱질을 보고 어떻게 하는지를 알았다고 할지라도 손의 힘이 부족하여 실제로 어떤 물건을 톱으로 자를 수 없는 상황이다. 또 다른 경우는 모델의 행동을 주의집중하고 기억하면서 여러 번 반복하여 연습하여도 그런 행동을 정확하게 수행할 수 없는 상황이다. 예컨대 어떤 사람은 아무리 노력해도 복잡한 컴퓨터의 기능을 제대로 이해하여 활용하는 데 어려움을 겪을 수 있다.

■ 동기유발 과정

관찰학습에서 동기유발 과정(motivational process)은 중요하다. 인간은 행동을 주의 깊게 관찰하여 잘 유지하고, 수행할 능력을 가진다고 하더라도 충분한 자극이나 동기가 없이는 그 행동을 수행하지 않는다. 어떤 사람이 관찰한 모델의 행동을 수행할 수 있는 모든 조건이 갖추어져 있다고 하더라도 그 결과가 부정적이라고 판단한다면 그 행동을 하지 않을 것이다.

관찰학습은 긍정적인 자극이 주어질 때 동기화되고 행동으로 재생된다. 동기유발은 주로 강화에 의해서 이루어진다. 모델에 의한 관찰학습에서 긍정적 강화는 습득된 행동을 표현하거나 수행할 가능성을 높이고 그 행동에 대한 주의집중 및 보존 과정에도 영향을 미치게 된다. 관찰학습에서 동기가 없으면 주의도 덜하게 되고 그만큼 보존 내용도 줄어든다.

### (3) 자기효능감

반두라는 모든 사람은 자신의 문제를 해결하기 위해 어떤 행동을 해야 하는지를 알고 있다고 보았다. 그러나 자신이 그 행동을 수행할 수 있다는 확신 또는 믿음은 별개의 문제라고 보았다(Bandura, 1977). 이와 같이 개인이 원하는 행동을 성공적으로 수행할 수 있다는 신념을 자기효능감(self-efficacy)이라고 한다.

자기효능감은 개인이 어떤 일에서 자신의 행동에 대한 성공 가능성에 대한 믿음을 말한다. 자기효능감은 개인의 행동을 예측할 수 있는 근거가 되지만 실제 수행과는 다르다. 그러나 대부분의 사람들은 자신이 그 일을 할 수 있다는 생각을 하지 못하면 행동으로 옮기지는 않는다. 반두라는 자기효능감은 인간의 사고와 동기, 그리고 행위를 통합하는 데 있어 중요한 역할을 한다고 보았다. 자기효능감은 성취경험, 대리경험, 언어적 설득, 그리고 정서적 각성에 의해 발달한다(노안영 · 강영신, 2002 : 410-411).

■ 성취경험

목표를 달성하기 위한 시도에서 비롯된 성공/ 실패에 대한 과거경험은 자기효능감의 가장 중요한 결정요인이다.

■ 대리경험

타인의 성공/ 실패를 목격하는 것은 유사한 상황에서 개인의 유능감을 평가하기 위한 비교 근거를 제공한다. 즉, 개인의 관찰 경험이 자기효능감의 중요한 결정 원인이 된다는 것이다.

■ 언어적 설득(사회적 영향력 중 하나)

타인으로부터 어떤 과제를 숙달할 수 있는지 혹은 숙달할 수 없는지에 관해서 듣는 것은 역시 자기효능감을 증가 또는 감소시킬 수 있다. 언어적 설득은 비교적 효과가 약하다.

■ 정서적 각성

개인의 자기효능감은 어떤 주어진 수행상황에서 개인이 느끼는 정서적 각성의 정도와 질에 의해 영향을 받는다. 예컨대 매우 높은 불안수준은 그 일을 잘할 수 없다는 것을 자신에게 알려주는 것이다.

## 3) 사회인지이론과 사회복지실천

### (1) 사회복지실천과의 관련성

반두라의 사회인지이론은 고전적 조건형성 및 조작적 조건형성 이론을 보다 정교하게 확대하였다고 할 수 있다. 반두라는 인간의 행동은 단지 환경적 자극에 의해 반응을 보이는 것도 아니고, 반응의 결과에 따른 보상만으로 결정된다고 보지도 않았다. 반두라는 인간의 행동은 환경적 자극에 의해 동기화되어 환경과의 관계를 고려하여 자신의 인지적 요인들의 중재를 통해 최종적인 행동이 결정된다고 보았다. 인간행동은 이전의 선행요인과 행동에 뒤따르는 강화와 처벌의 과정에서 자기강화 또는 자기효능감과 같은 요인에 의해 차이가 난다는 것이다. 인간의 행동은 외적 환경의 자극과 개인의 내적인 요인들의 끊임없는 상호작용에 의해 나타난다는 것이다.

반두라의 외부환경은 사회구조 또는 사회 전체적 환경의 개념은 아니지만 사회복지사로 하여금 클라이언트의 행동 조성과 수정에 중요한 고려사항이라는 인식을 가지게 한다. 또한 클라이언트를 이해하는 과정에서 그를 둘러싼 미시적 환경과 동시에 그들 자신의 인지적이고 내적인 요인들을 살펴보아야 한다는 사실을 확인할 수 있다. 이는 사회복지사가 클라이언트의 행동 형성

과정을 기계론적으로 자극과 반응의 관계로만 한정하지 않고 개인의 사회적 또는 인지적 요소를 보다 적극적으로 살펴야 한다는 의미이다.

#### (2) 사회복지실천의 활용 방안

반두라는 스키너와 달리 외부의 직접적인 환경의 자극 없이도 모델을 관찰하거나 대리강화를 통해서도 새로운 행동을 학습할 수 있다고 보았다. 이는 사회복지실천에서도 중요한 의미를 가진다. 예를 들면, 아동양육시설의 사회복지사는 아동들의 행동과 성격이 관계하는 모든 사람들에 의해서 언제 어디서나 모방을 통해 형성될 수 있음을 알아야 한다. 사회복지사를 포함한 아동과 관련 있는 사람들의 행동 하나하나는 이들에게 관찰되어서 성격의 형성에 영향을 미치게 될 것이다.

또한 특정 대상의 아동과 청소년들뿐만 아니라 대중매체에서 보여주는 공격성과 이미지들은 전체 아동·청소년 들에게 모방하는 기회를 제공한다. 따라서 사회복지사는 이러한 영향들을 고려할 수 있는 인식을 가짐과 동시에 사회 전체가 긍정적이고 바람직한 가치와 본보기를 형성하는 데 일조하도록 해야 한다. 이는 사회복지사가 전체 사회에 가지는 책임과 같다.

## 3. 인지이론

### 1) 엘리스의 인지이론

#### (1) 기본 개요

인지(cognition)란 개인이 주변 세계에 대해 갖는 생각 또는 아이디어를 의미한다. 인지이론(cognitive theory)은 개인이 자신의 환경을 관찰하고, 지각하고, 평가하고, 해석하는 정신과정 또는 인지과정에 근거하여 인간을 이해하는 접근법이다. 인지이론에 의하면 인간은 스스로 사고하고 정보를 처리하며 지식을 저장하면서 적극적이고 능동적으로 환경에 적응하는 존재이다.

성격을 논하는 대부분의 이론은 인간의 정신 및 정신 과정을 연구하고 있다는 점에서 인지적 관점을 반영하고 있다. 그러나 인지이론에서는 성격이론가들이 인간체계를 분류하는 정서, 인지, 행동 중에서 인지의 중요성을 가장 강조한다. 인지이론에서는 개인의 감정이나 행동이 인지 또는 생각에 의해 통제될 수 있다고 본다.

엘리스(Albert Ellis, 1913~2007)는 사람들이 세상을 어떻게 지각하는가에 따라 감정이나 행동이 달라질 수 있다고 보았다. 엘리스는 합리적 이성이 중요하다는 가정을 바탕으로 합리정서행동치료(REBT : Rational-Emotive Behavior Therapy)를 주창한 최초의 사람이다. 엘리스는 사람을 힘들게 하는 것은 어떤 사건이 아니라 그 사건을 보는 각자의 생각이나 관점이라고 하였다. 엘리스는 사람들이 상황이나 현실을 어떻게 생각하고 바라보느냐에 따라 그들의 세상은 달라진다고 보았다. 즉, 세상사는 마음먹기에 달려 있다는 것이다.

### (2) 주요 개념

#### ① 성격의 세 가지 차원

엘리스는 성격의 형성을 설명하는 세 가지 측면을 생리적, 심리적, 사회적 차원으로 구분하였다. 이를 설명하면 다음과 같다(노안영 · 강영신, 2002 : 438-440).

##### ■ 성격의 생리적 차원

엘리스는 성격의 생리적 측면을 강조한다. 엘리스는 인간에게 거대한 성장 잠재력이 있는 반면에 비합리적인 선천적인 경향성을 동시에 가지고 있다고 본다. 인간은 자신의 주위에서 일어나는 일에서 항상 최선의 것을 주장하고 얻으려는 강한 경향성이 있다는 것이다. 이를 달성하지 못하면 자신, 타인, 환경을 두루 비난하여 생득적인 자기파괴 방식으로 자신을 파괴한다는 것이다.

■ 성격의 심리적 차원

엘리스는 불안, 우울, 그리고 흥분과 같은 정서적 혼란은 비합리적 신념에서 유발된다고 보았다. 이러한 비합리적 신념의 예를 들면, '자신이 어떤 것을 원하거나 바람직하다고 생각하는 것은 절대적으로 그렇게 되어야 하며, 만약 그것이 실제로 이루어지지 않는다면 그것은 끔찍한 일이다'라고 생각하는 것이다.

개인은 자신이 바라는 목표 달성을 하지 못하면 불안하고 우울하며 흥분하게 되고, 이러한 느낌을 가지는 자신이 바보 같고 어리석다는 생각으로 더욱 불안, 우울, 흥분하게 되는 악순환을 겪게 된다는 것이다. 따라서 어떤 상황에서 그것을 해결하기 위해 감정에 초점을 둔다면 더욱 그 감정이 나빠지기 때문에 그 감정을 생성하는 신념체계를 변화시키도록 해야 한다고 본다.

■ 성격의 사회적 차원

인간은 사회 속에서 양육되며, 타인이 자신을 인정하고 승인한다고 믿고 있을 때 자신을 '가치 있는' 사람으로 보게 된다. 즉, 인생의 대부분을 타인에게 인상을 남기려 하고, 타인의 기대에 맞추어 살고, 타인의 수행을 능가하려고 노력하는 데 바친다. 따라서 인간의 타인에 대한 인정욕망은 끝없이 나아가고 이를 모두 충족시키지 못하면서 오는 불안과 우울은 피할 수 없는 것이다.

### ② 성격의 세 가지 당위성

엘리스는 인간은 근본적으로 불완전한 존재임에도 불구하고 자신에 대한 당위성(I must), 타인에 대한 당위성(others must), 조건에 대한 당위성(conditions must)을 강조한다고 보았다. 여기서의 당위성이란 반드시 그렇게 되어 있어야 하며, 그렇지 않을 경우에는 자기파멸에 이르게 된다고 보는 것이다. 엘리스는 이러한 당위성은 비합리적 신념이며, 이로 인해 정서적 혼란을 가져온다고 하였다(노안영 · 강영신, 2002).

■ 자신에 대한 당위성

자신을 둘러싼 당위적 사고가 이루어지지 않을 때 개인은 자기파괴적 생각을 하게 된다. 예를 들면, 다음과 같다. '나는 실수해서는 안 된다', '나는 실패해서는 안 된다', '나는 모든 사람의 사랑을 받아야 한다', '나는 항상 적절하게 행동해야 한다', '나는 항상 다른 사람의 관심을 받아야 한다', '나는 욕을 들어서는 안 된다'. 이러한 자신에 대한 당위적 생각이 현실에서 달성되지 않을 때 자기파멸이라고 생각하는 것이다.

■ 타인에 대한 당위성

이는 우리와 밀접하게 관련된 사람들에게 당위적 행동을 기대하는 것이다. 당위적 기대가 이루어지지 않을 때 인간에 대한 불신감과 회의를 낳아 자기비관이나 파멸을 가져오게 된다. 예를 들면, 다음과 같다. '부모니까 나를 사랑해야 한다', '자식이니까 내 말을 들어야 한다', '부인이니까 정숙하게 행동해야 한다', '애인이니까 자나 깨나 나에게 관심을 가져야 한다', '친구니까 우정을 보여야 한다', '직장동료니까 항상 일에 협조해야 한다'. 이러한 타인에 대한 기대가 이루어지지 않으면 인간에 대한 불신감과 회의를 가지고 결국에는 자기파멸에 이르게 된다.

■ 조건에 대한 당위성

이는 자신에게 주어진 조건에 대한 당위성이다. 예를 들면, 다음과 같다. '나의 가정은 항상 사랑으로 가득 차 있어야 한다', '나의 방은 항상 깨끗해야 한다', '나의 교실은 항상 정숙해야 한다', '나의 사무실은 항상 아늑해야 한다'. 이러한 환경적 조건은 달성될 수 없지만 그렇지 않게 되면 분노를 표출하거나 부적절하게 행동하는 것을 말한다.

〈표 4-2〉 대표적인 비합리적 신념

- 모든 사람들로부터 인정받고 사랑받아야 한다는 신념
- 모든 일을 잘해야 자신이 가치 있는 사람이라는 신념
- 모든 일이 자신의 의도대로 되지 않으면 파국으로 치닫는다는 신념
- 인간은 불행을 스스로 통제할 수 없다는 신념
- 감당하기 어려운 일이 있으면 항상 그것을 걱정하고 가능성을 염려해야 한다는 신념
- 삶의 어려움을 직면하기보다는 피하는 것이 더 좋다는 신념
- 인간은 자신보다 강한 의지할 대상이 있어야 한다는 신념
- 과거에 일어났던 중요한 일들이 미래에도 계속 반복해서 영향을 미칠 것이라는 신념
- 어떤 문제든지 완전한 해결책이 있으며 이를 찾지 못하면 끝장이라는 신념

### (2) 엘리스의 인지이론과 사회복지실천

#### ① 사회복지실천과의 관련성

엘리스는 개인이 자신의 사회적 성취나 성과로 스스로를 평가하거나 타인으로부터 인정받으려 한다면 불행할 수 있다고 본다. 인간은 타인뿐만 아니라 자신도 무조건적으로 수용할 때 문제를 해결하거나 기능적 삶을 살 수 있다고 본다. 인간행동에서 중요한 것은 비합리적 사고를 바탕으로 하는 것이 아니라 합리적 사고에 기인한 행동을 해야 한다는 것이다. 이를 통해 개인은 자신을 성숙하게 하거나 자기실현이 가능하다고 본다. 반대로 비합리적 사고에 의한 행동은 자신을 파괴와 자멸로 빠트리게 된다는 것이다. 이는 사회복지실천의 다양한 영역에서 활동하는 사회복지사가 면담이나 직접 개입에서 적용할 수 있는 방법이다.

#### ② 사회복지실천의 활용 방안

엘리스의 인지이론에서 사회복지실천의 구체적 기법과 관련 있는 것은 합리정서행동치료이다. 합리정서행동치료는 클라이언트의 비합리적 신념체계를 합리적 신념체계로 변화시키는 것이 핵심이다. 엘리스는 인간의 신념체계를

합리적인 것과 비합리적인 것으로 구분하였다. 합리적 신념체계를 가진 사람은 일어난 사건이나 상황을 합리적으로 해석하여 대처하기 때문에 부적절한 정서적 문제를 유발하지 않는다.

그러나 비합리적 신념체계를 가진 사람은 항상 일어난 사건이나 상황을 비합리적으로 생각하여 대처하기 때문에 불필요한 심리정서적 문제로 고통을 받는다. 합리정서행동치료는 심리정서적 문제를 가진 사람들이 가지는 비합리적 신념을 논리적 반박을 통해 합리적 신념을 갖도록 하여 문제에서 벗어나도록 한다.

합리정서행동치료는 ABCDE 이론으로 설명될 수 있다(최옥채 외, 2007). A는 선행사건(Activation event)으로 개인에게 정서적 문제를 일으키는 어떤 사건을 말한다. B는 신념체계(Belief system)로 어떤 사건이나 상황으로부터 개인이 갖는 태도 또는 사고방식이며 합리적 신념체계와 비합리적 신념체계로 분류된다. C는 결과(Consequence)로 이에 따른 사건이나 상황으로부터 발생한 신념체계에 의하여 해석하고 판단하여 느끼게 되는 정서적 결과이다. 여기서 비합리적 신념체계를 가진 사람은 불안, 우울, 원망, 죄책감 등의 감정을 느끼게 된다. D는 논박(Dispute)으로 비합리적 신념이 논리적으로 적합한지를 검토하여 합리적 신념으로 변화시키는 과정이다. E는 효과(Effect)로 비합리적 신념을 합리적으로 전환한 이후에 나타나는 긍정적인 감정과 행동을 말한다.

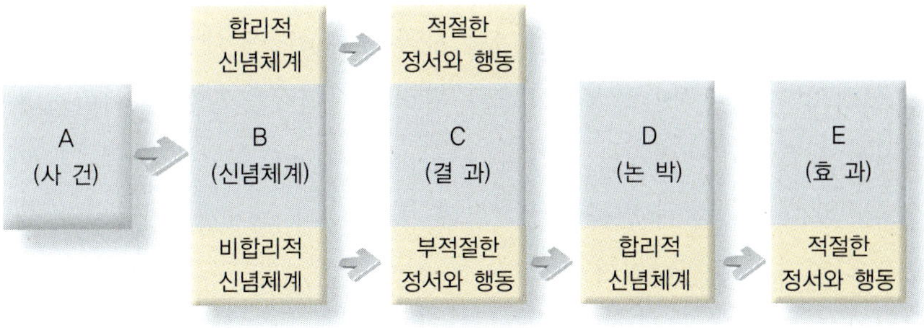


|그림 4-4| ABCDE 이론

## 2) 벡의 인지이론

### (1) 기본 개요

벡(Aron T. Beck, 1921~ )은 정신분석보다 효율적이고 효과적인 치료방법을 발견하기 위해 현상학, 구조이론, 그리고 인지심리학 등을 바탕으로 인지치료(cognitive therapy)를 개발하였다. 벡은 우울, 자살, 불안, 공황장애, 물질남용 등의 문제를 인지치료로 접근하여 많은 공헌을 하였다.

벡의 인지치료의 경험적 근거는 자신의 삶에서 비롯되었다. 벡은 어렸을 때 신체적 질병이나 유급 등으로 인한 어려움을 인지적으로 해결하였다. 이후 벡은 인지적 왜곡으로 인하여 고통이나 힘든 삶을 살고 있는 사람들에게 자신이 경험했던 방법으로 인지구조를 변화시키면서 효과를 보기 시작했다. 벡은 인간의 행동 변화를 위해서는 신념의 변화가 가장 중요하다고 보았다.

### (2) 주요 개념

#### ① 인지의 네 가지 수준

인지는 자동적 사고, 중간믿음, 핵심믿음, 그리고 도식의 네 가지 수준으로 분류될 수 있다(Beck, 1976; 1991).

■ 자동적 사고

자동적 사고(automatic thoughts)는 어떤 자극이나 상황에 대해 개인화된 생각으로 선택 없이 즉각적이고 자발적으로 떠오르는 생각을 말한다. 사람들의 마음속에서 계속해서 이어지는 인지적 흐름이다. 자동적 사고는 사람들의 개인적 경험으로부터 생성된 믿음에 근거한다. 자동적 사고는 개인마다 독특한 모습으로 나타나며 중단하기가 어렵다.

심리적으로 문제가 있는 사람들의 자동적 사고는 왜곡된 형태로 나타난다. 자동적 사고는 어떤 사건이나 상황에 대한 정서적 반응을 중재한다. 예를 들면, 어떤 어려운 문제에 부딪히면 그 순간 '나는 열등해서 이것을 해결할 수 없다'는 자동적 사고가 떠오르고 정서적으로 슬프고 우울한 감정을 유발하게 되는 것이다.

■ 중간믿음

중간믿음(intermediate beliefs)은 핵심믿음으로부터 영향을 받으며 자동적 사고를 형성하는 극단적이며 절대적인 태도, 규칙, 그리고 가정 들로 구성되어 있다.

■ 핵심믿음

핵심믿음(core beliefs)은 사람들이 보편적이며 절대적인 것으로 받아들이는 것이다. 자동적 사고의 근원이 되는 자신에 대한 중심적 생각이다. 핵심믿음은 쉽게 인식하지 못하는 깊은 수준의 믿음이다. 핵심믿음은 상황, 타인, 자신, 그리고 미래에 대한 자신의 견해를 바탕으로 모든 영역에 영향을 미친다. 예컨대 심리적으로 문제를 가진 사람들에게 많이 나타나는 핵심믿음은 '나는 모든 사람의 관심을 받아야 한다' 또는 '나는 아무런 능력이 없다' 등이다.

■ 도식

도식(schemas)은 유사한 상황에서 비교적 일관적으로 해석하고 행동하는 인지구조를 말한다. 도식은 자기 자신과 미래, 그리고 상황을 바라보는 개개인의 독특하면서도 습관적으로 나타나는 일관성 있는 구체적 규칙이다. 도식은 주로 과거의 직간접 경험에 의하여 형성된다. 벡은 도식을 핵심믿음과 중간믿음을 포함하는 개인의 정보처리와 행동을 지배하는 인지구조로 보았다. 또한 벡은 인지치료에서 도식의 재구조화를 중요하게 생각하였다.

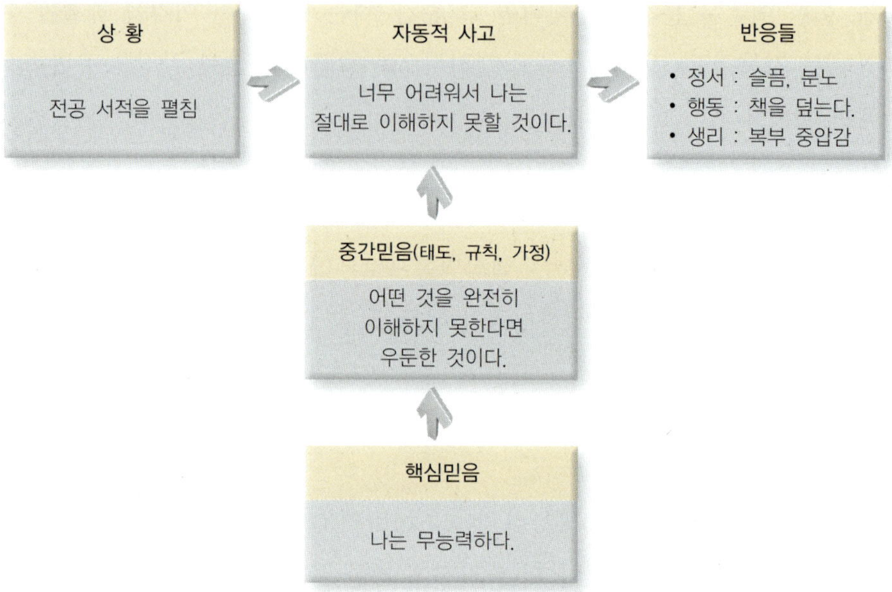


|그림 4-5| **인지모델**

출처 : 최영희 · 이정흠(1997), p. 30.

### ② 인지적 왜곡

인지적 왜곡은 잘못된 가정이나 개념화로 인해 나타나는 정신의 체계적 오류라고 할 수 있다. 인지적 왜곡은 별다른 노력 없이도 자발적이고 자동적으로 발생하는 것처럼 보여서 부정적 자동적 사고라고도 불린다. 심리적으로 문제가 있는 사람들에게 나타나는 다양한 인지적 왜곡은 다음과 같다(노안영 · 강영신, 2002 : 445-448; 최옥채 외, 2007 : 91-92).

- **임의적 추론** : 개인이 상황을 판단할 충분한 증거가 없지만 자신의 생각대로 결론을 내리는 것이다. 주로 어떤 상황에 대해 자의적으로 비극적 결말이나 가장 나쁜 예측을 하는 것이다.
- **선택적 추상** : 선택적 추상은 어떤 사건이나 상황에서 긍정적인 사실은 제거해 버리고 극단적으로 부정적인 측면을 부각하는 것이다. 상황의 사소

한 부분만을 기초로 결론을 내리고 다른 더욱 중요한 전체를 간과시켜 버리는 것이다. 예컨대 우울한 사람은 자신의 모든 긍정적 상황은 발견하지 못하고 사소한 생활상의 문제를 부각하여 계속 우울한 상태로 있는 것이다.

- 과잉일반화 : 하나의 단일 사건에 기초하여 그와 유사하지 않은 상황이나 사건에 극단적으로 대처하는 것이다.
- 극대화 또는 극소화 : 이는 자신의 결점은 최대화하고 자신의 강점은 최소화하는 것이다. 또한 반대로 다른 사람의 장점은 최대화하고 단점은 최소화하는 것이다. 이것이 지속되면 자신은 다른 사람보다 무능하고 열등하다고 생각한다.
- 개인화 : 자신과 관련 없는 외부 사건을 자기 자신과 관련짓는 것을 말한다. 이는 자신의 책임으로부터 회피하려는 의도이다.
- 이분법적 사고 : 이러한 사람들은 완전한 성공 아니면 극단적 실패로 세상을 바라본다. 이들은 상황을 항상 '좋은 것(사람)' 아니면 '나쁜 것(사람)'으로 구분한다. 이들은 나쁜 상황만을 주로 생각한다.
- 정서적 추론 : 이러한 사람들은 자신의 정서적 감정에 근거해서 실제를 확신한다. 예컨대 자신이 부족하다고 느끼게 되면 이를 근거로 자신은 쓸모없는 사람이라고 판단하는 것이다.

### (3) 벡의 인지이론과 사회복지실천

#### ① 사회복지실천과의 관련성

벡의 인지이론은 인간의 인지, 정서, 행동 중 인지의 중요성, 그리고 정서와 행동 문제의 해결에서 인지구조의 변화가 핵심이라고 본다. 즉, 인간의 행동이나 정서에서 역기능적 측면은 인지구조의 변화를 통해서 수정 가능하다고 보는 것이다.

그러나 인지구조를 변화시키는 과정에는 몇 가지 한계가 있다. 우선 클라이언트가 어느 정도의 인지능력과 참여의지를 가지고 있어야 한다. 그렇지 않다면 이러한 접근은 크게 효과적이지 않게 된다. 또한 이러한 개입방법을 활용하기 위해서는 사회복지사의 충분한 훈련도 필요하다. 따라서 개입비용이 발생하게 되며, 소수의 클라이언트에게 적용되므로 비용 대비 효율성이 낮다는 단점도 있다.

그러나 무엇보다도 사회복지사가 유념해야 하는 것은 자칫 이렇게 문제중심의 방법들만 활용한다면 문제의 원인을 개인의 탓으로 돌릴 수 있다는 점이다. 클라이언트의 문제나 욕구는 개인뿐만 아니라 그를 둘러싼 환경도 중요한 원인으로 작용한다. 인지치료적 접근은 상황 속의 개인이라는 관점을 바탕에 두고 클라이언트의 자기결정과 개별화를 최대한 고려하면서 적용해야 한다.

### ② 사회복지실천의 활용 방안

벡의 인지치료는 사회복지실천의 구체적 개입방법으로 의미가 있다. 인지치료는 비자발적 클라이언트에게는 적용하기 어렵기 때문에 주로 자발적 클라이언트의 정서 혹은 행동 문제에 활용할 수 있다. 사회복지사는 인지치료의 맥락들을 학습하고 경험을 축적하여 클라이언트의 문제해결 과정에서 활용할 수 있을 것이다.

벡의 인지치료는 우울, 불안, 공황장애 등에 대해 적극적, 직접적, 그리고 시간제한적인 구조화된 접근법이다. 벡의 인지치료에서 개인의 감정과 행동은 사건이나 상황을 해석하는 방식에 의해 결정된다고 본다. 벡의 인지치료의 목표는 보다 건설적으로 사회생활에 참여할 수 있도록 부정적이고 파괴적인 인지구조를 변화시키는 것이다. 이러한 인지치료는 다음의 기본 단계가 있다(Beck, et al., 1979).

첫 번째는, 클라이언트가 자신의 부정적이고 자동적인 사고들을 인식하도록 학습하는 단계이다. 두 번째는, 클라이언트가 자신의 부정적 자동적 사고와 감정 및 행동 들과의 관계를 인식하도록 배우는 단계이다. 세 번째는, 클라이언트가 자신의 부정적 자동적 사고에 대한 증거들과 반대되는 상황들을 검토하는 단계이다. 네 번째는, 왜곡된 부정적 사고를 현실적인 해석으로 전환시키는 단계이다. 마지막으로 상황을 왜곡하는 부적절한 가정이나 규칙을 확인하고 변화시키는 것이다.

# 요약

## 1. 조건형성이론

1) 행동주의 이론은 파블로프의 고전적 조건형성이론, 스키너의 조작적 조건형성 이론을 기반으로 한다. 행동주의 이론에서는 인간의 모든 행동은 주어진 환경에 의해 결정되므로 관찰될 수 있는 행동만 의미가 있다고 본다. 스키너는 인간을 일종의 기계와 같은 존재로 보았기 때문에 개인의 자율성을 부정한다. 스키너는 인간행동에는 일정한 법칙이 있다고 보았으며, 이러한 법칙을 객관적으로 설명할 수 없을 경우에 무의식의 개념을 가져온다고 하였다.

2) 파블로프의 고전적 조건형성이란 유기체가 환경 자극에 수동적으로 반응하여 형성되는 반응행동을 설명하는 개념이다. 파블로프는 모든 반응행동은 어떤 선행자극에 의해서 발생하게 되며, 이것은 선천적인 무조건자극이나 환경적으로 주어진 조건자극에 의해 학습된 행동이라고 보았다.

3) 스키너의 조작적 조건형성이란 개인이 능동적으로 환경에 반응하는 조작행동으로 형성되는 조건형성을 말한다. 개인이 행하는 조작행동은 그 보상결과에 따라 증가하기도 하고 감소하기도 하는데, 이를 통해 어떤 반응을 증가시키거나 감소시키는 것이 조작적 조건형성이다.

4) 고전적 조건형성과 조작적 조건형성은 여러 가지 면에서 다르다. 고전적 조건형성은 수동적 반응이라 유기체의 어떤 행동을 요구하지 않지만 조작적 조건형성은 능동적이어서 유기체의 행동이 요구된다. 고전적 조건형성은 비자발적인 외부의 자극에 초점을 두는 반면에, 조작적 조건형성은 반응행동에 초점을 맞춘다.

5) 강화는 스키너의 조작적 조건형성의 핵심이다. 강화는 특정 행동에 뒤따르는

결과 중에서 그 행동을 다시 야기할 가능성을 높여주는 것을 말한다. 강화물에는 일차적 강화물과 이차적 강화물이 있다. 강화에는 정적 강화와 부적 강화가 있는데, 이 두 가지는 반응의 빈도를 증가시킨다는 측면에서 공통적이다.

6) 처벌은 불쾌한 또는 혐오적인 결과로 이를 통해 행동 이후의 반응빈도를 감소시키는 것을 말한다. 처벌에는 정적 처벌과 부적 처벌이 있으며, 정적 처벌은 행동수정을 위해 많이 활용되지만 다양한 부작용을 나타낼 수 있다.

7) 강화계획은 행동을 증가하기 위해 사용하는 강화물의 빈도와 유형의 변이를 말한다. 즉, 강화물을 어떤 방식으로 제공할지에 관한 계획이다. 강화계획은 연속적 강화와 간헐적 강화로 구분된다. 연속적 강화는 실제로 불가능하기 때문에 간헐적 강화가 주로 활용된다. 간헐적 강화계획을 반응률이 가장 높게 일어나는 것부터 순서대로 나열하면 변동비율계획, 고정비율계획, 변동간격계획, 고정간격계획 순이다.

8) 조작적 조건형성에서 변별과 일반화는 강화의 원인을 제공하기 때문에 매우 중요하다. 변별이란 다양한 자극에 적절하게 구별된 반응을 하는 것을 말한다. 일반화란 어떤 상황에서 일어났던 행동은 비슷한 상황에서도 연속적으로 발생한다는 것이다. 변별과 일반화는 반대의 개념이다.

9) 소거란 강화를 통해 증가된 반응이 강화가 중단되고 난 이후에 줄어들거나 나타나지 않는 것을 말한다. 행동조성이란 개인의 복잡한 행동이 점진적으로 원하는 방향으로 만들어지는 것을 말한다.

10) 스키너의 조작적 조건형성이론은 사회복지현장의 사회복지사들이 클라이언트의 행동수정을 위해 많이 활용하는 이론적 근거이다. 행동수정의 대표적인 기법인 토큰경제뿐만 아니라 클라이언트의 행동 변화를 위한 수많은 기법들이 사회복지실천현장에서 적용되고 있다. 하지만 사회복지사는 행동주의적 접근의 한계도 분명하게 이해하면서 실천해야 한다.

## 2. 사회인지이론

1) 반두라는 초기에는 사회학습이론이라고 자신의 이론을 명명하였으나 이후에 인간행동의 인지적 역할을 강조하면서 사회인지이론이라고 수정하였다.

2) 반두라는 인간의 행동은 개인의 심리 내적 과정과 외부 환경적 요인의 복잡한 상호작용에 의해 결정된다고 보았다. 반두라의 상호결정론은 환경자극이 인간행동에 영향을 주지만, 신념, 기대와 같은 인지요인도 인간의 행동에 영향을 준다는 가정이다.

3) 관찰학습이란 직접적인 강화 없이 다른 사람의 행동을 관찰함으로써 그 행위를 반복할 능력을 획득하는 것을 말한다. 반두라는 행동의 획득 또는 학습과 수행의 차이를 구별하였는데, 모든 학습한 행동을 수행하지 않는다고 본다. 왜냐하면 인간은 인지능력을 통해 어떤 수행의 결과를 예측할 수 있기 때문이다.

4) 관찰학습은 주의집중, 보존, 운동재생, 동기유발 과정으로 구분할 수 있다. 주의집중 과정은 다양한 모델들의 행위 중에서 어떤 것을 선택할 것인지를 결정하는 것이다. 보존 과정은 이전에 모방한 모델의 행동을 나중에 반복하기 위해 기억하거나 유지하는 것을 말한다. 운동재생 과정은 모델을 모방하기 위해서 심상 및 언어로 저장된 내용을 적절한 행동으로 옮기는 재생 과정을 말한다. 동기유발 과정은 주로 강화에 의해서 이루어지며, 관찰학습에서 매우 중요하다.

5) 자기효능감이란 개인이 원하는 행동을 성공적으로 수행할 수 있다는 신념을 말한다. 자기효능감은 성취경험, 대리경험, 언어적 설득, 그리고 정서적 각성에 의해 발달하는데, 가장 중요한 결정요인은 성취경험이다.

6) 반두라의 사회인지이론은 사회복지실천에서 외부환경의 중요성을 고려해야 한다는 당위성, 그리고 클라이언트를 둘러싼 미시적 환경과 동시에 그들 자신의 인지적이고 내적인 요인들을 살펴볼 필요성을 제기한다. 전문가로서 사회복지사는 반두라의 관찰학습에 대한 이해를 바탕으로 사회 전체의 긍정적이고 바람직한 가치를 형성하는 데 책임성을 가져야 한다.

## 3. 인지이론

### 1) 엘리스의 인지이론

(1) 인지적 관점은 개인이 자신의 환경을 관찰하고, 지각하고, 평가하고, 해석하는 정신과정 또는 인지과정에 근거하여 인간을 이해하는 접근이다. 인지적 관점에서 접근하는 성격이론가는 인간체계를 분류하는 정서, 인지, 행동 중에서 인지의 중요성을 가장 강조한다.

(2) 엘리스는 사람들이 세상을 어떻게 지각하는가에 따라 감정이나 행동이 달라질 수 있다고 보았다. 엘리스는 합리적 이성이 중요하다는 가정을 바탕으로 합리정서행동치료를 주창한 최초의 사람이다.

(3) 엘리스는 성격의 형성을 설명하는 세 가지 측면을 생리적, 심리적, 사회적 차원으로 구분하였다. 성격의 생리적 측면에서는 인간에게 거대한 성장 잠재력이 있는 반면에 비합리적인 선천적인 경향성을 동시에 가지고 있다고 본다. 성격의 심리적 측면에서는 불안, 우울, 그리고 흥분과 같은 정서적 혼란은 비합리적 신념에서 유발된다고 본다. 성격의 사회적 측면에서 인간은 사회 속에서 양육되며, 타인이 자신을 인정하고 승인한다고 믿고 있을 때 자신을 '가치 있는' 사람으로 보게 된다는 것이다.

(4) 엘리스는 인간은 근본적으로 불완전한 존재임에도 불구하고 자신에 대한 당위성, 타인에 대한 당위성, 조건에 대한 당위성을 강조한다고 보았다. 여기서의 당위성이란 반드시 그렇게 되어 있어야 하며, 그렇지 않을 경우에는 자기파멸에 이르게 된다고 보는 것이다.

(5) 엘리스의 인지이론에서 사회복지실천의 기법과 관련 있는 것은 합리정서행동치료이다. 합리정서행동치료는 ABCDE 이론으로 설명될 수 있는데, 심리정서적 문제를 가진 사람들이 가지는 비합리적 신념을 논리적 반박을 통해 합리적 신념을 갖도록 하여 문제에서 벗어나도록 하는 것이다.

2) 벡의 인지이론

(1) 벡은 인간의 행동 변화를 위해서는 신념의 변화가 가장 중요하다고 보았으며, 우울, 자살, 불안, 공황장애, 물질남용 등의 문제를 인지치료로 접근하여 많은 공헌을 하였다.

(2) 벡은 인지는 자동적 사고, 중간믿음, 핵심믿음, 그리고 도식의 네 가지 수준으로 분류할 수 있다고 본다. 자동적 사고란 어떤 자극이나 상황에 대해 개인화된 생각으로 선택 없이 즉각적이고 자발적으로 떠오르는 생각을 말한다. 중간믿음은 핵심믿음으로부터 영향을 받으며 자동적 사고를 형성하는 극단적이며 절대적인 태도, 규칙, 그리고 가정 들로 구성되어 있다. 핵심믿음이란 사람들이 보편적이며 절대적인 것으로 받아들이는 것이며, 쉽게 인식하지 못하는 깊은 수준의 믿음이다. 도식이란 유사한 상황에서 비교적 일관적으로 해석하고 행동하는 인지구조를 말한다. 벡은 도식을 핵심믿음과 중간믿음을 포함하는 개인의 정보처리와 행동을 지배하는 인지구조로 보았다.

(3) 인지적 왜곡은 잘못된 가정이나 개념화로 인해 나타나는 정신의 체계적 오류라고 할 수 있으며, 부정적 자동적 사고라고도 불린다. 개인에게 나타나는 인지적 왜곡은 임의적 추론, 선택적 추상, 과잉일반화, 극대화 또는 극소화, 개인화, 이분법적 추론 등이 있다.

(4) 벡의 인지치료는 사회복지의 직접실천에서 활용 가능하다. 벡의 인지이론은 인간의 인지, 정서, 행동 중 인지의 중요성, 그리고 정서와 행동 문제의 해결에서 인지구조의 변화가 핵심이라고 본다. 따라서 클라이언트의 자발적 참여와 인지 능력 등이 실행의 전제 조건이 되기 때문에 모든 클라이언트에게 적용하기에는 어려움이 있다.

Chapter 5

# 인간행동의 인본주의적 접근

## 학습목표

1. 인간중심이론의 주요 개념 이해 및 사회복지실천 관련성 탐색하기
2. 욕구위계이론의 주요 개념 이해 및 사회복지실천 관련성 탐색하기

이 장에서는 인간행동을 이해하기 위해 인본주의적 관점을 제시하는 이론들을 학습한다. 인간행동을 이해하는 인본주의적 접근은 역사적 흐름으로 보면 정신역동 및 행동주의 이론 다음의 세 번째로 등장한 관점이고, 인지주의적 접근은 제4의 심리이론이라고 불린다. 하지만 여기서는 사회복지실천에서 지향하는 인간관과 가장 근접한 인본주의적 접근을 성격이론의 마지막에 살펴보고자 한다.

인본주의 이론(humanism theory)은 인간 본성에 대한 이해를 행동주의 및 정신분석 이론에서 가지는 가정과 달리한다. 인본주의 이론가들은 인간의 자율성을 부정하고 환경에 의해 기계적으로 인간행동을 조작할 수 있다는 행동주의 이론가들의 주장을 반박한다. 마찬가지로 정신분석에서 제기하는 인간행동의 근원이 무의식의 욕망이라는 가정도 전적으로 받아들이지 않는다.

인본주의 이론가들은 행동주의 및 정신분석 이론에서 인간을 이해하기 위해 제기한 개념들을 부정하지는 않았지만, 이러한 개념들은 인간의 일부분만을 설명하고 있다고 본다. 인본주의 이론에서는 인간이 생물학적으로 어쩔 수 없는 힘에 의해서 조종되거나, 외부환경의 조정에 의해 객관적으로 만들어지는 존재는 아니라고 본다. 인본주의 이론가들은 인간은 자신의 삶을 스스로의 힘으로 창조하고 의미를 발견하면서 주관적인 자유를 실천해 가는 과정 중에 있는 존재라고 본다. 어떤 차원에서 인본주의 이론은 체계적 이론이라기보다는 인간 잠재력 운동으로 보기도 한다. 여기서는 대표적인 인본주의 이론가로 알려진 로저스(Rogers)의 인간중심이론과 매슬로(Maslow)의 욕구위계이론을 살펴보고자 한다.

# 1. 인간중심이론

## 1) 기본 개요

로저스(Carl Rogers, 1902~1987)는 대표적인 인본주의 이론가 중 한 명이다. 로저스는 성격의 구조적인 구성 개념에 대한 언급 없이 성격의 변화와 발달에 초점을 두었다. 로저스의 인간중심이론은 다양한 이론들을 근거로 확립되었으며 그중에서도 실존주의 철학과 현상학적 이론을 중심으로 구성되었다.

실존주의적 관점(existential perspective)에서 보면, 인간은 자신의 운명을 스스로 결정하고 선택하는 존재라는 점이 강조된다. 로저스는 인간의 소외, 무의미와 같은 인간존재의 유한성 차원보다는 긍정적 측면에 초점을 두고 창조성과 자율성을 강조하였다.

로저스는 인간행동의 이유를 그가 세계를 지각하고 해석한 방법의 결과로 발생하는 것이라고 보았다. 이는 인간 이해를 위해 현상학적 관점(phenomenological perspective)을 적용하였음을 알 수 있다. 현상학적 관점으로 인간을 이해하기 위해서는 사람과 사물을 있는 그대로 보아야 한다. 이를 위해서는 자신이 가지고 있는 선입관이나 편견을 버리고 가능한 한 개방적이고 순수한 태도를 지녀야 한다.

로저스는 현상학적 관점을 토대로 개인의 주관적 경험을 중요시하여 정신분석의 동기적이고 역동적인 개념과 행동주의의 외적 자극의 반응에 대한 강조를 받아들이지 않는다. 대신에 로저스는 인간의 근본적인 선함과 자기완성의 추구를 받아들인다. 로저스는 모든 인간은 그들의 행동을 긍정적 방향으로 이끄는 독특하고 선천적인 자기실현 경향성이 있다고 믿었다. 로저스를 인본주의 이론가로 부르는 이유는 그가 인간에 대해 긍정성을 가지고 자기실현을 강조했기 때문이다.

## 2) 주요 개념

### (1) 현상학적 관점

로저스의 인간중심이론은 각 개인에게 '현상이 나타나는 방식'과 개인이 그 현상을 어떻게 '경험하고 느끼는지'에 초점을 두고 있으므로 현상학적 관점을 근거로 하고 있다(Raskin & Rogers, 1995). 로저스는 인간은 현상학적 장, 즉 각 개인의 주관적이고 사적인 경험의 세계에서 존재한다고 본다. 현상학적 관점으로 인간을 이해한다는 것은 행동에 대한 주관적 경험을 강조한다는 의미이다.

현상학적 관점에 의하면, 모든 인간은 고유하고 독특한 성질을 가지고 다른 삶을 살아간다고 본다. 어떤 똑같은 사건을 경험하더라도 모든 사람들은 자신이 가지고 있는 사고틀에 의해 각기 다르게 반응한다. 인간은 어떤 새로운 사실이나 정보를 취득하더라도 자신의 개인화된 방식으로 해석하고 행동한다.

현상학적 관점에서 인간이 어떤 행동을 할 때는 자신만의 고유한 내적 준거틀(internal frame of reference)에 근거한다고 본다. 어떤 동일한 사실에 대해 개인들 간에 다르게 지각하고 인지하며 생각하는 것은 각자의 내적 준거틀이 다르기 때문이다. 따라서 모든 사람은 똑같은 상황에서 동일하게 느끼고 생각하며 행동하는 것이 아니라 그들만의 주관적인 현실에 따라 다르게 반응한다. 로저스는 인간의 행동을 결정하는 요인은 과거가 아니라 내적 준거틀에 의한 현재의 해석이라고 보았다.

### (2) 긍정적 관심

로저스는 모든 사람은 긍정적 관심에 대한 욕구를 선천적으로 타고난다고 보았다. 긍정적 관심(positive regard)이란 수용, 존중, 온정, 사랑과 같은 형태로 나타나는 긍정적인 사회적 피드백이라고 할 수 있다. 로저스는 긍정적 관심은 개인의 건강한 발달과 사회에서의 대인관계를 형성하는 데 필수적인 요인이라고 보았다. 긍정적 관심에 대한 욕구는 타인뿐만 아니라 자기 자신에 의해서도 충족될 수 있다(정 은, 2010).

타인에 의한 긍정적 관심의 충족은 조건적 긍정적 관심과 무조건적 긍정적 관심으로 나누어 볼 수 있다. 조건적 긍정적 관심(conditional positive regard)은 어떤 특정한 행동을 하였을 경우에 긍정적 관심을 주고받는 것을 말한다. 예컨대 아동이 심부름을 했을 때 부모로부터 칭찬을 받는다면 이것은 조건적 긍정적 관심을 받는 것이다.

만약 아동의 경우에 조건적인 긍정적 관심이 지속된다면 그것이 아동에게 내면화되어 규범과 기준이 되며, 심지어는 자신의 행동을 제한시키고 현실을 왜곡하기도 한다. 즉, 자기실현의 방향으로 나아가지 못하고 다른 사람의 사랑을 받기 위해 자신을 희생시키는 것이다. 조건적인 긍정적 관심만이 강조되면 그 개인은 자기실현의 기회를 상실하고 자기소외를 경험하게 된다(최옥채 외, 2007).

반면에 무조건적 긍정적 관심(unconditional positive regard)은 개인의 행동과 상관없이 주어지는 것이다. 인간은 존재하는 것 자체만으로도 존중을 받아야 한다는 인간존엄성과 맥락을 같이한다. 무조건적 긍정적 관심을 통해 개인은 자신의 타고난 잠재력을 실현하는 최적의 조건을 형성한다. 예컨대 아동을 양육하는 부모가 자녀의 바람직한 행동 때문에 좋아하는 것이 아니라 단지 나의 아이이기 때문에 사랑한다고 하는 것이다. 그러나 현실에서는 무조건적 긍정적 관심보다는 조건적 긍정적 관심이 훨씬 많이 주어지고 있다. 부모나 자기 자신에 의한 무조건적 긍정적 관심을 제외한다면 다른 사람에 의한 무조건적 긍정적 관심은 현실에서 찾기 어려운 것도 사실이다.

일상생활에서 개인은 대부분 조건적 긍정적 관심에 따른 행동을 하게 된다. 조건적 긍정적 관심이 무조건적 긍정적 관심에 비해 개인을 자기실현의 방향으로 이끄는 경우는 많지 않다(Liebert & Liebert, 1998). 그러나 인간은 긍정적 관심에 대한 욕구가 너무 크기 때문에 자신을 희생하거나 왜곡하면서도 가능한 한 어떤 형태의 긍정적 관심을 받으려고 한다. 이와 같은 상황의 반복은 자기실현을 할 수 없도록 만든다. 반대로 무조건적 긍정적 관심은 개인의 타고난 실현 경향성이 나타나도록 하는 최적의 조건이 된다.

### (3) 자기개념

#### ① 자기개념이란

로저스는 자기(self) 또는 자기개념(self-concept)을 중요하게 생각한다. 자기와 자기개념은 거의 동일한 의미로 사용된다. 자기는 개인의 현상적 혹은 지각적 장인 경험의 전체성에서 분화된 부분이다(Rogers, 1980). 자기개념은 현재 자신이 어떠한 인간인가에 대한 스스로의 개념을 말한다. 즉, 자신을 어떻게 생각하고 있는지에 대한 이론적 구성 개념이다. 자기개념은 자신이 어떤 또는 어느 정도의 사람인지를 인지하여 그에 따른 행동의 근거가 된다. 예컨대 어떤 사람이 자신은 상식이 풍부한 사람이라고 지각한다면 그와 같은 자기개념을 유지시키기 위해 지속적으로 상식을 학습하고 다른 사람에게 전해주려 할 것이다.

로저스는 자기를 현실적 자기(actual self)와 이상적 자기(ideal self)의 두 가지로 구분하였다. 현실적 자기는 현재의 자기를 있는 그대로 바라보는 방식을 말하며, 이상적 자기는 자신이 되고 싶어 하는 모습이라고 할 수 있다. 로저스는 현실적 자기와 이상적 자기의 괴리가 큰 개인은 사회에 건강하게 적응할 수 없다고 본다. 어떤 경우에는 사회적으로 성공한 사람이라고 인정되는 개인도 현실적 자기와 이상적 자기의 차이로 인하여 불만, 고통, 불안을 경험할 수 있다. 개인의 선천적인 잠재력과 자기개념이 밀접하게 조화를 이루게 된다면 자기실현을 하는 충분히 기능하는 사람이 될 수 있다.

#### ② 자기개념의 발달

자기개념은 자신의 소유물을 인식하기 시작하는 유아기부터 발달하기 시작하여 자신과 다른 사물을 구별하는 능력이 생성되는 아동기에는 더욱 발달한다. 아동은 다른 사람과 환경과의 상호작용을 통해 자기개념을 발달시킨다. 아동은 자신의 행동에 대한 다른 사람의 반응을 통해 자신의 현실적 자기와 이상적 자기를 통합하려고 노력한다(최순남, 1999).

자기개념이 개인의 선천적인 잠재력과 조화를 이루기 위해서 중요한 조건은 아동에게 무조건적 긍정적 관심을 보여주는 것이다. 로저스는 영유아기와 아동기 초기에 다른 사람들이 어떻게 평가하느냐에 따라 긍정적 혹은 부정적 자기개념을 형성한다고 보았다. 인간의 출생부터 아동기까지 자기개념의 발달과정을 설명하면 다음과 같다(이인정 · 최해경, 2007).

신생아는 신체적 감각이든 외적 자극이든 모든 경험을 단일하게 지각하기 때문에 분리된 자신을 지각하지 못한다. 그러나 유아는 신체적 감각을 구분하면서 신체적 자기를 환경으로부터 분리하는 자기개념이 생기기 시작한다. 유아는 자신의 손가락이 자기이고 장난감은 내가 아니라는 사실을 점차 알게 된다.

자기는 인간의 선천적인 유기체적 경향을 촉진하는 방향으로 형성된다. 유아는 어떤 새로운 경험에 대해 자신이 그 경험을 좋아하는지 혹은 유쾌한지를 평가하여 자동적으로 반응을 한다. 이를 통해 유아 자신의 욕구를 충족시켜 주고 자기개념을 발달하게 된다. 그러나 외부환경에 의해 언제나 자신의 선천적 경향성을 중심으로 자기를 형성하지 못하는 경우도 자주 발생한다.

자기의 발달은 환경과의 상호작용을 포함하여 여러 요인들에 의해 이루어지지만 그중에서 긍정적 관심에 대한 욕구가 중요한 역할을 한다. 아동은 자기에 대한 의식이 생기면 관심, 사랑, 따뜻함, 수용 등과 기본적 욕구를 충족시키고 싶어 한다. 이러한 사랑받고 보호받고 싶어 하는 욕구는 양육자의 긍정적 관심에 의해 가장 큰 영향을 받는다. 만약 양육자가 긍정적 관심을 주지 않으면 아동은 자신의 전체가 거부되었다고 생각하여 자기개념을 발달시키는데 부정적 영향을 미치게 된다.

인간은 일단 형성된 자기개념으로 새로운 경험을 받아들이게 되는데, 자기개념과 부조화를 이루는 체험들은 자기 내부에서 혼란이나 긴장된 반응을 일으킨다. 개인의 합리화나 부정(denial)과 같이 경험을 왜곡해서 지각하는 방어는 이러한 갈등에 대한 반응이다. 자기는 상당히 보수적이고 자기보호적이기 때문에 기존의 자기와 일치되지 않는 경험들은 여과시킨다. 따라서 인간의 성격 변화가 어려운 것은 이와 같은 연유에서이다. 만약 자기가 기존 자기를 위협하는 경험으로부터 자신을 방어할 수 없게 되면 심리적 문제를 보일 수도 있다.

#### ③ 자기개념과 긍정적 관심

개인이 한 인간으로서 존중받고 자신이 가치 있는 사람으로 판단하여 자신의 욕구와 자기개념에 따라 행동한다면 성장과 잠재력을 실현할 수 있다. 인간이 중요한 다른 사람으로부터 무조건적인 긍정적 관심을 받는다면 그는 자신을 긍정적으로 여기며 가치부여 하는 과정에서 자신을 지속적으로 그렇게 평가할 것이다. 이러한 사람은 자기와 자신의 경험 간의 일치가 증가되어 자기 자신의 삶을 살게 된다.

만약 개인이 조건적인 긍정적 관심이 주가 되는 환경에서 성장한다면 그러한 기대에 자기개념을 변형시킬 것이다. 이 과정에서 개인은 점차로 자신의 본성과 선천적인 잠재력의 실현으로부터 멀어지게 된다. 즉, 진정한 자신의 모습에서 벗어나게 된다는 것이다. 이러한 사람은 일탈, 비행 혹은 문제적 행동을 하게 되는데, 이를 해결하기 위해서는 무조건적 긍정적 관심을 통해 원래의 자신으로 돌아오게 만들어야 한다. 무조건적 긍정적 관심의 반복은 자기 자신으로부터 벗어나지 않은 자기개념을 형성하게 하고, 현실적 자기와 이상적 자기가 조화를 이루도록 돕는다.

### (4) 자기실현

#### ① 자기실현 경향성

로저스는 인간은 자신의 잠재력을 실현하기 위해 노력하고 자신을 개방하면서 일상생활에서 기쁨을 체험하고 살아가는 존재라고 믿었다. 로저스는 인간의 본성은 근본적으로 선하고 합목적적이며 현실적이고 신뢰할 수 있으며, 적당한 환경적 조건만 조성된다면 자신의 잠재력을 실현하는 자유로운 존재라고 보았다.

로저스는 모든 인간은 자기 자신을 보존하고 고양시키며 자신의 잠재력을 최대한 실현시키려고 한다고 믿었다. 이와 같이 개인의 유지나 향상을 위해 노력하는 인간 본성을 자기실현 경향성이라고 한다. 자기실현의 경향으로 인해 인간은 더 자율적이고 자기충족의 삶을 살게 된다. 자기실현은 인간의 삶을 더욱 확장시키거나 풍족하게 만들고 창조적이 되게 한다.

### ② 자기실현과 긍정적 관심

인간은 성장하면서 어떤 행동들은 자기 자신을 만족시키지만 다른 중요한 사람들로부터는 긍정적 관심을 받지 못할 수 있다. 아동의 경우에 어떤 조건을 충족시키면 긍정적 관심을 받는지를 인지하고 그러한 행동을 반복하려고 한다. 예컨대 어른들에게 인사를 잘하는 것, 어떤 암기를 잘하는 것에 대해 가족들은 긍정적 관심을 보이게 된다. 이는 아동의 사회화를 위해 중요한 기능을 하지만 바람직하지 않은 측면도 있다. 아동이 다른 사람들이 긍정적 관심을 주는 부분에만 지나치게 사로잡혀 있다면 성장과 잠재력을 실현할 수 있는 자신의 다른 측면을 지각하지 못할 수 있다.

인간은 중요한 타인으로부터의 긍정적 관심을 받는 것이 더 중요하므로 개인적 체험은 무시하고 조건적인 가치들을 내면화하게 된다. 이렇게 된 개인은 특정한 조건에서만 자기가치를 느끼게 되어 자기를 실현할 기회를 놓치고 자기를 희생하게 된다. 만약 조건적인 긍정적 관심이 가치부여 과정을 지배할 때 그 개인은 자신의 잠재력과 접촉을 상실하며 자기소외를 경험한다(이인정·최해경, 2007). 개인이 조건적인 긍정적 관심으로만 자기를 가치부여하게 되면 이러한 조건과 일치하지 않는 경험에 대해서는 기존의 자기개념을 유지하기 위해 그 경험을 왜곡하거나 선택적으로 지각한다. 이 과정을 반복하게 된다면 개인의 자기개념은 점점 비현실적이 되고 부정확하게 되며 자신의 잠재력을 실현하는 방향과 점차로 멀어지게 된다.

로저스는 자기의 진정한 체험으로부터 멀어진 사람들이 자기실현을 위한 자기개념을 발달시키기 위해 가장 중요한 것은 무조건적 긍정적 관심이라고 하였다. 무조건적 긍정적 관심은 어떠한 경우에든 주어지는 완전하고 진실된 사랑을 말한다. 즉, 어떠한 조건도 제시하지 않고 긍정적 관심을 주는 것이다.

### ③ 자기실현을 하는 사람의 특성

로저스는 자기실현을 완성의 상태로 보는 것이 아니라 미래지향적인 목적을 가지고 보다 가치 있는 무엇이 되고자 하는 과정으로 보았다. 이는 자기실현이 행복 또는 만족의 상태가 아니라 삶을 보다 가치 있게 살아가기 위한 고통스러운 과정일수도 있음을 의미한다. 로저스는 자기실현을 하는 사람의 특성을 '충분히 기능하는 사람(the fully functioning person)'이라는 용어로 정리하였다. 충분히 기능하는 사람은 즐겁게 삶에 도전하고 의미를 발견하면서 그 속에서 발생하는 고통도 기꺼이 감수하려고 한다. 충분히 기능하는 사람은 특별한 사람만이 도달할 수 있는 것이 아니라 이러한 삶의 방식을 선택한 누구나 달성 가능하다(Carver & Scheier, 2004). 충분히 기능하는 사람의 특성은 다음과 같다(박아청, 2006).

첫째, 자신의 경험에 대해 개방적이다. 충분히 기능하는 사람은 자신의 경험을 방어하거나 왜곡시키지 않으며 자신의 감정을 분명하게 인식한다. 자신의 경험에 개방적인 사람은 내면의 목소리를 인식할 수 있으며 어떤 경험에 압도당하거나 문제시하지 않는다.

둘째, 매 순간 충실하게 산다. 이는 미래에 대해 불안해하지 않고 매 순간을 충분히 만끽하는 삶을 살아가는 것이다. 즉, 실존적인 삶을 살아가는 것을 말한다.

셋째, 자신을 신뢰한다. 어떤 상황에서 유기체로서 자신이 느끼는 감각을 신뢰하는 것이다. 이러한 현재 상황을 바탕으로 욕구를 최대한 만족시키는 행동을 하게 된다.

넷째, 선택의 자유를 가진다. 충분히 기능하는 사람은 어떤 행동이나 선택을 하는 데 자유롭다. 이들은 주위 환경이나 과거 사건들에 의해 미래를 결정하는 것이 아니라 현재 자기 자신이 미래를 결정한다.

다섯째, 창조성을 가진다. 충분히 기능하는 사람은 모든 영역에서 독창적 사고력을 가지며 창조적인 삶을 살아간다.

### 3) 인간중심이론과 사회복지실천

#### (1) 사회복지실천과의 관련성

인본주의 이론가들은 인간을 보다 긍정적이며 변화 가능하고, 자유롭고 창조적인 잠재력을 가진 존재로 바라본다. 즉, 모든 인간은 긍정적이고 창조적인 성장을 위한 가능성을 가지고 있다고 믿는다. 인본주의 이론가들은 어떠한 개인이라도 선천적으로 악하거나, 무능하거나, 가치 없는 존재라고 바라보지 않는다. 어떤 사람이라도 삶의 책임을 인식하여 진정한 내면의 자율성 및 창조성과 만나게 된다면 자신의 가치를 실현하는 삶을 살게 된다고 본다.

로저스를 비롯한 인본주의 이론가들은 행동주의 이론에서 추구하는 인간행동의 과학적 탐구를 반대하는 것이 아니라, 측정 가능하고 통제 가능한 부분들과 함께 내적 세계인 사고, 감정 등과 같이 과학적으로 입증될 수 없는 측면들도 전체적으로 고려해야 한다고 본다. 인간의 탐구를 자연과학에서 다루는 방식으로 기계화한다면 인간의 존엄성을 무시하게 된다는 것이다. 또한 정신분석이론에서 인간의 내면세계를 깊은 수준까지 탐색하려는 시도는 바람직하다고 보았지만, 이 이론에서 제시한 인간에 대한 무의식적 비합리성과 충동성에 대한 관점은 지지하지 않는다.

인본주의 이론에서는 성격에 대한 특성을 규정하기보다는 인간의 가능성과 창조성을 강조한다. 인본주의 이론에서는 인간본성에 대해 낙관적이고 긍정적인 관점을 채택한다. 이는 인간이 선천적으로 환경의 심각한 방해만 받지 않는다면 최선의 자기 자신이 되고자 동기를 부여받는다는 의미이다.

그러나 로저스의 인간중심이론은 자기실현과 긍정성에 대한 측정을 어떻게 할 것인지 대한 정확한 기준을 제시하지 않았다는 비판을 받고 있다. 또한 인간의 선천적 선함에 대한 극단적 가정은 오히려 다른 사람들에게 피해를 줄 수도 있다는 점이다. 인본주의자들이 주장하는 인간의 자유의지에 대한 논쟁도 많다. 인간의 자유의지라는 것은 허구적인 개념이거나 착각이라고 보는 관점도 존재한다.

이러한 비판들이 존재하지만 인본주의적 관점은 사회복지실천에 많은 영향을 미치었다. 특히 인본주의 이론에 근거한 인간관은 사회복지실천현장의 사회복지사들도 공감하고 있다. 그리고 인간을 부분적인 특성으로만 파악하지 않고 전체적(holistic)으로 바라보아야 한다는 사실의 강조도 마찬가지이다. 또한 인간의 악함이 그들의 본성이 아니라 환경 때문에 어쩔 수 없이 나타났다는 관점도 사회복지의 가치와 맥락을 같이한다.

### (2) 사회복지실천의 활용 방안

인본주의 이론은 사회복지실천의 중요한 관계원칙인 개별화와 관련이 있으며, 인간 존엄성에 대한 사회복지의 가치와도 연결되어 있다. 또한 사회복지사는 인간이 자기 스스로 자신의 문제를 해결하고 선택할 수 있는 힘이 있다고 믿는다. 인본주의 이론에서 주장하는 자율성은 이러한 사회복지사의 믿음에 대한 이론적 근거라 할 수 있다. 인본주의 이론에서는 인간은 어떤 결과적 상태로 완결되는 것이 아니라 항상 형성되어 가는 존재로 본다. 이는 사회복지사가 중요하게 생각하는 자신과 클라이언트의 동반 성장과 발달에 대한 신념에 기여한다.

마찬가지로 로저스의 인간 본성에 대한 관점은 사회복지실천에 다양하게 영향을 미치었다. 그리고 직접적으로는 로저스의 인간중심이론을 통해 사회복지사와 클라이언트의 관계를 확립하는 데 중요한 근거를 제공하였다. 로저스는 클라이언트의 잠재력을 개발하고 평등한 관계를 맺기 위해 일치성, 무조건적 긍정적 관심 그리고 경청이 필수적이라고 하였다. 이를 사회복지사와 클라이언트의 관계에 적용하면 다음과 같다(권중돈 · 김동배, 2005 : 315-317).

첫째, 사회복지사는 일치성 또는 진실성을 가지고 클라이언트와 관계하여야 한다. 일치성은 사회복지사가 진실하다는 의미이며, 클라이언트와의 관계에서 거짓된 태도를 보여서는 안 된다는 것을 말한다. 또한 클라이언트에게 솔직하게 말하면서 자신의 심리 내부에서 생각하는 것과 외부로 표현하는 것이 일치되어야 한다. 사회복지사가 자신의 느낌에 솔직하지 못하고 클라이언트를 싫어하면서 겉으로 좋아하는 것처럼 행동하는 것은 바람직하지 않다. 따라서 사회복지사는 평상시에 자신의 편견과 왜곡에 대한 끊임없는 반성적 성찰이 필요하다.

둘째, 사회복지사는 무조건적 긍정적 관심과 수용을 바탕으로 클라이언트와 관계하여야 한다. 로저스는 인간중심이론에서 모든 사람과의 관계에서 무조건적인 긍정적 관심을 보여야 한다고 하였다. 이를 통해 어떤 결론을 강요하지 않고 감정표현의 기회를 충분히 주는 것이라고 보았다. 이에 근거하여 사회복지사는 클라이언트를 온전한 한 명의 인격체로 보고 진실하게 대하면서 무조건적인 긍정적 관심과 수용을 하여야 한다. 이는 클라이언트를 어떤 조건에 따라서가 아니라 있는 그대로의 모습을 받아들인다는 의미이다. 이러한 관점은 클라이언트의 문제해결에 중요한 출발점이 된다.

셋째, 사회복지사는 경청을 바탕으로 클라이언트와 관계하여야 한다. 경청은 사회복지사와 클라이언트 관계에서 중요한 의사소통 도구이다. 경청은 클라이언트가 자신이 충분히 받아들여졌다는 느낌을 가지고 감정을 표현하도록 만드는 사회복지사의 관계 기술이고 철학이라고 할 수 있다. 경청은 단순히 클라이언트가 잘 말하도록 조건을 형성하는 것 이상이다. 경청의 일차적인 조건은 사회복지사의 감정이입으로부터 시작된다. 사회복지사는 감정이입을 통해 클라이언트가 자신의 감정을 스스로 표현하도록 만들어야 한다. 로저스의 인간중심이론에서도 감정이입적 이해와 경청을 관계의 중요한 차원으로 생각하였다.

## 2. 욕구위계이론

### 1) 기본 개요

매슬로(Abraham Maslow, 1908~1970)는 그의 연구에서 인간경험의 긍정적 측면에만 초점을 맞추었으며, 인본주의 운동의 중심적인 역할을 하였다. 매슬로는 인간은 선천적으로 선하기 때문에 어느 정도의 환경적 조건만 갖추어진다면 충분히 자신을 발달시킬 수 있다고 믿었다. 매슬로는 인간 잠재력의 실현 가능성을 알아보기 위해 가장 탁월한 성취를 이룬 사람들을 연구하였다. 이는 인간이 자신의 잠재력을 억제하거나 왜곡시키지 않는다면 어느 정도까지 발달시킬 수 있는지를 확인하기 위해서이다.

매슬로는 인간의 행동을 동기화시키는 요인들을 주로 연구하였다. 매슬로는 인간기능의 최고 수준에서 나타나는 자기실현의 동기를 심층적으로 파악하고자 하였다. 매슬로도 정신분석적 접근과 비슷하게 욕구를 다루었지만 무의식에 대한 언급은 없었으며 내적 갈등에 의해 인간행동의 동기가 유발된다고 보지도 않았다. 매슬로는 인간은 위계적으로 조직화된 욕구체계를 통해 체계적으로 발달한다고 보았다. 이것이 욕구위계이론(needs hierarchy theory)이다.

매슬로가 인간 본성의 어두운 면을 극단적으로 무시하고 긍정성에만 초점을 둔 것은 어린 시절의 경험에 대한 반동형성이라고 하였다(Maslow, 1979). 매슬로의 부모는 그를 경멸하거나 조롱하면서 양육하였으며 심지어는 기본적인 신체적이고 정서적 지지도 거의 부족할 정도로 키웠다. 매슬로는 이러한 고난의 경험에 대한 반동형성으로 인간경험의 가장 고상하고 좋은 것만을 이해하려고 노력하였다. 매슬로도 인간의 부정적 측면을 인정하기는 하였지만 긍정성을 통해 이를 극복할 수 있다는 확신을 가졌다.

## 2) 주요 개념

### (1) 내적 본성

매슬로는 인간의 내적 본성에 대한 몇 가지 기본적 가정을 제시하고 있다(Maslow, 1970). 인간의 선천적인 내적 본성은 성장과 자기실현을 위한 기본적인 욕구와 충동을 포함하고 있다. 내적 본성의 일부는 보편적 특성이지만 일부는 개인적 특수성을 가진다. 내적 본성은 자기실현을 하는 데 길잡이 역할을 하며, 악하지 않고 선하다.

또한 인간의 내적 본성은 동물의 본능처럼 강하지 않으며, 미묘하고 섬세하여 학습이나 문화적 기대, 공포나 비난 등에 의해 쉽게 압도된다. 그러나 내적 본성이 비록 약하기는 해도 어떠한 사람에게도 완전히 사라지지는 않는다. 인간은 내적 본성을 드러내고 충족시키는 경험을 통해 자기의 성장과 자존감을 발달시킬 수 있다.

### (2) 욕구위계

매슬로는 인간행동의 동기는 공통적인 본능적 욕구에 기인한다고 보았다. 이러한 욕구들로 인해 인간은 자신을 성장하도록 동기부여 한다고 보았다. 또한 개인의 욕구를 완전히 충족해서 만족시키는 상태는 없다고 보았다. 따라서 한 욕구가 어느 정도 충족되면 다음 욕구로 이동하게 된다. 이것이 매슬로의 욕구위계이론(needs hierarchy theory)이다. 이러한 욕구들은 강도와 중요도에 따라 생리적 욕구, 안전 욕구, 소속감과 사랑의 욕구, 자존감 욕구, 자기실현 욕구 순으로 이동한다(Maslow, 1970). 매슬로의 욕구위계는 다음과 같다.

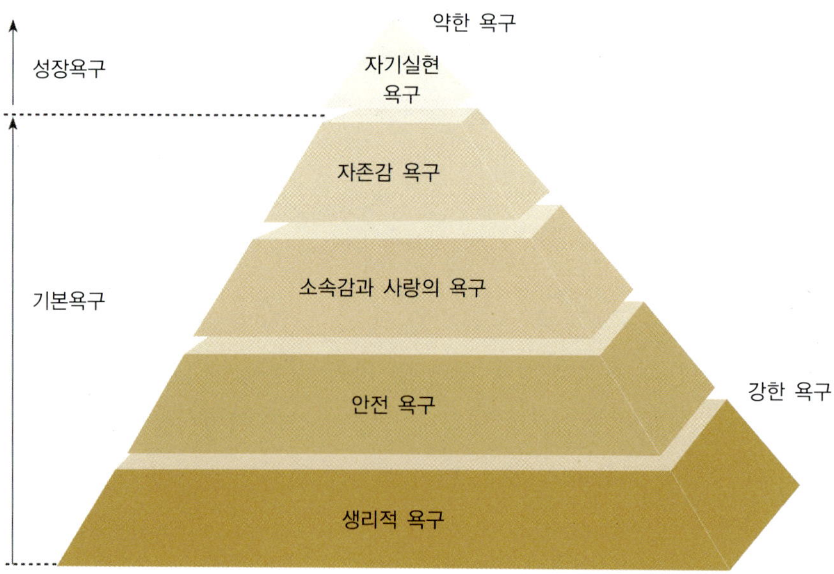


|그림 5-1| **매슬로의 욕구위계**

### ① 생리적 욕구

인간의 가장 기본적인 욕구는 음식, 물, 공기, 수면, 배설 및 성욕과 같은 생리적인 것이다. 생리적 욕구는 인간의 생존과 직접 관련이 있기 때문에 가장 강렬한 욕구이다. 만약 이러한 기본적 욕구가 충족되지 않는다면 개인의 모든 관심은 여기에 집중적으로 쏠리게 된다. 생리적 욕구들이 어느 정도 충족되지 않으면 다음 단계의 욕구로 나아가지 못하게 된다.

인간의 욕구가 생리적 수준에만 머물러 있다면 동물과 특별히 다른 것이 없게 된다. 예컨대 기본적인 음식을 획득할 수 없는 사람은 온통 음식을 구하는 것에만 자신의 사고와 행동을 집중하게 될 것이다. 이 경우에는 먹을 것만 있으면 행복하다고 생각하면서 다른 어떤 것에도 관심을 가질 수가 없을 것이다. 즉, 다음 단계인 안전 욕구로의 이동을 어렵게 한다는 것이다.

### ② 안전 욕구

매슬로에 의하면 인간은 생리적 욕구가 어느 정도 충족되고 나면 안전 욕구에 의해 행동의 동기가 유발된다고 하였다. 안전 욕구는 신체적이고 심리적인 차원을 모두 포함한다. 안전의 욕구는 불안과 공포, 그리고 미래의 불확실성에 대한 압박으로부터 벗어나고자 하는 인간의 욕구이다. 안전 욕구는 편안하고 안전하게 쉴 수 있는 거주지를 포함하여 일상생활을 친밀하고 따뜻하게 지낼 수 있는 심리적 요건들을 포함한다.

안전 욕구는 사회 제도나 시설을 통해서도 충족할 수 있다. 예컨대 사회보험제도를 통해 미래의 불확실한 일상생활을 대비하게 하거나 실제적이고 직접적인 경찰이나 소방관 등의 활동으로도 충족될 수 있다. 안전 욕구는 사회정책이나 제도 및 법률에 따라 사회구성원에게 다르게 작용할 수 있다. 즉, 제도나 법률을 통해 충분히 안전의 욕구를 충족시킬 수 있는 국가에서는 그렇지 않은 국가의 사람들보다 안전의 욕구를 충족하고 다음 단계의 욕구로 이동하기가 수월할 것이다.

아동기에는 안전 욕구가 긴급하고 중요한 욕구이다. 매슬로는 유아에게 짧은 시간의 고통도 전체 세상이 안전함에서 불안으로 바뀌는 것으로 인식된다고 하였다(Maslow, 1970). 아동이 자신의 안전 욕구를 충족할 수 없을 경우에는 모든 수단을 다해서 벗어나려고 실제적으로 노력한다. 성인의 안전 욕구는 아동과는 다른 양상으로 나타난다. 일상생활에 대한 불확실성을 두려워하는 어떤 사람은 전력을 다해 미래의 경제적 보장을 위해 저축을 할 수 있다.

또 다른 경우는 병적인 안전 욕구의 충족이다. 이러한 사람은 이 세상이 적대적이고 위협적이기 때문에 자신을 극단적으로 보호해야 한다고 생각할 수 있다. 이를 강박장애라고 하는데, 이 장애를 가진 사람은 미래의 자신이 다룰 수 없는 위험들이 결코 일어나지 않도록 이 세상을 질서 있고 안정되게 만들기 위해서 모든 희생을 감수하고 노력한다. 그러나 대부분의 성인은 사회적으로 받아들여지는 수준에서 자신의 안전 욕구를 충족하고 다음 단계의 욕구로 자연스럽게 이동한다.

### ③ 소속감과 사랑의 욕구

소속감과 사랑의 욕구는 생리적 및 안전 욕구가 어느 정도 충족되면 나타난다. 즉, 생리적 및 안전 욕구가 충족되면 다른 사람과 어울리고 애정을 나누고 싶은 욕구가 표출된다는 의미이다. 인간은 기본적으로 가족을 비롯한 다른 사람들과 친밀하고 사랑을 주고받는 관계를 형성하지 못하면 외로움 등의 고통이 심각해진다. 인간의 삶에서 소속감과 사랑의 욕구를 어느 정도 충족시키지 못할 때 사회적 고립과 거절에 대해 민감하게 반응하고 고독 속에서 살게 된다.

핵가족 제도에서 살아가는 현대인들은 점차로 소속감과 사랑의 욕구를 충족하기가 어려워지고 있다. 우리 사회의 해결 과제인 소외, 자살, 집단따돌림, 학대 등의 문제들은 소속감과 사랑의 욕구 충족과 관련이 있다. 따라서 소속감과 사랑의 욕구를 충족시킬 수 있는 지역사회 차원의 운동이나 제도들이 마련될 필요가 있다.

### ④ 자존감 욕구

생리적, 안전 및 소속감과 사랑의 욕구가 어느 정도 만족된 개인은 자존감 욕구의 충족에 관심을 가진다. 자존감 욕구는 타인에 의한 자존감과 자기 스스로에 의한 존중감의 두 가지 형태로 구분된다(Maslow, 1970). 타인에 의한 자존감은 다른 사람이 자기를 중요하게 여겨주는 것으로 칭찬, 명예, 평판, 사회적 지위에 의해 발생한다. 자기 스스로에 대한 존중감은 능력, 성취감, 자신감 그리고 독립심에 대한 개인적 존중에 의해 나타난다.

자존감의 욕구가 충족된 개인은 자신을 가치 있고 능력을 가진 필요한 사람으로 느낀다. 그러나 욕구가 좌절된 사람들은 나약하고 무능하며 열등하다고 생각하면서 삶을 살아간다. 매슬로는 가장 바람직한 자존감은 자기와 타인에게 받은 진실된 존중으로부터 나온다고 하였다. 이는 단순한 지위나 명예에 의한 것이 아니라 개인의 능력과 노력에 근거해서 인정받아야 한다는 의미이다.

### ⑤ 자기실현 욕구

대부분의 사람은 생리적, 안전, 소속감과 사랑 및 자존감의 욕구를 충족시키기 위해서 살아간다. 그러나 이러한 욕구들을 만족스럽게 충족하는 것은 어렵다. 따라서 욕구위계의 네 수준을 어느 정도 충족시키고 난 후에 자기실현의 욕구를 성취하는 것은 더욱 어려운 문제이다. 자기실현(self-actualization) 욕구는 자신의 잠재력을 모두 이루기 위해 자신이 원래 원하는 모습으로 되고자 하는 것이다(Maslow, 1970).

자기실현은 어떤 상태가 아니라 되어가는 과정이다. 인간이 자기실현의 방향으로 움직이는 것은 자동적인 것이 아니며 고통과 자기인식이 필요한 과정이다. 인간이 자기실현을 하기 위해서는 자신이 타고난 본성에 진실해야 한다. 매슬로는 모든 인간은 자신의 잠재력을 개발하여 이상적인 삶을 살 수 있다고 보았다. 그러나 여러 사회적이고 개인적인 제약에 의해 자기실현을 이룬 사람은 전체 인구의 대략 1%에 불과하다고 하였다.

자기실현을 하는 사람이 반드시 사회적 지위가 높거나 창조적인 부문에서 일해야 하는 것은 아니다. 어떤 사회적 일을 하느냐가 아니라 자신의 삶 속에서 잠재력을 실현할 수 있는 누구나 가능하다. 매슬로의 '자기실현을 한 사람'에 대한 표현을 로저스는 '충분히 기능하는 사람'이라고 하였다.

### (3) 욕구위계이론의 특성

매슬로의 욕구위계이론은 다음과 같은 몇 가지 특성을 가지고 있다.

첫째, 생리적 욕구와 같이 하위에 있는 욕구가 더욱 강하고 우선적이다. 자기실현과 같은 상위욕구는 생존을 위해 긴급하지 않기 때문에 이러한 욕구의 만족은 하위욕구보다 지연될 수 있다. 예컨대 기아 속에 있는 사람은 자기실현 욕구를 만족하려고 노력하는 것이 아니라 음식을 구할 방법에 모든 초점을 맞추는 것이다.

둘째, 하위욕구가 어느 정도 충족이 되어야 그 다음 욕구로 이동할 수 있다. 예컨대 생리적 욕구가 어느 정도 만족된 후에 안전 욕구로 관심을 돌리게 된다는 것이다. 그러나 생리적 욕구가 완전하게 충족된 후가 아니라 생존을 위해 필수적인 만족만 이루어지면 그 다음 안전 욕구로 이동하게 된다.

셋째, 모든 욕구는 서열적으로 이동한다. 예컨대 생리적 욕구를 충족한 후 바로 자존감의 욕구 단계로 이동하는 것이 아니라 안전 욕구와 소속감과 사랑의 욕구를 거친 후에 동기부여 된다는 것이다. 그러나 예외도 있는데, 자신의 신념을 위해 단식을 하거나 다른 사람의 안전을 위해 자신을 희생하는 경우 등이다.

넷째, 상위욕구의 충족은 직접적 하위욕구의 만족도 중요하지만 더 나은 사회적 환경을 바탕으로 할 때 더욱 충족되기 쉽다. 예컨대 의식주의 문제와 최소한의 경제적 충족을 사회제도로 보장한다면 소속감과 사랑 및 자존감의 욕구로 이동하는 것이 보다 쉽게 된다.

다섯째, 욕구는 기본욕구와 성장욕구로 구분할 수 있다. 기본욕구는 생리적, 안전, 소속감과 사랑 및 자존감의 욕구까지 해당하며, 이는 인간이면 누구나 자연스러운 결핍동기를 충족시키려는 욕구이다. 결핍동기는 만족시키면 긴장이 완화되기 때문에 모든 사람들이 당연히 충족시키려는 욕구이다. 결핍동기의 대표적인 사례로는 배고픔, 공포, 고통 등을 말한다.

이와 다르게 자기실현 욕구는 성장에 의해 동기화된다. 따라서 이를 성장욕구 또는 메타욕구라고 한다. 성장동기는 사람들이 현재 상태를 만족하면서 가치 있는 목표를 추구하는 것을 말한다. 성장동기는 기본적 욕구가 충족된 후에 나타난다. 자기실현의 욕구는 생리적, 안전, 소속감과 사랑 및 자존감의 욕구가 어느 충족되어야 동기화된다. 결핍동기는 인간이 부족한 것을 채우려는 자연스러운 것이지만 성장동기를 만족시키기 위해서는 노력과 고통이 뒤따른다.

### (4) 자기실현을 이룬 사람의 특성

매슬로는 로저스와 마찬가지로 인간의 이상행동을 탐색하여 본성의 비관적인 측면을 부각시킨 것이 아니라 긍정적 관점으로 최적의 기능으로 살아가는 사람들을 관찰하였다. 매슬로는 건강하고 잘 기능하는 사람들을 연구하였다. 매슬로는 사례연구를 통해 역사적 인물 60명(링컨, 간디, 아인슈타인 등이 포함됨)을 선택하여 자기실현을 이룬 사람의 특성을 확인하였다. 자기실현을 이룬 사람의 특성은 다음과 같다(노안영 · 강영신, 2002; 이인정 · 최해경, 2007; Carver & Scheier, 2004; Liebert & Liebert, 1998).

■ 현실의 완전한 지각

자기실현자는 주변의 환경과 사람들을 객관적이고 명확하게 지각할 능력을 가진다. 자기실현자는 세상을 선입관 없이 있는 그대로 볼 수 있다.

■ 자신, 타인, 자연의 수용

자기실현자는 자신의 장점과 약점을 있는 그대로 받아들이고 실패한 일들에도 지나친 죄책감이나 부끄러움을 갖지 않는다. 또한 다른 사람이나 일반적인 사회의 약점에 대해서도 있는 그대로 받아들인다.

■ 자발성, 솔직함, 자연스러움

자기실현자의 행동은 개방적이고 솔직하며 자연스럽다. 또한 자기실현자는 의도적으로 사회의 규범을 어기지는 않지만 자신의 생각과 이상에 있어 주관이 뚜렷하기 때문에 인습에 얽매이지는 않는다.

■ 자기 밖의 문제에 집중

자기실현자는 자신의 인생에 사명감을 가지고 자신의 범위를 벗어나는 일에 많은 에너지를 쏟는다. 자기실현자는 자신과 직접적으로 관계가 없더라도 인류애를 가지고 일하면서 큰 기쁨과 흥분을 경험한다.

■ 초연함

자기실현자는 고독을 경험하지만 압도되지는 않으면서 개인 사생활을 즐긴다. 자기실현자는 자율적이고 독립적이기 때문에 자신만의 시간을 충분히 즐길 수 있으며, 다른 사람의 애정과 지지를 요구하거나 매달리지 않는다.

■ 감각의 신선함

자기실현자는 주위의 세상을 마치 처음 본 것처럼 반복적으로 경이롭게 느낀다.

■ 창조성과 자율성

자기실현자는 창의성과 독창성을 가지고 자기 분야에서 일하며, 모든 활동이 자율적이고 실수를 두려워하지 않는다.

■ 문화화에 대한 저항

자기실현자는 일정한 틀에 맞추라고 억압하는 사회문화적인 요구로부터 자유롭다. 자기실현자는 사회적 관례와 문화를 고의적으로 위반하지는 않지만 자신의 개성과 자율성에 따라 행동한다.

■ 민주적 성격구조

자기실현자는 관대하고 모든 사람들을 받아들인다. 또한 인종, 종교에 따른 편견을 가지지 않는다.

■ 깊은 대인관계

자기실현자는 자신을 사랑하지만 다른 사람들과의 깊은 유대를 가진다. 따라서 자기실현자는 종종 추종세력이나 제자들이 자연스럽게 모인다.

■ 신비 혹은 절정경험

자기실현자는 강렬한 무아경, 놀라움, 경외심, 즐거움을 경험한다. 이러한 경험을 하는 동안 자기실현자는 극도로 확신에 차고, 명확하고 강력한 힘을 느끼며, 그 경험은 강화되고 강도는 절정에 달하게 된다.

■ 이타심

자기실현자는 인류애를 가지고 다른 사람을 마치 자신의 형제처럼 대한다. 또한 자기실현자는 모든 사람과의 일치감과 연대감을 가진다.

■ 철학적인 유머

자기실현자는 철학적이고 사려 깊은 유머감각이 있다. 자기실현자의 유머는 다른 사람에게 상처 입히는 적대적인 유머가 아니라 은근한 미소를 자아내는 유머이다.

### 3) 욕구위계이론과 사회복지실천

#### (1) 사회복지실천과의 관련성

매슬로는 인간을 비관적이고 비합리적으로 보는 관점을 지지하지 않고 긍정적이고 창조적인 성장 가능성이 있는 존재로 보았다. 또한 인간은 자유의지를 가지고 자신의 잠재적 능력을 실현할 수 있는 존재라고 하였다. 이는 사회복지실천현장에서 사회복지사가 클라이언트에 대해 가지는 인간관과 맥락을 같이한다.

매슬로는 인간의 부정적이고 비합리적 측면을 인정하기는 하지만 그 모든 것은 인간의 긍정성을 통해 회복하거나 대처할 수 있다고 본다. 인간의 기본적인 선함은 매슬로를 비롯한 인본주의자들의 기본적 태도이지만 실제로 사회에서 일어나는 폭력적이고 공격적인 행태들을 본다면 그 가정에 의심을 품을 수도 있다. 하지만 사회복지사는 인본주의자들이 주장하는 어떠한 악인도 깊은 내적 본성에 자리 잡고 있는 선함을 찾는다면 변화 가능하다는 전제에 기본적으로 동의하고 있다.

### (2) 사회복지실천의 활용 방안

매슬로의 욕구위계이론은 사회복지실천현장에서 의미 있는 자료로 활용되고 있다. 욕구위계이론은 사회복지의 미시적 또는 거시적 접근 둘 다에서 의미를 가진다. 먼저 미시적 접근에서는 클라이언트를 보다 세심하게 개별화하는 데 기여할 수 있다. 기본적 욕구의 결핍은 신체적 · 심리적 · 사회적인 문제를 발생시키기 때문에 인간이면 누구나 어디서나 어느 정도까지는 기본 욕구들이 충족되어야 한다. 사회복지실천현장의 사회복지사와 사회복지기관에서는 개별 클라이언트의 욕구 수준과 정도를 파악하여 기본적 결핍의 문제를 해결해 나가야 할 것이다.

욕구위계이론은 사회복지사가 클라이언트와의 개입에서 단계적 개입방법을 제시하는 바탕이 되기도 한다. 노숙생활로 배고픔에 지친 클라이언트에게는 일차적으로 생리적 욕구를 충족하는 프로그램을 실시하면서 심리적 또는 사회적으로 안전함을 확인시켜야 한다. 그 이후에 사랑을 주고받고 싶은 욕구와 자존감의 욕구를 충족시킬 수 있는 프로그램을 단계적으로 실시하여야 한다.

또한 자기실현의 욕구는 모든 클라이언트들이 긴장을 완화하기보다는 고통과 자기인식이 필요한 차원이기 때문에 그것을 받아들일 수 있는 경우에 실시하여야 한다. 자기실현의 욕구는 클라이언트와의 일대일 관계보다는 사회 전반적 환경을 조성해서 달성하도록 할 필요가 있다.

다음으로 거시적 접근에서 보면, 모든 인간은 기본적 욕구를 충족하면서 자신의 의지를 통해 자기실현을 할 수 있는 조건이 갖추어진 환경에서 생활할 수 있어야 한다. 이러한 조건들은 개인적 차원에서도 필요하지만 개인을 둘러싸고 있는 환경적 상황도 중요하다. 즉, 사회적·국가적 차원에서 기본 욕구와 자기실현의 욕구를 충족시킬 수 있는 정책과 제도들이 마련되어야 한다는 것이다. 사회복지사와 사회복지기관은 이를 위한 인프라를 확립하기 위해 국가에 관련 정책들을 요구하고 지역사회 차원의 협력을 도모하며 개인들의 인식 변화를 위해 노력해야 한다.

매슬로의 욕구위계는 사회복지실천에서 인간이 인간답게 산다는 의미에 대한 하나의 이론적 방편을 제공한다. 어떤 클라이언트가 평생을 생리적 욕구를 만족시키는 것에만 관심을 가진다고 생각해 보자. 이 클라이언트는 단지 음식의 충족만이 삶의 행복과 불행의 조건이 된다. 구조적으로 더 높은 상위욕구를 충족시킬 기회를 상실하고 평생을 살아간다면 이는 결코 인간답게 살아가는 것이 아니다. 이러한 상위단계의 욕구충족을 위해 사회복지사가 직접 활동하는 것도 중요하지만 사회제도를 통한 방법도 동시에 고려해야 한다. 그 대표적인 사례가 국민기초생활보장제도와 사회보험제도라고 할 수 있다.

## 요약

### 1. 인간중심이론

1) 로저스는 대표적인 인본주의 이론가 중 한 명이며, 그의 인간중심이론은 실존주의 철학과 현상학적 이론을 중심으로 확립되었다. 로저스는 인간의 근본적인 선함과 인간의 행동을 긍정적 방향으로 이끄는 독특하고 선천적인 자기실현 경향성이 있다고 믿었다.

2) 로저스의 현상학적 관점에 따르면, 인간은 어떤 행동을 할 때는 자신만의 고유한 내적 준거틀에 근거한다고 본다. 따라서 모든 사람은 똑같은 상황에서 동일하게 느끼고 생각하며 행동하는 것이 아니라 그들만의 주관적인 현실에 따라 다르게 반응한다는 것이다.

3) 로저스는 모든 사람은 긍정적 관심에 대한 욕구를 선천적으로 타고난다고 본다. 긍정적 관심이란 수용, 존중, 온정, 사랑과 같은 형태로 나타나는 긍정적인 사회적 피드백이다. 긍정적 관심에 대한 욕구는 타인뿐만 아니라 자기 자신에 의해서도 충족될 수 있으며, 타인에 의한 긍정적 관심의 충족은 조건적 긍정적 관심과 무조건적 긍정적 관심으로 구분할 수 있다. 조건적 긍정적 관심은 어떤 특정한 행동을 하였을 경우에 긍정적 관심을 주고받는 것을 말한다. 무조건적 긍정적 관심은 개인의 행동과 상관없이 주어지는 것이다. 어떤 개인에게 조건적 긍정적 관심만 주어진다면 자신의 잠재력을 실현하는 방향과 멀어지는 삶을 살게 되며, 개인적 혼란, 방황, 비행, 일탈 등을 경험할 수 있다. 이를 회복할 수 있는 방법은 무조건적 긍정적 관심이다.

4) 로저스의 자기(self) 또는 자기개념(self-concept)은 거의 동일한 의미로 사용된다. 자기개념은 현재 자신이 어떠한 인간인가에 대한 스스로의 개념을 말한다. 로

저스는 자기를 현실적 자기와 이상적 자기의 두 가지로 구분하였다. 로저스는 현실적 자기와 이상적 자기의 괴리가 큰 개인은 사회에 건강하게 적응할 수 없다고 본다.

5) 자기개념은 자신의 소유물을 인식하기 시작하는 유아기부터 발달하기 시작하여 자신과 다른 사물을 구별하는 능력이 생성되는 아동기에는 더욱 발달한다. 자기개념은 긍정적 관심과 밀접한 관련을 가지며 발달한다.

6) 로저스는 인간은 선천적으로 자기실현 경향성을 가지고 태어난다고 본다. 자기실현으로부터 벗어난 개인은 무조건적 긍정적 관심을 지속적으로 보여준다면 다시 자기를 실현할 기회를 가지게 된다고 본다. 로저스는 자기실현을 한 사람을 '충분히 기능하는 사람'이라는 용어로 정리하였으며, 그러한 사람의 특성을 제시하였다.

7) 로저스의 인간중심이론에 근거한 인간관은 사회복지실천현장의 사회복지사들도 대체로 동의하고 있다. 또한 인간중심이론에서 클라이언트와 관계 맺을 때 강조하는 일치성, 무조건적 긍정적 관심 그리고 경청은 사회복지실천에서도 그대로 적용되는 실천 방법이라고 할 수 있다.

## 2. 욕구위계이론

1) 인본주의자인 매슬로는 인간은 선천적으로 선하기 때문에 어느 정도의 환경적 조건만 갖추어진다면 충분히 자신을 발달시킬 수 있다고 믿었다.

2) 매슬로는 인간행동의 동기는 공통적인 본능적 욕구에 기인한다고 보았다. 매슬로는 인간은 욕구가 단계적으로 이동한다고 보았는데, 이를 욕구위계이론이라고 한다. 매슬로는 욕구의 강도와 중요도에 따라 생리적 욕구, 안전 욕구, 소속감과 사랑의 욕구, 자존감 욕구, 자기실현 욕구 순으로 이동한다고 본다.

3) 생리적 욕구는 인간의 가장 기본적인 욕구인 식욕이나 성욕 같은 것이다. 이러한 생리적 욕구가 어느 정도 충족되지 않으면 다음 단계의 욕구로 이동하지 못한다고 본다.

4) 안전 욕구는 개인이 불안과 공포, 그리고 미래의 불확실성에 대한 압박으로부터 벗어나고자 하는 욕구이다.

5) 소속감과 사랑의 욕구는 생리적 및 안전 욕구가 어느 정도 충족되면 다른 사람과 어울리고 애정을 나누고 싶은 욕구가 표출되는 것을 말한다.

6) 자존감 욕구는 타인에 의한 자존감과 자기 스스로에 의한 존중감의 두 가지 형태로 구분된다. 자존감의 욕구가 충족된 개인은 자신을 가치 있고 능력을 가진 필요한 사람으로 느낀다.

7) 자기실현 욕구는 자신의 잠재력을 모두 이루기 위해 자신이 원래 원하는 모습으로 되고자 하는 것이다. 자기실현 욕구는 앞의 네 가지 욕구들이 어느 정도 충족되어야 발생하는 욕구이다.

8) 매슬로의 욕구위계이론은 다음과 같은 특성을 가지고 있다. 첫째, 생리적 욕구와 같이 하위에 있는 욕구가 더욱 강하고 우선적이다. 둘째, 하위욕구가 어느 정도 충족이 되어야 그 다음 욕구로 이동할 수 있다. 셋째, 모든 욕구는 서열적으로 이동한다. 넷째, 상위욕구의 충족은 직접적 하위욕구의 만족도 중요하지만 더 나은 사회적 환경을 바탕으로 할 때 더욱 충족되기 쉽다. 다섯째, 욕구는 기본욕구와 성장욕구로 구분할 수 있는데, 기본욕구는 생리적, 안전, 소속감과 사랑 및 자존감의 욕구까지 해당하며, 이는 인간이면 누구나 자연스러운 결핍동기를 충족시키려는 욕구이다. 이와 다르게 자기실현 욕구는 성장에 의해 동기화되며, 이를 성장욕구 또는 메타욕구라고 한다.

9) 매슬로는 긍정적 관점에서 최적의 기능으로 살아가는 역사적으로 유명한 인물을 관찰하여 자기실현을 이룬 사람의 특성을 제시하였다. 그 특성으로는 현실의 완전한 지각, 수용, 솔직함, 자기 밖의 문제에 집중, 초연함, 창조성, 문화화에 저항, 민주적 성격 구조, 이타심 등이라고 본다.

10) 매슬로는 인간은 자유의지를 가지고 자신의 잠재적 능력을 실현할 수 있는 존재라고 보았는데, 이는 사회복지실천현장에서 사회복지사가 클라이언트에 대해 가지는 인간관과 맥락을 같이한다. 매슬로의 욕구위계이론은 사회복지의 직접실천 및 간접실천 둘 다에서 유용하게 활용할 수 있다.

# PART 02

# 사회환경의 이해와 사회복지실천

# Chapter 6

# 사회환경을 이해하는 기본 이론

## 학습목표

1. 기능주의 이론의 주요 개념 이해 및 사회복지실천과의 관련성 탐색하기
2. 갈등이론의 주요 개념 이해 및 사회복지실천과의 관련성 탐색하기
3. 상징적 상호작용이론의 주요 개념 이해 및 사회복지실천과의 관련성 탐색하기
4. 교환이론의 주요 개념 이해 및 사회복지실천과의 관련성 탐색하기

사회환경을 이해하기 위해서는 사회가 어떤 원리로 구성되어 있으며 어떻게 움직이고 있는지를 살펴보아야 한다. 사회는 다양한 개성을 가지고 있는 사람들의 집합체이기 때문에 복잡한 속성을 가지고 있다. 따라서 사회를 정확하게 이해하기란 쉬운 일이 아니다. 그러나 개인이 사회생활을 하기 위해서, 그리고 사회생활을 하고 있는 개인의 어려움을 해결하기 위해서도 사회를 이해해야 한다.

사회를 이해하기 위해서는 우선적으로 사회의 속성을 알아야 한다. 사회의 속성을 정확하게 살펴보기 위해서는 사회의 구성원인 인간이 사회를 어떻게 바라보느냐를 확인할 필요가 있다. 즉, 인간이 어떻게 사회를 이해하는지에 대한 이론들을 살펴보는 것이다. 이와 같이 사회의 본질을 파악하도록 하고 사회 전체를 조망하게 하는 이론들은 크게 기능주의 이론, 갈등이론, 상징적 상호작용이론, 교환이론으로 구분할 수 있다.

기능주의 이론은 사회를 하나의 복합적인 기능을 소유하고 있는 살아 있는 유기적 조직체로 본다. 그래서 사회의 구성 부분인 개인들은 각자의 기능을 수행하면서 실제로 존재하는 사회를 유지 · 존속시켜 주는 역할을 한다고 본다. 따라서 사회 전체의 균형, 안정, 그리고 통합을 중요시한다. 이와 반대로 갈등이론은 사회를 희소한 권력과 결핍된 자원으로 말미암아 불평등, 갈등, 경쟁, 변화가 있을 수밖에 없는 인간의 집단으로 본다. 갈등이론에서 보면 사회는 대립과 갈등을 통해 사회발전으로 나아간다는 것이다.

상징적 상호작용이론은 사회의 질서가 어떤 객관적으로 존재하는 실체에 의해서가 아니라 사회구성원들 간의 의미의 상호 교환에 의해 이루어진다고 본다. 사회는 개인 간 언어라는 상징을 이용하여 자신이 몸담고 있는 세계의 규범을 공유하고 의사소통하면서 살아가는 곳으로 본다. 교환이론은 사회는 역사가 존재한 이래로 구성원들 간의 주고받는 관계의 역사였다고 보는 것이다. 즉, 사회는 개인들 간의 면대면 관계에서 유 · 무형의 가치나 자원을 서로 주고받으면서 살아가는 곳이라는 것이다.

# 1. 기능주의 이론

## 1) 기본 개요

기능주의(functionalism)는 구조기능주의(structural functionalism)라고도 불리며 가장 오랜 전통을 가진 사회를 이해하는 이론이다. 기능주의 이론은 사회를 하나의 통합된 전체로 본 콩트(A. Comte)를 시작으로 하여, 사회진화와 사회적 다윈주의를 언급한 스펜서(H. Spencer), 도덕성에 기초한 사회질서와 통합을 강조한 뒤르케임(E. Durkheim)에 그 기원을 두고 있다. 제2차 세계대전 후 파슨스(T. Parsons)와 머튼(R. K. Merton)에 의해 정교화되었으며, 1940년대부터 1960년대까지 미국 사회를 설명하는 주요한 이론적 틀이었다. 하지만 1960년대와 1970년대에 기능주의 이론으로 설명이 어려운 신사회운동이라 불리는 학생운동, 환경운동, 그리고 평화운동의 등장으로 한계가 명백하게 드러났다.

기능주의 이론에 의하면 사회란 그것의 각각 다른 부분들이 상호 밀접한 관계를 맺으면서 안정을 만들어내고 연대를 위해 움직이는 복잡한 체계로 본다. 기능주의자들은 사회를 살아 있는 유기체에 비유하여 사회는 하나의 전체로서 각각의 부분들이 전체사회의 이익을 위해 움직인다고 주장한다. 이는 우리 신체의 각기 다른 부분들이 전체로서 몸의 안정과 균형을 위해 움직이는 것과 같다고 보는 것이다. 예를 들면, 신체 기관인 심장은 우리 몸 전체에 혈액을 보냄으로써 유기체로서의 생명을 유지하는 데 절대적 역할을 한다. 마찬가지로 교육 체계도 사회를 유지하고 존속하는 한 부분을 담당한다고 본다. 모든 사회 체계는 살아 있는 유기체에 비유하여 전체사회를 위한 각각의 역할을 한다는 것이다.

기능주의는 사회의 질서와 안정을 유지시키는 도덕적 합의(moral consensus)의 중요성을 강조한다(김미숙 외, 2018). 도덕적 합의는 사회의 대다수 사람들이 동일한 가치에 동의할 때 가능하다. 기능주의자들은 사회의 질서와 균형이 잡힌 상태를 정상적인 상태로 보며, 이는 사회구성원들 간의 도덕적 합의가 존재하기 때문에 가능하다고 본다. 예를 들면, 종교는 사회구성원들의 사회적 가치를 공유할 수 있도록 하기 때문에 사회의 결속을 유지하는 데 기여한다고 주장한다. 하지만 종교가 반드시 사회적 결속을 가지고 오는 것은 아니다. 왜냐하면 종교 공동체들 사이에 갈등뿐만 아니라 전쟁도 빈번하게 발생하기 때문이다. 이때 종교 공동체는 사회에 기능적으로 존재하는 것이 아니라 역기능적이라고 볼 수 있다.

기능주의는 사회의 기본 특성을 안정과 통합으로 간주한다. 사회의 각 부분들은 제각기 고유한 기능을 소유하고 있으면서 상호보완적으로 기능을 수행하기 때문에 사회는 항상 안정을 유지하면서 통합을 추구하려고 한다는 것이다(김병무 · 최병영, 2014). 사회의 각 부분들은 고유한 기능을 서로 조화롭게 발휘하여 전체사회의 균형을 도모하여 안정과 통합을 유지하면서 발전하는 데 기여한다는 것이다. 예컨대 학생들의 스포츠 활동은 건강한 생활을 위한 학교 커리큘럼의 일부이다. 하지만 기능주의의 관점에서 보면 스포츠는 학생들의 사회화의 중요한 부분으로 경쟁과 팀원으로서의 역할을 가르치는 기능을 하는 것이다.

## 2) 주요 개념

### (1) 사회유기체설

사회유기체설은 사회를 생물유기체에 비유하고 개인을 사회유기체의 부분기관으로 간주하는 견해이다. 개인은 사회의 일부분이므로 사회를 벗어나서 살 수가 없으며 그 속에서 자신의 역할을 수행하는 존재이다. 사회는 개인들이 수행하는 기능들을 잘 통합하여 안정과 균형을 이루며 유지된다고 본다.

사회유기체설에 의하면, 개인과 모든 사회의 조직이나 제도는 사회의 유지라는 목적을 달성하기 위해 기능하는 하나의 부분이라고 본다. 즉, 사회유기체설에서는 기능을 중요하게 생각하며, 사회의 각 부분들의 기능이 원활하지 않으면 사회가 위험에 빠진다는 것이다. 예를 들면, 인간유기체의 부분인 심장이나 폐가 제대로 작동하지 않으면 일상적인 생활을 하지 못하거나 사망에 이를 수도 있는 이치와 같다.

사회유기체설에 따르면, 사회는 다양한 기능들의 복합체라고 보고 어떤 문제가 발생하면 그러한 문제의 원인보다는 그것의 사회적 기능을 우선적으로 살펴보는 이론적 견해이다(조영훈, 2017). 예를 들면, 기능주의 관점에서 어떤 범죄가 발생하면 범죄자의 사회경제적 배경이나 개인적 원한 등을 분석하여 범죄의 원인을 찾는 것이 아니라 그러한 범죄가 사회에 어떠한 기능을 하는지에 초점을 둔다. 기능주의자인 뒤르케임(E. Durkheim)은 범죄를 저지른 범죄자를 처벌하게 되면 사회구성원들을 단합하게 만드는 긍정적 기능이 있다고 하였다. 이와 같이 사회를 생물유기체에 비유한 사회유기체설은 기능주의의 주요한 개념이라고 할 수 있다.

### (2) 사회진화론

사회진화란 환경의 변화에 대응하는 사람들이 끊임없이 새로운 제도와 인간본성을 형성하면서 사회가 보다 높은 단계로 올라가는 것을 말한다. 사회진화론에 따르면, 전통적인 사회에서는 사람들의 역할이 비슷하여 개인 간 매우 동질적 상태였지만 인구가 도시로 집중하고 개인들 간의 생존경쟁이 치열하게 진행되면서 서로 다른 역할을 찾아내도록 만든다는 것이다. 그 결과, 사회는 분업과 전문화가 증대되는 이질적이고 복합적인 상태로 변모한다고 본다.

사회 내의 개인 간 경쟁의 촉진은 물질적 욕구를 충족시킬 뿐만 아니라 인간의 생존을 보장하는 효과적 수단이 되었다. 하지만 사회적 분업과 전문화의 증대로 인해서 서로 다른 기능을 담당하게 된 개인들은 독자성과 자율성을 획득하게 된다. 즉, 개인주의의 발달을 의미하는 것이다. 사회진화론에 따르면, 개인의 노력에 의해 차이가 나타나는 사회적 불평등은 긍정적 요소로 간주한다. 모든 개인은 각자의 위치에서 환경에 적응하려고 노력하지만 어떤 사람은 성공하는 반면 어떤 사람은 실패한다는 것이다.

사회진화론에서 성공과 실패는 각 개인의 능력에 따른 차이라고 보며, 개인의 자유가 허락되는 생존경쟁의 결과물이라고 본다. 예를 들면, 어떤 개인이 적응의 실패로 빈곤하게 된다면 이러한 고통으로부터 벗어나기 위해 더욱 노력한다는 점에서 사회의 진화를 가져오는 긍정적 요인이라고 간주한다.

또한 기능주의자인 스펜서(H. Spencer)는 자유에 근거한 생존경쟁의 결과물로 인한 사회적 불평등을 인위적으로 조정하는 것은 부당하다고 보았다. 하지만 개인적 특질 이외의 다른 요소들이 개인의 사회적 성공과 실패를 규정짓는 것에는 반대하였다. 예컨대 어떤 개인의 가문이나 상속 재산으로 인한 권력과 특권을 누리지 않아야 한다고 보았으며, 그 연장선에서 유산 상속을 반대하였다.

스펜서는 사회는 전통적인 '군사형 사회'에서 새로운 '산업형 사회'로 진화하는 것으로 본다(조영훈, 2017). 군사형 사회는 전쟁에 적합하도록 군대식으로 구성되었고, 집단 전체의 생존을 최고의 가치로 여긴다. 이 사회는 매우 중앙집권적이고 개인의 자율적인 행동이 엄격히 통제되며, 개인의 생명과 자유가 사회 전체의 목적 달성에 종속되어 있다고 본다.

산업형 사회로 진화한 사회는 외부의 침략이 없어지고 시장 중심으로 조직되며, 개인의 자유와 자율성이 보장되고 분권화된 민주적인 정부가 들어서게 된다고 본다. 이 단계가 지속되면 개인들은 도덕적 발달을 통해 이타적 존재가 되어 다른 사회구성원들의 복지 향상을 위해 노력하게 되며, 국가는 개인의 생명과 재산을 보호하는 역할만 담당하게 된다고 본다. 군사형 사회와 산업형 사회는 실재하는 것이 아니라 이념형(ideal type)이며, 산업형 사회는 이상적인 사회를 표현한 것이라고 할 수 있다.

### (3) 기능적 필수요건

기능주의에서는 사회의 체제 유지를 위한 네 가지 기능적 필수요건(functional prerequisites)들이 충족되어야 한다고 본다. 그 네 가지는 영어 용어의 첫 글자를 모아서 AGIL 도식이라고 하며, 파슨스에 의해 규정되었으며 다음과 같다(김병무 · 최병영, 2014).

첫째, 적응기능(Adaption function)이다. 이것은 사회가 체계를 유지하면서 존속하기 위해서는 환경으로부터 자원을 얻어서 분배 활용할 수 있는 능력을 갖추어야 한다는 것이다. 이를 위한 대표적인 제도가 경제제도이다.

둘째, 목표달성기능(Goal attainment function)이다. 이것은 사회체계가 유지되기 위해서는 목표의 설정과 이 목표를 달성할 수 있는 기능이 있어야 한다는 것이다. 이를 위한 대표적인 제도가 정치제도이다.

셋째, 통합기능(Integration function)이다. 이것은 사회가 그 체계를 유지하기 위해서는 사회의 각 부분들의 활동이 조화를 이루면서 통합시킬 수 있는 기능이 있어야 한다는 것이다. 이를 위한 대표적인 제도가 법률제도, 교육제도, 복지제도이다.

넷째, 잠재적 유형 유지기능과 긴장관리기능(Latent pattern maintenance & tention management function)이다. 이것은 사회가 그 체계를 유지하기 위해서는 사회 각 부분들의 근원적인 유형을 유지하고, 또 부분 간에 야기되는 긴장을 해결할 수 있는 기능이 필요하다는 것이다. 이를 위한 대표적인 제도가 종교제도와 문화이다.

사회가 그 체계를 유지하기 위해서는 위에서 언급한 네 가지 기능적 필수요건들(AGIL)이 기본적으로 필요하다. 이를 제대로 작동시키고 충족시키기 위해 사회는 적정한 사회구성원과 역할분담, 규범공유, 목표달성을 위한 수단과 규제방법, 사회화의 방법과 효과적인 통제방법, 리더십 등을 갖추고 있어야 한다.

파슨스는 사회란 기본적으로 균형을 찾고자 하는 역동적 체계이기 때문에 사회에서 발생하는 어떤 혼란이 다소 있더라도 이를 다시 균형 상태로 되돌리는 자기규제장치(self regulating system)를 가지고 있다고 본다. 사회는 이러한 기능으로 인하여 안정을 유지하며 통합된 상태로 존속한다는 것이다.

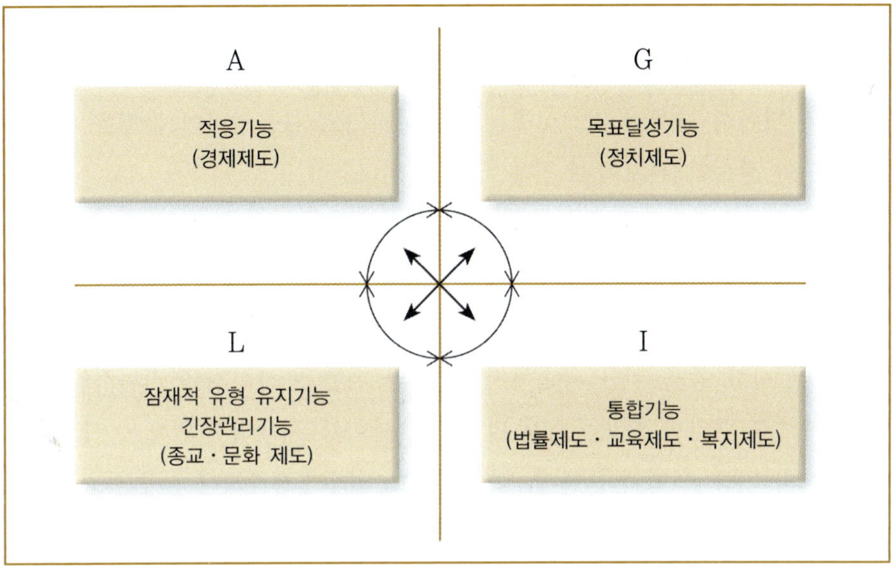


|그림 6-1| 기능주의의 AGIL 모형

### 3) 기능주의와 사회복지실천

기능주의 이론에 따르면, 개인의 일탈이나 어려움은 사회적 문제를 야기하고, 이는 사회의 안정과 균형을 유지하지 못하도록 만든다고 본다. 사회복지실천의 주요한 관점인 생태체계이론은 기능주의의 기본 전제와 맥락을 같이 한다. 생태체계적 관점에 의하면, 인간과 그를 둘러싼 환경은 끊임없이 상호작용하기 때문에 사회복지실천에서는 인간과 환경에 이중적 초점을 두어야 한다고 본다. 기능주의 이론에서는 개인의 부적절한 사회화와 사회규범의 위반이나 소득의 불평등한 분배의 문제를 병리적 현상으로 본다. 따라서 이에 대한 예방이나 치유를 위한 사회적 대처가 필요하다는 것이다.

생태체계적 관점에서도 신체적 · 정신적 · 사회적인 문제로 부적응하는 개인들을 위해 사회적 기능을 향상하고 역할을 부여하거나 치유하여 환경에 적응하는 인간으로 생활하는 것에 초점을 맞추고 있다. 예를 들면, 학교생활에 부적응하여 결석을 하는 학생이 있다면 개인의 문제를 해결하거나 아니면 학교라는 환경에서 나타난 문제를 조정하여 학교 등교라는 적응의 형태로 다시 되돌리는 것이다. 이는 학교라는 사회는 정상적으로 유지되고 움직이는 것으로 보는 것이며 학생의 결석이라는 비정상적이고 불균형적인 문제를 바로잡아 학교의 존속과 유지에 초점을 두는 것이다.

기능주의 관점에서 보면, 사회복지실천은 사회병리적 문제를 예방하거나 치유하는 사회통합기능의 역할을 하는 장치라고 할 수 있다. 사회복지실천의 대상인 빈곤한 사람, 신체적 혹은 정신적 어려움을 가진 사람, 학대나 폭력에 희생당한 사람 등을 위한 사회복지서비스나 지원은 사회의 역기능적인 상황을 극복하고 심각한 사회문제가 발생하여 사회가 해체되지 않도록 사회통합적 차원의 기능 수행이라 본다. 마찬가지로 사회보장제도나 국민기초생활보장제도 등의 경우에도 인간다운 삶을 보장하여 사회통합적 차원의 사회적 기능을 수행한다는 것이다.

사회복지실천은 기존의 사회를 정상적이고 기능적인 것으로 가정하여 사회의 통합과 안정 그리고 균형을 추구하는 데 기여하였다. 기능주의 이론에서는 사회 자체를 하나의 실체로 인정하여 사회구성원들을 사회 속에 예속시키는 것이다. 따라서 이 이론에 근거하여 통치자가 자신의 의지에 의해서 일률적으로 사회를 운영해 가는 전체주의 사회를 만들거나 지나치게 안정을 강조하면서 독재체제를 유지하는 데 이용할 가능성도 있다. 안정된 선진국의 경우에는 사회구성원 각자가 스스로 자기의 본분을 다하면서 사회의 안정과 발전에 기여하여 통합과 균형을 제공하도록 하는 이론이기도 하다.

하지만 기능주의 이론은 1970년대 후반부터 한계가 명백하게 드러나고 있으며, 그 이유는 다음과 같다(김미숙 외, 2018; 최영돈 외, 2016). 첫째, 많은 기능주의자가 계급, 인종, 젠더에 기반을 둔 불평등이나 사회적 분열을 최소화해서 생각하고, 안정과 사회적 질서에만 주목했다. 둘째, 기능주의는 사회구성원인 인간의 역동적이고 창조적인 모습에 대해 별로 강조하지 않는다. 셋째, 기능주의는 사회의 속성이 아닌 것을 사회의 속성이라고 간주한다. 예컨대 인간에게 의미 있는 '필요'와 '목적'을 사회도 가지고 있는 것처럼 본다는 것이다. 넷째, 현실세계보다는 추상적인 사회체계를 다루고 있다. 다섯째, 현대 사회의 지속적인 변동과 갈등, 즉 환경운동이나 평화운동과 같은 신사회운동을 제대로 설명할 수 없다.

사회복지실천현장의 사회복지사는 자신의 다양한 활동들의 어떠한 측면이 기능주의 이론에 근거하여 이루어지는지를 살펴볼 필요가 있다. 왜냐하면 지나치게 기능주의적 관점에서 사회복지실천을 한다면 개인의 어려움을 병리현상으로만 보고 제거하거나 치유하는 쪽으로 치우치게 된다. 그렇게 된다면 보다 근본적인 외부 환경의 변화를 간과하거나 사회에 잘 기능하는 존재로 만들기 위해 개인을 더욱 힘들게 할 수도 있다. 또한 이러한 관점은 사회적 기능이나 역할을 충실하게 수행하지 못하는 사람들에 대한 편견이나 선입관을 가지도록 만들기도 한다.

## 2. 갈등이론

### 1) 기본 개요

갈등이론(conflict theory)은 기능주의 이론과 대립되는 사회를 보는 또 하나의 이론이다. 갈등이론도 기능주의 이론과 마찬가지로 사회 구조의 중요성을 강조하고, 더 나아가 사회가 어떻게 움직이는지를 설명하려고 한다. 하지만 기능주의와 달리 갈등이론에 따르면 사회는 대립과 갈등의 속성을 가지고 있는 인간의 집단이라고 간주한다. 즉, 사회는 이해관계를 달리하는 여러 부분들이 모여서 대립과 갈등이 연속적으로 이어지는 집단이라는 것이다.

갈등이론은 가장 큰 영향을 미친 마르크스주의(Marxism), 갈등의 다양성과 갈등의 사회적 기능을 강조한 짐멜(G. Simmel), 변증법적 갈등이론의 다렌도르프(R. Dahrendort), 갈등기능주의를 주장한 코저(L. Coser) 등에 이르기까지 다양한 이론체계로 구성된다. 대부분 갈등이론은 마르크스와 짐멜의 갈등 연구에 기반하고 있다.

갈등이론가들은 기능주의론자들이 강조하는 사회 내의 합의보다는 분열의 중요성을 더욱 부각시킨다. 이를 통해 사회의 권력 불평등과 그에 따른 투쟁의 문제를 집중적으로 다룬다. 사회는 각자의 이익을 추구하는 서로 다른 집단으로 구성되어 있다고 본다. 따라서 인간이 살고 있는 사회는 당연히 불평등과 갈등, 대립이 항상 있을 수밖에 없다는 것이다. 즉, 특정한 어떤 집단이 다른 집단보다 더 많은 이익을 볼 것이며, 이에 따른 집단 간 갈등이 상존한다는 것이다.

갈등이론에 따르면, 사회란 질서와 안정, 합의보다는 무질서와 변화, 갈등과 투쟁이 일어나는 곳이라고 본다. 현실 사회가 항상 갈등과 대립이 발생하는 이유를 살펴보면, 사회는 역사가 창조된 이래로 희소한 권력과 자원이 존재하기 때문에 각 개인들은 더 많은 자원과 권력을 차지하기 위해 투쟁할 수밖에 없었다는 것이다. 사회구성원들은 자신의 욕구 충족을 위해 희소한 자원을 얻기 위해 노력할 수밖에 없으며, 이러한 상황은 갈등과 대립으로 나타나는 것이다. 따라서 갈등이론에 의하면, 사회의 갈등은 사회의 정상적인 과정 혹은 사회의 본질로 간주한다.

갈등이론가들은 사회 자체를 중요시하는 기능주의론자와 달리 사회구성원인 개인을 우선하는 자유주의 사회체제의 이론적 기반을 제공했다. 이러한 사회체제에서는 다양한 갈등을 수용함과 동시에 수용된 갈등을 해소할 수 있는 다양한 사회적 장치를 강구하여 사회발전을 도모한다(김병무 · 최병영, 2014). 갈등이론을 수용하는 사회체제에서는 사회의 다양한 부분의 갈등을 확인하고 제도적으로나 개인적으로 해결할 수 있도록 여러 가지 방법들을 제공한다. 그리고 이미 표출된 사회문제나 사회적 불평등을 해소하기 위한 방안들을 마련하여 사회적 갈등이 사회발전의 계기가 될 수 있도록 한다.

## 2) 주요 개념

### (1) 마르크스의 갈등이론

마르크스는 인간의 의식이나 정신의 실재를 부정하고, 우주 만물의 궁극적 실재는 물질이라는 유물론적 입장에서 사회를 본다. 마르크스는 산업혁명 이후에 생산수단을 소유한 자본가계급과 생산수단을 소유하지 못한 임금노동자들이 경제적 잉여가치를 둘러싸고 계급 간에 지속적으로 대립, 투쟁 그리고 갈등하고 있다고 하였다. 마르크스는 산업혁명의 결과로 등장한 자본주의제도가 엄청난 물질적 발전을 가져왔음에도 불구하고 왜 노동자, 즉 인간들의 삶이 더욱 피폐해졌는지에 관심을 가졌다(박형신, 2018).

마르크스는 사회를 갈등의 관점에서 바라보았으며, 자본주의 제도가 필요악적으로 낳은 계급들 간의 갈등이 사회를 양극화하고 인간들을 악하게 만들었다고 본다. 이를 해결하기 위해 마르크스는 공산주의 혁명으로 공동생산, 공동분배가 성취됨으로써 계급 없는 사회, 즉 인간이 인간답게 사는 사회를 만들 수 있다고 하였다.

마르크스와 이후 마르크스주의자들의 접근은 갈등이론에 큰 영향을 미친 것이 사실이나 모든 갈등이론이 마르크스주의 이론에 근거한 것은 아니다. 예를 들면, 페미니즘은 대부분의 사회에 존재하는 남성과 여성의 불평등, 즉 젠더 불평등을 강조하는 갈등이론이다. 하지만 몇몇 페미니즘 이론가들에게 젠더 불평등은 계급에 기반을 둔 불평등보다 더 중요하고 훨씬 더 이전부터 관심을 가진 주제이다.

### (2) 변증법적 갈등이론

변증법적 갈등이론은 다렌도르프의 주장에 근거하며, 사회는 갈등만이 존재하는 것이 아니라 합의와 갈등이라는 두 가지 측면이 동시에 있다는 것이다. 다렌도르프는 모든 사회는 갈등이 존재하는데, 그 이유는 권위를 가진 집단과 그렇지 못한 집단 간의 대립 때문이라고 본다. 즉, 사회는 희소한 자원,

권력, 욕구, 기회, 이익을 소유하고 지배하려는 집단 간의 경쟁, 투쟁, 그리고 갈등의 장소라는 것이다.

변증법적 갈등론에서 보면, 사회는 어떤 이슈를 놓고 갈등하고, 합의하여, 새롭게 자원을 배분하여 재조정하는 변증법적 정반합의 순환 과정을 겪는 곳이라고 간주한다. 현대 사회는 다양한 이익을 추구하는 집단들 간의 갈등을 제도적으로 표출하도록 하여 새롭게 합의된 법이나 정책을 통해 폭력을 예방하고 평화적으로 욕구나 이익을 추구하도록 보장한다는 것이다.

따라서 변증법적 갈등론을 주장한 다렌도르프에 의하면 사회가 아무리 발전하더라도 계급 간 갈등은 지속될 수밖에 없다고 본다. 마르크스와 다른 점은 무자비한 계급 투쟁이나 혁명적 갈등에 초점을 맞추는 것이 아니라 제도화되거나 규제된 개혁적 갈등이 바람직하다는 것이다. 그는 사회에서 갈등을 해결하고 합의를 이끌어 낼 수 있는 제도나 기관, 즉 의회, 법정, 노소 등을 통해 새롭게 조정하고 화합할 수 있다고 본다. 구체적으로 보면, 교육을 통해 하위계층에서 상위계층으로 이동 가능하도록 할 수 있으며, 조세법을 통해 계급 간 빈부격차를 완화시킬 수 있다고 주장한다.

### (3) 갈등기능주의

갈등기능주의는 갈등의 다양성에 대해 짐멜의 영향을 많이 받은 코저의 연구에 기인한다. 코저도 갈등은 어느 사회에서나 존재하는 자연스러운 현상이라고 보았지만 사회적 갈등의 기능성에 관심을 가졌다. 즉, 코저는 갈등이론과 기능주의 이론을 통합하는 데 초점을 둔 갈등기능주의자로 불린다.

갈등기능주의는 사회 집단 간에 희소자원을 소유하고 지배하려는 과정에서 발생하는 갈등이 오히려 이해관계가 다른 집단 간의 관계를 조정하고 상호적응하여 사회를 유지하고 발전시키는 데 기여한다는 것이다(이철우, 2015). 사회적 갈등은 집단 내부의 단결을 도모하거나 고립되어 있는 개인이나 집단들이 동맹을 형성하도록 하며, 사회 내의 의사소통을 원활하게 만들기도 한다.

갈등기능주의에 따르면, 갈등이 반드시 사회를 해체하거나 분열을 일으키는 것이 아니라 사회를 유지, 통합하고 발전시키는 데 기여하는 요인이라는 것이다.

### 3) 갈등이론과 사회복지실천

마르크스의 입장에서 보면, 사회복지정책이나 실천을 통해 빈곤이나 사회적 불평등과 같은 자본주의로 인해 발생한 사회문제들을 완전하게 해결할 수 없다는 것이다. 마르크스는 점진적이고 부분적인 개혁이 아니라 사회주의 혁명을 통한 자본주의체제의 전복을 통한 공산주의사회가 빈곤과 사회 불평등을 해결할 수 있다고 본다(조영훈, 2017). 또한 사회복지는 국가가 자본주의제도의 모순과 불만을 최소화하기 위한 일종의 술책이라고 지적한다.

마르크스의 기본 전제가 현실 사회에 그대로 적용되지는 않지만 갈등이론은 사회복지실천현장의 사회복지사로 하여금 사회 전체 구조의 모순을 확인하는 하나의 틀을 제시해 준다. 갈등이론에서 사회문제란 권력을 가진 사람들이 그것을 해결하는 것을 진정으로 원하지 않거나 구조적인 수준의 왜곡 때문에 발생하는 것으로 본다. 갈등이론은 사회복지사가 실천현장에서 자본주의의 착취관계를 유지하려는 어떤 행태들이 실제로 존재하는지, 또는 개인의 빈곤이나 고통이 사회의 구조적인 잘못 때문에 발생하는지를 고찰하는 데 필요한 이론적 근거를 제공한다.

많은 사회복지실천의 방법은 개인의 불행이나 빈곤을 해결하기 위해 개인적 특성의 변화를 시도한다. 그중에 가장 대표적인 방법이 면담 혹은 상담을 통해 개인의 인지와 정서, 그리고 행동의 변화로 당사자가 가진 고통과 어려움에서 벗어나도록 하는 것이다. 물론 이는 문제해결의 시작이기도 하고 어떤 경우에는 직접적으로 문제로부터 벗어나는 방법이 될 수도 있다. 그러나 사회의 제도나 법률, 그리고 문화에 바탕을 둔 구조적 불행이라면 개인 면담의 효과는 미미할 수밖에 없다.

예를 들면, 사회복지사가 정신장애인과 정신병원 입원의 고통을 완화하려는 면담을 지속하더라도 입원중심의 법률과 서비스들, 그리고 이러한 정책으로부터 이익을 얻는 힘 있는 집단의 입원 제일주의의 여론 형성을 극복하기가 어렵다. 즉, 정신장애인이 퇴원하여 자신이 살던 동네에 살아야 해결되는 심리적·사회적 고통은 개인 면담이 능사가 아니라는 것이다. 이때 사회복지사는 정신장애인과 관련된 사회집단 내의 이익이나 권력을 가진 사람들이 원하는 바가 무엇인지도 함께 살펴보아야 한다.

사회복지사는 역사적으로 갈등의 완화나 제거를 목표로 하는 활동을 많이 해 오고 있다. 하지만 갈등이론은 사회를 갈등의 투쟁 장소로 보고 이것이 오히려 사회를 발전시킨다고 본다. 사회복지실천현장에서 사회복지사는 이해집단 간의 대립과 갈등을 단순히 없애려고만 하는 것이 아니라 조정하고 합의하는 과정에 참여할 필요가 있다. 이때 사회복지사는 갈등을 발생시킨 사회구조와 제도를 확인하고 이를 조정하거나 재구조화하는 일에도 관심을 가져야 한다.

갈등이론은 사회 전체 구조를 지나치게 양분하고 경험적 기초가 결여된 이론이라는 비판을 받고 있다. 예를 들면, 사회를 가진 자와 못 가진 자들 간의 대립과 갈등이 일어나는 장소라고 보는 것이다. 또는 빈곤이 해결되지 않는 것은 힘 있는 집단이 자신들의 이익을 실현하고 유지하기 위해 힘없는 빈곤집단을 그대로 두는 것이 유리하기 때문이라고 보는 것 등이다. 또한 갈등이론은 기능주의 이론과 명확하게 구분되지 않는다고 보기도 한다. 왜냐하면 어찌되었건 사회의 갈등 이전의 균형, 그리고 갈등 이후의 균형을 추구하는 이론이라는 것이다. 이러한 비판과 함께 갈등이론의 한쪽 끝에는 사회복지가 자본주의 제도를 영속시키는 부정적 역할에 치중하고 있다고 보기도 하지만 다른 한쪽 끝에서는 적극적인 사회복지를 통해 갈등 상황을 해결하여 사회의 통합과 균형에 이바지한다고 본다.

## 3. 상징적 상호작용이론

### 1) 기본 개요

상징적 상호작용이론(symbolic interactionism)은 사회구성원들의 상호작용을 통해서 부여하는 사회적 의미를 중심으로 사회현상들을 설명하는 이론이다. 상징적 상호작용이론에 따르면, 사회는 다양한 인간들이 모여서 형성된 집단이므로 그 구성원들 각각의 의지에 따라 다양하게 규정될 수 있다고 본다. 상징적 상호작용이론은 사회의 어떤 현상이 발생할 때 원인보다는 그것이 사회에 미치는 영향을 더욱 중요하게 고려한다. 또한 동일한 사회현상도 시대와 장소 그리고 사회구성원들의 가치관에 따라 다르게 의미부여될 수 있다고 본다. 상징적 상호작용이론의 가장 대표적인 학자는 미드(G. H. Mead)와 블루머(H. Blumer)이다.

상징적 상호작용이론은 사회의 거시적 구조보다는 인간의 행위에 초점을 두고 사회질서가 어떻게 유지되는지를 설명하는 이론이다. 상징적 상호작용론자들은 사회의 구성원인 인간들의 상호작용 행위는 타인의 행동 뒤에 감추어져 있는 의도에 대한 반응이라고 본다. 이는 베버의 사회에 대한 인식, 즉 사회란 주관적으로 인식된 것으로 보아야 한다는 주장에 근거한다. 베버는 사회 내의 계급, 정당 그리고 지위 집단 등과 같은 존재를 인정하기는 하였지만, 이러한 사회구조는 개인의 사회적 행위들을 통해 만들어진다고 본다(Giddens & Sutton, 2017). 상징적 상호작용이론은 사회구성원들의 일상의 어떤 사회생활에서 보이는 행위의 본질을 이해하는 데 도움을 준다. 또한 사회 내의 인간 간 협동이 가능한 것도 상호작용의 결과라는 것이다.

상징적 상호작용이론은 사회 현실을 포커게임(poker game)에 비유할 수 있다(이철우, 2015). 포커게임에 참여하는 사람들은 게임의 규칙을 만들어서 서로 동의하여 게임을 진행한다. 여기에 참여하는 개인들은 언어나 문자와 같은 상징을 사용하여 게임의 규칙을 만들고 이에 동의함과 동시에 의사소통 과정을 통해 상호작용하는 것이다.

상징적 상호작용이론은 사회의 거대 구조에 초점을 맞추는 것이 아니라 개인과 개인, 개인과 집단 그리고 개인과 사회 간에 일어나는 일시적 상호작용에 관심을 둔다. 상징적 상호작용이론은 개인의 사고능력, 행위 그리고 상호작용을 중심으로 사회구성원인 각 개인들이 어떻게 행동하고, 사회에 어떻게 적응하는지에 초점을 맞춘다. 따라서 상징적 상호작용이론에 따르면, 이 사회는 고정되어 있는 것이 아니라 계속해서 변화하는 상호작용의 과정 속에 있다고 본다.

## 2) 주요 개념

### (1) 상징과 상호작용

상징적 상호작용이론의 핵심 개념은 상징(symbol)과 상호작용(interaction)이다. 상징이란 어떤 것을 그것이 아닌 다른 어떤 것을 통해 나타내는 것이다(김미숙 외, 2018). 상징은 주로 언어와 비언어적 행위들에 의해 이루어진다. 예를 들면, 개인이 어떤 사물들을 지칭하기 위해 사용하는 단어들은 그 개인이 의미하는 바를 재현하는 상징이다. 즉, '숟가락'이라는 단어는 밥이나 국을 떠먹는 도구를 묘사하기 위해 사용하는 상징이라는 것이다. 비언어적인 경우에도 어떤 상황에서 미소 짓거나 손을 흔드는 것 등은 모두 상징적 의미를 지닌다.

상호작용은 인간 간 공유된 의미와 이해를 바탕으로 이루어진다. 사회구성원인 인간은 상징으로 가득 찬 세계에서 살아가기 때문에 대부분의 사람들 사이의 상호작용은 상징의 교환이라고 보아야 한다. 상징적 상호작용이론은 인간 간 면대면 상호작용에 초점을 둔다. 또한 사회와 제도를 새롭게 만드는데 이러한 상호작용이 어떤 역할을 하는지에 대해서도 관심을 가진다.

상징적 상호작용론자인 블루머는 인간의 행동은 인간들 간의 상호작용 과정 속에서 이해해야 한다고 주장하였다. 사회현실이란 인간들 간의 상호주관적으로 형성되는 것이며, 그 과정에서 거기에 참여한 인간들에 의해 사회적 현실이 창조되고 재구성된다고 보았다. 따라서 사회현실은 끊임없이 생성되고 변화되기 때문에 인간의 행동도 그러한 맥락 속에서 이해되어야 한다. 인간은 상호작용의 과정에서 그 당시의 상황에 맞게 세상과 사물의 이치를 자의식으로 판단하여 그에 따른 행동을 한다는 것이다.

#### (2) 인간의 사고능력

상징적 상호작용론자들은 인간은 내면의 심리상태나 거시적 구조의 힘에 의해 행위가 제약되는 존재가 아니라고 보았다. 대신에 인간들 간의 상호작용에 의해 형성되는 사고능력이 행위의 중심이라고 본다. 즉, 인간은 상호작용하는 과정 속에서 언어와 문자 그리고 비언어적 몸짓과 같은 상징의 의미를 습득하여 사고할 수 있는 능력을 발달시킨다는 것이다. 인간은 이렇게 습득한 상징의 의미들을 바탕으로 상황에 적절하게 해석하고 그에 따른 행동을 하는 것이다. 이러한 사고능력으로 인하여 인간은 다른 사람과의 상호작용 속에서 사회 내에 공유하는 규범을 내면화하고 그것에 따른 의사소통을 할 수 있는 존재가 되는 것이다.

### 3) 상징적 상호작용이론과 사회복지실천

상징적 상호작용이론에서 개인과 개인, 개인과 집단, 개인과 사회 간의 상호작용의 강조는 사회복지실천에서도 그대로 적용된다. 사회복지실천은 사회복지사와 클라이언트, 사회복지사와 클라이언트 집단, 그리고 사회복지사와 조직 간의 상호작용을 통해서 문제를 해결하는 과정이다. 마찬가지로 이러한 상호작용 과정의 의사소통에서 사용되는 언어와 비언어들이 상대방, 즉 클라이언트에게 어떤 상징적 의미를 주는지를 끊임없이 성찰하면서 관계를 지속한다.

상징적 상호작용이론에서는 사회구성원들 간의 의사소통 과정에서 생겨난 상호 주관적 현실을 중요하게 고려해야 한다고 본다. 사회복지실천에서도 상호 관계의 중요성을 강조하며, 어떤 실재적 진리를 추구하는 것도 필요하지만 사회복지사와 클라이언트 집단 간 공유된 의미를 바탕으로 창조적으로 문제에 접근할 필요도 있다. 또한 클라이언트와 사회환경 간의 상호작용의 결과로 인해 나타나는 어떤 어려움을 확인해야 할 당위성도 이 이론에서 제공한다.

상징적 상호작용이론에 근거하여 사회복지실천의 대상이 되는 사회현상도 확인할 수 있다. 사회구성원들은 자신들이 공유하고 있는 의미와 가치들에 근거하여 어떤 상황이나 조건을 사회적 문제로 인식한다. 상징적 상호작용이론에서는 사회현실이 객관적으로 존재하는 것이 아니라 사회구성원 간의 개념 정의와 의미의 교환에 의해 만들어지는 것이라고 본다. 따라서 사회복지실천의 대상이 되는 사회문제는 시대적 흐름이나 사회구성원의 인식에 의해서 변하는 것이다. 예를 들면, 과거에는 경로효친 사상을 중심으로 노인의 삶의 질을 확보하였지만 현재는 이러한 효 가치관이 사회구성원들 간에 변화되어 사회의 제도나 서비스를 통해 달성해야 한다고 인식하는 것이다.

상징적 상호작용이론은 사회의 관습, 법, 도덕, 윤리 등에 근거하여 사회구성원 간에 상호작용이 잘 이루어지지 않게 되면 개인이나 사회가 고통에 빠진다고 본다. 어떤 경우에는 상호작용 과정에서 발생한 문제의 규정이 시대적 상황이나 사회구성원들 간에 차이가 발생할 수도 있다. 예를 들면, 동성애의 경우에는 시대적 상황에 의해 과거에는 정신적 질병으로 규정하였으나 현재는 하나의 삶의 방식으로 공식적으로 언급되고 있다. 하지만 아직까지 동성애는 어떤 사회구성원들 사이에서 여전히 일탈행위로 간주되고 있다. 이러한 상황이 발생한다면 사회복지사는 자신의 가치관과 사회적 가치들의 차이를 성찰하면서 사회복지실천을 해야 한다.

상징적 상호작용이론은 다음과 같은 비판을 받고 있다. 첫째, 인간의 무의식, 욕구, 감정, 동기 등과 같은 내면의 심리적 요인들을 무시하고 있다. 둘째, 사회적 구조에 의해 사회구성원인 인간들이 억압받고 희생당하는 점을 고려하지 않는다. 셋째, 사회적 현실을 너무 지나치게 즉각적인 상황 속에서 발생한다고 강조하는 점이다.

상징적 상호작용이론의 가장 큰 비판은 사회 내의 권력과 구조의 문제 그리고 그것이 어떻게 인간의 행동을 억압하고 규제하는지 등의 거시적 쟁점들을 간과하고 있다는 것이다. 그러나 혹실드(A. Hochschild)는 그의 저서인 『감정 노동

(The Managed Heart : Commercialization of Human Feeling, 1983)』을 통해 상징적 상호작용이론도 이러한 문제들을 설명할 수 있다고 하였다(Giddens & Sutton, 2017). 혹실드는 항공사 스튜어디스 훈련 과정을 참여관찰한 후 회사가 스튜어디스의 몸의 움직임뿐만 아니라 감정 표현에 대해서도 지시를 내리고 간섭한다는 사실을 발견하였다. 이는 서비스 노동자들이 보이는 미소가 자신의 일부가 아니라 외부, 즉 권력과 힘을 가진 회사나 조직 등에서 부과된 것이라는 설명이다.

사회복지실천현장의 사회복지사도 어떤 영역에서는 감정 노동을 하는 서비스 종사자라고 볼 수 있다. 사회복지사가 육체노동자가 자신의 팔을 기계의 일부로 느끼는 것처럼 클라이언트에 대한 미소가 자신과 동떨어져 있는 것 같은 느낌을 가질 수도 있다. 이에 대한 사례를 보면, 사회복지사는 당연히 천사 같은 미소와 어떠한 경우에도 다른 사람을 보살피는 심성을 겉으로 내보내야 한다는 사회적 압력과 사회복지기관의 묵시적 강압 속에서 일하는 경우이다.

## 4. 교환이론

### 1) 기본 개요

교환이론(exchange theory)은 상징적 상호작용이론의 연장선에서 논의되는 하나의 학설이라고 할 수 있다. 교환이론가들은 인간이 다른 사람과 하는 사회적 행동은 교환관계를 통해서만 설명될 수 있으며, 이를 통해 사회적 결속력을 높일 수 있다고 본다. 교환이론은 인간을 자유로운 경쟁적 시장에서 타인과의 거래나 교환 시 최소한의 비용으로 최대한의 물질적 효용이나 이익을 찾는 합리적 존재로 가정하는 공리주의 등의 영향을 받았다. 대표적인 학자는 호먼스(G. Homans)와 블라우(P. M. Blau) 등이다.

교환이론은 기본적으로 인간의 면대면 상호작용을 기초로 사회현상을 설명한다. 교환이론에서 인간의 사회적 행동이란 두 사람 이상의 사이에서 교환자원을 주고받는 반복적인 행위로 본다. 여기서 교환자원이나 금전과 같은 물질적 보상이나 칭찬이나 미소와 같은 비물질적 보상을 포함한다.

교환이론에서는 상대방에게 주는 교환자원을 비용(cost)이라고 하고, 상대편으로부터 받는 교환자원을 보상(benefit)이라고 한다. 사회구성원인 인간은 가능하면 비용에 비하여 보상이 크도록 행동하거나 최소한 비용과 보상이 동등하도록 노력한다. 마찬가지로 인간의 행동은 보상이 많은 일에 참여하고 비용이 드는 일은 하지 않으려는 경향성이 있다는 것이다.

### 2) 주요 개념

#### (1) 호먼스의 교환이론

교환이론의 가장 대표적인 학자인 호먼스(G. Homans)는 상징적 상호작용이론을 이어받아서 공리주의 경제학과 행동주의 심리학을 접목시켜 인간의 행동으로 일어나는 사회현상을 설명하려고 하였다. 호먼스는 인간은 기본적으로 이윤을 추구하는 존재로서 모든 인간관계 또는 사회적 행동은 두 사람 이상의 교환적인 활동의 과정에서 자신에게 이익이나 보상이 있을 때 지속된다고 본다.

인간은 비용보다는 더 많은 이익, 즉 보상을 얻기 위해 노력하는 존재라는 것이다. 호먼스는 행동주의 심리학에 근거하여 개인들은 과거에 보상을 받은 경험이 있는 행동에 대해서는 반복하고, 다시 그러한 보상을 받을 수 있다는 기대도 크다고 본다. 그는 인간관계에서 비용보다 이익이 많을수록 상호작용의 빈도가 높아진다고 본다. 반면에 보상보다 비용이 보다 많이 지불되는 인간관계가 지속된다면 상호작용은 점차로 줄어들게 된다는 것이다.

#### (2) 블라우의 교환구조주의

블라우(P. M. Blau)는 개인들 간의 관계보다는 사회구조에 더 많은 관심을 가지고 교환이론을 정교화하였기 때문에 교환구조주의자라고 불린다. 블라우도 인간은 타인과의 관계에서 보상과 비용의 균형이 적절하지 않으면 인간관계가 단절된다고 본다. 블라우는 집단의 형성 과정을 교환이론으로 설명하였는데,

현실 사회에서 개인 간 교환관계를 통해 소집단이 형성되고, 소집단 사이에서도 교환관계로 집단이 정교화되며, 이 과정에서 보다 큰 집단으로 발전한다고 본다. 즉, 블라우는 개인 간 단순한 상호 교환의 반복과 지속으로 더욱 복잡한 사회집단의 유형으로 발전한다고 설명한다. 현실적 사회는 사회구성원들 간에 비용과 보상을 반복적으로 주고받는 관계를 바탕으로 형성된다는 것이다.

블라우는 인간관계에서 보상을 돈, 사회적 승인, 존중이나 존경, 복종 등 네 가지로 분류하였다(이철우, 2015). 블라우는 네 가지의 보상 중에서 돈을 가치가 가장 낮은 것으로 보았으며, 그 다음이 사회적 승인, 존중이나 존경이고 가장 가치가 있는 보상이 복종이라고 하였다. 인간관계에서 복종을 이끌어 낸다면 권력을 가진 것이라고 본다. 이러한 복종은 사회적 매력(social attraction)을 적게 소유한 사람이 교환을 위해 사회적 매력을 많이 소유한 사람과 관계할 때 발생한다. 여기서 사회적 매력이란 물질적 혹은 비물질적인 모든 것을 포함한다. 사회적 매력을 많이 가지고 있는 사람이 타인과의 관계에서 일방적으로 받기만 하면서 상대방을 예속적 상태로 둘 때 권력이라는 개념이 발생한다.

### 3) 교환이론과 사회복지실천

교환이론의 관점에서 본다면, 클라이언트는 다른 사람과의 교환관계에서 자원의 부족으로 지불할 비용이 부족하여 충분한 보상을 받기 어려운 사람으로 볼 수 있다. 또한 클라이언트는 사회적 매력을 적게 소유하였기 때문에 보다 많이 소유한 사람과의 관계에서 자존심의 손상을 심각하게 입은 사람으로도 볼 수 있다. 이 경우에 사회복지사는 클라이언트가 비용을 지불할 수 있는 사회적 매력을 강화시키는 데 초점을 두고 사회복지실천을 할 수 있다.

교환이론에 따르면 사회복지사와 클라이언트도 교환관계로 설명할 수 있다. 하지만 사회복지사가 지불하는 비용을 통해 클라이언트로부터 보상을 직접적으로 받는 것은 아니다. 어떤 측면에서 보면 사회복지사가 클라이언트와의 교환관계를 통해 돈이나 권력을 부여받게 되는 경우에는 심각한 윤리적 위반을 저지르는 것이 된다. 이 경우에 사회복지사는 클라이언트로부터 나오는 진심 어린 존경의 보상을 받는 것이 가장 바람직하다. 사회복지사와 클라이언트는 권력적인 수직적 관계가 아니라 수평적 관계 속에서 사회복지실천이 진행되어야 한다.

사회보장제도도 교환이론으로 설명이 가능하다. 국민연금을 예로 들면, 한 사회구성원이 젊은 시절에 경제활동을 하면서 국가에 낸 기여금이 노년기에 연금의 형태로 돌아오는 것을 말한다. 또 다르게 적극적인 사회활동을 지속한 개인은 자신이 고통이나 어려운 상황에 직면할 때 국가나 사회로부터 이를 벗어날 수 있는 자원들을 받는 경우이다. 예를 들면, 개인이 낸 세금으로 각종 치안이나 깨끗한 환경을 제공받는 것 등을 말한다.

교환이론은 거시적·미시적 접근 방법을 동시에 적용한 이론으로 가치가 있다. 즉, 개인 간 상호작용의 교환관계를 바탕으로 사회구조의 형성과 변동에 대한 새로운 시각을 제공한다는 것이다. 하지만 교환이론은 다음과 같은 비판도 동시에 존재한다. 첫째, 인간을 지나치게 이윤 추구적 존재로만 보아서 보상이 비용보다 클 때에만 행동을 한다고 보는 것이다. 둘째, 사회적 현실에서 인간의 행동은 매우 복잡하고 미묘하며 매 순간 변하는 상황에 따라 다른데 단지 주고받는 교환의 관계로만 한정하는 것이다. 셋째, 사회구조 속에서 발생하는 권력을 지나치게 도식화하거나 정당하게 바라보는 것이다. 인간관계에서 최고로 가치 있는 보상을 복종이라고 간주하고 여기서 권력이 작동한다는 것이다. 또한 이 권력을 인간관계에서 당연하게 발생하는 어떤 형태라고 본다는 것이다.

교환이론은 사회복지실천의 과정에서 교환관계로 형성되는 거시적 사회구조나 미시적 상호작용을 확인하는 데 기여할 수 있다. 하지만 인간을 이윤이나 보상에 의해 움직이는 존재로 보는 기계론적 사고 경향에는 동의할 수 없으며 반드시 비용을 지불해야 보상을 받는다는 공식도 적절하지 않다. 국민기초생활보장제도와 같이 이전의 사회적 비용을 지불하지 않더라도 상황적 조건이 적절한 경우에 일종의 이윤을 받는 제도에 대해서는 제대로 설명할 수 없다.

## 요약

### 1. 기능주의 이론

1) 기능주의 이론에 의하면 사회란 그것의 각각 다른 부분들이 상호 밀접한 관계를 맺으면서 안정을 만들어내고 연대를 위해 움직이는 복잡한 체계로 본다.

2) 기능주의 이론에 의하면, 사회의 각 부분들은 제각기 고유한 기능을 소유하고 있으면서 상호보완적으로 기능을 수행하기 때문에 사회는 항상 안정을 유지하면서 통합을 추구하려고 한다.

3) 사회유기체설은 사회를 생물유기체에 비유하고 개인을 사회유기체의 부분기관으로 간주하는 견해이다. 사회유기체설에 의하면, 개인과 모든 사회의 조직이나 제도는 사회의 유지라는 목적을 달성하기 위해 기능하는 하나의 부분이다.

4) 사회진화란 환경의 변화에 대응하는 사람들이 끊임없이 새로운 제도와 인간본성을 형성하면서 사회가 보다 높은 단계로 올라가는 것을 말한다. 사회진화론에서 성공과 실패는 각 개인의 능력에 따른 차이라고 보며, 개인의 자유가 허락되는 생존경쟁의 결과물이라고 본다.

5) 기능주의에서는 사회의 체제 유지를 위한 네 가지 기능적 필수요건들(AGIL)이 충족되어야 한다고 본다. 그 네 가지는 적응기능, 목표달성기능, 통합기능, 잠재적 유형 유지기능과 긴장관리기능이며, 적응기능은 경제제도, 목표달성기능은 정치제도, 통합기능은 법률제도, 교육제도, 복지제도, 그리고 잠재적 유형 유지기능과 긴장관리기능은 종교제도와 문화를 통해 달성 가능하다는 것이다.

6) 기능주의 관점에서 보면, 사회복지실천은 사회병리적 문제를 예방하거나 치유하는 사회통합기능의 역할을 하는 장치라고 할 수 있다. 사회복지사는 기능주의 이론을 한계를 잘 살펴보고 자신의 다양한 활동들의 어떠한 측면이 기능주의 이론에 근거하여 이루어지는지를 확인할 필요가 있다.

## 2. 갈등이론

1) 갈등이론도 기능주의 이론과 마찬가지로 사회 구조의 중요성을 강조하고, 더 나아가 사회가 어떻게 움직이는지를 설명하려고 한다. 하지만 갈등이론에 따르면 사회는 이해관계를 달리하는 여러 부분들이 모여서 대립과 갈등이 연속적으로 이어지는 집단이라는 것이다.

2) 마르크스는 인간의 의식이나 정신의 실재를 부정하고, 우주 만물의 궁극적 실재는 물질이라는 유물론적 입장에서 사회를 본다. 마르크스는 사회를 갈등의 관점에서 바라보았으며, 자본주의제도가 필요악적으로 낳은 계급들 간의 갈등이 사회를 양극화하고 인간들을 악하게 만들었다고 본다. 이를 해결하기 위해 마르크스는 공산주의 혁명으로 공동생산, 공동분배가 성취됨으로써 계급 없는 사회, 즉 인간이 인간답게 사는 사회를 만들 수 있다는 것이다.

3) 변증법적 갈등이론은 다렌도르프의 주장에 근거하며, 사회는 갈등만이 존재하는 것이 아니라 합의와 갈등이라는 두 가지 측면이 동시에 있다는 것이다. 변증법적 갈등론에서 보면, 사회는 어떤 이슈를 놓고 갈등하고, 합의하여, 새롭게 자원을 배분하여 재조정하는 변증법적 정반합의 순환 과정을 겪는 곳이라고 간주한다.

4) 갈등기능주의는 사회 집단 간에 희소자원을 소유하고 지배하려는 과정에서 발생하는 갈등이 오히려 이해관계가 다른 집단 간의 관계를 조정하고 상호 적응하여 사회를 유지하고 발전시키는 데 기여한다는 것이다.

5) 마르크스의 입장에서 보면, 사회복지정책이나 실천을 통해 빈곤이나 사회적 불평등과 같은 자본주의로 인해 발생한 사회문제들을 완전하게 해결할 수 없다

는 것이다. 갈등이론의 한쪽 끝에는 사회복지가 자본주의 제도를 영속시키는 부정적 역할에 치중하고 있다고 보기도 하지만 다른 한쪽 끝에서는 적극적인 사회복지를 통해 갈등 상황을 해결하여 사회의 통합과 균형에 이바지한다고 본다.

## 3. 상징적 상호작용이론

1) 상징적 상호작용이론은 사회구성원들의 상호작용을 통해서 부여하는 사회적 의미를 중심으로 사회현상들을 설명하는 이론이다. 상징적 상호작용이론에 따르면, 사회는 다양한 인간들이 모여서 형성된 집단이므로 그 구성원들 각각의 의지에 따라 다양하게 규정될 수 있다고 본다. 또한 동일한 사회현상도 시대와 장소 그리고 사회구성원들의 가치관에 따라 다르게 의미부여될 수 있다고 본다.

2) 상징적 상호작용이론의 핵심 개념은 상징과 상호작용이다. 상징이란 어떤 것을 그것이 아닌 다른 어떤 것을 통해 나타내는 것이며, 주로 언어와 비언어적 행위들에 의해 이루어진다. 상호작용은 인간 간 공유된 의미와 이해를 바탕으로 이루어진다. 사회구성원인 인간은 상징으로 가득 찬 세계에서 살아가기 때문에 대부분의 사람들 사이의 상호작용은 상징의 교환이라고 보아야 한다.

3) 상징적 상호작용론자들은 인간은 내면의 심리상태나 거시적 구조의 힘에 의해 행위가 제약되는 존재가 아니라고 보았다. 대신에 인간들 간의 상호작용에 의해 형성되는 사고능력이 행위의 중심이라고 본다.

4) 상징적 상호작용이론에서는 사회구성원들 간의 의사소통 과정에서 생겨난 상호 주관적 현실을 중요하게 고려해야 한다고 본다. 사회복지실천에서도 상호관계의 중요성을 강조하며, 어떤 실재적 진리를 추구하는 것도 필요하지만 사회복지사와 클라이언트 집단 간 공유된 의미를 바탕으로 창조적으로 문제에 접근할 필요도 있다. 상징적 상호작용론의 가장 큰 비판은 사회 내의 권력과 구조의 문제 그리고 그것이 어떻게 인간의 행동을 억압하고 규제하는지 등의 거시적 쟁점들을 간과하고 있다는 것이다.

## 4. 교환이론

1) 교환이론은 기본적으로 인간의 면대면 상호작용을 기초로 사회현상을 설명하며, 인간의 사회적 행동이란 두 사람 이상의 사이에서 교환자원을 주고받는 반복적인 행위로 본다. 사회구성원인 인간은 가능하면 비용에 비하여 보상이 크도록 행동하거나 최소한 비용과 보상이 동등하도록 노력한다.

2) 교환이론의 가장 대표적인 학자인 호먼스는 상징적 상호작용이론을 이어받아서 공리주의 경제학과 행동주의 심리학을 접목시켜 인간의 행동으로 일어나는 사회현상을 설명하려고 하였다. 호먼스는 인간은 비용보다는 더 많은 이익, 즉 보상을 얻기 위해 노력하는 존재라는 것이다.

3) 교환구조주의자인 블라우는 인간은 타인과의 관계에서 보상과 비용의 균형이 적절하지 않으면 인간관계가 단절된다고 본다. 블라우는 개인 간 단순한 상호교환의 반복과 지속으로 더욱 복잡한 사회집단의 유형으로 발전한다고 설명한다. 블라우는 인간관계에서 보상을 돈, 사회적 승인, 존중이나 존경, 복종 등 네 가지로 분류하였는데, 가치가 가장 낮은 것은 돈이며, 가장 가치가 있는 보상은 복종이라고 하였다.

4) 교환이론에 따르면 사회복지사와 클라이언트도 교환관계로 설명할 수 있다. 하지만 사회복지사가 지불하는 비용을 통해 클라이언트로부터 보상을 직접적으로 받는 것은 아니다. 교환이론은 사회복지실천의 과정에서 교환관계로 형성되는 거시적 사회구조나 미시적 상호작용을 확인하는 데 기여할 수 있다. 하지만 인간을 이윤이나 보상에 의해 움직이는 기계론적 사고 경향에는 동의할 수 없으며 반드시 비용을 지불해야 보상을 받는다는 공식도 적절하지 않다.

# Chapter 7

# 사회적 불평등과 다양성의 이해

## 학습목표

1. 사회계층과 관련된 개념 이해 및 사회복지실천과의 관련성 탐색하기
2. 젠더와 관련된 개념 이해 및 사회복지실천과의 관련성 탐색하기
3. 문화와 관련된 개념 이해 및 사회복지실천과의 관련성 탐색하기

이 장은 사회적 불평등과 다양성을 이해하는 부분이다. 사회적 불평등 및 다양성과 관련된 개념에는 여러 가지가 있지만 여기서는 역사적으로나 현재까지도 사회복지실천의 주요한 관심인 사회계층, 젠더, 문화를 중심으로 살펴보고자 한다.

사회계층은 사회적 불평등에 의해 형성된 사회적 현상이다. 사회계층이론에 의하면 사회구성원 모두가 동일해지지 않는 한 필연적으로 사회적 불평등이 존재할 수밖에 없으며, 이러한 불평등은 사회구성원들을 유사한 부류로 무리 짓게 만드는 사회계층을 형성하도록 한다는 것이다. 사회의 중요한 과제는 계층이동의 자유로움이라고 본다.

현대 사회에서 젠더와 관련된 논쟁은 매우 빠른 변화의 흐름 속에서 진행되고 있다. 하지만 실제로는 오늘날에도 남성의 지배와 여성에 대한 착취는 세계 여러 곳에서 일어나고 있다. 여기서는 젠더에 관한 다양한 논쟁보다는 젠더 불평등에 초점을 둘 것이다.

문화는 인간이 자연환경이나 사회환경에 적응하거나 극복하기 위해 스스로 만들어낸 생존수단이자 생활양식이라고 할 수 있다. 여기서는 문화의 기본 개념과 다양성을 중심으로 살펴보고, 다문화사회의 이슈에서 발생하는 불평등의 문제에 초점을 둘 것이다.

# 1. 사회계층

## 1) 사회계층의 개념과 형성

### (1) 사회계층의 개념

사회계층(social stratification)은 사회적 불평등에 의해 형성된 사회적 현상이다. 사회적 불평등은 인간의 무한한 욕구를 충족시킬 수 있는 자원이 어느 시대를 막론하고 한정되어 있기 때문에 발생한다. 사회의 불평등은 사회구성원 모두가 동일해지지 않는 한 필연적으로 존재할 수밖에 없다고 본다. 이러한 불평등은 사회구성원들을 유사한 부류로 무리 짓게 만들어 사회계층을 형성하게 된다.

역사가 창조된 이래로 재산과 권력의 불평등한 분배는 어떤 사회에서나 존재하였다. 이러한 불평등의 결과로 발생한 사회구조의 형태를 사회계층이라고 한다. 하지만 사회계층은 그 의미가 포괄적이기 때문에 단일하게 개념적 정의를 내리기가 어렵다.

우선 광의의 개념을 살펴보면, 사회계층이란 사회구성원들의 전반적인 생활수준을 근거로 하여 구분하는 위계적 체계를 말한다. 가장 일반적인 광의적 분류는 상류층, 중류층 그리고 하류층으로 구분하는 것이다. 이러한 사회구성원들 간의 불평등으로 인한 위계적 분류는 대개 외적인 생활상태를 기준으로 구분하기 때문에 같은 계층에 속한 구성원이더라도 사고방식이나 가치관 등이 다를 수 있다.

다음으로 협의의 개념을 살펴보면, 사회계층이란 사회구성원 중에서 유사하거나 동일한 사회적 가치를 추구하는 개인들로 형성된 사회집단을 말한다. 즉, 좁은 의미의 사회계층이란 사회적 평가가 유사한 사람들의 범주를 의미하는 것이며, 예를 들면, 부유층, 노동자층, 권력층, 학자층 등을 들 수 있다.

### (2) 사회계층의 형성

#### ① 사회적 불평등과 사회계층

사회계층은 왜 형성되는가? 한마디로 정답을 말하기는 어렵지만 일반적으로 사회적 불평등 때문이라고 본다. 사회적 불평등(social inequality)이란 사회구성원들이 원하는 희소가치가 차별적으로 배분되어 있는 상태를 말한다. 일단 형성된 사회적 불평등은 사회적 현상이나 자원에 대한 차별적인 사회적 평가가 반복되어 결국 사회구성원의 계층화가 고착되게 만들 수 있다.

사회적 불평등이 지속된다면 사회구성원의 계층화와 더불어 개인들 간에 차별도 심화시킨다. 즉, 사회적 불평등은 구성원들 간의 차별이라는 사회 현상을 구조화시키고, 이렇게 구분된 집단 간에 계층을 형성하게 되면서 또 다른 사회적 불평등이 반복되는 악순환의 고리로 작용한다는 것이다.

그렇다면 사회적 불평등이 사라지게 된다면 사회계층화도 존재하지 않을 것인가. 현재까지의 경험으로는 사회적 불평등을 완화할 수는 있지만 개개인이 모든 영역에서 평등한 사회를 만들 수는 없다고 본다. 어찌되었건 사회적 불평등과 사회계층은 서로 상승 작용을 하는 것이다. 예를 들면, 경제적인 불평등은 빈곤층을 형성하게 만들고 이러한 불평등이 고착된다면 계층의 이동을 어렵게 하여 다음 세대로까지 빈곤을 대물림하게 된다는 것이다.

#### ② 마르크스의 계층현상의 원인

마르크스(Karl Marx)는 계급이론으로 계층의 형성과 발달을 설명했다. 마르크스에 따르면, 사회계층의 형성은 경제적 조건인 생산수단의 소유에 따라 구성된다고 보았다. 즉, 생산수단의 소유에 기준을 두어 계급을 분류했는데, 생산수단을 소유한 층을 유산계급(부르주아 계급)으로, 생산수단을 소유하지 못한 층을 무산계급(프롤레타리아 계급)으로 구분하였다.

마르크스의 계급이론에 의하면, 객관적인 조건인 생산수단의 소유에 따라 유산계급과 무산계급으로 분류되기 때문에 두 계급 간에는 현실적인 이해관계의 대립이 발생할 수밖에 없다는 것이다. 이로 인해서 두 계급 상호 간에는 계급의식이 형성된다고 본다. 유산계급은 기득권의 보호를 강조하는 자기 보호적 계급이 형성되고, 무산계급은 자기 보호적 계급에 대항하는 자기 확산적 계급으로 나아간다는 것이다(박형신, 2018).

마르크스는 가장 중요한 계층형성의 원인을 재산관계에서 찾았다. 즉, 계급을 결정하는 기본적 요인은 경제적인 측면이라고 본 것이다. 유산계급과 무산계급의 생활양식이나 의식구조 등의 사회적 특성은 오직 경제적 요인에 의해서 규정된다고 본다. 따라서 마르크스의 계급이론은 경제결정론이라고 불리기도 한다.

### ③ 베버의 계층현상의 원인

베버(Max Weber)는 사회계층의 형성을 단순히 경제적 요인에 의한 사회적 현상으로만 간주하지 않고 여러 가지 복합적 요인에 의해 이루어진다고 보았다. 베버는 최소한 다음의 세 가지 측면을 계층형성의 요인으로 본다(김병무 · 최병영, 2014; 조민식 외, 2014).

첫째, 마르크스가 주장한 경제적 측면의 요인인 계급(class)이다. 이는 소득이나 재산의 소유에 의해서 결정되는 계층 결정의 요인을 말한다.

둘째, 사회적 측면의 요인인 지위(status)이다. 지위는 명예, 위신, 존경 등 다른 사회구성원들로부터 받는 사회적 평가이다. 사회적 지위가 같은 개인들은 유사한 생활양식이나 가치관을 가지고 다른 지위의 사람들보다 더욱 친밀한 상호작용을 통해 소속의식을 가진다.

셋째, 정치적 측면의 요인인 권력(power)이다. 권력이란 외부의 저항에도 불구하고 자기의 의사를 실현할 수 있는 힘을 말한다. 일반적으로 권력에는 사회구성원들이 부여하는 권위가 내포되어 있기 때문에 더욱 강력한 힘을 가지게 된다. 이 권력을 중심으로 동일한 의지를 가진 사람들이 모이게 되면 하나의 권력집단을 형성하게 되는 것이다.

베버가 지적한 세 가지 계층형성의 요인들은 상호 밀접한 관련성을 가지지만 하나의 형성 요인을 가졌다고 반드시 나머지 두 가지의 요인이 뒤따르는 것은 아니다. 예를 들면, 사회적 명예는 높지만 소득이나 재산은 많지 않을 수 있으며, 경제적인 부는 소유하였지만 사회적 명예나 존경은 받지 못할 수 있는데 이는 졸부의 경우에 해당한다. 계층형성의 세 가지 요인은 시대에 따라 그 중요도에 대한 평가가 달라지기 때문에 계층형성의 범위도 시대에 따라서 달라진다.

## 2) 사회계층의 구조와 두 가지 입장

### (1) 사회계층의 구조

사회구성원들은 사회적 평가기준에 의해서 각자의 사회적 지위를 얻고 그에 따른 사회적 역할을 수행한다. 이를 근거로 해서 사회 내의 계층적인 범주가 형성된 이후에 사회계층이 생기게 된다. 사회계층은 사회 내의 배열 상태에 따라서 구조가 다르게 나타난다.

일반적으로 사회계층의 구조는 이론적으로 존재하는 완전계층형과 완전평등형이 있으며, 실제로는 부분계층형과 부분평등형의 형태로 존재한다. 완전계층형은 사회구성원들 간 계층의 배열이 상하로 일직선상에 배열된 형태이고, 완전평등형은 수평선상에서 똑같은 위치에 모든 사회구성원들이 분포하는 완전 평등한 형태이므로 둘 다 현실 사회에서는 존재할 수 없다.

부분계층형은 계층의 배열이 피라미드형이고, 이 구조는 소수의 상층과 다수의 하층으로 구성되어 있다. 보통 전통사회의 전형적인 형태이고 현재에도 후진성을 띤 사회에서 나타나고 있는 구조이다. 부분평등형은 다이아몬드형 계층이고, 중산층의 세력이 강해서 상대적으로 안정적인 사회를 유지하는 형태이다. 이 구조는 중산층이 기득권을 가지고 있어서 안정적인 반면에 사회변화가 잘 진행되지 않아 전반적으로 침체되는 사회 분위기를 형성할 수 있다.

사회계층의 구조는 사회의 변천에 따라 계속해서 변화되어 왔다. 전통사회에서는 피라미드형 계층 구조이었으나 산업사회에서는 다이아몬드형 계층구조로 변화되었다. 현대 사회에서는 실존할 수 없는 완전평등형 대신에 타원형 계층 구조를 지향하고 있다. 이 구조는 최상류층과 최하류층이 거의 존재하지 않는 형태라고 할 수 있으며, 인류가 추구하는 실제적 이상형의 구조라고 할 수 있다.

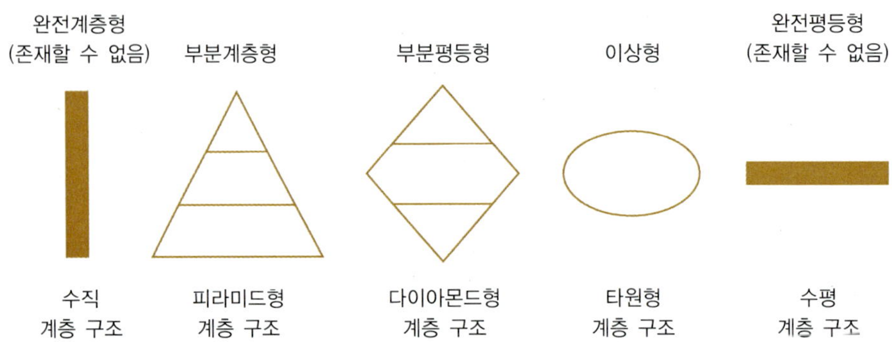


|그림 7-1| **사회계층의 구조**

### (2) 사회계층의 두 가지 입장

#### ① 기능주의적 입장

사회계층에 대한 기능주의적 입장은 기본적으로 사회계층을 인정하는 것이다. 사회가 기능적으로 순조롭게 작동하기 위해서는 차별적 사회계층이라는 제도가 필요하다는 것이다. 기능주의 이론을 기반으로 하는 사회계층에 대한 이러한 시각의 대표적인 학자는 데이비스(K. Davis)와 무어(W. E. Moore)이다. 기능주의적 시각에서 사회계층을 인정하는 이유는 다음과 같다(김병무 · 최병영, 2014).

첫째, 사회적 계층과 관련된 특정한 사회적 지위는 특수한 기능과 역량을 가지고 있기 때문에 전체 사회를 유지하는 데 중요한 역할을 수행한다는 것이다.

둘째, 사회구성원 중에서 중요한 위치에서 역할을 수행할 수 있는 사람들은 제한되어 있다. 그래서 사회구성원들은 각자 자신이 속해 있는 계층에서 자신의 고유한 기능을 수행해야 사회가 발전하게 된다는 것이다.

셋째, 계층에 따른 희소가치나 높은 사회적 평가는 그 계층에 소속된 구성원들에게 일에 대한 애착과 보람을 느끼게 만들어 사회발전에 유익하다는 것이다.

넷째, 모든 사회조직은 일의 성격과 기능이 다르기 때문에 차등적인 보수체계가 필요하게 된다. 이러한 계층체계를 바탕으로 합리적이고 차등적인 보수체계를 수립하여 사회구성원들에게 합리적인 평등을 부여할 수 있다는 것이다.

### ② 갈등론적 입장

사회계층과 관련된 기능주의적 시각은 많은 논쟁과 비판을 불러왔다. 튜민(M. M. Tumin)은 기능주의적 계층이론을 비판하면서 갈등론적 계층이론을 정립하였다. 갈등론적 계층이론에서는 기본적으로 사회계층을 인정하지 않는다. 왜냐하면 모든 인간은 태어나면서부터 천부의 인권을 소유하고 태어났기 때문에 사회적 불평등으로 차별받거나 계층화되지 않아야 한다고 보기 때문이다. 갈등론적 입장에서 기능주의의 시각을 비판하는 이유는 다음과 같다(조민식 외, 2014).

첫째, 사회구성원들이 수행하는 기능의 중요성에 대한 우열을 단정하기가 어렵다는 것이다. 예를 들면, 생산현장에서 기계를 수리하는 사람과 사무실에서 행정 업무를 보는 사람 간의 기능적 차이에 대한 우열을 가릴 수 없다는 의미이다. 그 연장선에서 그에 따른 차등 보수체계도 합리적이지 않다는 것이다. 갈등론적 입장에서 사회의 각 부분들 간 기능의 차등적 평가는 특정 계층의 자기중심적 판단일 뿐이라고 본다.

둘째, 사회계층과 거기에 속한 사회구성원의 재능의 분포가 조화롭게 일치된다는 가정에 문제를 제기한다. 어떤 경우에 개인의 능력의 차이는 평생 동안 고정되어 있을 수 없다는 것이다.

셋째, 불평등한 인센티브가 동기 유발의 차이를 가져와서 사회발전에 기여한다는 가정도 이론적으로나 경험적으로 적절하지 않다는 것이다. 불평등한 사회적 보상이 없어도 얼마든지 사회적으로 필요한 역할들을 수행할 수 있다는 것이다.

넷째, 기능주의적 시각에서 인간은 변화에 적극적이지 않은 존재로 보지만 인간에게는 변화를 추구하는 진보적인 측면도 동시에 있다는 사실이다. 그러므로 인간에게 사회적 삶에서 계층을 고정화하는 것은 인간 본성을 무시하는 것이 되는 것이다.

다섯째, 사회계층을 지지한다면 사회적 자원이 불평등하게 배분되어 사회 구성원들의 사기를 저하시키거나 계층 간의 불신과 불만이 가중되어 오히려 사회의 안정과 통합을 이룰 수 없게 된다는 것이다.

### 3) 사회이동

#### (1) 사회이동의 의미

사회이동(social mobility)이란 개인 또는 집단적 수준에서 사회계층이 이동하는 것을 말한다. 과거 폐쇄사회에서는 사회적 신분을 규정하는 지위의 변화가 어려워서 계층의 이동이 쉽지 않았지만 현대 사회로 들어오면서부터는 개방사회로 변하면서 사회이동이 보다 수월해졌다.

우리 사회에서 구성원들의 사회이동은 정도의 차이가 있지만 계속적으로 이루어지고 있다. 하지만 그 속도와 양상은 시대, 관습, 제도 등에 따라서 차이가 나타난다. 과거 전통 사회보다 현대 사회에서는 지위변화의 속도가 빠르고 변화의 폭도 커서 사회적 지위가 사회변동에 미치는 영향도 커지고 있다. 즉, 급격한 사회이동으로 인한 사회의 혁신적 변화가 동반된다는 의미이다. 예를 들면, 노동자 계층의 빠른 지위 상승으로 인하여 보수적인 사회를 혁신적이고 진보적인 사회로 변화시키는 것을 말한다.

#### (2) 사회이동의 유형

사회이동은 크게 수직적 이동과 수평적 이동의 유형으로 구분할 수 있다. 수직적 이동(vertical mobility)은 낮은 계층으로부터 높은 계층으로 올라가는 상승이동과 높은 계층으로부터 낮은 계층으로 떨어지는 하강이동으로 구분할 수 있다. 수직이동은 보통 상승이동을 의미하며, 중류층에서 상류층으로 이동하는 것을 예로 들 수 있다. 일반적으로 수직적 이동을 사회이동이라고 일컫는다.

수평적 이동(horizontal mobility)은 사회적 지위가 같은 수준에서 자리바꿈하는 사회적 이동을 말한다. 이는 사회 내에서 계층적 지위 변화는 없고 동일하게 평가되는 지위 간에 자리만 바꾸는 사회이동을 의미한다. 예를 들면, 중류층 내에서 사회적 지위가 비슷한 다른 사회조직으로 이동하는 것이다.

### (3) 사회이동의 원인

#### ① 사회구조적 원인

사회이동의 사회구조적 원인에는 사회경제적 및 인구학적 변동이 있다. 사회경제적 요인의 변동은 주로 산업구조 변화로 발생한다. 이는 사회변동으로 이어지고 결과적으로 사회구성원들의 사회이동을 촉진하는 것이다. 예를 들면, 전통 사회에서 공업화 사회로의 전환은 업적과 능력 위주의 사회로 구조가 바뀌는 것을 의미하기 때문에 지위상승의 기회를 보다 많이 가지게 되고 이에 따른 사회이동이 활발하게 나타난다는 것이다. 사회이동의 인구학적 요인은 출생이나 사망, 그리고 인구의 유출입 등이다. 왜냐하면 인구의 변동은 사회계층의 분포에 영향을 미치게 되어 사회이동을 일으키는 원인으로 작용하기 때문이다.

#### ② 개인적 원인

사회이동은 기본적으로 사회구조적 환경이 조성되어 있어야 가능하다. 하지만 사회구성원 각 개인의 노력, 능력, 교육, 그리고 가족적 배경 등과 같은 개인적 요인도 사회이동에 영향을 미친다. 사회이동의 개인적 요인만 강조하게 된다면 사회이동의 폭은 좁아질 것이며 사회구성원의 동기부여도 줄어들

것이다. 예를 들면, 사회이동을 보다 쉽게 할 수 있는 교육체제를 갖추고 있지 않으면서 개인적 학습활동만 강요하는 경우이다.

### 4) 사회계층과 사회복지실천

사회복지실천에서 사회구성원의 계층화의 원인은 마르크스의 단일 차원적 접근보다는 베버의 경제적 측면, 사회적 측면 그리고 정치적 측면의 복합 차원론으로 볼 필요가 있다. 마르크스는 계급이론에서 사회의 특징을 소유자와 노동자로 분할하고, 특히 노동자층의 계급의식이 고양된다면 자본주의를 대신하는 공산주의 혁명이 가능하다고 하였다. 이는 지나치게 단순화한 이분법적 구분이다. 왜냐하면 노동 계급 중에서도 숙련된 전문 기술자와 그렇지 않은 사람, 젠더, 민족이나 인종에 따른 차이도 크기 때문이다(Giddens & Sutton, 2017). 또한 실제적으로도 마르크스가 주장한 자본주의의 붕괴는 일어나고 있지 않으며, 사회적 복잡성이 점점 증가하여 한두 가지의 정체성으로 사회구성원을 구분하기에 어려움이 많다.

이러한 비판적 견해에도 불구하고 마르크스의 계급이론은 사회복지실천현장의 사회복지사에게 몇 가지 영감을 주고 있다. 우선 세계화의 결과로 나타나는 사회적 문제, 그에 따른 영향으로 고통받고 있는 클라이언트를 이해하는 데 기여할 수 있다. 또한 사회복지운동도 마르크스의 아이디어에서 어떤 영감을 받을 수 있다. 마르크스는 단지 생산수단의 유무에 따라 사회계급을 이분법적으로 분류하면서 계급 간 착취 관계에만 초점을 둔다는 비판도 받고 있다. 하지만 마르크스의 관점은 사회복지실천의 미시적이고 거시적 접근에서 불평등의 문제를 세심히 고찰해야 할 동기를 부여한다.

베버가 계층 결정의 요인으로 주장한 소득이나 재산, 명예나 존경, 권력 등도 사회복지실천의 과정에서 클라이언트의 삶의 질과 사회이동의 기회 등과 관련하여 살펴볼 필요가 있다. 사회복지사가 클라이언트의 생애 과정에서 사회이동의 장기적 전망을 제공하는 것도 중요하지만 현재 속한 계층에서 어떠한 불리함과 억압, 그리고 고통을 경험하고 있는지를 확인할 필요도 있다. 이러한 어려움이 개인적인 문제인지 아니면 사회구조적 차원에서 발생하는 것인지를 파악하여 다르게 대처해야 한다.

사회복지실천에서 대부분의 미시적 개입은 사회계층에 대한 기능주의적 입장과 유사하다. 예를 들면, 사회복지사는 클라이언트의 학업적 혹은 직업적 기능을 향상시키거나 적응 기능을 강화하여 사회적 역할을 수행하는 데 초점을 둔다. 특히 미시적 개입은 클라이언트 자신의 사회적 지위나 위치에서 병리적이거나 역기능적 역할을 기능적이고 적응적 역할로 전환하기 위해 여러 가지 방법들을 동원한다. 마찬가지로 사회복지사는 사회계층의 상승이동에 대한 동기를 부여하고 이것이 개인적인 행복과 안녕감을 보다 많이 가져다준다고 보기도 한다.

사회복지는 기능주의적 계층이론을 비판한 갈등론적 계층이론에도 관심을 가질 필요가 있다. 갈등론적 계층이론에서는 기본적으로 사회계층을 인정하지 않는다. 이는 사회복지실천의 기본 가치인 인간존엄성, 평등, 사회정의 등과 관련된다. 사회복지실천은 어느 누구도 다른 사람과 달리 평가받아서 차별받거나 무시당하지 않아야 한다는 기본 신념을 바탕으로 한다.

사회구성원들을 계층화하고 이에 따른 보상과 차등적 평가는 이론적으로나 실제적으로도 긍정적 측면보다는 부정적 결과들이 더 많을 수 있다. 만약 사회계층의 기능주의적 입장만으로 사회복지실천을 한다면 지나치게 인간을 보수적으로 간주하고 진보적 측면을 무시하는 것이 된다. 현실 사회에서 사회계층이 어쩔 수 없이 존재한다고 할지라도 사회복지실천에서는 계층체계를 유지하여 사회를 안정화하는 데도 기여할 수 있지만 이에 따른 문제에 대해 의문을 제기하고 계층화로 인한 차별에도 많은 관심을 가져야 한다.

## 2. 젠 더

### 1) 생물학적 성, 젠더 그리고 섹슈얼리티

현대 사회에서 생물학적 성, 젠더 및 섹슈얼리티에 관한 논쟁은 매우 빠른 변화의 흐름 속에서 진행되고 있다. 어떤 관점과 이론은 급진적 접근이라고 생각하였지만 또 다른 근본주의에 함몰된 것으로 간주되어 수명을 다하기도 하였다. 여기서는 우선 생물학적 성, 젠더 그리고 섹슈얼리티의 의미를 확인해 보자.

생물학적 성을 의미하는 섹스(sex)는 다소 애매모호한 용어이다. 왜냐하면 이 단어는 '누군가와 성행위를 하다'와 같이 성적 행동을 의미할 수 있지만 신체적 특성을 근거로 남성과 여성을 구분 짓는 용어로 사용될 수도 있다. 여기서의 신체적 특성은 남성과 여성의 차이 나는 생식기 등을 말한다.

젠더(gender)는 사회적이고 문화적으로 구축된 성이라고 할 수 있는데 반드시 생물학적 성(sex)과 연계되는 것은 아니다. 예를 들면, 남성으로 상징되는 생식기, 즉 신체적 특성을 가지고 태어났더라도 자신의 육체를 다른 성으로 전환하여 여성으로서의 삶을 살아가려는 경우이다. 젠더 정체성은 많은 학자들이 생물학적 요인에 영향을 받는다는 관점을 지지하지만 학자들 가운데는 사회적 영향력이 더 많은 위력을 발휘한다고 보기도 한다.

섹슈얼리티(sexuality)는 성행위에 대한 인간의 성적 욕망과 성적 행위, 그리고 이와 관련된 제도와 규범들을 말한다. 과거에는 출산과 섹슈얼리티를 한 묶음으로 보았지만 현대에는 반드시 그 둘을 연계하여 바라보지는 않는다. 젠더와 마찬가지로 섹슈얼리티는 당사자 개인이 경험하고 구체화시킨 삶의 양식이라고 할 수 있다.

오늘날에는 성 정체성과 성적 행동의 다양성이 점차로 수용되는 사회적 분위기이다. 하나의 예를 들면, 이성애만 정상이라는 이성애 정상주의(heteronormativity)는 점차로 그 근거를 상실하고 있다. 그러나 아직까지 젠더 차이와 섹슈얼리티에 대한 내용들은 양성 간에 존재하는 기본적 혹은 본성적 차이가 있다는 생물학적 전제를 기반으로 한다. 이는 인간의 행동을 구성하는 사회적 상호작용의 역할과 의미를 고려하지 않는 접근이라고 할 수 있다.

## 2) 젠더 불평등

### (1) 가부장제와 젠더 불평등

젠더 불평등은 오랜 역사적 기원 속에서 이어져 오고 있다. 예컨대 고대의 신이나 영웅은 대부분 남성으로 묘사되어 있으며, 각종 종교적 의식에서도 남성중심으로 진행되었다는 사실이다. 이처럼 젠더 불평등은 긴 세월 동안 복잡한 원인에 의해 일상화되어 왔다. 여기서는 젠더 불평등을 핵심적으로 설명하기 위해 가부장제 개념을 동원할 것이다. 가부장제란 "남성이 여성을 지배하고, 억압하며 착취하는 하나의 체계적 사회 구조이며 관행"을 의미하며, 다음과 같은 여섯 가지들이 서로 연계되어 작동한다(Walby, 1990).

첫째, 가내에서의 생산 관계(production relations in the household)와 관련이 있다. 이는 가사노동이나 자녀 양육과 같이 여성에 의해 이루어지는 무급 노동이 남편에 의해 몰수되고 있다는 것이다.

둘째, 유급 노동(paid work)과 관련이 있다. 이는 노동시장에서 여성들은 주로 고임금이나 사회적 지위가 높은 특정 직종이나 분야에서 배제되며, 저임금을 받는 분야나 수련이 덜 된 일을 하는 직업을 가지고 있다는 것이다.

셋째, 가부장제 국가(the patriarchal state)와 관련이 있다. 이는 국가가 정책이나 각종 제도의 우선순위가 가부장제적 이해관계를 중심으로 이루어지고 있다는 것이다.

넷째, 남성 폭력(male violence)과 관련이 있다. 여성에 대한 남성의 폭력은 종종 개인이 가하는 행동으로 보이지만 사회의 전반적 구조나 체계 속에서 진행되고 있다. 여성들은 일상적으로 남성의 폭력에 영향을 받고 있지만 국가는 극단적인 경우를 제외하고 효율적인 관용 속에서 남성 폭력에 개입하기를 거부하고 있다는 것이다.

다섯째, 섹슈얼리티에서 가부장적 관계(patriarchal relation in sexuality)와 관련이 있다. 이는 주로 강박적인 이성애 정상주의로 표현되고 있으며, 남성과 여성 간의 성적인 규칙이나 행위에 대하여 이중 잣대를 가지고 있다는 것이다.

여섯째, 가부장적 문화 조직들(patriarchal cultural institutions)과 관련이 있다. 이것이 가장 광범위한 구조적 내용이다. 사회의 각종 미디어, 종교, 그리고 교육제도 등의 조직과 관행들은 가부장적 기준 속에서 여성의 전형을 만들어내고 있다. 이러한 전형은 여성의 정체성에 영향을 미치어서 사회구성원의 행동양식 기준의 지침으로 작동한다는 것이다.

### (2) 젠더 불평등의 이론적 관점

#### ① 자유주의 페미니즘

자유주의 페미니즘(liberal feminism)은 젠더 불평등을 사회적·문화적 태도에서 찾고자 한다. 자유주의 페미니스트(feminist)는 사회주의와 급진주의 페미니스트와 다르게 여성에 대한 억압과 차별을 더 큰 체계나 구조의 문제로 보지는 않는다. 대신에 양성 간 불평등을 조장하는 여러 개의 분리된 법률이나 관행들을 수정하거나 타파하는 데 초점을 둔다. 예를 들면, 직장이나 교육 현장, 그리고 미디어에 등장하는 성차별주의를 타파하고 여성을 배제하는 관행을 없애는 캠페인을 하는 것 등을 말한다.

자유주의 페미니즘은 사회주의 혹은 급진주의 페미니즘에서 추진하는 기존 제도의 전복을 요구하는 것이 아니라 기존 제도하에서 점진적인 개혁을 시도하려는 접근법이다. 따라서 이 관점은 젠더 불평등의 근본적인 원인을 제거하는 데는 성공하지 못할 뿐만 아니라 사회에 구조화되고 체계화된 여성의 억압 상태에 대해서 인정하지 않는다는 비판을 받고 있다. 예를 들면, 유리천장(glass ceiling)이나 성차별주의 등의 관행을 젠더 불평등의 일부 단편적 현상으로만 간주하고 사회구조적 측면을 크게 강조하지 않는다는 것이다.

### ② 마르크스주의 및 사회주의 페미니즘

마르크스는 젠더 불평등에 대해 언급한 바가 거의 없지만 사회주의 페미니즘(socialist feminism)이 마르크스의 갈등론에서 발전하였다는 것은 주지의 사실이다. 사회주의 페미니스트들은 가부장제와 자본주의 양대 체제를 무너뜨려야 젠더 평등을 달성할 수 있다고 보았다.

우선 자본주의 아래에서는 소수 남성의 손에 부와 권력을 집중시킴으로써 남성의 여성 지배인 가부장제를 강화시킨다(김미숙 외, 2018). 왜냐하면 자본주의는 남성들에게 이전 시대보다 훨씬 더 많이 재산 소유자로서뿐만 아니라 임금 소득자로서 엄청난 부를 안겨주는 역할을 하였으며, 이는 다시 가부장제를 더욱 공고하게 만들었기 때문이다. 다음으로 자본주의 아래에서는 여성을 소비자로 규정하여 재화와 물품을 끊임없이 소비하도록 설득한다는 것이다. 마지막으로 자본주의는 가정 내에서 여성들이 무보수로 하는 돌봄과 가사 노동에 기반하고 있다는 것이다. 이렇게 자본주의 아래에서 여성들에게는 임금을 지불하지 않고 남성에게는 저임금을 지불하여 양성 모두를 착취하고 있다고 본다.

사회주의 페미니스트들은 자유주의 페미니즘을 비판하면서 노예적인 가사노동의 종언과 자녀의 양육이나 가족 돌봄을 사회 전체의 책임 아래에 두어야 한다고 본다. 이를 위해서는 마르크스의 갈등론에 동의하면서 모든 사회구성원의 욕구를 만족시킬 수 있도록 기획된 국가 중심의 경제체제를 바탕으로 사회주의 혁명을 통해 달성할 수 있다고 본다.

### ③ 급진주의 페미니즘

급진주의 페미니즘(radical feminism)은 가부장제가 여성 착취의 근원이라고 보는 관점을 지닌다. 급진주의 페미니스트들은 가부장제에 대한 다양한 해석들을 하지만 가부장제가 여성의 육체와 섹슈얼리티를 어떠한 형태로든지 간에 착복하고 있다는 사실에는 모두 동의하고 있다. 급진주의 페미니즘은 여성 억압의 일차 근원지를 가족이라고 가정한다.

급진주의 페미니스트들은 가족과 이를 특징짓는 권력 관계를 폐지해야 여성이 해방될 수 있다고 본다. 또한 남성 폭력이 남성 우위의 핵심적 요인이라고 보기도 한다. 남성 폭력은 신체적 폭력, 가정 폭력, 강간 및 성희롱뿐만 아니라 일상화된 비언어적 강압이나 공적인 상황에서의 여성스러움의 강요 등으로 표출된다는 것이다. 마찬가지로 사회문화적 규범 속에서도 여성 착취와 억압이 광범위하게 존재한다고 본다. 따라서 젠더 평등을 달성하기 위해서는 가부장적 질서를 전복시켜야 한다고 본다.

하지만 급진주의 페미니즘은 가부장제만으로 여성 억압을 설명한다는 비판을 받는다. 이러한 인식은 역사적 혹은 문화적 다양성과 관련된 젠더 불평등을 비중 있게 다루지 않는다는 것이다. 즉, 인종이나 계급, 그리고 민족 등이 젠더 불평등에 기여하는 측면을 무시한다는 것이다. 이런 비판의 연장선에서 흑인 페미니즘이 등장하였다. 흑인 페미니즘(black feminism)이란 백인 중신층을 중심으로 이루어지는 여성운동이 얼마나 흑인 여성을 소외시켜 왔는지에 대해 주목하면서 흑인 여성들의 역사, 문화, 생활 등에 대한 관심과 해석을 촉구하는 관점이다. 흑인 여성들은 그들의 피부색, 젠더, 계급, 지위 등의 복합적 요인이 작용하는 피억압 집단이라는 것이다.

### (3) 젠더 평등을 위한 역사적 흐름

젠더 평등, 즉 여성 권리 증진을 위한 사회운동은 통념적으로 세 시기로 구분할 수 있다(Giddens & Sutton, 2017). 첫 번째 시기는 산업화 맥락에서 19세기 후반부터 20세기 초반까지로 볼 수 있다. 이 시기에는 여성도 남성과 똑같은 참정권을 보장하라고 요구한 정치권력에 대한 양성의 동등한 대우를 요구하였다. 또한 여성들이 고등 교육을 비롯하여 사회의 모든 제도에서 동등한 기회를 확보하기 위한 캠페인을 20세기 초반까지 활발히 진행하였다.

두 번째 시기는 1960년대와 1970년대의 여성 '해방'과 '세력화'에 초점을 둔 시기이다. 이때는 여러 형태의 사회운동, 학생운동, 장애인차별금지운동, 인종차별폐지운동, 레즈비언 게이 운동 등의 형태로 나타났다. 이 시기에는 여성들이 남성 지배적인 가부장 사회에 의해 억압되었다는 급진적인 성향의 사회운동을 중심으로 이루어졌다. 두 번째 시기의 핵심 슬로건이 바로 '개인적인 것은 정치적인 것이다'라는 구호이었다. 이는 가족생활이나 가정사라는 개인 영역은 공공 정책이나 정치적 맥락과 연결되어 있다는 상식을 보다 적극적으로 강조한 것이다.

두 번째 시기의 다양한 실천들은 미인 대회, 성차별적 언어 사용, 남성 폭력에 대한 항거 등 국가 정치 역학에 만연한 남성중심주의를 타파하는 운동이었다. 또한 가사노동이 사회에 가치 있는 공헌을 하기 때문에 유급화해야 한다고 주장하였다. 하지만 1980년대 초반 이후에 전 세계의 지역이나 사회계층과 무관하게 동일한 집단으로서 모든 여성은 상호 공유하는 바가 존재한다는 논리에 균열이 생기기 시작했다. 예를 들면, 흑인, 하류층 여성 등은 사회 속에서 달리 자리매김하고 있는데 이를 백인 중산층 여성들과 같은 수준이나 논리에서 접근할 때 나타나는 차이나 다름을 간과했다는 것이다.

세 번째 시기는 1990년대 중반 이후에 사회적 변화와 관련된 시기이다. 이 시기의 여성들은 이전보다 덜 서열화되고 예측 가능성이 낮은 사회에서 성장하였으며, 문화적 다양성과 차이를 보다 많이 인식하는 세대이다. 이 시기에는 세계화, 다문화주의, 인터넷의 급속한 보급, 의사소통에서의 디지털화 등으로 기존의 단일화되고 보편적인 여성 권리 증진의 방법에 변화를 시도해야 할 필요성이 부각되었다.

일부 학자들은 '탈페미니즘'의 시대로 접어들었다고 하기도 하지만 반드시 페미니스트라고 주장하지 않더라도 젠더 평등을 정부 정책에 적극 반영하기 위한 다양한 형태의 캠페인을 하는 단체나 개인들이 존재한다. 즉, 두 번째 시기에 나타난 여성 권리 증진을 위한 대규모의 직접적 행동이 아니라 매우 다양하고 창조적 형태의 모습으로 존재한다는 것이다. 예를 들면, 온라인을 기반으로 하여 여성으로서 일상적으로 경험하는 성차별적 언어와 행동 그리고 성희롱 사례를 서로 사적인 경험담으로 올리는 공간을 마련하는 것이다. 이를 통해 남성주도의 성차별주의적 문화가 아직까지 존재한다는 끊임없는 사회적 경고 메시지를 보내는 것이다. 이 시기는 여성 억압이나 차별을 단일한 요소로 설명하거나 구조화된 것으로 보지 않기 때문에 사회의 혁신적 변화와 문화를 기반으로 한 독창적이고 다양한 형태로 여성의 권리 증진을 위한 방법들이 지속적으로 나타날 것이다.

### 3) 젠더와 사회복지실천

사회복지실천에서 젠더 담론은 불평등 및 다양성과 관련된 이슈라고 할 수 있다. 오늘날 젠더 담론은 훨씬 어렵고 복잡하며 끊임없는 흐름과 논쟁 속에 있다고 할 수 있다. 자칫 양성 간 차이점들이 생물학적 차이점들로 축소되거나 환원될 우려도 매우 크다. 예를 들면, 역사적으로 거의 모든 문화권에서 사냥과 전투에 참여하는 것은 여성이 아니라 남성이었다는 것이다. 이를 통해 남성들은 여성들이 결여한 공격성을 본능적 기질 속에 포함하고 있다고 간주해 버린다면 복잡한 인간의 행동과 사회적 관계를 단일한 생물학적 원인으로 단정하는 것이 된다. 어떤 측면에서 이와 같은 결과는 인류의 생존 과정에서 대다수 여성들은 자녀 양육에 삶의 많은 부분을 할애하였기 때문에 사냥과 전투에 전적으로 가담할 수 없어 나타난 결과일 수도 있다.

젠더 논쟁의 복잡성과 시대적 흐름 속에서 젠더 평등과 관련된 사회복지사의 일차적 관점은 인간의 어떤 특정 기질, 예컨대 남성의 공격성과 같은 기질을 선천적으로 타고난 특성이라고 간주하지 않아야 한다는 것이다. 만약 선천적 특성으로만 양성의 차이를 인식한다면 인간의 행동을 구성하는 사회적 상호작용의 역할을 완전히 무시하는 것이 된다. 마찬가지로 선천적 특성에 기인한 판단은 현재 존재하는 사회의 교육제도나 역사적으로 형성되어 온 문화적 가치를 부정하는 것이므로 실제적으로나 이론적으로 받아들일 수 없다.

여기에 더해 사회복지사는 우리 사회의 가부장제적 요인들이 어떻게 여성을 억압하고 차별하는지에 대해 보다 많은 관심을 기울일 필요가 있다. 다양한 사회복지실천현장에서, 클라이언트와의 직접 개입에서, 그리고 지역사회

활동에서 가부장제적 사회 구조 혹은 문화적 맥락 속에서 여성들이 어떻게 억압받는지를 확인하여 미시적 접근뿐만 아니라 거시적 실천에도 영향력을 행사할 필요가 있다. 단순한 남성과 여성의 대결이 아니라 젠더 불평등의 요인을 찾아내어 이를 이슈화하고 해결 과정에 동참하여 보다 평등하고 모든 인간의 존엄성을 존중하는 사회가 되도록 만들어 가야 한다.

전통적으로 사회복지사는 인간의 삶과 태도를 정상과 비정상을 구분하여 병리적 측면을 제거하거나 감소하여 적응력을 강화하는 데 실천의 초점을 두었다. 하지만 이러한 관점의 접근은 근원적인 문제해결책이 되지 않거나 오히려 개개인에게 더욱 바람직하지 않게 작용하기도 하였다. 따라서 현대 사회복지 실천에서는 비정상적인 문제를 정상적으로 바꾸려는 것이 아니라 클라이언트 자신이 선택한 강점이나 장점을 더욱 강화하는 접근을 선호하고 있다. 그 연장선에서 이성애만 '정상'이거나 '올바른' 것이고 나머지 섹슈얼리티는 비정상이거나 일탈로 보고 수정하거나 치료해야 한다고 단정하지 않아야 한다. 즉, 성소수자인 레즈비언(Lesbian), 게이(Gay), 양성애자(Bisexual), 트랜스젠더(Transgender) 등 LGBT에 대한 사회적 차별과 두려움을 보다 적극적으로 다룰 필요가 있다는 것이다. 이에 대해서는 현재까지의 연구와 경험들을 보다 열린 자세로 탐구하고 접근해 나가야 한다.

사회복지사는 사회복지실천현장에서 사회복지의 가치 실현을 위해 여성의 빈곤 증가와 지속화, 여성에 대한 폭력, 권력과 의사결정 과정에 나타난 양성 불평등, 여성에 대한 고정관념화 등의 문제에 관심을 가져야 한다. 또한 젠더 불평등과 관련하여 사회계층, 인종, 민족, 장애, 성적 취향 등이 어떻게 작용하고, 이것이 얼마나 더 중첩된 억압이나 고통을 주는지를 이해할 필요가 있다. 예를 들면, 장애를 가지고 있는 여성, 결혼이주여성, 경제적으로 빈곤한 여성들은 비장애인 여성, 자국민 여성, 그리고 상류층 여성들과 어떻게 더 많은 차별적 경험을 하는지를 살펴보는 것을 의미한다. 결국 젠더 불평등의 쟁점은 우리 사회에 존재하는 불평등과 차별에 접근하는 핵심적 고리 역할을 하는 것이다.

## 3. 문 화

### 1) 문화의 의미와 속성

#### (1) 문화의 의미

문화(culture)는 인간이 자연환경이나 사회환경에 적응하거나 극복하기 위해 스스로 만들어낸 생존수단이자 생활양식이라고 할 수 있다. 모든 개인은 그들만의 독특한 문화를 형성하고 있으며, 그 개인들의 문화, 즉 개인의 삶들이 모여 전체 사회의 문화를 형성하게 된다. 이러한 문화는 다시 사회화를 통해 개인의 일부가 되는 것이다.

문화는 인간행동의 지속성과 반복성에 의해 형성된 것이지만 동시에 사람들의 행동은 자신들이 그렇게 형성해 놓은 문하에 의해 영항올 받는다. 예를 들면, 개인들이 일회용 컵이나 수저 등을 편리하다고 반복적으로 사용하게 되고 그것이 문화, 즉 인스턴트 문화로 형성된다. 이러한 문화 속에서 개인은 인스턴트 생활양식을 습득하게 되는 것이다. 따라서 문화는 '인간행동에 영향력 있는 매우 중요한 환경이자 다양한 생활양식 그 자체'라고 할 수 있다.

하지만 일상적으로 '문화'라는 용어는 다양한 의미로 사용되며, 그 의미들이 동일한 개념에 기초하고 있지는 않다. 어떤 경우에 문화라는 말을 너무 거창하게 취급하여 고급스러우며 서민 대중과 동떨어져 있다는 선입견을 제공하기도 한다. 이때 문화는 화려한 무대의 오페라, 우아한 발레, 고가의 미술품 등과 관련된다. 하지만 이는 지극히 협소한 내용을 의미하는 것이고, 문화란 있는 그대로의 자연을 말하는 것이 아니라 우리 생활에 편리하도록 자연을 가공하여 만든 우리의 일상 행동양식이나 생활양식을 말하는 것이다(손승길 외, 2009).

문화에 대한 가장 간략하고 함축적인 정의는 인간집단의 생활양식이라는 것이다(한상복 외, 2011). 문화를 인간집단의 생활양식의 총체로 본 대표적인 개념은 영국의 인류학자 타일러(Tylor)에 의해 규정되었다. 그는 "문화란 지식, 신앙, 예술, 도덕, 법률, 관습 그리고 사회구성원으로서 인간이 획득한 모든 능력과 습성의 복합적인 총체이다"라고 정의하였다(Tylor, 1958). 이를 광의적으로 해석하면 우리 삶의 모든 영역은 문화와 관련되어 있다는 의미이다. 문화는 지극히 일상적인 것이며 인간 삶의 양식이다. 인간 삶의 현장이 곧 문화 현장이라고 할 수 있다. 다르게 표현하면 문화는 인간이 사회생활을 원활하게 유지하게 위해서 창조해 낸 정신적이고 물질적인 산물이라고 할 수 있다.

### (2) 문화의 속성

문화는 한 개인의 행위와 지각의 기준으로 모든 행위와 의식을 규정하는 보편적 가치기준의 성격을 가진다(전숙자 외, 2009). 즉, 문화가 다르다면 가치판단 기준이 다르다는 것을 의미하기 때문에 사회에서 발생하는 사건이나 상황에 대한 의미 부여나 해석의 체계도 달라진다. 문화는 다양하고 복잡하여 그 의미를 쉽게 이해하기도 어려우며, 일정한 가치와 규범으로 작용하여 사람들을 구속하기도 한다. 이러한 문화는 생활양식의 복합적인 총체이기 때문에 다양한 속성을 가지고 있으며, 그 내용은 다음과 같다(김병무 · 최병영, 2014; 한상복 외, 2011).

#### ① 보편성

문화는 그 어떤 사회에도 인간의 생존 수단으로 존재하는데 지역이나 인종, 민족에 관련 없이 상당히 유사하다. 예를 들면, 인간은 기본적으로 밥을 먹고 옷을 입고 추위나 외부의 침입에 대비하여 집을 짓는데, 그 조건이나 상황에 따라 방법이 다양하지만 목적은 똑같다. 또한 사회생활의 질서를 유지하기 위해 각자 자기들 나름대로의 규범을 가지고 있다. 이와 같이 문화는 인간의 사고방식이나 외형에 따른 차이가 있지만 생존 수단으로서의 보편적 속성을 가지고 있다.

#### ② 다양성

문화의 보편성은 그 근원이 인간의 본능적 특성에 기인한다면 다양성은 인간이 살고 있는 환경적인 차이에 근거한다. 문화는 인간이 자신들이 살고 있는 환경 속에서 적합하게 적응할 수 있도록 형성되기 때문에 다양성을 가질 수밖에 없다. 예컨대 추운 지역과 더운 지역에 사는 사람들의 의식주는 그러한 환경적 특성에 맞게 다르게 형성된다는 것이다. 따라서 문화는 어떤 특정한 감성적이고 도덕적 기준으로 각 문화 간의 우열을 따질 수 없는데, 이를 문화상대주의라고 한다.

### ③ 사회성

문화는 사회 속의 인간에 의해 창조된 산물이기 때문에 사회생활과 밀접한 관련을 가진다. 즉, 인간의 일상적 생활을 위한 수단이나 도구 그리고 사회질서를 유지하기 위한 각종 규범 등의 문화는 사회 속에서 형성되어 사회를 유지하는 기능을 한다.

### ④ 학습성

문화는 인간이 살아가기 위해 만든 생활방식이다. 따라서 인간은 태어나면서부터 의식적·무의식적으로 생존방법인 문화를 익히기 위해 노력한다. 문화는 사회 속에서 성장하며 습득되는 것이다. 사회구성원들이 공유하는 것이라고 해서 모두 문화가 아니라 문화로 간주되기 위해서는 학습된 것이어야 한다. 문화의 학습과정에는 인간의 주체적인 선택이 개입된다. 태어나면서 특정의 문화를 가지고 태어나는 것이 아니라 단지 학습할 능력만을 가지고 태어나기 때문에 성장과정에서 접하게 되는 문화적 환경에 의해 어떤 문화를 학습할 것인지가 좌우된다. 이와 같은 문화의 학습요인에는 부모, 친구, 서적, 매스컴 등의 다양한 주변 환경들이 있다.

### ⑤ 공유성

문화는 사회구성원들 간에 공유된다. 물론 구체적인 행위에서 개인차가 있지만 특정한 사회의 구성원들이 하는 행위에는 다른 사회와 구별되는 공통적인 성향이 있다. 다시 말해 문화란 개개인의 독특한 취향이나 버릇이 아닌 사회 전체의 공통적 경향성이라고 할 수 있다. 이것이 특정한 지역이나 경계에 거주하는 사회구성원들이 유사한 행동양식을 가지게 되는 이유이다.

#### ⑥ 체계성

문화를 이루고 있는 각 부분은 상호 연관되어 하나의 체계를 구성하고 있으며 일정한 유형을 가진다. 한 사회의 문화는 지식, 신앙, 예술, 도덕, 법, 관습 등 수많은 부분들로 구성되지만 이 부분들은 상호 긴밀한 관계를 유지하면서 하나의 체계를 이룬다. 따라서 문화의 어느 한 부분에 변화가 일어나면 이 변화가 다른 부분에 영향을 미치게 된다.

#### ⑦ 축적성

문화는 창조된 후에 축적을 거듭하는데, 이는 세대 간의 전승과 관련이 있다. 인간의 지식은 상징적인 수단인 언어를 통해 전해지고 새로운 지식이 추가되기 때문에 문화는 축적되고 계승되면서 발전해 나간다.

## 2) 다문화와 다문화주의

### (1) 다문화

우리나라의 경우에 아이가 태어나면 대문에 금줄을 매달고, 아프면 무당을 불러 굿을 하고, 어려운 결정 상황에서 점을 보는 문화는 변화되거나 사라지고 있다. 그러나 사람이 죽으면 독특한 의식으로 장례를 치르고, 제사를 지내고, 명절이면 전국 각지에 흩어져 있던 가족이 온 힘을 다해 고향집에 모이는 풍습과 같은 문화는 여전히 남아 있다. 이뿐만 아니라 매일 먹는 음식, 의복, 일상의 모든 생활습관들이 우리나라의 문화라고 할 수 있다(박지영 외, 2014).

우리나라 내에서도 이러한 문화가 모든 지역과 사람들에게 공통적으로 나타나는 것은 아니다. 상류층 집단은 그들만의 고급문화를 과시하기 위해 일반서민들과 거리감을 나타내는 문화를 만들려고 한다. 하류층은 그러한 상류층 문화를 열심히 추종하거나, 극단적인 소외감과 거부감을 갖기도 하고, 그 반감으로 그들만의 새로운 문화를 만들기도 한다(손승길 외, 2009). 같은 국가 안에서도 지역, 계층, 연령, 활동 분야에 따라 다른 문화가 존재한다.

문화 차이의 범위가 국가나 민족 단위로 바뀌게 되면 그 다름은 차원이 달라진다. 한국과 미국, 한국과 베트남, 한국과 일본의 문화는 국내의 문화 차이와는 비교가 되지 않을 만큼 크다. 이러한 문화적 차이는 자연조건이나 언어적 차이, 선천적인 생물학적 차이 등에 기인한 것이다. 따라서 인종, 민족, 국가에 따라 독특한 문화를 가질 수밖에 없다. 이와 같이 여러 인종, 민족, 국가의 독특하고 다양한 생활양식을 다문화(multiculture)라고 하며, 한 국가나 한 사회 속에 다른 인종, 민족 등 여러 집단이 지닌 문화가 함께 존재하는 사회를 다문화사회(multicultural society)라고 한다.

우리의 경우에 다문화에 대한 관심은 외부로부터의 이주가 증가하면서 민족적, 문화적 단일성에 대해 질문과 문제를 던지는 집단이 가시화되고 이주민들의 권리와 사회통합의 문제가 제기되면서부터이다(전숙자 외, 2009). 우리나라에서는 1990년대 후반부터 급격히 증가한 외국인 노동자와 결혼이주민들로 인해 현실적으로 다문화에 관심을 가질 수밖에 없었다.

### (2) 다문화주의

다문화주의(multiculturalism)는 인종이나 민족마다 다른 다양한 문화나 언어를 단일의 문화나 언어로 동화시키지 않고 공존시켜 서로 승인·존중하는 것을 목적으로 하는 사상·운동·정책을 말한다. 미국, 캐나다, 오스트레일리아 등에서 1970년대 초부터 제창되기 시작하여 1980년대에 활발한 논쟁을 벌여 정책으로서 결실을 맺었다.

다문화주의는 다문화의 이념적 지향이라고 할 수 있다. 다문화주의는 여성, 장애인, 동성애자, 소수인종(혹은 민족), 비서구(아시아, 아프리카) 등의 비주류권 문화를 적극 수용하려는 입장을 말한다. 비주류의 소수집단에게 주류문화에 무조건적으로 동화될 것을 강요한 과거사에 대한 반성에서 등장한 현상이다(박지영 외, 2014). 다문화주의에서 추구하는 궁극적 목표는 소수집단의 정체성 혹은 고유문화를 사회적으로 승인받는 것이다. 다문화주의는 민족적, 문화적 다양성을 이루는 사회를 기본 원리로 받아들이고 이를 증진해 가는 것이 사회발전에 긍정적인 것으로 받아들인다.

다문화주의라는 용어는 초기에 다수와 소수 인종, 민족 간의 문화갈등 문제와 관련하여 사용되었으나, 점차 장애인, 사회소수자 집단의 문제로까지 확대하여 사용되면서 다양한 의미를 가지게 되었다(김지현, 2008). 다문화주의는 상이한 국적, 인종, 문화적 배경, 성, 연령, 계층 등에 관계없이 인간으로서 보편적으로 가지는 권리를 향유하고 각각의 특별한 삶의 방식을 존중하여 모두가 공존하는 사회를 만드는 것을 말한다.

구체적으로 살펴보면 정치적, 사회적, 경제적, 문화·언어적 불평등을 시정하는 일종의 국민통합, 사회통합의 이데올로기를 실현하는 정책을 이끌어 내는 이념이다. 즉, 다문화주의는 다문화의 보장, 주류사회와 비주류사회의 상호 이해 촉진, 소수집단 간의 교류, 사회 전반적인 평등수준의 향상과 구조적 차별의 극복 등을 목적으로 하여 국가, 사회, 개인수준에서 광범위한 이해와 합의를 통해 정책으로 구체화되어 실현된다(최무현, 2008).

다문화주의를 비판하는 일부 사람들은 소수집단의 문화적 고유성을 지나치게 주장함으로써 전체 사회의 통합을 위한 이념과 가치를 제대로 형성할 수 없도록 만든다고 보기도 한다(박지영 외, 2014). 그러나 세상에 존재하는 대부분의 국가와 사회는 문화, 종족, 언어, 종교적 다양성을 가지고 있다. 다원화된 민주주의 국가의 과제 중 하나는 문화집단과 종족집단들이 다양성과 단일성의 정교한 균형 속에서 삶을 살도록 해야 한다는 것이다. 국가가 다양한 문화집단의 인권을 보호하고 구조적으로 포용하면서 차별을 금지하는 정책을 펼 때에 사회통합과 발전이 이루어진다.

다문화주의는 소수집단이나 국가 또는 민족(인종)이 지닌 문화적 다양성을 수용하는 것이 민주주의를 위해 바람직할 뿐만 아니라 문화 간 충돌을 해소하고 사회를 통합하는 전제이자 기본 원리라는 입장이다. 이는 민족적, 문화적 다양성의 존재를 인정하는 것을 넘어 그들의 문화와 정체성을 유지·발전시켜 주는 측면으로 다문화의 개념을 확대한 것이다. 우리가 살고 있는 사회에서 존재하는 다양한 문화를 인정하고 상호보완적인 입장을 취하는 것이 사회의 발전이나 유지를 위해 바람직하다는 것이다.

### 3) 문화적응

다르게 형성된 두 문화 간의 계속적이고 직접적인 접촉의 결과로 생긴 변화를 문화적응(acculturation)이라고 한다. 초기에는 집단수준의 현상으루 제시된 개념이었으나 개인수준의 심리적 문화적응 개념도 포함되었다(Graves, 1967). 집단적 수준의 문화적응은 새로운 문화를 접한 결과 나타난 집단의 문화적 변화를 말하고, 심리적 문화적응은 개인의 심리에 일어나는 변화를 말한다. 그러나 최근에는 문화적응을 두 가지 수준으로 구분하지 않고 일반적으로 사용한다. 베리(Berry, 1997)는 용어를 구분하여 사용하지 않더라도 문화적응에서 집단수준과 개인수준을 혼동하지 않는 것이 중요하다고 하였다. 집단이 문화적응을 해 나가는 과정에서 모든 개인의 경험과 참여의 정도가 같은 것은 아니기 때문이다.

문화적응은 원칙적으로는 중립적인 용어로 상호작용을 하는 두 집단 모두에 해당되나, 실제적으로는 어느 한 집단이 다른 집단에 비하여 더 많은 변화를 겪는 경우가 대부분이다(Berry, 1990). 베리(Berry, 1997)는 문화적응의 상태를 두 가지 차원의 네 가지 결과로 범주화하고 문화적응에 대한 다양한 측정기법을 개발하였다. 두 가지 차원이란 첫째, 자신의 문화적 가치와 특성을 유지할 것인가의 문제, 둘째, 주류사회와의 관계를 유지할 것인가의 문제이다. 이에 따른 결과를 네 가지로 범주화하면 다음과 같다.

〈표 7-1〉 Berry의 문화적응 모형

| 차원 1 / 차원 2 | | 문화적 정체감과 특성을 유지할 것인가 | |
|---|---|---|---|
| | | 그렇다 | 아니다 |
| 주류사회와의 관계를 유지할 것인가 | 그렇다 | 통합 | 동화 |
| | 아니다 | 분리 | 주변화 |

- 통합(integration) : 자신의 고유성을 유지하여 문화적 주체성을 가지면서 동시에 외부세계(새로운 정착사회)와도 접촉을 충분히 하는 것을 말한다. 모국의 문화도 유지하면서 새로운 정착국의 문화를 동시에 받아들이는 것이다. 이는 두 문화를 모두 받아들여서 성공적으로 통합하는 것을 의미하는데, 개인적 성장과 집단 간 조화에 도움을 줄 수 있는 바람직한 방법이다.

- 동화(assimilation) : 자신의 고유 전통이나 정체성을 버리고 새로운 사회에 완전히 흡수되는 것을 말한다. 모국의 문화는 유지하지 않고 새로운 문화만을 받아들이는 것이다. 이는 일반적으로 사회경제적 수준이 낮다고 여겨지는 사회에서 높다고 여겨지는 사회로 이주했을 때 나타나는 개인의 태도이다. 모국의 문화를 거부하고 새로운 문화를 받아들이면서 자신의 민족적 정체감을 상실하게 된다. 또한 소수집단에 속한 사람이 자신의 진짜 정체성을 숨기고 주류집단의 구성원인 척하고 사는 것을 의미한다.

- 분리(segregation) : 외부세계나 새로운 정착사회 문화와 연결되는 것이 없는 상태에서 자기 고유집단의 주체성만을 유지하면서 분리되는 것을 말한다. 모국의 문화를 유지하면서 새로운 정착국의 문화를 받아들이지 않는 것이다. 이는 새로운 문화를 거부하고 원래 자신의 문화를 과장하는 태도

인 국수주의(chauvinism)의 경향을 보인다. 문화적 분리에만 그치는 것이 아니라 사회경제적 활동에서도 고립될 수 있다.

- 주변화(marginalization) : 두 문화 사이에서 망설이고 어느 것도 선택하지 못하며, 두 문화가 서로 양립할 수 없다고 느낄 때 나타나는 현상이다. 자신의 고유집단, 그리고 새로운 정착세계 양쪽과의 관계를 모두 끊은 상태를 말한다. 이러한 태도를 가지는 사람들은 모든 외부세계에 대한 적대적 태도, 소외 상태, 자아정체감 상실 등의 느낌을 가지는 특징이 있다. 모국의 문화를 유지하지도 못하면서 새로운 문화와 접촉하지도 못하는 것이다. 따라서 이러한 상태는 다른 유형보다도 적응에서 더 심한 집단적이고 개인적인 혼란과 스트레스를 동반한다.

### 4) 문화와 사회복지실천

우선 사회복지실천에서 문화는 개인을 이해하는 확대된 도구로서 의미를 가진다. 문화는 한 개인의 사회적응과 성장 및 발달을 촉진할 목적으로 그 사회 내부에서 합의되고 공유하는 것들을 자연적으로 학습한 의미와 행동이다. 문화는 외부환경에 대한 개인의 역할과 행동방향을 제시해 줄 뿐만 아니라 사회적 제도에도 영향을 미치며, 개인의 가치, 신념, 태도, 성격과도 상당한 관련을 가지게 된다(Marsella & Yamada, 2000). 따라서 사회복지사는 클라이언트 개인의 문화적 신념이나 가족 및 지역사회의 문화를 이해한다면 그들이 보이는 행동들을 보다 다차원적 맥락에서 알아차릴 수 있게 된다.

문화의 전달은 사회화로서 이루어진다. 이를 통해 우리 사회의 가치, 규범 및 신념 체계가 사회구성원들에게 내면화되는 것이다. 사회화는 개인과 사회를 연결시키는 기제로서 작용하기 때문에 개인과 사회는 상호의존적인 관계에 있는 것이다. 파슨즈(Parsons, 1960)는 사회화의 기제를 통해 개인체계와 사회체계가 통합되며, 사회체계가 수행해야 하는 통합의 문제를 해결한다고 보았다.

이 과정에서 가치, 믿음, 언어, 기타 상징들과 같은 문화적 유형들이 개인체계로 통합되어 개인의 욕구가 제한되고, 규범에 동조하게 되며, 역할수행에 필요한 기술이 획득된다는 것이다. 이러한 원리를 사회복지실천에서 클라이언트의 사회적 기능과 역할을 향상시키는 과업을 수행할 때 적용할 수 있을 것이다.

다음으로 사회복지실천에서 문화적 다양성 및 불평등과 관련된 이슈이다. 사회복지사는 자문화 중심주의 사고에 의해서 형성되는 문화절대주의를 경계해야 한다. 이는 자기가 속해 있는 민족이 가지고 있는 문화를 기준으로 하여 다른 문화의 가치를 판단하는 것을 말한다. 문화절대주의의 가치가 내재된 사회복지실천은 편견과 차별이 동반될 가능성이 높다.

사회복지사는 기본적으로 문화절대주의를 비판하는 입장인 문화상대주의적 관점 속에서 사회복지실천을 해야 한다. 문화상대주의에 따르면 모든 문화는 민족이나 지역 혹은 시대에 불문하고 그 나름의 고유한 가치와 의미를 가지고 있다는 것이다. 특히 다문화사회에서는 문화상대주의의 관점으로 사회를 이해해야만 그 사회가 유지되고 통합될 수 있다. 이 관점에서 본다면 문화는 그 사회의 요구와 필요에 의해서 형성되었기 때문에 가치판단을 위한 절대적 기준이 있을 수 없다는 것이다. 사회복지사는 외국에서 이주한 노동자나 결혼이주민뿐만 아니라 클라이언트 누구라도 문화상대주의 관점에서 개입할 필요가 있다.

또 다르게 사회복지사는 오늘날 사회구성원들의 실제적 가치판단의 기준이 되고 있는 물질중심의 사회, 그리고 이에 따른 인간성 상실과 같은 문화적 혼돈 양상에 대해서도 관심을 가져야 한다. 우리 사회에 팽배해 있는 물질중심의 가치관은 권력과 부에 대한 집념을 고조시켜서 사회의 계층적 차이가 더욱 두드러지게 만들었다. 이러한 계층적 차이는 불평등을 심화시키고 인간관계에 있어서 비인간적 사고를 증가시키고 있다. 사회복지실천의 대상인 사회구성원들은 더욱 경쟁적인 상황으로 내몰리고 개인적 고통이 증가하고 있으며, 인간의 생명이나 존엄성에 대한 경시풍조가 나날이 증가하고 있다. 이와 같은 우리 시대의 문화적 혼돈 양상에 대해 사회복지사와 사회복지계에서 더욱 적극적 대처가 필요한 시점이다.

마지막으로 다문화사회로 진입한 우리 사회에서 사회복지사는 문화적 다양성을 지닌 외국인 노동자와 결혼이주민에 대한 적응 관점을 동화가 아닌 통합의 차원으로 보아야 한다. 즉, 앞선 베리의 문화적응 유형에서 이주민들에게 자신의 고유 전통이나 정체성을 버리고 우리 사회에 완전히 흡수되도록 요구하는 동화를 위주로 실천하지 않아야 한다. 대신에 우리 사회의 이주민들이 자신의 고유성을 유지하고 문화적 주체성을 가지면서 우리 사회와도 충분히 접촉하면서 조화롭게 삶을 살아가도록 지원하고 지지해야 한다. 또한 분리 혹은 주변화 유형에 속한 이주민들에게 적절한 사회복지실천을 수행해야 한다.

## 요약

### 1. 사회계층

1) 사회계층은 사회적 불평등에 의해 형성된 사회적 현상이며, 사회적 불평등은 인간의 무한한 욕구를 충족시킬 수 있는 자원이 어느 시대를 막론하고 한정되어 있기 때문에 발생한다. 사회계층은 사회구성원들의 전반적인 생활수준을 근거로 하여 구분하는 광의적 분류와 사회구성원 중에서 유사하거나 동일한 사회적 가치를 추구하는 개인들로 형성된 사회집단으로 분류하는 협의적 개념으로 구분한다.

2) 마르크스는 계급이론으로 계층의 형성과 발달을 설명했으며, 그에 따르면 사회계층의 형성은 경제적 조건인 생산수단의 소유에 따라 구성된다고 보았다. 즉, 생산수단을 소유한 층을 유산계급(부르주아 계급)으로, 생산수단을 소유하지 못한 층을 무산계급(프롤레타리아 계급)으로 구분하였다.

3) 베버는 계층형성의 요인으로 경제적 측면인 계급, 사회적 측면인 지위, 정치적 측면인 권력이 상호 밀접한 관련성을 가진다고 본다.

4) 사회계층의 구조는 이론적으로 존재하는 완전계층형과 완전평등형이 있으며, 실제로는 부분계층형과 부분평등형의 형태로 존재한다. 부분계층형은 계층의 배열이 피라미드형이고, 이 구조는 소수의 상층과 다수의 하층으로 구성되어 있다. 부분평등형은 다이아몬드형 계층이고, 중산층의 세력이 강해서 상대적으로 안정적인 사회를 유지하는 형태이다.

5) 사회계층에 대한 기능주의적 입장은 기본적으로 사회계층을 인정하는 것이다. 사회가 기능적으로 순조롭게 작동하기 위해서는 차별적 사회계층이라는 제도가 필요하다는 것이다.

6) 갈등론적 계층이론에서는 기본적으로 사회계층을 인정하지 않는다. 왜냐하면 모든 인간은 태어나면서부터 천부의 인권을 소유하고 태어났기 때문에 사회적 불평등으로 차별받거나 계층화되지 않아야 한다고 보기 때문이다.

7) 사회이동이란 개인 또는 집단적 수준에서 사회계층이 이동하는 것을 말한다. 사회이동은 크게 수직적 이동과 수평적 이동의 유형으로 구분할 수 있다. 사회이동은 사회구조적 원인과 개인적 원인으로 살펴볼 수 있다.

8) 사회복지실천에서 사회구성원의 계층화의 원인은 마르크스의 단일 차원적 접근보다는 베버의 경제적 측면, 사회적 측면 그리고 정치적 측면의 복합 차원론으로 볼 필요가 있다. 사회복지실천에서 대부분의 미시적 개입은 사회계층에 대한 기능주의적 입장과 유사하다. 사회복지는 기능주의적 계층이론을 비판한 갈등론적 계층이론에도 관심을 가질 필요가 있다.

## 2. 젠더

1) 생물학적 성을 의미하는 섹스(sex)는 신체적 특성을 근거로 남성과 여성을 구분 짓는 용어로 사용된다. 젠더(gender)는 사회적이고 문화적으로 구축된 성이라고 할 수 있는데 반드시 생물학적 성(sex)과 연계되는 것은 아니다. 섹슈얼리티(sexuality)는 성행위에 대한 인간의 성적 욕망과 성적 행위, 그리고 이와 관련된 제도와 규범들을 말한다.

2) 가부장제란 남성이 여성을 지배하고, 억압하며 착취하는 하나의 체계적 사회구조이며 관행을 의미한다. 가부장제는 가내에서의 생산 관계, 유급 노동, 가부장제 국가, 남성 폭력, 섹슈얼리티에서 가부장적 관계, 가부장적 문화 조직들과 같은 여섯 가지들이 서로 연계되어 작동한다.

3) 자유주의 페미니즘은 젠더 불평등을 사회적·문화적 태도에서 찾고자 하기 때문에 사회주의와 급진주의 페미니스트와 다르게 여성에 대한 억압과 차별을 더 큰 체계나 구조의 문제로 보지는 않는다.

4) 사회주의 페미니스트들은 가부장제와 자본주의 양대 체제를 무너뜨려야 젠더 평등을 달성할 수 있다고 본다.

5) 급진주의 페미니즘은 가부장제가 여성 착취의 근원이라고 보는 관점을 지닌다. 급진주의 페미니즘은 여성 억압의 일차 근원지를 가족이라고 가정한다.

6) 사회복지실천에서 젠더는 불평등 및 다양성과 관련된 이슈라고 할 수 있다. 젠더 논쟁의 복잡성과 시대적 흐름 속에서 젠더 평등과 관련된 사회복지사의 일차적 관점은 인간의 어떤 특정 기질, 예컨대 남성의 공격성과 같은 기질을 선천적으로 타고난 특성이라고 간주하지 않아야 한다. 만약 선천적 특성으로만 양성의 차이를 인식한다면 인간의 행동을 구성하는 사회적 상호작용의 역할을 완전히 무시하는 것이 된다. 사회복지사는 여성의 빈곤 증가와 지속화, 여성에 대한 폭력, 권력과 의사결정 과정에 나타난 양성 불평등, 여성에 대한 고정관념화 등의 문제에 관심을 가져야 한다. 또한 젠더 불평등과 관련하여 사회계층, 인종, 민족, 장애, 성적 취향 등이 어떻게 작용하고, 이것이 얼마나 더 중첩된 억압이나 고통을 주는지를 이해할 필요가 있다.

## 3. 문화

1) 문화는 인간이 자연환경이나 사회환경에 적응하거나 극복하기 위해 스스로 만들어낸 생존수단이자 생활양식이다.

2) 문화의 속성은 보편성, 다양성, 사회성, 학습성, 공유성, 체계성, 축적성이라고 할 수 있다.

3) 다문화란 여러 인종, 민족, 국가의 독특하고 다양한 생활양식을 의미하며, 한 국가나 한 사회 속에 다른 인종, 민족 등 여러 집단이 지닌 문화가 함께 존재하는 사회를 다문화사회라고 한다.

4) 다문화주의란 인종이나 민족마다 다른 다양한 문화나 언어를 단일의 문화나 언어로 동화시키지 않고 공존시켜 서로 승인·존중하는 것을 목적으로 하는 사상·운동·정책을 말한다. 다문화주의는 여성, 장애인, 동성애자, 소수인종(혹은 민족), 비서구(아시아, 아프리카) 등의 비주류권 문화를 적극 수용하려는 이념적 지향을 의미한다.

5) 문화적응이란 다르게 형성된 두 문화 간의 계속적이고 직접적인 접촉의 결과로 생긴 변화를 말한다. 베리는 문화적응의 유형을 통합, 동화, 분리, 주변화로 구분하였으며, 가장 바람직한 문화적응의 유형을 통합으로 보았다. 통합이란 자신의 고유성을 유지하여 문화적 주체성을 가지면서 동시에 외부세계(새로운 정착사회)와도 접촉을 충분히 하는 것을 말한다. 동화란 자신의 고유 전통이나 정체성을 버리고 새로운 사회에 완전히 흡수되는 것을 말한다. 분리란 외부세계나 새로운 정착사회 문화와 연결되는 것이 없는 상태에서 자기 고유집단의 주체성만을 유지하면서 분리되는 것을 말한다. 주변화란 두 문화 사이에서 망설이고 어느 것도 선택하지 못하며, 두 문화가 서로 양립할 수 없다고 느낄 때 나타나는 현상이다.

6) 사회복지사는 자문화 중심주의 사고에 의해서 형성되는 문화절대주의를 경계해야 한다. 이는 자기가 속해 있는 민족이 가지고 있는 문화를 기준으로 하여 다른 문화의 가치를 판단하는 것을 말한다. 문화절대주의의 가치가 내재된 사회복지실천은 편견과 차별이 동반될 가능성이 높다. 다문화사회로 진입한 우리 사회에서 사회복지사는 문화적 다양성을 지닌 외국인 노동자와 결혼이주민에 대한 적응 관점을 동화가 아닌 통합의 차원으로 볼 필요가 있다.

Chapter 8

# 인간과 사회환경의 상호작용 이해

## 학습목표

1. 일반체계이론의 주요 개념 이해하기
2. 생태체계이론의 주요 개념 이해 및 사회복지실천과의 관련성 탐색하기

인간과 사회환경은 어떻게 관련되어 있을까? 즉, 개인 대 개인, 개인 대 가족, 개인 대 집단, 개인 대 조직, 개인 대 사회 등이 어떠한 형태로 서로 연결되어 있는지에 대한 물음이다. 인간행동은 개인 내적 힘과 특성뿐만 아니라 물리적 · 사회적 · 문화적 환경의 영향을 받아서 나타나며, 인간과 환경의 상호작용 속에서 유지, 반복, 수정된다고 할 수 있다. 이러한 맥락을 가장 잘 표현하고 있는 개념이 바로 '환경 속의 인간(person-in-environment)'이다. 이는 인간과 환경은 상호 영향을 주고받으며 상호 의존하는 역동적 관계 속에 있다는 의미이다. 이를 가장 잘 설명하는 이론이 생태체계이론이라고 할 수 있다. 생태체계이론은 일반체계이론과 생태학적 이론을 기반으로 하여 확립되었다. 여기서는 일반체계이론과 생태체계이론의 주요 개념을 간략히 살펴보고, 생태체계이론을 바탕으로 하여 인간과 사회환경의 상호작용을 이해하고자 한다.

# 1. 일반체계이론

## 1) 체계의 개념

체계이론은 18세기 물리학 영역에서 출발하여 주로 자연과학분야에서 발달한 이론이다. 이러한 자연과학적 이론이 20세기에 독일의 생물학자인 베르탈란피(Ludwig von Bertalanffy, 1901~1972)에 의해 일반체계이론(general system theory)으로 발달하였다. 일반체계이론은 자연과학적 체계의 개념을 개인과 사회적 환경체계에 접목함으로써, 인간과 환경체계 사이에 이루어지는 상호작용을 설명하는 데 유용한 이론으로 자리 잡게 되었다(강상경, 2011). 이후 여러 학문영역으로 확대되기 시작하였으며 사회복지분야에서도 인간과 사회의 관계를 이해할 수 있는 이론으로 관심을 가졌다.

우선 일반체계이론에서 체계(system)가 무엇을 의미하는지를 아는 것이 중요하다. 그러나 체계를 한마디로 정의하기란 쉽지가 않다. 일반적으로 체계란 '어떤 형태의 규칙적 상호작용이나 상호의존성이 존재하고, 일정 시간 동안 지속되는 요소들로 이루어진 조직화된 전체'라고 정의할 수 있다(Anderson & Carter, 1990; Bardill & Ryan, 1973). 즉, 체계란 하나의 전체로서 상호의존적이며 상호영향을 주고받는 부분들로 이루어진 조직화된 통합체라는 의미이다.

체계는 조직화된 전체, 전체를 구성하고 있는 부분으로 구성되며, 부분과 부분 및 부분과 전체는 끊임없이 상호작용한다. 체계는 역동적으로 변화하지만 일정 기간 동안 안정된 상태로 유지하면서 상호의존과 상호작용을 하며, 외부환경과 에너지를 교환하지 않으면 생존이 불가능하다. 모든 체계는 그 체계를 포함하는 더 큰 체계가 있으며 동시에 더 작은 체계도 가지게 되는 이중적 특성을 가진다. 따라서 한 체계의 변화는 체계 자체의 변화뿐만 아니라 외부환경에도 변화를 일으킨다. 즉, 체계의 한 부분의 변화는 전체 체계에 변화를 가져오게 된다는 것이다.

일반체계이론에서는 모든 대상에 체계 개념을 적용할 수 있다고 본다. 예를 들면, '태양계와 가족체계'는 여러 가지 측면에서 완전히 다른 두 가지 논제이지만 이 두 논제를 체계이론으로 일관되게 설명할 수 있다고 본다. 이는 개인,

인간의 정신, 건축물, 가족, 지구, 우주, 사회, 문화 등의 생물과 무생물의 모든 요소들이 체계 개념의 적용으로 이해될 수 있다는 것이다. 인간의 정신에 적용하면 정신체계, 가족에 적용하면 가족체계, 사회에 적용하면 사회체계, 우주에 적용하면 우주체계가 되는 것이다.

일반체계이론에서 체계의 개념은 추상적이고 일반적인 속성이 있기 때문에 실체적, 물리적으로 완벽하게 이해하기에는 어려움이 많다. 그래서 일반체계이론은 이론이라기보다는 사물을 이해하는 하나의 틀 또는 관점으로 보아야 한다는 주장도 있다.

## 2) 체계의 구조

### (1) 경계

모든 체계는 독특한 구조를 가지고 있다. 구조(structure)는 체계요소들 사이에서 지속적으로 나타나는 안정된 관계유형을 의미하며, 각 요소들이 수행하는 기능에 기반을 두고 있다. 모든 체계는 구분을 요하는 경계가 있다. 체계의 경계(boundary)란 외부환경과 구별 짓는 체계 주변의 테두리이다. 경계는 체계에 참여하는 요소들을 규정하는 개념적이고 임의적인 방법이다(Anderson & Carter, 1990).

경계는 눈으로 볼 수 있거나 혹은 볼 수 없는 경우도 있다. 예를 들면, 가족체계에서 가족이 살고 있는 주택은 물리적 경계로 명확하게 구분되지만, 그 가족이 다른 가족과 구분되는 정서, 규칙 등의 눈에 보이지 않는 경계도 있다. 사회체계의 경우에 경계는 행정구역, 법적 정의, 정치적 성향과 같은 객관적 기준에 근거하기도 하지만, 임의적으로 빈민밀집지역이나 이주민 거주지를 열등지역으로 경계 지울 수도 있다.

따라서 경계는 체계와 체계 사이에 이루어지는 상호 교류의 특징을 구분해 주기 때문에 체계의 독특성 혹은 정체성을 유지하는 기능을 한다. 체계는 경계의 개방성과 침투성의 정도에 의해 외부와의 에너지, 정보, 자원 등의 교환 범위와 정도가 다르게 나타난다.

### (2) 개방체계와 폐쇄체계

체계는 크게 개방체계(open system)와 폐쇄체계(closed system)로 구분할 수 있다. 그러나 실제적으로 모든 체계를 개방체계와 폐쇄체계의 이분법으로 나눌 수는 없으며 두 극단 체계의 연속선상의 어느 지점에 속하게 된다. 따라서 어떤 체계가 개방적 또는 폐쇄적이라는 규정은 다른 체계와의 상대적인 차원에서 일컫는 것이다(강상경, 2011).

개방체계는 체계 내에서의 자유로운 정보교환과 자원교환을 허용하며, 외부환경과 체계 간에도 상대적으로 자유로운 에너지, 정보, 자원 등을 상호 교류하는 체계이다. 그러나 폐쇄체계는 외부환경과 고립되어 있기 때문에 에너지와 정보, 자원 등이 그 체계 안에서만 상호작용하고 체계 밖의 환경이나 다른 체계와 상호작용하지 않는다. 폐쇄체계에서는 외부로부터 에너지와 자원이 유입되지 않기 때문에 그 체계 자체의 자원만 사용할 수 있다.

예를 들면, 상대적으로 개방적인 가족체계에서 가족성원들은 친구, 친지, 이웃, 사회조직들과 활발한 교류를 통해 심리적 · 경제적 자원 등을 새롭게 투입하면서 긍정적이고 역동적인 상황을 유지하게 된다. 반면에 상대적으로 폐쇄적인 가족체계에서 가족성원들은 친구, 친지, 이웃, 사회조직들과 교류가 거의 없기 때문에 빈약한 자원으로 인하여 위기상황에 제대로 대처할 수 없게 된다.

### (3) 상위체계와 하위체계

상위체계(suprasystem)와 하위체계(subsystem)는 상대적인 개념이다. 어떤 한 체계는 그것의 부분들의 입장에서는 상위체계가 되고, 부분들을 포함한 더 큰 체계의 입장에서 보면 하위체계가 되는 것이다. 즉, 하나의 체계는 상위체계임과 동시에 하위체계가 되는 것이다. 체계는 부분인 동시에 전체인 총체(entity)로 본다는 홀론(holon) 개념이 적용된다. 홀론 개념에 의하면, 체계는 부분들로 구성되어 있는데 부분들과의 관계에서는 전체가 되고, 동시에 보다 더 큰 체계의 부분이 되기 때문에 또 하나의 부분으로 존재한다는 것이다. 즉, 모든 체계는 전체인 동시에 부분이 되는 것이다(Anderson & Carter, 1990).

체계는 부분들 간의 지속적인 상호교환 활동에 의해 유지되는데, 하나의 체계가 작동하고 기능을 하기 위해서는 상위체계에 의존해야 하며, 또한 그 체계의 하위체계에게 방향을 제시해 주어야 한다. 이와 같이 체계는 부분들 간의 반복적인 상호교환 과정에서 체계 내 구성요소들 간에 역할이 분화되고 위계질서가 형성된다.

### 3) 체계의 에너지 교류

체계 내에는 성장, 개혁 그리고 변화를 창출해 내려는 힘과 체계 내부의 규칙과 가치를 보존하고 안정성을 유지하려는 속성이 함께 존재한다. 따라서 체계 내의 구성요소들 사이에는 에너지가 발생하고 교류되는데, 이와 관련된 개념은 엔트로피, 넥엔트로피, 시너지가 있다(Anderson & Carter, 1990).

엔트로피(entropy)는 체계 내부의 상호작용이 감소함에 따라 유용한 에너지가 감소하는 상태를 말한다. 이는 체계가 외부로부터 자원이나 정보 등의 에너지를 유입하지 않기 때문에 나타난다. 체계 내부의 유용한 에너지를 소모하는 엔트로피 상태가 지속되면 체계는 소멸하게 된다. 실제로 완전한 엔트로피 상태의 체계는 찾아보기가 어려우며, 주로 폐쇄체계와 관련 있는 개념이다.

예컨대 사회복지생활시설이나 교정기관 등이 외부의 인적 또는 물적 자원과 소통하기를 거부하는 폐쇄체계로 나아간다면 이 기관들의 유용한 에너지가 점차 사라져서 인권침해 등의 혼란스러운 상황이 발생하게 되는 것이다. 따라서 엔트로피는 체계 내의 유용한 에너지가 감소하기 때문에 무질서와 혼돈이 증가되는 상태를 말한다.

넥엔트로피(negentropy)는 체계 외부로부터 가용 가능한 에너지가 유입되므로 체계 내부의 유용하지 않은 에너지가 감소되는 상태를 일컫는다. 따라서 넥엔트로피가 증가하면 체계의 혼란과 무질서는 감소되고 체계 내의 질서와 법칙이 유지된다. 예컨대 빈곤 상태에서 스트레스와 혼란이 증가되고 있는 가족체계가 외부로부터 경제적 지원을 받게 되면 가족성원들이 정서적으로 안정되고 부모와 자녀 역할을 기본적으로 수행하게 된다는 것이다. 이는 주로 개방체계와 관련된다.

시너지(synergy)란 체계 내부 간에 또는 외부와의 상호작용이 증가함으로써 부가적으로 체계 내의 에너지가 증가하는 현상이다. 이는 개방적인 체계에서 가능하며, 한번 생성된 에너지는 고갈되지 않고 다시 구성요소들 간의 상호작용을 촉진하여 새로운 에너지를 계속 만들어 냄으로써 가능하다. 예컨대 가족체계에서 가족성원 한 명의 긍정적 움직임이 모든 가족들을 변화시키고, 이러한 역동성은 친지, 근린지역으로까지 확대된다는 의미이다. 즉, 체계의 한 부분의 변화로 전체 체계를 변화시킬 수 있다는 것이다.

### 4) 체계의 역동성

#### (1) 균형

모든 체계는 변화하려는 속성과 체계 자체를 유지하려는 속성을 동시에 가지고 있다. 체계는 완전한 변화나 완전한 현상 유지 상태로는 존재하지 않는다. 체계는 지속적으로 변화를 추구함과 동시에 역동적 균형 상태를 유지하려고 한다. 이와 관련된 개념은 균형, 항상성, 안정 상태라고 할 수 있다.

우선 균형(equilibrium)은 외부환경과 상호작용을 하여 에너지와 자원을 교환하지 않으며 내부의 수평적인 교류를 하는 상태를 말한다(강상경, 2011). 균형은 외부체계로부터의 투입 없이 평형을 유지할 수 있는 체계의 능력을 의미한다. 그러나 균형은 체계의 성장과 발달을 억압하거나 불안정을 유발할 수 있다. 상대적으로 폐쇄체계에서 주로 나타나는 상태이며, 외부와의 교류나 체계의 구조 변화가 거의 없는 고정된 평형 상태를 말하는 것으로 개방체계에서는 거의 달성할 수 없는 상태라고 할 수 있다.

### (2) 항상성

항상성(homeostasis)은 체계 내의 현상유지 속성을 설명하기 위하여 가장 보편적으로 사용되는 개념이며 체계가 균형을 위협받았을 때 이를 회복하려는 경향을 말한다. 지속적인 변화의 상태에 놓여 있는 동시에 역동적인 균형 상태를 유지하는 것을 의미한다(Compton & Galaway, 1989).

항상성은 흔히 자동온도조절장치에 비유된다. 자동온도조절장치에서 실내온도를 23도에 지정해 놓을 경우에 끊임없이 적정 온도를 맞추기 위해서 더운 공기와 찬 공기를 내보내서 23도를 유지하려고 한다. 여기서 실내 온도가 23도에서 멀어지게 되면 이를 다시 23도로 맞추려는 자율적 변화와 같은 원리를 체계의 항상성이라고 한다.

항상성 개념을 가족체계에 적용해 보면, 이웃 가족과 1개월에 한두 번만 교류하던 가족이 새로 이사 온 이웃의 적극적인 방문에 대해 주춤거리는 상황에서 볼 수 있다. 이는 체계의 항상성 기제로 인한 현상이다. 만약 보다 개방체계인 가족이라면 처음에는 항상성 기제가 작용하여 기존의 틀을 유지하려고 하겠지만 서서히 상호교류의 만족을 체험하면서 이웃과의 관계 방향을 재설정할 것이다.

이와 같이 항상성은 체계를 일관성 있게 유지하여 혼란과 무질서로부터 보호하려는 성질이다. 즉, 기존 체계의 모습을 유지하기 위해 필요한 체계 자체의 일정한 범위 안의 변화 폭을 말한다. 따라서 항상성 상태에서 체계의 구조는 크게 달라지지 않는다.

### (3) 안정 상태

안정 상태(steady state)란 전체 체계가 균형을 이루고 있고, 부분들 간의 관계를 유지하면서 쇠퇴하여 붕괴하지 않도록 환경과 융통성 있게 에너지를 교환하거나 적응하기 위하여 체계구조도 변화시키는 상태를 말한다(Anderson & Carter, 1990). 안정 상태는 개방체계에 존재하며, 체계가 건강한 상태로 존재한다는 것을 말한다.

위의 예에서 가족체계가 이웃과 보다 활발하게 관계를 하는 방향으로 가족 내부 규칙을 변화시키는 것을 말한다. 안정 상태는 모든 체계의 기본 속성이며, 체계의 목표와 정체성을 유지하려는 체계의 의도적인 노력에 의해 나타난 결과이다. 체계의 균형, 항상성, 안정 상태를 좋고, 나쁘다로 평가하는 것은 바람직하지 않다. 체계 그 자체의 상황과 조건에 따라 다르게 판단해야 한다.

## 5) 체계의 성장과 변화 과정

### (1) 투입-전환-산출

체계가 생존하고 유지되면서 성장・변화해 가기 위해서는 체계 내부 및 외부와 지속적으로 자원, 정보 등의 에너지 교환이 이루어져야 한다. 이러한 체계 내・외부와의 에너지 교환을 설명해 주는 개념이 투입-전환-산출과 환류이다.

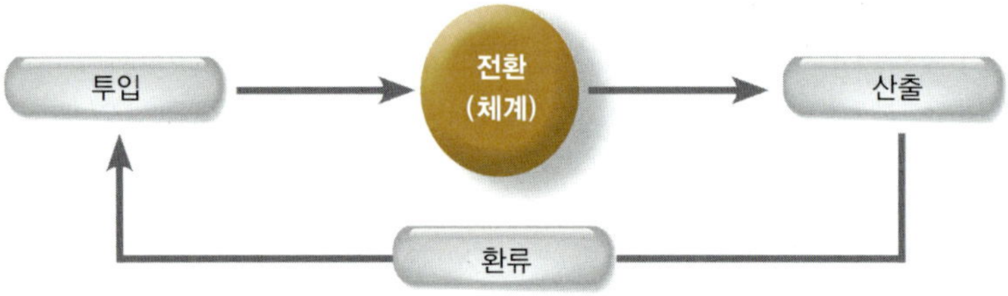


|그림 8-1| **체계의 투입-전환-산출과 환류의 과정**

체계에서 에너지란 행동하고, 유지하고, 변화를 일으킬 수 있는 체계의 능력으로서 정보와 자원을 모두 포함한다. 체계의 에너지는 내부에서 얻을 수도 있고 외부환경으로부터 유입될 수도 있다. 가족체계에서 에너지를 말한다면, 가족체계를 유지하는 가족성원들의 신체능력, 공유감정, 충성도 등의 체계 내부의 자원과 에너지뿐만 아니라 외부 환경체계로부터 유입되는 정보, 아이디어, 정서적 지지, 경제적 원조 등도 포함된다.

체계가 외부로부터 정보나 에너지를 받아들여 필요로 하는 자원을 만들어 내는 과정을 투입-전환-산출이라 한다. 투입(input)이란 체계가 환경으로부터 에너지, 사물, 정보 등을 받아들이는 과정을 말한다. 일단 외부환경으로부터 체계 내부로 투입이 이루어지고 나면, 체계는 투입된 에너지를 자신에게 적절하게 변형시키게 되는 재조직화 과정을 거치게 되는데 이를 전환(conversion operation)이라 한다. 체계가 이러한 전환 과정을 시작하게 되면 체계는 적극적으로 외부환경에 반응하게 된다. 산출(output)은 체계 내에서 변형된 에너지를 환경으로 방출하는 것을 의미한다(권중돈 · 김동배, 2005).

이러한 산출과 관련된 체계이론의 주요 개념으로는 동등종결성(equifinality)과 다중종결성(multifinality)이 있다. 동등종결성은 특정한 산출결과는 여러 원인에 의해 나타날 수 있다는 것이다. 예컨대 자신의 스트레스가 자녀의 장애에 기인한다고 호소할 때 사회복지사는 다른 원인이 있을 수 있음을 인식해야 한다. 또한 사회복지사는 클라이언트의 문제를 해결하기 위해 다양한 방법이나 기법을 활용할 수 있다는 의미이다.

다중종결성은 어떤 활동이 다양한 결과로 나타날 수 있다는 것이다. 예컨대 부부치료에서 하나의 문제를 해결하는 과정에서 또 다른 차원의 부부갈등이 발생하는 경우이다. 또한 사회복지사가 동일한 방법을 적용하더라도 문제들이 완전히 해결되는 클라이언트가 있는 반면에 전혀 효과를 보지 못하는 클라이언트도 발생할 수 있다는 의미이다.

### (2) 환류

환류(feedback)란 체계의 투입-전환-산출 과정에서 만들어진 산출이 다시 체계 내부로 투입되는 것을 말한다. 이는 어떤 체계가 가지고 있는 목적을 달성하기 위해 스스로 행하는 의사소통의 자율적 장치이다. 환류에는 정적 환류와 부적 환류가 있다(최옥채 외, 2007).

정적 환류(positive feedback)는 체계가 스스로의 목표를 달성하기 위해 올바른 방향으로 가고 있다고 판단하여 그러한 과정을 계속하도록 더욱 요청하는 의미 전달방식이다. 부적 환류(negative feedback)는 체계의 에너지 전환 과정이 목표에서 벗어나는 방식으로 진행되고 있다는 정보를 주어서 체계의 목표와 조화를 이루도록 요구하는 의미 전달방식이다.

예를 들면, 가족체계의 경우에 가족상담소에서 부부가 부부만족도를 낮게 하는 대화 방식을 사용하고 있다는 부적 환류를 바탕으로 기존의 대화를 수정하는 방법에 관심을 가지게 될 것이다. 반대로 정적 환류를 지속한다면 기존 대화방식을 더욱 활용하여 부부만족도는 더욱 낮아지게 될 것이다.

환류는 체계의 평형을 유지시키거나 변화를 촉진함으로써 체계를 혼란스럽게 만드는 작용을 하기도 한다. 즉, 환류가 항상 체계를 바람직한 방향으로 이끈다고 볼 수 없다. 개인체계의 예를 들면, 어떤 청소년이 또래집단과 계속해서 어울리기 위해 자신의 비행행위를 정적 환류로 지속하도록 자신에게 요청한다면 이는 개인의 적응이나 발달에 바람직하지 않게 작용하는 것이다.

## 2. 생태체계이론

### 1) 기본 구성

생태체계이론은 생태학적 이론과 일반체계이론을 기반으로 하여 구성된 이론이며, 그 밖에도 자아심리학, 스트레스이론, 역할이론, 인류학, 인본주의 이론 등의 영향을 받았다. 생태체계이론의 대표적인 학자는 저메인(C. B. Germain)과 기터맨(A. Gitterman) 등이다. 생태체계이론의 인간과 환경에 대한 기본 전제는 일생을 통해 개인과 그를 둘러싼 환경 간에 상호작용을 한다는 것이다.

생태체계이론은 거의 대부분 일반체계이론의 주요 개념을 그대로 받아들이고 있지만 몇몇 부분에서 일반체계이론의 한계를 보완하고 있다(Germain & Gitterman, 1980). 우선 일반체계이론에서 크게 설명하지 않았던 체계 간의 공유영역에 대해 상호교류와 적응이라는 개념을 적용하여 인간과 환경의 상호작용 방법을 구체적으로 확인할 수 있도록 하였다.

또한 일반체계이론에서는 체계의 변화 속성만 강조하였지만 생태체계이론에서는 체계의 변화와 유지 기능을 똑같이 중요하게 고려한다는 것이다. 그리고 일반체계이론보다 생태체계이론은 일상적 삶을 살아가는 인간의 문제에 보다 초점을 맞추기가 적절하다고 할 수 있다.

생태체계이론은 기본적으로 일반체계이론의 구조와 속성을 바탕으로 생태학적 관점, 즉 인간을 포함한 유기체와 환경이 어떻게 서로 조화롭고 적응적인 형태를 유지해 나가는지를 이해하고자 한다. 생태체계이론의 핵심 내용은 인간을 복잡한 체계로 바라보고, 인간과 환경은 끊임없이 상호 적응하면서 발달한다는 것이다. 생태체계이론은 사회복지실천의 기본 관점을 제공해 주는 이론이다.

### 2) 생태학적 개념의 적용

#### (1) 인간과 환경의 상호교류

생태학적 이론에 의하면 인간과 환경을 단일 체계로 보고 분리하는 것이 아니라 동시적 관점으로 보아야 한다고 주장한다(Bronfenbrenner, 1992). 생태학적 이론에서는 환경의 개인에 대한 영향이나 개인이 속해 있는 환경에 관심을 두는 것이 아니라 인간과 환경 사이의 상호적 관계 또는 상호작용에 관심을 둔다. 환경적 힘은 개인-환경 간의 상호작용에 영향을 미치며, 개인은 자원과 발달수준에 따라 환경에 참여하게 된다(권중돈 · 김동배, 2005).

생태학적 이론에서 개인은 환경과 상호작용할 수 있는 능력을 타고난다고 본다. 그러나 서로 다른 개인들은 동일한 환경에 대해 다르게 반응하며, 동일한 환경이라도 시간의 변화에 의해 개인의 대처는 다르게 된다. 인간과 환경은 상호 호혜적 관계를 유지하려는 성질이 있기 때문에 개인을 이해하려면 자연스러운 환경과 상황 속에서 가능하다. 개인의 긍정적인 변화는 전체적인 생활공간에서 자신의 생활 경험을 통해 이루어질 수 있다. 이 과정에서 중요한 것은 개인과 환경을 동시에 고려해야 한다는 점이다.

생태학적 이론으로 인간과 환경의 관계를 설명한 대표적인 학자는 브론펜

브레너(Urie Bronfenbrenner, 1917~2005)이다. 그는 인간의 성장과 발달은 개인이 환경을 지각하고 다루는 방식의 변화를 의미한다고 본다. 이 과정에서 개인은 인접한 생활의 장에서뿐만 아니라 더 큰 사회적 맥락 속의 환경과 상호작용한다고 보았다(Bronfenbrenner, 1979). 생태학적 이론의 적용은 인간과 환경의 적응을 개선하여 개인의 욕구와 환경 간에 보다 나은 연결을 할 때 유용하다.

생태학적 이론에서는 개인과 환경을 별개로 이해하는 것이 아니라 상호 교류하는 순환론적 관점을 유지한다. 개인이 단순히 환경에 대처하거나, 환경이 개인에 영향을 미친다는 가정이 아니라 개인과 환경이 동시에 상호 영향을 미친다는 사실에 주목하는 것이다.

### (2) 적응

적응(adaptation)은 인간과 환경이 하나의 단위 내에서 상호영향을 미치면서 최적합의 상태를 유지하려고 하는 과정이다. 인간의 관점에서 본다면, 적응은 환경을 자신의 상황에 맞게 능동적으로 변화시키거나 주어진 환경에 스스로 맞추는 것을 포함한다. 마찬가지로 환경은 인간의 존재와 그 대처로 인하여 구조적 변화를 경험하게 되는 것이다. 따라서 적응은 인간과 환경의 동시적 영향력에 의해 이루어지는 상호 의존적인 과정이다(Meyer, 1983).

생태학적 이론에서는 인간과 환경의 끊임없는 적응을 병리적으로 보는 것이 아니라 개인의 욕구와 환경 자원의 불일치를 해결하는 과정으로 본다. 즉, 생태학적 이론에서는 인간의 부적응을 병리적으로 규정하지 않고 개인의 욕구와 환경적 자원의 불일치 상태로 보는 것이다. 생태학적 이론에서는 개인의 적응을 방해하는 환경적 요인들을 중요하게 생각한다.

## 3) 환경체계

인간은 가족과 같은 가장 직접적인 환경부터 시작하여 사회환경, 인위적 환경 및 자연환경까지 확대된 환경과 상호작용한다. 환경체계는 일반적으로 미시체계, 중간체계, 거시체계로 구분할 수 있다.

미시체계(micro system)는 개인이 소속되고 가장 인접한 수준의 환경체계이다. 이는 가족이나 이웃과 같이 일상에서 매일 접촉하는 환경 내에서 경험하는 상호관계 체계이다. 사람들은 개인적 상황과 발달 시기에 따라 가족, 학교, 이웃, 친구, 친지, 사회모임 등 다양한 미시체계를 경험하게 된다. 이러한 미시체계는 개인의 성장과 발달에 중요한 영향을 미치게 된다.

중간체계(meso system)는 미시체계에 영향을 미치는 환경이며, 미시체계의 성격과 기능을 결정한다. 중간체계는 각 개인에게 직접 관여하지는 않지만 그 개인이 속한 미시수준의 환경에 영향을 주는 체계를 말한다. 중간체계는 개인이 속한 직장이나 학교에 영향을 미치는 운영 구조, 규칙 혹은 개인이 이용할 수 있는 지역사회의 다양한 자원체계들의 특성을 말한다. 예를 들면, 자녀는 자신들과 직접 관련이 없는 부모의 근무조건 등의 직업 환경에 영향을 받을 수 있다. 이때 부모의 직업 환경이 자녀의 중간체계가 되는 것이다. 이러한 중간체계는 개인의 발달에 표면적으로는 영향을 미치지 않는 것으로 보이지만 미시체계에 영향을 미치게 되며, 이는 다시 개인의 성장과 발달에 영향을 주게 된다.

거시체계(macro system)는 미시체계, 중간체계를 포함한 광범위한 사회구조적인 맥락을 의미한다. 일반적으로 거시체계는 개인의 삶에 직접적으로 관여되지 않는 것처럼 보이는 문화, 정치, 사회, 법, 종교, 교육정책과 같은 것을 말한다. 그러나 거시체계는 시간적 차이만 있을 뿐 각 개인의 삶에 강력한 영향을 미칠 수 있다. 각 개인의 일상에서 일어나는 선거, 입법, 각종 협약, 유행 등에 의해서 거시체계가 형성되고 수정되는데, 이는 개인의 삶에 궁극적으로 영향력을 행사한다. 예를 들면, 개인들이 선출한 대통령, 국회의원, 시장은 그들의 가치관과 공약을 시행하여 거시체계를 형성하게 되고, 이는 시간이 흐른 후에 개인에게 직접적으로 영향을 미치게 되는 것이다. 방송매체를 통하여 형성된 외모, 의복 등에 관한 유행은 문화적 거시체계를 형성하여 개인 각각에게 시간이 흐른 뒤에 어떤 형태로든지 영향을 미치게 된다.

### 4) 생태체계이론과 사회복지실천

#### (1) 생태체계이론의 사회복지실천 도입 배경

생태체계이론은 사회복지실천에서 인간과 환경의 상호교류와 적응이라는 큰 틀을 제시했다고 볼 수 있다. 생태체계이론에서 환경은 물리적 환경, 사회적 환경, 그리고 시간과 공간까지 포함하는 종합적 개념이다. 하지만 실제 사회복지실천에서는 주로 사회적 환경에 초점을 두며, 그 사회적 환경 중에서도 특히 관료조직과 사회관계망에 관심을 둔다.

관료조직은 개인의 생활에 영향을 미치는 건강, 교육, 사회서비스 등을 제공하는 공식적 조직들을 말한다. 사회적 관계망은 개인이나 가정의 생활공간에서 상호 영향을 미치는 친구, 친족, 이웃, 동료, 자조집단 등과의 관계체계를 말한다. 생태체계이론에서는 개인의 생활상의 문제가 그를 둘러싼 환경적 문제, 특히 관료조직이나 사회관계망과 어떤 연관성을 가지고 있는지에 보다 많은 초점을 두도록 강조한다.

하지만 생태체계이론은 사회의 거대 구조적 문제를 해결하거나 사회의 변동을 직접적으로 일으키는 데 활용할 수 있는 유용한 이론이 아니다. 생태체계이론은 기능주의적 관점에서 개인이 적응하기 위해 필요한 사회적 변화에 초점을 둔다. 따라서 사회의 구조적 변화를 통해 그 속에 포함되어 있는 구성원들의 삶 자체나 전망을 다르게 하도록 하는 데는 다소 미흡한 접근법이다.

그러나 생태체계이론은 사회복지실천의 방향을 획기적으로 전환하는 데 충분히 기여하였다. 초기의 사회복지사들은 클라이언트의 문제를 개인의 내적 요인에 있다고 판단하여 이를 제거하거나 감소시키는 데 초점을 두었다. 이는 의사가 환자의 병을 치료하듯이 변화의 중심을 클라이언트 자체에 두는 방식이다. 주로 심리학과 정신의학의 이론을 근거로 한 이러한 관점은 사회복지실천에 많은 영향을 미치었다. 이는 클라이언트가 직면하는 문제를 설명하기 위하여 질병 접근법에 기초하여 신체와 마음을 분리하는 철학적 전제에 근거한 것이다(김기태 외, 2005). 즉, 개인에게 구체적인 증상이나 확인할 수 있는 병리가 없다면 그 사람은 안녕 상태에 있다고 보는 관점이다.

사회복지실천에서 클라이언트의 문제를 개인적 병리에만 초점을 맞출 경우에는 개인의 전체적인 안녕에 영향을 미치는 다양한 환경적 요인들을 고려할 수 없다. 클라이언트를 병리적 차원에서 접근하면 문제의 원인을 단순화하여 단일 치료법을 제시하게 되고, 클라이언트를 비인간화하여 권위주의적 관계를 형성하며, 예방을 도외시하고 사후개입에만 의존할 수 있다(Pardeck, 1992).

스튜어트(Stuart, 1970)는 개인의 심리적 요인을 중시하는 대표적 이론인 정신분석은 클라이언트의 문제를 해결하고 이해하는 데 있어 효율성이 떨어진다고도 하였다. 이러한 병리적 관점에 대한 비판이 증가하면서 사회복지실천현장에서는 환경적 요인 또한 클라이언트 문제의 원인과 해결책을 제시하는 데에 있어서 중요하다는 사실이 점차 확산되었다. 이러한 반성적 성찰의 과정을 거치면서 1960년대와 1970년대에 생태체계이론이 사회복지실천의 새로운 관점으로 자리 잡게 되었다.

### (2) 생태체계이론의 사회복지실천 유용성

생태체계이론에 따르면 인간은 많은 체계(system)와 상호작용을 하며, 체계는 인간과 또 다른 체계와 교류한다는 것이다. 따라서 인간행동은 자신을 둘러싸고 있는 체계들의 역동적 상호작용 속에서 발생할 수밖에 없다. 인간행동은 그를 둘러싸고 있는 모든 환경적 요소와 거래하고 적응하며 발달하는 과정에서 나타난 산물인 것이다. 또한 생태체계이론에서 인간행동은 단지 수동적으로 환경의 영향을 받는 데 그치는 것이 아니라 환경과 역동적으로 상호작용하는 과정에서 나타나는 것으로 간주한다.

인간발달에 관한 생태체계이론의 기본 전제는 전 생애를 통하여 개인과 그를 둘러싼 환경 간에 상호작용을 한다고 본다. 이러한 작용은 인접한 가족, 집단, 조직 등에서뿐만 아니라 사회적이고 문화적인 맥락까지 확대되어 일어난다. 사회복지사가 이러한 관점을 가진다면 클라이언트의 욕구와 환경 사이에 보다 나은 연결을 통해 그들의 적응에 도움을 줄 수 있다. 이는 인간과 환경 모두에 이중적 초점을 두는 것이며, 사회복지실천과정에서 개인 자체에만 개입할 경우에 나타나는 많은 한계들을 극복할 수 있다.

예컨대 부모의 이혼 위기를 감당하기 어려워서 외부에 부적절한 방법으로 도움을 요청하는 초등학생의 경우를 보자. 이 초등학생이 가족관계의 불안과 가족위기를 외부에 알리기 위한 방법(의식적으로 인지하지는 못함)으로 동료학생 폭행을 선택하였을 경우에 행동수정만으로 아동을 이해하고 개입하는 데는 한계가 있다. 가족체계가 이 아동과 상호작용한 상황을 파악하지 않으면 문제해결에 어려움을 가지게 된다는 것이다.

생태체계이론에서 인간은 관련된 환경의 모든 요소와 교환하고 적응하며 발달하는 존재로 본다. 따라서 이 관점은 인간의 내·외적 요인 모두에 관심을 가지며, 인간이 단지 수동적으로 환경의 영향을 받는 존재가 아니라 환경과 역동적으로 상호작용하는 존재로 간주한다. 생태체계이론을 바탕으로 한 사회복지실천을 할 경우에 구체적으로 다음과 같은 유용성을 가진다.

첫째, 사회복지실천의 영역을 인간 자체, 환경, 인간과 환경의 관계에 모두 둘 수 있다. 인간 자체에 초점을 둠으로써 각 개인의 문제해결능력, 적응능력 및 발달능력을 개발할 수 있다. 환경에 초점을 둠으로써 환경이 개인의 욕구를 더욱 효과적으로 충족시켜 줄 수 있도록 재형성할 수 있다. 인간과 환경의 관계에 초점을 둠으로써 환경은 인간과 상호작용하며 인간에게 필요한 자원, 서비스와 기회 등을 제공하도록 할 수 있다.

둘째, 인간발달과 기능이 일생을 통하여 개인과 그를 둘러싼 환경 간의 상호작용 속에서 이루어진다는 사실을 알도록 한다. 이는 개인에 초점을 두는 동시에 그를 둘러싼 환경을 강조한다는 것이다. 생태체계이론에 따르면, 개인은 생애발달단계가 이동함에 따라 과도기적 문제와 욕구를 가진다고 본다. 따라서 개인의 성장과 발달을 가져다주는 걷기, 입학, 사춘기 적응, 졸업, 취직, 결혼, 출산, 자녀의 독립, 은퇴 등과 같은 많은 과도기적 문제와 욕구를 이해할 수 있다. 생태체계이론은 발달과 성장 과정에 있는 개인, 가족, 집단의 욕구와 문제를 이해하는 중요한 사회복지실천의 기본 관점이 되는 것이다.

셋째, 사회복지실천에서 클라이언트의 문제의 원인과 해결책을 다양한 방법으로 접근할 수 있다. 개인 내적 차원의 전문적 접근은 많은 유용성에도 불구하고 한계를 가지고 있다. 예를 들면, 경제적 빈곤으로 인하여 우울을 경험하고 있는 개인에게 심리적 지지만으로는 부족하며 생필품과 같은 물질적 자원을 동시에 제공하여야 우울의 문제를 해결할 수 있을 것이다. 생태체계이론의 적용은 사회복지실천에서 클라이언트의 문제와 욕구의 다양한 원인과 해결 방안들을 고려할 수 있도록 하였다.

넷째, 사회복지실천에 실제적으로 활용될 수 있는 생태도, 가계도, 사회적 관계망의 개념과 도구들을 활용할 수 있다. 생태도(ecomap)란 개인이나 가족을 포함하여 동일한 삶의 공간에 존재하고 상호 관련되어 있는 체계들을 찾아내어 그 체계들끼리 어떻게 영향을 주고받는지를 그림으로 묘사하는 사정(assessment) 도구이다. 이는 클라이언트가 가족체계를 비롯하여 사회체계와 어떻게 상호작용하는지, 어떤 자원이 필요하고 부족한지, 장점과 강점은 무엇인지 등을 한꺼번에 파악할 수 있는 도구이다.

가계도(genogram)란 사회체계에 속해 있는 가족체계를 3대 이상에 걸쳐서 그들의 관계를 도표로 나타내어 사정하는 방법이다. 이는 클라이언트의 가족관계와 특징을 살펴보고 원조 방향을 결정하는 데 도움을 줄 수 있다.

사회적 관계망(social network)은 단순한 사람들의 집합이 아니라 구성원들 간의 연결이 개인의 행동에 영향을 미치는 하나의 관계체계이며, 현실생활에서 관심과 유대의 결과로서 가족의 생활공간에서 발생하는 친족, 친구, 이웃, 자조집단 등을 포함하는 개념으로 이해할 수 있다(최옥채 외, 2007). 이는 사회복지실천에서 사회자원을 활용하고 인간이 환경에 잘 적응할 수 있도록 돕는 도구가 될 수 있다.

# 요약

## 1. 일반체계이론

1) 일반체계이론은 자연과학적 체계의 개념을 개인과 사회적 환경체계에 접목함으로써, 인간과 환경체계 사이에 이루어지는 상호작용을 설명하는 데 유용한 이론이다.

2) 일반체계이론은 20세기에 독일의 생물학자인 베르탈란피에 의해 확립되었으며, 체계란 하나의 전체로서 상호의존적이며 상호영향을 주고받는 부분들로 이루어진 조직화된 통합체라는 의미이다.

3) 체계는 조직화된 전체, 전체를 구성하고 있는 부분으로 구성되며, 부분과 부분 및 부분과 전체는 끊임없이 상호작용한다.

4) 체계의 경계란 외부환경과 구별 짓는 체계 주변의 테두리이며, 경계는 눈으로 볼 수 있거나 혹은 볼 수 없는 경우도 있다. 경계는 체계와 체계 사이에 이루어지는 상호 교류의 특징을 구분해 주기 때문에 체계의 독특성 혹은 정체성을 유지하는 기능을 한다.

5) 체계는 크게 개방체계와 폐쇄체계로 구분할 수 있다. 개방체계는 체계 내에서의 자유로운 정보교환과 자원교환을 허용하며, 외부환경과 체계 간에도 상대적으로 자유로운 에너지, 정보, 자원 등을 상호 교류하는 체계이다. 폐쇄체계는 외부환경과 고립되어 있기 때문에 에너지와 정보, 자원 등이 그 체계 안에서만 상호작용하고 체계 밖의 환경이나 다른 체계와 상호작용하지 않는다.

6) 체계는 부분인 동시에 전체인 총체로 본다는 홀론 개념이 적용된다. 체계는 부분들로 구성되어 있는데 부분들과의 관계에서는 전체가 되고, 동시에 보다 더 큰 체계의 부분이 되기 때문에 또 하나의 부분으로 존재한다는 것이다. 따라서 모든 체계는 상위체계임과 동시에 하위체계가 되는 것이다.

7) 체계 내의 구성요소들 사이에는 에너지가 발생하고 교류되는데, 이와 관련된 개념은 엔트로피, 넥엔트로피, 시너지가 있다. 엔트로피는 체계 내부의 상호작용이 감소함에 따라 유용한 에너지가 감소하는 상태를 말한다. 체계 내부의 유용한 에너지를 소모하는 엔트로피 상태가 지속되면 체계는 소멸하게 된다. 넥엔트로피는 체계 외부로부터 가용 가능한 에너지가 유입되므로 체계 내부의 유용하지 않은 에너지가 감소되는 상태를 일컫는다. 넥엔트로피가 증가하면 체계의 혼란과 무질서는 감소되고 체계 내의 질서와 법칙이 유지된다. 시너지란 체계 내부 간에 또는 외부와의 상호작용이 증가함으로써 부가적으로 체계 내의 에너지가 증가하는 현상이다.

8) 체계는 지속적으로 변화를 추구함과 동시에 역동적 균형 상태를 유지하려고 하는데, 이와 관련된 개념은 균형, 항상성, 안정 상태이다. 균형은 외부환경과 상호작용을 하여 에너지와 자원을 교환하지 않으며 내부의 수평적인 교류를 하는 상태를 말한다. 항상성은 체계 내의 현상유지 속성을 설명하기 위하여 가장 보편적으로 사용되는 개념이며 체계가 균형을 위협받았을 때 이를 회복하려는 경향을 말한다. 안정 상태란 전체 체계가 균형을 이루고 있고, 부분들 간의 관계를 유지하면서 쇠퇴하여 붕괴하지 않도록 환경과 융통성 있게 에너지를 교환하거나 적응하기 위하여 체계구조도 변화시키는 상태를 말한다.

9) 체계가 외부로부터 정보나 에너지를 받아들여 필요로 하는 자원을 만들어 내는 과정을 투입-전환-산출이라 한다. 투입이란 체계가 환경으로부터 에너지, 사물, 정보 등을 받아들이는 과정을 말한다. 전환이란 투입된 에너지를 자신에게 적절하게 변형시키는 재조직화 과정을 의미한다. 산출은 체계 내에서 변형된 에너지를 환경으로 방출하는 것을 의미한다. 환류란 체계의 투입-전환-산출 과

정에서 만들어진 산출이 다시 체계 내부로 투입되는 것을 말한다. 환류에는 정적 환류와 부적 환류가 있으며, 정적 환류는 체계가 스스로의 목표를 달성하기 위해 올바른 방향으로 가고 있다고 판단하여 그러한 과정을 계속하도록 더욱 요청하는 의미 전달방식이고, 부적 환류는 체계의 에너지 전환 과정이 목표에서 벗어나는 방식으로 진행되고 있다는 정보를 주어서 체계의 목표와 조화를 이루도록 요구하는 의미 전달방식이다.

## 2. 생태체계이론

1) 생태체계이론은 생태학적 이론과 일반체계이론을 기반으로 하여 구성된 이론이며, 그 밖에도 자아심리학, 스트레스이론, 역할이론, 인류학, 인본주의 이론 등의 영향을 받았다. 생태체계이론의 인간과 환경에 대한 기본 전제는 일생을 통해 개인과 그를 둘러싼 환경 간에 상호작용을 한다는 것이다.

2) 생태학적 이론에 의하면 인간과 환경을 단일 체계로 보고 분리하는 것이 아니라 동시적 관점으로 보아야 한다고 주장한다. 생태학적 이론에서는 환경의 개인에 대한 영향이나 개인이 속해 있는 환경에 관심을 두는 것이 아니라 인간과 환경 사이의 상호적 관계 또는 상호작용에 관심을 둔다.

3) 생태학적 이론의 주요한 개념인 적응은 인간과 환경이 하나의 단위 내에서 상호영향을 미치면서 최적합의 상태를 유지하려고 하는 과정으로 설명한다. 생태학적 이론에서는 인간과 환경의 끊임없는 적응을 병리적으로 보는 것이 아니라 개인의 욕구와 환경 자원의 불일치를 해결하는 과정으로 본다.

4) 생태체계이론에서 환경체계는 미시체계, 중간체계, 거시체계로 구분할 수 있다. 미시체계는 개인이 소속되고 가장 인접한 수준의 환경체계이다. 중간체계는 미시체계에 영향을 미치는 환경이며, 미시체계의 성격과 기능을 결정한다. 거시체계는 미시체계, 중간체계를 포함한 광범위한 사회구조적인 맥락을 의미한다.

## 3. 생태체계이론과 사회복지실천

1) 생태체계이론은 사회복지실천의 기본 관점이며, 인간과 사회환경에 이중적 초점을 두고, 사회환경 중에서는 관료조직과 사회관계망에 관심을 둔다.

2) 생태체계이론은 사회복지실천의 방향을 획기적으로 전환하는 데 기여하였다. 초기의 사회복지사들은 클라이언트의 문제를 개인의 내적 요인에 있다고 판단하여 이를 제거하거나 감소시키는 데 초점을 두었다. 이후 사회복지실천에서 클라이언트의 문제를 개인적 병리에만 초점을 맞출 경우에는 개인의 전체적인 안녕에 영향을 미치는 다양한 환경적 요인들을 고려할 수 없다는 사실을 확인하였다. 이러한 반성적 성찰의 과정을 거치면서 1960년대와 1970년대에 생태체계이론이 사회복지실천의 새로운 관점으로 자리 잡게 되었다.

3) 생태체계이론의 사회복지실천에서 유용성은 다음과 같다. 첫째, 사회복지실천의 영역을 인간 자체, 환경, 인간과 환경의 관계에 모두 둘 수 있다. 둘째, 인간발달과 기능이 일생을 통하여 개인과 그를 둘러싼 환경 간의 상호작용 속에서 이루어진다는 사실을 알도록 한다. 셋째, 사회복지실천에서 클라이언트의 문제의 원인과 해결책을 다양한 방법으로 접근할 수 있다. 넷째, 사회복지실천에 실제적으로 활용될 수 있는 생태도, 가계도, 사회적 관계망의 개념과 도구들을 활용할 수 있다.

# PART 03

# 전 생애과정의 통합적 이해와 사회복지실천

# Chapter 9

# 태내기 · 영아기 발달

**학습목표**

1. 인간발달의 주요 개념 이해하기
2. 태내기의 주요 특성 및 사회복지실천 관련성 탐색하기
3. 영아기의 생물학적, 심리적, 사회적 특성 및 사회복지실천 관련성 탐색하기

4부에서는 인간의 생애과정을 통합적으로 이해하기 위해 전 생애발달의 관점을 유지하면서 단계별로 생물학적, 심리적, 사회적 특성을 살펴보고자 한다. 이때 간과하지 않아야 하는 것은 생물학적이고 심리적인 특성이 개인이 속한 사회 혹은 시대별 차이와 다양성에 따라 다르게 영향을 주고받는다는 사실이다. 인간발달 과정을 의미 있게 탐색하는 것은 사회복지의 중요한 가치인 모든 인간의 변화 가능성과도 맥락을 같이한다. 인간발달의 단계는 학자마다 다양하지만 여기서는 8단계로 구분하여 살펴볼 것이다.

9장에서는 단계별 특성을 살펴보기에 앞서 인간발달의 개념, 특성 그리고 발달단계를 간략히 설명할 것이다. 이후에 초기 발달단계라고 할 수 있는 태내기, 영아기의 특성을 생물학적, 심리적, 사회적 차원에서 살펴볼 것이다. 태내기(prenatal period)는 임신의 시기를 말한다. 인간발달은 수정의 순간부터 시작되며, 수정된 세포는 약 38주, 평균 265일 동안 어머니의 체내에서 자라게 되는데 이를 임신의 시기라 한다. 태내기는 다시 배종기, 배아기, 태아기의 3단계로 구분할 수 있다. 영아기(infancy)는 출생 이후부터 대략 2세까지의 시기이다. 특히 생후 1개월까지를 신생아기라고 한다. 영아기에는 모든 발달영역에서 급속한 성장과 발달을 한다. 영아기에는 급격한 신체적 발달이 이루어지므로 이 시기를 제1성장 급등기(first growth spurt)라고도 한다.

# 1. 인간발달 개관

## 1) 인간발달의 개념과 특성

### (1) 인간발달이란

인간의 발달(development)이란 인간의 생명이 시작되는 수정의 순간에서부터 죽음에 이르기까지의 전 생애를 통해 이루어지는 모든 변화의 양상과 과정을 의미한다. 발달적 변화의 과정에는 신체, 운동능력, 지능, 사고, 언어, 정서, 성격, 도덕성, 사회성 등 인간의 모든 특성들이 포함된다(송명자, 2010).

인간은 임신부터 사망에 이르는 전 생애 동안에 그들이 살고 있는 환경 속에서 변화를 거듭한다. 즉, 인간은 출생 이후 연령이 증가하면서 신체적 · 심리적 · 사회적인 발달적 변화를 한다. 과거에 인간의 발달은 아동기와 청년기를 중심으로 어떤 특징이 양적으로 증대되거나 구조가 복잡해지고 기능이 유능해지는 긍정적 변화에 초점을 두었다. 그러나 최근에는 중년기 이후의 노년기까지도 문제해결능력, 추론 또는 통합적 사고 등의 여러 영역에서 긍정적 발달이 지속되는 것으로 알려지고 있다(Baltes, 1987).

따라서 발달에 대한 개념도 아동 · 청소년기의 상승적 변화뿐만 아니라 청년기 이후의 지속적 또는 퇴행적 변화까지 포함하여 전 생애를 다룬다. 이러한 관점에서 본다면 인간의 발달을 이해함에 있어 아동 · 청소년기에는 긍정적 요인을 중심으로, 그리고 노년기에는 부정적 요인을 중심으로 설명한다면 발달 과정을 정확하게 이해하지 못하는 것이다.

### (2) 발달의 특성

발달의 개념에는 몇 가지 특성이 내포되어 있다(권중돈, 2014).

- 발달은 일생에 걸쳐 점진적으로 일어나는 체계적인 변화이다.
- 발달은 생물학적 · 심리적 · 사회적 영역에서 일어나는 전체적인 변화를 의미한다.

- 발달은 양적 변화와 질적 변화를 동시에 포함하며, 양적 변화는 크기 또는 양에서의 변화를 의미하며, 질적 변화는 본질, 구조, 비율, 기능의 변화를 포함한다.
- 발달은 상승적 변화와 퇴행적 변화를 모두 포함한다.
- 발달은 안정성과 변화를 동시에 포괄하는 과정이며, 변화를 전제로 한 안정과 안정을 전제로 한 변화가 역동적으로 일어난다.

### (3) 발달 유사 용어

#### ■ 성장

성장(growth)은 시간이 흐름에 따라 신체나 지적 능력이 양적으로 증가하는 것을 말한다. 성장은 주로 신체적인 긍정적 변화에 초점을 두지만 지적 성장 등과 같은 긍정적 심리적 변화를 표현하는 데 사용되기도 하므로 발달과 거의 동일한 개념으로 간주되기도 한다(송명자, 2010). 그러나 성장은 퇴행적인 변화까지 포함하지 않으므로 발달보다는 협의의 개념이다.

#### ■ 성숙

성숙(maturation)은 유전적 기제의 작용으로 훈련이나 경험에 관계없이 진행되는 발달과정을 의미한다(Crain, 1992). 성숙은 부모로부터 물려받은 유전인자에 의해 발달이 통제되는 것을 말한다. 성숙도 발달보다는 협의의 개념인데, 왜냐하면 발달이 유전적 요인과 환경 요인 모두의 영향에 의한 변화 과정이기 때문이다.

#### ■ 학습

학습(learning)은 인간이 출생 이후에 훈련과 연습을 직접 또는 간접적으로 경험하여 나타나는 결과에 의한 개인 내적인 변화이다.

인간의 발달 과정에서 학습효과를 부정하고 유전적 요인만을 인정할 수 없는 것과 마찬가지로 환경의 영향을 고려하지 않고 전적으로 성숙에 의존하는 변화에만 초점을 두지 않아야 한다. 따라서 발달은 성장, 성숙, 학습과는 달리 생물학적 차원뿐만 아니라 심리적 그리고 사회적 측면의 상승적 · 퇴행적 변화를 모두 포함하면서 유전적 요인과 환경의 상호작용에 의해 이루어지는 인간의 총체적 변화 과정이라 할 수 있다.

## 2) 인간발달의 영역과 원리

### (1) 인간발달의 영역

인간의 발달은 전 생애를 통해 체계적이고 지속적으로 일어나는 변화를 말한다. 이러한 인간발달은 대체루 세 영역으로 이루어지는데, 생물학적 · 심리적 · 사회적 영역으로 구분할 수 있다(송명자, 2010; 조흥식 외, 2010; Shaffer, 1994).

첫째, 생물학적 영역은 인간의 기질이나 유전자에 의한 선천적 능력과 유기체로서 기능하게 하는 모든 요소들로 구성된다. 이 영역은 선천적 능력과 유기체를 기능하게 하는 골격, 감각기관, 호흡기관, 내분비물, 순환기계, 성적 생식, 소화, 신경계 등 모든 요소를 발달의 주요 원인으로 본다. 생물학적 영역의 발달이 중요한 이유는 개인의 기질이나 유전적 요인이 심리적 그리고 사회적 발달에 중요한 영향을 미치기 때문이다.

둘째, 심리적 영역은 인간의 인지, 정서, 행동의 측면으로 구성된다. 이 영역은 발달을 개인의 인지, 정서, 행동 상태와 그 과정들의 밀접한 관계로 본다. 여기서 인지는 개인의 지식, 견해, 기억, 상상, 판단, 언어 등을 포함한다. 정서는 개인 삶의 동기, 욕구, 충동, 감정 등과 관련이 되며, 행동은 개인의 습관 및 대인 간 대화기술 등과 관련이 된다. 이러한 심리적 영역은 전 생애에 걸쳐 인간의 내적 혹은 상호작용 과정을 통해 변화가 가능하다.

셋째, 사회적 영역은 개인을 둘러싼 가족, 집단, 조직, 사회 등에서의 역할, 상호작용 등으로 구성된다. 이는 주로 개인적 경험과 훈련을 통한 학습과 관련이 된다. 또한 개인이 속한 사회집단의 구성원으로서 자연스럽게 습득하는 사회적 기대, 가치, 관습, 신념, 역할, 태도 등과 관련이 있다.

### (2) 인간발달의 원리

인간의 발달은 체계적이고 규칙적인 변화 과정으로, 이는 일관성 있는 원리에 따라 진행된다. 인간발달의 원리는 다음과 같다(Zastrow & Kirst-Ashman, 2001).

#### ① 유전과 환경의 상호작용

인간의 발달은 유전과 환경의 상호작용의 결과라고 본다. 그러나 인간의 발달에 얼마나 많은 부분이 유전에 의해 결정되고, 어느 정도가 후천적인 환경적 경험에 의해 달라질 수 있는가를 밝히는 것은 어려운 일이다. 일부 학자들은 유전적 요인으로만 발달을 설명하거나 환경적 요인으로만 발달적 변화를 이룰 수 있다고 주장하고 있다.

그러나 이러한 극단적인 주장은 설득력이 부족하며 유전적 요인과 환경적 요인이 상호작용하여 인간발달이 이루어진다는 것이 일반적 견해이다. 이와 관련하여 인간의 발달은 100%의 유전과 100%의 환경의 힘이 함께 작용한다(Hebb, 1980)는 설명을 상기해 볼 필요가 있다.

#### ② 연속적 과정

인간발달은 임신에서 죽음까지 연속적이고 점진적이며 축적된 변화의 과정이다. 그러나 발달의 속도는 일정하지 않아서 어떤 시기에는 빠르고 또 다른 시기에는 느리게 발달적 변화를 한다. 예를 들면, 유아가 말을 시작할 때 이것은 갑작스럽게 하는 것처럼 보이지만 이는 몇 주 또는 몇 달에 걸친 성장과 연습의 결과라는 사실이다.

#### ③ 순서와 방향성의 작용

인간의 발달은 일정한 순서와 방향성을 가지고 변화한다. 예컨대 신체발달의 경우에도 머리에서 하체로, 중심 부위에서 말초로 이루어진다. 또한 유아가 걷게 되는 것도 혼자서 일어서는 것부터 시작해서 점차로 자유롭게 이동하는 단계를 거친다.

#### ④ 분화와 통합의 과정

인간은 분화와 통합의 과정을 반복하면서 발달한다. 인간의 발달은 전체적이고 미분화된 차원에서 부분적으로 분화되는 과정을 거치고 분화된 차원들은 다시 하나의 전체로 통합되는 과정을 반복하면서 이루어진다. 예를 들면, 손과 발의 역할이 제대로 분화되지 못한 유아는 물건을 손과 발을 모두 사용하여 온몸으로 받는다. 이후의 발달과정을 거쳐 보다 정교화된 손동작으로 물건을 잡게 되는 것이다.

#### ⑤ 결정적 시기

인간발달의 과정에서 어떤 것은 특정 시기에 매우 빠르게 일어나지만 다른 시기에는 느리게 나타난다. 인간의 발달에서 결정적 시기는 개인을 둘러싼 내·외적 사건들이 발달에 최대의 영향을 미치는 짧은 기간을 말한다. 예를 들면, 유아기에는 언어와 신체발달이 어느 시기보다 빠른 속도로 진행되며 이후에 이를 보완하는 것이 상당히 어렵다는 사실이다.

그러나 인간의 발달에서 결정적 시기라는 것이 존재하지만 이후의 발달을 완전히 통제하는 것은 아니다. 즉, 결정적 시기에 발달을 미숙하게 하더라도 이후 단계에서 보완할 수 있다. 단지 보다 많은 시간과 노력을 투입해야 하는 문제가 발생하거나 어떤 부분은 결정적 시기에 완성할 수 있는 발달 수준에 도달하지 못할 수 있다.

#### ⑥ 개인차

인간의 발달은 각자의 유전적 소인과 환경적 조건이 다르기 때문에 개인차가 있다. 이러한 발달의 차이는 신체발달뿐만 아니라 심리, 정서, 그리고 사회적 발달에서도 다르게 나타난다. 예를 들면, 어떤 아동은 초등학교 고학년이 되면서 사춘기의 특성이 나타나지만 또 다른 학생은 중학생이 되어야 그러한 특성이 표현되는 경우이다.

### 3) 발달단계와 과업

인간의 발달은 지속적이고 역동적인 변화의 과정이지만 전 생애의 기간으로 구분한다면 특정한 시기에 따라 다른 생물학적 · 심리적 · 사회적 발달 특성이 나타난다. 인간의 전 생애 동안의 특징적인 발달을 근거로 그 과정을 세분화한 것을 인간발달단계라고 한다.

인간발달의 단계는 학자에 따라 다양한 의견이 있다. 뉴만과 뉴만(Newman & Newman, 1987)은 태내기(임신~출생), 영아기(출생~2세), 걸음마기(2~4세), 학령초기(4~6세), 학령중기(6~12세), 청소년초기(12~18세), 청소년후기(18~22세), 성인초기(22~34세), 성인중기(34~60세), 성인후기(60~75세), 초고령기(75세~사망 시까지)의 11단계로 구분하고 있다.

하비거스트(Havighurst, 1972)는 아동초기(출생~5, 6세), 아동중기(5, 6~12, 13세), 청년기(12, 13~18세), 성인초기(18~35세), 성인중기(35~60세), 성인후기(60세 이후)의 6단계로 구분하였다.

또 다르게 태내기(수정~출생), 영아기(0~2세), 유아기(2~6세), 아동기(6~11세), 청년기(11~20세), 성년기(20~40세), 중년기(40~60세), 노년기(60세 이상)의 8단계로 구분하기도 한다(Papalia, et al., 2004).

이와 같이 인간발달단계의 세부적 구분은 다양하게 논의되고 있으며, 단계별 연령구분도 엄격한 구분이 아니며, 단지 그러한 연령대를 전후해서 특징적인 발달전환이 이루어진다는 의미이다. 발달단계에 따라 수행해야 할 보편적 발달과업은 사회복지실천에서 클라이언트의 발달 정도를 확인하는 중요한 자료로 활용될 수 있다.

인간발달의 단계가 너무 세부적이거나 광범위하게 구분된다면 학습과 실제적 활용에서 적절하지 않다고 판단하여 이 책에서는 학자들의 발달단계이론, 사회통념, 우리나라의 법과 제도 그리고 한국사회복지교육협의회의 교과목 지침 등을 토대로 하여 다음과 같이 태내기, 영아기, 유아기, 아동기, 청소년기, 청년기, 중년기, 노년기의 8단계로 나누었다. 이에 따른 대략적인 연령과 주요 발달 내용은 다음과 같다.

■ 태내기(임신~출생)

태내기는 수정의 순간부터 시작하여 9개월 동안 어머니의 배 속에 있는 기간을 말한다. 이때는 신체의 성장이 일생 중 가장 빠른 속도로 이루어지며 기본적인 신체구조와 기관이 형성되는 시기이다. 임신부의 신체적·심리적·사회적인 안정과 태내환경은 밀접한 관련이 있다.

■ 영아기(출생~2세 미만)

영유아보육법에서는 3세 미만을 영아로, 3세 이상 6세 미만을 유아로 구분하고 있지만 인간발달단계를 제시한 학자들(Newman & Newman, 1987; Papalia, et al., 2004)의 구분을 기준으로 하여 영아기를 출생에서 2세 미만으로 규정하였다. 영아는 출생하면서 모든 감각기관이 작용하기 때문에 나름대로 다양한 능력을 가지고 있다. 이 시기에는 신체적 발달이 매우 빠르고 어느 정도의 언어능력도 발달한다. 영아는 부모와 애착관계를 형성하면서 이후의 사회성 발달의 기초를 다진다.

■ 유아기(2세 이상~6세 미만, 초등학교 입학 전까지)

유아기의 경우에 걸음마기와 학령전기 등으로 세분화하기도 하지만 사회통념과 영유아보육법에서 명명되고 있는 용어를 사용하였다. 유아는 운동능력과 체력이 신장되고 혼자 활동이 가능하여 자율성이 증대된다. 또래친구의 중요성이 요구되지만 가족이 여전히 생활의 중심이 된다. 이 시기에 인지능력이 발달하지만 세상을 논리적으로 이해하지는 못하며 자기중심적 사고를 지속하게 된다.

■ 아동기(6세 이상~12세 미만, 초등학교 시기)

아동기는 초등학교의 교육연한과 사회통념을 기준으로 구분하였다. 신체의 성장은 이전보다 느려지지만 운동기능과 체력은 더욱 신장된다. 기억력과 언어 능력을 포함한 인지발달을 통하여 학습이 가능해지며 유아기의 자기중심적 사고는 점차로 사라진다. 학교생활을 통해 자신과 타인을 비교하는 과정에서 성장하게 되며, 가족중심의 생활에서 학교, 친구중심의 생활로 이동하게 된다.

■ 청소년기(12세 이상~19세 미만, 중고등학교 시기)

청소년기는 중 · 고등학교의 교육연한과 청소년보호법의 청소년 기준을 근거로 하여 구분하였다. 청소년기에는 체형이 변화하고 신장과 체중이 급격히 성장하며 성적 성숙이 이루어진다. 초기 청소년기라고 할 수 있는 중학교 시기에는 흔히 말하는 사춘기 변화가 일어난다. 후기 청소년기인 고등학교 시기에는 자아정체감 확립이 중요한 삶의 과제가 되고 이성문제, 직업문제 등으로 고민하게 된다. 이 시기에는 전반적으로 또래집단의 형성과 영향을 중요하게 고려해야 한다.

■ 청년기(19세 이상~40세 미만)

청년기는 민법의 성년 연령 기준을 근거로 하여 시작 연령을 규정하였고, 우리 사회의 통념상 40세부터 중년으로 보기 때문에 이를 고려하여 구분하였다. 청년기는 신체적 기능이 최고조에 달하다가 서서히 감퇴하는 시기이다. 이 시기에는 지적인 능력을 더욱 확장하거나 직업을 갖고 사회적 활동을 시작하며 넓혀 간다. 또한 원가족으로부터 떠나 결혼을 하고 자녀 양육의 과업을 수행한다.

■ 중년기(40세 이상~65세 미만)

중년기는 청년기와 노년기 사이를 의미하며, 직업역할, 부모역할 등 사회적 역할을 중추적으로 하는 대략 25년에 이르는 시기로 구분하였다. 중년기에는 신체적 기능이 감퇴하고 전반적인 학습능력은 떨어지지만 실제적 문제해결능력은 증가한다. 인생에서 가장 생산적인 활동을 하는 시기이기도 하지만 심리적으로 '중년의 위기'와 가족 전체적으로 '빈 둥지 증후군' 등을 경험한다. 따라서 중년기는 인생의 황금기이기도 하지만 다양한 스트레스로 어려움을 겪는 시기이기도 하다.

■ 노년기(65세 이상)

노년기는 사회통념 및 노인복지법과 기초연금법 등을 근거로 65세 이상으로 구분하였다. 노년기에는 신체적 기능의 감퇴로 반응시간이 느려지고 지적 능력과 기억력도 떨어진다. 하지만 대부분의 노인들은 활동적으로 생활하며 여가를 즐긴다. 삶을 살아오는 동안 축적된 경험과 지혜를 바탕으로 사회를 위해 봉사할 수 있다. 또한 이 시기는 죽음에 대비하여 삶을 정리하는 과업이 중요하다.

발달단계란 발달상에서 어떤 과제의 성취와 특정한 측면의 발달이 강조되는 삶의 특정 기간을 말한다. 이러한 발달단계는 대략 연령을 기준으로 구분되는데, 각 단계를 나누는 연령에 따라 발달적 전환이 나타난다는 의미이다. 학자에 따라 발달단계의 구분이 다르고 그에 따른 과업도 다양하게 제시하고 있다. 하지만 인간의 욕구는 연령대나 발달단계에 따른 유사한 특징들을 나타내기 때문에 단계별 발달과업을 이해하는 것은 중요하다. 왜냐하면 사회복지실천에서 클라이언트의 욕구 충족을 위해 발달과정상의 특성이나 기준을 이해하여야 다양한 방안들을 그에 맞추어 적절하게 제시할 수 있기 때문이다.

# 2. 태내기 발달

## 1) 생명의 시작

인간의 생명은 남성의 정자와 여성의 난자가 결합하여 수정(fertilization)이 이루어지는 순간부터 시작된다. 수정이란 남성의 정자와 여성의 난자가 결합하는 것을 말하며, 이를 임신이라고도 한다. 남성으로부터 수백만 개의 정자가 여성의 질 속으로 들어가지만, 수백 개의 정자만이 난자에 도달하고, 그중 단지 한 개의 정자만이 난자와 결합하게 된다. 난자는 성숙한 여성에게서 한 달에 한 번씩 번갈아 배출되는데 이것을 배란(ovulation)이라고 한다.

배란기를 전후해서 정자가 헤엄쳐서 나팔관까지 올라가면 난소에서 내려오고 있던 난자와 만나게 된다. 난자의 생존기간은 약 24시간이며, 정자의 생존기간은 약 72시간이다. 정자와 난자가 결합하여 새로 생긴 단일 세포를 수정란(fertilized ovum)이라고 하는데, 이것이 곧 새로운 생명의 시작이다.

그러나 정자와 난자가 결합하여 이루어진 새로운 생명체는 절반 정도만 살아남아 출생에 이르게 된다. 1/4은 유전자의 결함으로 수정 후 2~3일 내에 소실되고, 나머지 1/4은 임신기간 중에 자연유산하게 된다(Wilcox, et al., 1988). 한편 일반적으로 한 개의 정자와 한 개의 난자의 결합으로 수정이 이루어지지만, 그렇지 않은 경우도 발생한다. 정자와 결합한 한 개의 난자가 이분되어 일란성 쌍생아로 성장하거나, 매우 짧은 기간에 두 개의 난자가 방출되어 두 개의 정자와 만나 이란성 쌍생아가 되기도 한다.

태아의 성은 23쌍의 염색체 중 마지막 1쌍인 성염색체에 의해 결정된다. 남성의 정자는 약 반수가 X 염색체, 나머지 약 반수는 Y 염색체를 가지고 있으며 여성의 난자는 X 염색체만 가지고 있다. 태아의 성은 정자와 난자가 결합하는 과정에서 염색체 종류에 따라 결정된다. 남아는 Y 염색체를 가진 정자가 난자와 결합할 때 태어나고, 여아는 X 염색체를 가진 정자가 난자와 짝지어지면 태어난다.

Y 염색체를 가진 정자가 X 염색체를 가진 정자보다 난자와 쉽게 결합하기 때문에 수정 시에는 남녀의 비율이 130 : 100 정도이다. 그러나 Y 염색체의 취약성으로 인해 출생 시 남녀의 비율은 106 : 100 정도가 된다(정옥분, 2009). 즉, 태아의 성을 낙태 등으로 조작하지 않는다면 남아가 106명 태어날 경우에 여아가 100명 태어나게 된다는 의미이다.

### 2) 태내발달의 단계

태내기란 수정에서부터 출산에 이르기까지 약 38주의 기간을 말한다. 인간의 발달은 수정이 되는 순간부터 이루어진다. 태내기의 발달은 어머니의 체내에서 이루어지지만 외부환경으로부터 많은 영향을 받는다. 따라서 태내발달에 영향을 미치는 환경적 요인들에 대한 이해가 중요하다. 태아는 자궁이라는 보호막 속에서 발달하지만 어머니를 통해 외부환경의 간접적 영향을 받는다. 즉, 태아와 어머니는 태반을 통해 연결되어 있기 때문에 태아는 어머니의 식습관, 질병 등의 신체건강, 연령, 분만횟수 등에 영향을 받으며, 약물사용이나 흡연, 음주, 환경오염 등과 같은 외적 요인에도 영향을 받는다. 태내기의 발달은 배종기, 배아기, 태아기의 3단계로 나누어 진행된다.

#### (1) 배종기

배종기(germinal period)는 정자가 난자와 결합한 수정란이 자궁벽에 착상하는 2주의 기간을 말한다. 수정란은 급속하게 세포분열을 하여 2일 후에는 4개의 세포로, 3일 후에는 32개의 세포로, 수정 후 1주일이 지나면 약 100~150개의 세포로 분열한다. 이렇게 수정란은 수정 직후부터 세포분열을 시작하며 자궁벽에 착상하게 된다. 하지만 임신의 약 58%가 착상에 실패하며, 신체는 이에 대해 전혀 지각하지 못한다(정옥분, 2009). 또 경우에 따라서는 수정란이 자궁에 착상하지 못하고 난관, 난소, 자궁경부, 자궁각에 착상하게 된다. 이를 자궁외 임신이라고 하며, 이러한 임신은 오래 지속될 수 없다. 이처럼 수정란이 자궁벽에 착상함으로써 태내발달의 전 과정을 통해 지속될 모체와의 밀착된 의존관계가 시작된다.

### (2) 배아기

자궁 내에 완전히 착상한 수정란 세포를 배아(embryo)라 한다. 배아기(embryonic period)는 수정 후 약 2~8주 사이에 해당하는 시기로서, 이 기간 동안에 중요한 신체기관과 신경계가 형성된다. 배아기 동안에 수정란의 내면은 외배엽, 중배엽, 내배엽의 세 개의 층으로 분리된다. 외배엽으로부터는 머리카락, 손톱, 발톱, 피부의 외층, 감각세포 및 신경계가 형성된다. 중배엽으로부터는 근육, 골격, 순환계와 피부의 내층이 형성된다. 또한 내배엽으로부터는 소화기관, 간, 췌장, 침샘, 호흡기 계통이 형성된다(송명자, 2010).

이 시기가 끝날 무렵이면 심장과 뇌 등의 순환계와 신경계가 기능을 시작하게 되며, 얼굴에서 입, 눈, 귀가 뚜렷하게 분화되고, 손발, 팔, 다리가 형성된다. 즉, 이 무렵이면 태아는 인간이 갖추어야 할 신체기관과 기본 조직을 모두 갖추게 됨을 의미한다. 이들 신체기관 외에도 태내발달에 중요한 역할을 할 양수주머니, 태반, 탯줄 등도 발달한다. 탯줄은 태아의 생명줄로서 태반과 태아를 연결한다. 탯줄을 통해 어머니 혈액 속의 영양분이 태반을 통해 태아에게 전달되고, 태아로부터 만들어진 배설물도 태반을 통해 어머니에게로 와서 배출된다.

이처럼 배아기 동안에는 태아의 세포분열로 각 기관이 급속하게 형성되는 만큼 임신부의 영양 상태, 약물복용 등 바람직하지 못한 환경에 가장 영향을 받기 쉽다. 예를 들면, 태아에게 나쁜 영향을 줄 수 있는 알코올과 담배, 백신, 장티푸스, 풍진 등이 태반을 통해 태아에게 전달될 수도 있다. 이러한 바람직하지 않은 영향들은 자연유산이나 발달장애로 나타날 수 있다.

### (3) 태아기

태아기(fetal period)는 수정 후 8주 이후부터 출생까지의 시기를 말한다. 이 기간 동안에는 새로운 기관의 형성보다는 배아기에 형성된 각 기관의 구조가 더욱 정교화된다. 태아는 신생아와 유사한 수면과 각성 패턴을 보이며, 큰 소리와 음악 등에 반응하게 된다.

12주경에는 인간의 형체를 닮기 시작하고, 팔과 다리의 움직임이 나타나며, 태아의 성별을 확실하게 구분할 수 있다. 16주경에는 어머니가 태동을 느낄 수 있으며, 20주에는 태아의 움직임이 활발하게 나타나는데, 이때의 많은 활동들은 출생 이후에 사용될 반사능력의 기초가 된다.

수정 후 28주를 흔히 생존가능 연령(age of viability)이라 부르는데, 7개월경부터 태아는 스스로 호흡할 수 있는 조건과 기능을 갖추기 때문에 이때부터 생존 가능성이 높아지게 되는 것이다(송명자, 2010). 그러나 수정일을 정확히 알기 어려우므로 몸무게 1kg 이상을 생존가능연령의 기준으로 삼기도 한다. 이 시기에 이르면 태아의 신경계, 순환기, 호흡기 등 여러 신체기능이 모체 밖에서도 생존 가능할 정도로 발달한다. 36주경에는 대부분의 태아는 발달이 완성되고 머리를 아래로 둔 위치로 정착하게 되며 출산 후 자궁 밖에서 생존하기 위한 준비를 마친다.

### 3) 출산 과정

출산은 아기와 어머니 모두에게 충격적인 경험이다. 출산 과정에서 어머니의 불안과 고통은 관심이 많았지만 태아의 스트레스에 대해서는 비교적 관심이 덜했다. 그러나 출산 과정은 인간 삶에서 극적인 환경의 변화를 가져오는 가장 많은 스트레스 사건 중의 하나가 된다. 출산의 과정을 이해하여 어머니와 아기 모두에게 안전한 환경을 제공해 줄 필요가 있다.

출산이 임박하게 되면 태아가 골반으로 내려와 어머니의 아랫배가 불러오는 징후가 나타나게 된다. 분만이 가까워지면 가벼운 진통과 요통을 느끼고 혈액이 섞인 이슬이 비치게 된다. 분만의 과정은 개구기(開口期), 출산기(出産期), 후산기(後産期)의 3단계로 구분할 수 있다(정옥분, 2009).

개구기는 진통이 시작되어 자궁경부가 태아의 머리가 통과할 수 있는 정도까지 열리는 시기이다. 소요되는 시간은 개인에 따라 차이가 있지만 처음으로 출산하는 임신부의 경우에 12시간 정도이며, 출산 경험이 있는 임신부의 경우에는 6시간 정도 걸린다. 출산기는 자궁구가 열려 태아가 산도를 통해 밖으로 나오는 시기이다. 자궁이 열리면서 양막이 터져 양수가 나오게 된다. 대략적으로 소요되는 시간은 30분 정도인데, 태아가 태반으로부터 일시적으로 산소 공급을 받지 못한다. 따라서 분만 시간이 너무 길어지면 산소가 부족하여 태아가 뇌손상을 입을 수도 있다. 후산기의 소요시간은 5~15분 정도이며, 태아가 출산한 이후 태반이 자궁벽에서 떨어져 나와 양막과 함께 배출되는 시기를 말한다.

대부분의 태아들은 출생 시에 머리가 먼저 나오며, 이것이 가장 안전하고 바람직한 자세라고 할 수 있다. 그러나 일부 태아의 경우에는 엉덩이와 발이 먼저 나오고 머리가 가장 늦게 나오거나, 태아가 자궁에서 거꾸로 누워 있다가 출생 시에 손과 팔이 나오기도 한다. 이러한 경우는 위험할 수도 있으니 제왕절개술 등을 시도하거나 매우 신중하게 접근할 필요가 있다(Zastrow & Kirst-Ashman, 2001).

### 4) 태내발달의 영향 요인

#### (1) 유전적 요인

태내발달은 대개의 경우 유전인자가 가지고 있는 청사진에 따라 진행된다. 그러나 유전인자 자체 혹은 세포분열 시 염색체 이상 등으로 발달의 장애를 초래하기도 한다.

태내기에 유전인자의 이상에 의해서 나타나는 유전질환은 헌팅턴병(Huntington disease), 페닐케톤뇨증(PKU : PhenylKetonUria) 등이 있다. 헌팅턴병은 우성 유전인자 질병으로 중추신경조직의 기능이 점진적으로 떨어지고 지적 능력에 문제를 갖게 되는 질병이다. 헌팅턴병은 매우 서서히 진행되지만 점차로 신체적

· 정신적으로 자신을 돌볼 수 없게 되고, 걷는 것이 불가능하고, 음식물을 삼키지도 못하며, 인지적 기능을 완전히 상실하게 되어 결국 사망하게 된다(Berkow, 1987). 페닐케톤뇨증은 열성 유전인자에 의한 유전병 중 가장 보편적인 것이다. 페닐케톤뇨증은 신진대사에 필요한 효소의 결핍으로 인한 유전병으로 지적장애와 운동신경장애를 동반한다.

염색체 이상에 의해 나타나는 발달장애는 클라인펠터 증후군(Klinefelter syndrome), 터너 증후군(Turner syndrome), 취약 X 증후군(Fragile X syndrome), 그리고 다운 증후군(Down syndrome) 등이다.

클라인펠터 증후군은 남아에게 발생하며, 남성적 특성이 약하고 사춘기에 가슴과 엉덩이가 커지는 등 여성적인 2차 성징이 나타난다. 고환이 미성숙하여 정자를 생산하지 못하며, 지능이 낮은 경우가 많다. 터너 증후군은 여아에게 발생하며, 난소가 제대로 기능을 하지 못해 여성 호르몬이 부족한 장애이다. 이로 인해 사춘기가 되어도 2차 성징이 나타나지 않으며 생식능력이 없는 장애이다. 취약 X 증후군은 얼굴이 길고, 귀가 당나귀 모양을 하고 있으며, 고환이 비대하다. X염색체 결함 증후군으로 인해 지적장애, 언어장애, 자폐증 등의 장애가 나타나기도 한다.

클라인펠터 증후군, 터너 증후군, 취약 X 증후군은 성염색체 이상으로 나타나는 장애이지만 다운 증후군은 상(常)염색체 결함으로 나타나는 대표적인 장애이다. 상염색체는 23쌍의 염색체 중 성염색체를 제외한 22쌍의 염색체를 지칭한다. 다운 증후군은 23쌍의 염색체 중 21번째에 쌍이 아니라 세 개의 염색체가 나타나는 경우에 해당된다. 다운 증후군을 가진 아동은 뒷머리가 납작하고, 목이 짧으며, 작은 머리, 찢어진 눈, 납작한 코, 나온 혀, 짧고 통통한 사지 등의 신체적 특징과 지적 장애를 동반한다.

그러나 다운 증후군의 아동은 속도가 느리기는 해도 비장애아동과 비슷한 발달양상을 보인다. 또한 성격이 밝고 사람을 좋아하기 때문에 사교성이 좋다. 다운 증후군은 임신부의 연령과 관계가 있다. 임신부의 연령이 증가할수록 다운 증후군 발생률은 높아진다. 이는 임신부의 노화현상에 기인한 난자의 기능 문제로 보지만 임신부의 연령이 높을수록 난자가 환경오염에 노출될 확률이 높아지는 것에서 그 원인을 찾기도 한다.

### (2) 환경적 요인

태내환경은 외부로부터의 자극이 어느 정도 차단이 되는 비교적 안전한 곳이라고 할 수 있다. 그러나 태내환경이 적절하지 못하면 태내발달에 심각하게 영향을 미칠 수 있다. 태내발달에 영향을 미치는 환경적 요인으로는 임신부의 연령, 영양, 약물 복용과 질병, 음주와 흡연 및 임신부의 정서 상태 등이다(오창순 외, 2009; 조흥식 외, 2010).

#### ① 연령

연령은 임신부와 태아 모두에게 영향을 미칠 수 있다. 20대 이전이나 35세 이후에 첫 아이를 낳는 경우는 그렇지 않은 경우에 비해 위험부담이 많다. 10대 임신의 경우에 조산이나 사산 등의 위험이 있다. 왜냐하면 10대 임신부들은 임신 전후에 심리적으로 어머니가 될 준비를 적절히 하지 못하고, 임신에 따른 관리나 보호를 제대로 받지 못하기 때문이다.

10대 임신부는 태내기 동안 충분한 관리나 보호를 받아도 미숙아 또는 저체중아를 낳을 가능성이 20대 임신부보다 2배 이상 높다(Fraser, et al., 1995). 이러한 결과는 10대의 경우에 신체적 돌봄 이외에도 임신부가 아직 성장기에 있다거나 임신으로 인한 스트레스의 결과로 보기도 한다. 반면에 임신부의 연령이 높을 경우에는 사산율이 높고 다운 증후군과 같은 염색체 이상을 가진 아이를 낳을 확률이 더 높다. 임신부가 고령일 경우에 임신합병증, 유산, 고혈압, 난산 등의 위험이 더 많이 따른다.

#### ② 영양

임신부의 충분한 영양섭취는 태아의 발달뿐만 아니라 어머니의 건강에도 필수적이다. 특히 태아는 모체의 철분을 흡수해 자신의 혈액을 만들기 때문에 철분을 충분히 공급해야 한다. 만약 철분이 부족하면 임신부는 빈혈을 일으키고 임신중독증의 원인이 되기도 한다. 임신부는 자신과 태아에게 적절한 영양을 공급하기 위해 평상시보다 하루에 약 300칼로리 이상을 더 섭취해야 한다. 태내에서의 영양공급이 충분하지 않으면 조산, 저체중아의 출산, 신생아 사망률과 연관이 있으며, 출산 시 아동의 체중은 이후의 지능이나 성취도와도 관련이 있는 것으로 나타났다.

태내기는 뇌세포가 급격하게 증가하는 시기이므로 충분한 영양공급이 필수적이다. 그렇지 못한 경우, 중추신경계의 결함을 초래하여 이후에 지적발달장애를 보일 수 있다(정옥분, 2009). 개인적으로 차이가 있지만 충분한 영양을 섭취한 임신부는 임신 말기에 체중이 11~12kg 정도 증가한다. 그러나 충분한 영양섭취를 하지 못하여 10kg 이하로 체중이 증가한 임신부는 태아와 자신 모두에게 영양결핍에 따른 여러 가지 문제를 동반할 수 있다.

### ③ 약물 복용

임신기간 중 어머니가 복용한 약물도 태아에게 영향을 미칠 수 있다. 이러한 부작용은 1960년대 유럽에서 임신부가 복용한 탈리도마이드(thalidomide) 진정제의 사례를 통해 보고된 바 있다. 임신부가 아침에 생기는 구토증을 진정시키기 위해 이 약을 복용하였는데, 신생아가 다양한 신체적 결함이 있거나, 팔과 다리가 없거나 손과 발이 몸통에 붙어 있는 상태로 태어난 경우이다.

아직까지 어떠한 약물이 태아에게 좋지 않은 영향을 미치는지는 불확실하다. 그러나 임신부에게 안전한 약물도 태반을 통해 태아에게 전달되는 경우 치명적인 영향을 미칠 수 있다. 특히 임신 1~3개월은 태아가 약물에 가장 취약한 시기이다. 또한 임신부의 마약중독은 많은 문제를 초래할 수 있다. 임신부가 임신기간 중에 모르핀(morphine), 헤로인(heroin), 코데인(codeine)과 같은 약물에 중독된 경우에 미숙아 출산, 조산, 사산, 경련 등의 문제를 유발할 수 있다.

### ④ 음주

임신부의 음주도 태아에게 영향을 미칠 수 있는데, 심각한 경우는 태아 알코올 증후군(FAS : Fetal Alcohol Syndrome)이라 할 수 있다. 태아 알코올 증후군은 특이한 얼굴과 작은 머리, 작은 몸, 선천적인 심장질환, 관절상의 결함, 정신능력의 저하, 그리고 이상한 행동패턴을 보이는 특징이 있다. 태아 알코올 증후군을 가진 아동들은 심장 및 순환기, 사지, 두부 안면의 기형으로 인해 발달장애를 보이게 된다.

### ⑤ 흡연

임신부가 흡연을 하는 경우에도 저체중아 출산, 임신기간의 단축, 자연유산의 증가 및 사망 등과 관련이 있다. 또한 직접적인 흡연뿐만 아니라 간접흡연도 태아의 발달에 영향을 미치는 것으로 알려져 있다.

### ⑥ 정서 상태

임신부의 정서 상태와 태아와의 관계에 대한 연구들은 일관적이지 않다(Bee, 1997). 그러나 우리나라 전통육아에서 태교의 강조, 현대의 다양한 과학적 입증 결과물들을 볼 때 임신부의 심리정서적 상태는 태아에게 신체적 · 정서적으로 다양하게 영향을 미친다고 볼 수 있다. 어머니의 분노, 공포, 불안은 태아에게로 가는 혈액 공급을 감소시키거나 화학적 변화를 일으키고, 그것이 태아에게 전달됨으로써 태아에게 산소나 영양공급이 부족해지거나 심장박동률의 변화가 심하게 나타나게 된다.

임신부의 스트레스는 출산 후 아동과의 관계에서도 부정적인 영향을 초래한다. 임신부의 스트레스는 음주 및 흡연 등과도 관련이 있기 때문에 중요한 문제이다. 임신부의 스트레스 요인이 될 수 있는 부부간의 불화, 가족갈등, 원하지 않은 임신 등의 문제에 보다 많은 관심을 가져야 한다.

### 5) 태내기 발달과 사회복지실천

태내기는 수정으로부터 출산에 이르는 임신의 기간을 말한다. 사회복지사들은 이러한 태내기와 관련된 다양한 상황 속에 있는 클라이언트들을 만날 수 있다. 여기서는 저출생과 같은 거시적 측면보다는 불임, 원하지 않은 임신, 임신부와 가족의 스트레스와 경제적 문제 등과 관련된 내용들을 살펴보고자 한다.

우선 불임과 자연유산의 문제이다. 불임은 피임을 하지 않았는데도 결혼 후 1년에서 1년 6개월이 지나도록 임신이 되지 않는 상태를 말하며, 결혼한 부부 중 10~15%가 불임부부이다. 자연유산은 태아가 생존능력을 갖기 이전에 임신이 중단되는 것을 말한다. 임신을 원하는데도 불구하고 불임과 자연유산이 지속된다면 부부갈등이나 가족갈등이 나타날 수 있다.

불임이 지속될 경우에 인공수정(artificial insemination)이나 시험관 수정(in-vitro fertilization)을 하게 되는데, 이때 가족 전체가 스트레스를 경험하거나 경제적 어려움을 겪게 된다. 또 다른 방법으로 입양을 고려하게 될 때 가족 간의 의견 불일치로 갈등을 경험할 수 있다. 이러한 상황 속에 있는 클라이언트를 만나면 사회복지사는 불임과 자연유산, 그리고 입양에 대한 기본적인 정보를 제공해야 한다. 특히 입양에 대한 부정적 인식과 바람직하지 않은 접근에 대해 교육할 필요가 있다. 이와 동시에 가족갈등의 문제를 해결하기 위한 부부치료 및 가족상담 등을 실시하거나 지역사회자원을 연결해 줄 필요가 있다.

다음은 원하지 않은 임신의 경우이다. 이때 임신부는 스트레스를 경험하며 태아의 발달에도 부정적으로 영향을 미치게 된다. 계획하지 않은 임신의 경우는 인공유산의 문제와 관련된다. 우리나라의 경우에 인공유산은 불법이지만 모자보건법에 의해 유전적 장애나 질환이 있는 경우, 강간이나 준강간에 의한 임신, 임신부의 건강을 심각하게 해하고 있는 경우 등에서 예외규정을 두고 있다. 이렇게 법적 예외규정 이외의 인공유산은 불법이기도 하지만 도덕적·윤리적 문제도 뒤따르게 된다. 사회복지사는 태아의 인공유산과 관련된 윤리적 측면을 다룰 수 있어야 한다.

또 다른 원하지 않은 임신으로 사회복지적 개입이 필요한 경우는 미혼모와 관련된 문제이다. 미혼모는 한부모가족과 다르게 법적 혼인을 경험하지 않았다는 점에서 차이가 있다. 특히 학령기에 있는 10대 미혼모의 경우에는 임신부와 태아발달 모두에 관심을 가져야 한다. 이와 관련하여 사회복지사는 미혼모의 학업복귀를 위한 경제적 지원이나 주거 지원, 그리고 임신부의 건강과 태아발달을 위한 다양한 방안에 초점을 두어야 한다. 또한 성인 미혼모의 경우에도 임신부의 영양을 비롯한 신체적이고 정신적 건강을 유지하는 방안과 안정된 환경유지를 위한 주거지원 등이 필요하다.

마지막으로 다양한 상황 속에서 만날 수 있는 임신한 클라이언트의 문제이다. 이미 클라이언트가 다른 복잡한 문제들을 가지고 있다면 임신으로 인한 또 하나의 스트레스원을 가지게 되는 것이다. 이때 사회복지사는 임신부의 건강과 태아발달에 관심을 가지면서 기존의 문제들을 해결해 나가도록 클라이언트를 도와야 한다. 특히 저소득층의 경우에는 임신으로 인해 추가로 드는 의료비용 등의 문제로 경제적 어려움이 가중되거나 가족스트레스가 증가될 수 있다. 이 경우에 사회복지사는 다양한 사회복지서비스를 활용하여 임신부와 가족, 그리고 태아발달을 위한 지원체계를 구축할 필요가 있다.

## 3. 영아기 발달

### 1) 생물학적 발달

#### (1) 신생아의 반사행동

갓 태어난 신생아는 외부 자극에 대해 무의식적이고 자동적인 반사(reflex)행동을 한다. 반사행동은 생존 반사(survival reflexes)와 원시 반사(primitive reflexes)의 두 종류가 있다(강문희, 2004). 생존 반사의 대표적인 것으로 빨기 반사와 근원 반사가 있으며, 유아의 생존에 필요한 반사행동이다. 원시 반사는 모로 반사, 걸음마 반사, 파악 반사, 바빈스키 반사 등이 있으며, 이는 유아의 생존과는 관계가 없는 반사로 인류의 진화 과정의 흔적이라고 볼 수 있다.

원시반사는 대부분 출생 후 수개월 이내로 사라지며, 기능적 가치가 별로 없다고 하더라도 발달 상태를 평가하는 데에는 매우 유용하다. 즉, 이러한 반사행동이 출생 시 나타나지 않는다든지, 출생 후 수개월이 지나도 사라지지 않는다면 발달에 문제가 없는지를 살펴보아야 한다.

〈표 9-1〉 **신생아의 반사행동**

| 구분 | 반사 | 내용 |
|---|---|---|
| 생존 반사 | 빨기 반사 (sucking reflex) | • 음식물 섭취를 위한 중요한 반사로서 입에 닿는 것은 무엇이든 빨려고 하는 것 |
| | 근원 반사 (rooting reflex) | • 입 주위에 자극을 주면 그 자극을 향해 고개를 돌리고, 입을 벌려 이것을 찾는 것. 또한 입에서 먼 뺨에 자극물을 갖다 대어도 필사적으로 먹이라는 자극물을 찾아가는 반사행동 |
| 원시 반사 | 모로 반사 (Moro reflex) | • Moro가 발견한 반사행동<br>• 갑작스러운 큰 소리를 듣거나, 안고 있다가 내려놓으면 팔이 활 모양으로 휘는 자세를 취하는 것 |
| | 걸음마 반사 (walking reflex) | • 겨드랑이를 잡고 살짝 들어 올려 바닥에 발을 닿게 하면, 걸어가듯이 무릎을 구부려 발을 번갈아 땅에 내려놓는 것인데, 이는 초보적인 보행 모습과 비슷함 |
| | 파악 반사 (grasping reflex) | • 손바닥에 어떤 물건을 쥐어주면 그것을 빼내기 힘들 정도로 꽉 쥐는 반응을 보이는 것 |
| | 바빈스키 반사 (Babinski reflex) | • Babinski가 발견한 반사행동<br>• 발바닥을 발꿈치에서 발가락 쪽으로 간질이면 엄지발가락을 구부리는 반면, 다른 네 발가락은 부채처럼 쫙 펴는 반응을 보이는 것 |

### (2) 신체적 성장

출생 시 신생아의 신장은 평균 51cm이고, 체중은 3.3kg다. 개인적 차이는 있지만 출생 시에 남아가 여아보다 평균 신장이 더 크고 몸무게는 더 무겁다. 갓 태어난 신생아들은 하루에 18시간 정도 수면을 하고, 24개월쯤에는 12시간 정도로 수면 시간이 감소한다. 출생 후 1년간은 신체적 성장이 급속도로 이루어진다. 출생 후 1년이 지난 영아의 신장은 출생 시의 1.5배, 체중은 3배 정도 증가한다. 또한 2년이 지나면 신장은 성인의 절반가량이 되고 체중은 출생 시의 4배 정도가 된다(강문희, 2004).

영아의 신체 비율은 다르며, 특히 머리 크기가 신체에서 차지하는 비율이 1/4이나 된다. 또한 신체적 성장은 몸통이 먼저 성장하고 그 다음 팔다리, 그리고 손발의 순서로 진행된다. 치아에는 젖니와 영구치가 있으며, 젖니의 수는 모두 20개이고 영구치의 수는 모두 32개이다. 출생 후 6개월경에 젖니가 나기 시작하여 1년이 되면 6~8개, 그리고 24~30개월경에는 20개의 젖니가 모두 나게 되어 성인이 먹는 음식을 대부분 먹게 된다(권중돈, 2014).

영아기에는 두뇌의 발달도 급속하게 이루어진다. 영아기의 두뇌의 발달은 전적으로 생물학적 요인에 의해서 결정되는 것이 아니라 환경적 영향도 많이 받는다. 예를 들면, 영아기의 심한 영양실조는 뇌손상을 초래한다거나(Morgan & Gibson, 1991), 영아기에 지적 혹은 감각적 자극이 풍부한 환경에서 자란 아이들은 그렇지 않은 환경에서 자란 아이들보다 뇌의 구조와 무게가 질적으로 큰 차이를 보이는 것으로 나타났다(Kolb, 1995). 이와 같이 출생 후 영아의 환경적 조건도 두뇌발달에 큰 영향을 미치는 것으로 알려져 있다.

### (3) 운동능력의 발달

운동능력은 일반적으로 대근육 운동과 소근육 운동으로 나누어진다. 영아기에는 대근육 운동능력의 발달로 고개를 드는 것부터 시작하여 뒤집기, 기기, 서기, 걷기, 달리기를 할 수 있다. 출생 직전에는 고개도 가누지 못하지만 생후 1개월이 되면 엎드린 자세에서 고개를 들고, 2개월경에는 가슴을 들 수 있다. 또한 생후 3~4개월경에는 뒤집기를 할 수 있고, 12~14개월경에는 혼자 설 수 있으며, 15개월경에는 혼자 걸을 수 있다. 18개월경에는 계단을 오르거나 자전거를 탈 수 있으며, 영아기의 마지막 무렵인 생후 18~24개월경에는 달리기, 공차기 등을 할 수 있다(송명자, 2010).

영아기에는 소근육 능력도 발달한다. 그러나 영아는 6개월 정도 지나야 매달려 있는 물체를 팔을 뻗어 잡을 수 있으며, 그 이전에는 시야의 물체를 잡으려고 해도 제대로 잡을 수가 없다(Bower, 1979). 영아는 12개월 정도 지나야 엄지와 집게손가락으로 정확히 물체를 집을 수 있으며, 24개월 무렵이 되면 원을 그리는 흉내를 내거나 6~7개 정도의 물건들을 쌓을 수 있다(강봉규, 2000).

### (4) 감각발달

인간은 출생 후부터 시각, 청각, 후각, 미각, 촉각 등의 감각기관이 발달한다. 시각의 경우에 인간의 어떤 감각기관보다 중요하지만 다른 감각능력보다 가장 늦게 성숙한다. 출생 직후에는 시각조절에 필요한 뇌 회로가 충분히 발달하지 않아 물체의 초점을 고정시키지도 못하고 가시거리도 지극히 제한되어 있다. 생후 1개월경의 영아는 사물에 초점을 맞추고 응시하는 것이 가능하지만 수개월 동안 심한 근시 현상을 보이며, 12개월경이 되어야 시력이 1.0에 가까워져서 사물을 제대로 볼 수가 있나(Banks & Salapatek, 1983).

시각과 더불어 청각도 인간의 발달에서 중요한 감각기관이다. 인간이 소리를 탐지하는 능력은 출생 전부터 어느 정도 가능하며, 여러 연구결과들을 종합하여 볼 때 태내에서의 청각적 경험이 출생 후 영아의 듣기 선호에 영향을 준다고 할 수 있다(정옥분, 2009). 출생 직후 신생아는 소리의 크기뿐만 아니라 말소리도 구분할 수 있으며, 생후 2주경에는 사람의 목소리와 다른 소리를 구분할 수 있다. 생후 2개월경에 유아는 서로 다른 목소리에 다르게 반응하고, 4~6개월경에는 낯익은 목소리를 구별하며 소리나는 방향을 정확하게 알아차릴 수 있다(Berk, 1996).

후각도 출생 직후부터 상당히 발달되어 있다. 생후 며칠 이내에 독특한 냄새들 간의 차이를 구분하며, 모유를 먹는 영아의 경우에 어머니의 젖냄새를 알아보는 것으로 알려져 있다. 신생아들도 미각이 발달되어 있는데, 단맛, 신맛, 쓴맛, 짠맛을 구별할 수 있다(Rosenstein & Oster, 1988). 생후 2~3개월경에는 맛에 대한 기호가 생기며, 영아기 동안에 형성된 음식에 대한 선호가 그 이후에는 잘 바뀌지 않기 때문에(Berger, 1991) 이 시기 동안에 다양한 음식을 제공할 필요가 있다.

촉각의 경우 출생 시에는 입술과 혀를 제외하고는 그다지 발달되어 있지 않다. 그러나 생후 6개월 정도 지나면서부터는 촉각이 사물을 인지하는 중요한 수단이 된다. 영아는 온도의 변화에 대해서도 민감하게 반응하며, 출생 시에 이미 통각이 발달되어 있기 때문에 외부의 자극에 따른 통증에 고통스러운 반응을 보인다.

## 2) 심리적 발달

### (1) 인지발달

인지발달(cognitive development)은 피아제(Jean Piaget, 1896~1980)의 이론을 중심으로 살펴볼 것이다. 피아제는 인간은 주어진 환경을 이해하고 이에 적절히 적응하기 위해 자신의 내적인 정신구조를 바꾸어 간다고 본다. 피아제는 인간 정신구조의 구체적 내용보다는 인지적 발달과정을 주로 연구하였다.

피아제는 아동의 인지적 능력보다는 생각하는 방법에 관심을 가졌다. 피아제는 아동의 독자적인 생각을 알아보기 위해 성인의 고정적인 선입견을 버리고 개방적인 면담을 수행하였다. 이를 통하여 아동들의 사고가 나름대로 독특한 특성을 가지고 있으며 어른들과 전혀 다른 방식으로 사고한다는 것을 확인하였다. 피아제는 주로 자신의 세 명의 자녀를 포함한 아동들의 직접 관찰로 수학적이고 과학적인 발달 과정을 연구하였기 때문에 객관성이 결여되어 있다는 비판도 있다. 하지만 인간의 인지발달에 대한 피아제의 기여는 1960년대부터 지금까지 변함없는 사실이다. 우선 여기서는 피아제의 인지발달이론의 주요 개념과 영아기의 인지발달 특성을 살펴볼 것이다.

#### ① 도식

도식(schema)은 외부의 사물이나 사건 또는 사실에 대해 지각하고 대응하기 위해 사용하는 기본적인 이해의 틀이다. 피아제는 도식을 유사한 상황 속에서 반복되면서 전승되거나 일반화되는 행동의 구조 또는 조직이라고 했다(이인정

· 최해경, 2007). 도식은 개인이 어떤 자료나 정보를 이해하는 준거틀이다. 인간은 어떤 상황이나 사건에 직면하여 그것을 이해하고 대처할 수 있는 기본적 틀이 있어야 한다. 이를 통해 보다 안전하게 자신의 위치를 확인하고 행동을 하면서 환경에 적응할 수 있기 때문이다. 이때 활용되는 정신 내부의 기본적 틀을 도식이라고 한다. 따라서 도식은 사고를 확장하는 방편이고 개인을 둘러싼 상황을 종합하여 환경에 적응하도록 하는 정신의 기본 구조이다.

인간은 선천적으로 기본적 도식을 가지고 태어나며 이후의 적응과정에서 새로운 도식을 개발하거나 기존의 도식을 변화시킨다. 인간의 최초의 도식은 빨기와 잡기이다. 이러한 도식은 반사적으로 외부환경을 지각하고 반응하기 위해 작동한다. 예컨대 신생아는 모든 접촉하는 사물들을 빨면서 욕구도 충족하고 그 대상을 확인한다. 또한 신생아는 손에 닿는 모든 것들을 잡는다. 이는 잡기도식이 작용하여 상황을 지각하고 반응하는 것이다. 그러나 도식이 따로 분리되어 발달하는 것은 아니다. 신생아가 성장하면서 보기·빨기·잡기 도식이 연합하여 보다 폭넓게 자신과 세상을 확인하려고 한다. 예컨대 아이가 바닥에 떨어진 장난감을 보고서(보기 도식) 손에 잡고(잡기 도식) 입으로 빠는(빨기 도식) 것이다.

이와 같이 인간은 성장하면서 점점 도식이 다양해지고 정교하게 변한다. 인간이 성장하면서 상이한 도식들을 결합시키는 것을 조직화(organization)라고 한다. 인간은 보기, 잡기, 빨기와 같은 감각적 도식들도 조직화하지만 심리적 차원에서도 사물이나 상황을 이치에 맞게 종합하는 조직화를 시도한다. 인간은 출생 직후에는 빨기, 잡기 등과 같은 감각적 도식이 주를 이루지만 성장하면서는 개념적 도식 차원으로 확대된다. 인간은 사고 과정을 통해 개념적 도식으로 외부환경을 종합적으로 이해한다. 이러한 도식은 일생 동안 계속해서 확대와 변화를 한다(Carver & Scheier, 2004).

도식은 개인이 그를 둘러싸고 있는 환경을 이해하여 적응하는 데 중요한 역할을 한다. 그러나 도식이 반드시 사회적응을 강화하지는 않는다. 왜냐하면 사건이나 상황을 있는 그대로 받아들이지 못하는 어떤 도식을 가지고 있는 사람은 그 상황에서 언제나 왜곡되거나 비현실적 지각과 대처를 하게 되기 때문이다. 이는 오히려 사회적응을 어렵게 하거나 극단적으로 고립되도록 할 수 있다. 예컨대 세상은 항상 위험하고 자신을 해하려고 한다는 사고틀을 가진 사람은 어떤 부분에서는 꼼꼼하게 일처리를 할 수 있지만 대부분의 경우에는 다른 사람들과 함께 생활하는 데 어려움을 가지게 된다.

### ② 동화와 조절

피아제는 인간은 도식의 변화와 개발을 통해 인지가 발달하며 이를 바탕으로 환경에 능동적으로 적응하는 존재로 보았다. 도식의 변화와 개발은 동화와 조절 개념으로 설명이 가능하다(송명자, 2010).

동화(assimilation)는 사건이나 상황을 이전부터 존재해 온 도식으로 이해하고 반응하는 것이다. 즉, 새로운 경험을 기존의 틀로 해석하고 통합하는 것이다. 예컨대 어떤 아이가 동물원에 가서 처음 본 호랑이를 기존에 알고 있었던 고양이와 비슷하기 때문에 고양이라고 판단하여 말하였다. 이때 아이는 기존의 고양이에 대한 도식으로 새로운 동물인 호랑이를 지각하고 이해한 것이다.

조절(accommodation)은 기존의 도식으로는 새로운 사건이나 상황에 대해 이해하거나 효율적으로 대처하기가 어려운 경우에 기존의 도식을 변화하는 것을 말한다. 즉, 조절은 개인이 환경에 적응하기 위해 기존의 도식으로는 한계를 가지기 때문에 새로운 도식을 개발하는 능동적 변화이다. 예컨대 위의 사례에서 옆에 있던 부모가 그 동물은 고양이가 아니라 호랑이라는 새로운 인지틀을 제시할 수 있다. 그러면 이후에 아이는 호랑이를 보게 되면 예전처럼 고양이라고 하지 않고 새로운 도식을 활용해서 호랑이라고 지각하고 반응한다.

인간은 동화와 조절의 능동적인 반복과 정교화를 통해 인지적으로 성장하고 발달한다. 환경 속에 살고 있는 인간은 매 순간 새로운 사건과 상황을 이미 존재하는 정신구조에 동화하거나 조절하면서 인지를 발달시킨다. 인간은 태어나면서부터 선천적으로 존재하는 감각 도식으로 환경과 상호작용을 하게 된다. 처음에는 단순한 도식으로도 환경 속에서 적응이 가능하지만 점점 성장하면서 복잡하고 정교한 도식이 필요한데 이를 동화와 조절을 통해 달성한다.

### ③ 인지발달단계

피아제는 유전적 요인, 신체적 경험 그리고 사회적 전달이 상호작용하면서 인지능력이 발달한다고 보았다. 즉, 인간은 인지를 발달시킬 수 있는 유전적 가능성을 가지고 태어나서, 직접 신체적인 활동이 동반되고, 부모와 학교 등의 사회에서 지식을 전달받아 내적 통합의 과정을 통해 인지능력을 발달한다는 것이다. 여기서 인지능력이란 감각, 지각, 사고, 추리, 지능 그리고 문제해결능력 등을 말한다.

피아제는 인지발달을 네 단계로 구분하여 설명하였다. 피아제는 인지발달 네 단계에서 대략의 연령범위와 단계별 특징들을 제시하고 있다. 그러나 피아제의 발달단계에서 제시된 연령은 개인차가 있기 때문에 모든 사람들에게 일치하는 것은 아니다. 또한 인지발달 순서는 불변이고 어떤 사람도 각 단계를 뛰어넘어서 다음 단계로 갈 수는 없다고 하였다. 각 발달의 단계는 지속적이고 상호의존적이기 때문에 출생부터의 경험과 사회적 상호작용을 중요하게 생각해야 한다.

〈표 9-2〉 피아제의 인지발달단계

| 발달단계 | 연 령 | 특 징 |
|---|---|---|
| 감각운동기 | 출생~2세 | 외부자극에 대해 감각적으로 보이는 신체반응에 초점. 상호 관련된 여섯 하위 단계의 존재. 대상영속성의 발달 |
| 전조작기 | 2~7세 | 조작능력의 미발달. 하나의 두드러진 특징으로 전체 파악. 상징놀이, 물활론, 자기중심적 사고가 특징 |
| 구체적 조작기 | 7~12세 | 직접경험에 의한 논리적 사고 가능. 가역적 사고로 보존, 유목화, 서열화 개념의 획득 |
| 형식적 조작기 | 12세~청소년기 | 가설-연역적 추론, 체계적이고 조합적인 사고, 추상적인 사고, 이상주의적 사고를 바탕으로 한 행동 |

### ④ 영아기 인지발달 : 감각운동기

감각운동기(sensory motor stage)는 인간의 출생부터 대략 2세까지의 인지발달 기간을 말한다. 감각운동기란 영아가 외부자극을 감각적으로 받아들여서 이를 신체운동으로 반응하기 때문에 붙여진 명칭이다. 영아는 외부세계로부터 들어오는 자극을 빨기, 잡기, 때리기와 같은 신체운동으로 반응한다. 신생아는 과거와 미래에 대한 개념 없이 현재의 반사적 감각운동만 행하지만 점점 사고하는 존재로 발달하게 된다. 피아제는 감각운동기를 여섯 개의 하위단계로 구분하여 발달과정을 제시하고 있다(Flavell, 1985; Piaget, 1952).

감각운동기 동안에 인간은 대상영속성(object permanence)의 개념을 발달시킨다. 대상영속성이란 자신을 포함하는 모든 대상들이 독립적인 실체로 존재하며, 대상이 한 장소에서 다른 장소로 이동하였을 때, 시야에서 그 대상이 사라지더라도 다른 장소에 계속 존재한다는 사실에 대한 지식을 의미한다(송명자, 2010). 피아제는 대상영속성이 감각운동기 동안에 서서히 발달하는 것으로 보았다.

■ 1단계 : 반사운동기(출생~1개월)

인간은 태어난 직후부터 입에 닿는 것은 빨고, 손에 잡히는 것은 잡으며, 소리가 나는 쪽으로 고개를 돌리는 반사행동을 반복한다. 신생아는 반사행동을 통해 환경과 접촉하고 적응한다. 이 시기에는 반사작용으로 환경 내의 자극들을 동화하면서 성장한다. 이러한 반복적인 동화과정 속에서도 물체의 크기에 따라 빠는 입술 모양이나 잡는 방식을 달리하는 것과 같은 초보적인 조절도 나타난다. 이 시기는 단순한 반사행동만 반복되는 것처럼 보이지만 이러한 행동들은 이후의 인지발달에 중요한 디딤돌이 된다.

■ 2단계 : 일차 순환반응기(1~4개월)

이 시기는 최초로 도식이 통합되고 정교화되는 시기이다. 순환반응이란 영아가 빨기, 잡기, 때리기와 같은 반사적 감각운동을 반복한다는 의미이다. 이 시기에는 단순한 반사행동이 아니라 동화와 조절 기능이 나타난다. 순환반응은 기존 도식을 확장하고 수정하여 인지를 발달시키는 작용이다. 예컨대 영아가 어떤 물체를 보다 정교하게 빨거나 잡는 행동을 반복한다거나, '잡기-보기' 또는 '잡기-빨기'와 같은 도식의 연합을 하게 된다.

순환반응에서 일차적이라는 것은 영아의 관심이 외부의 대상보다는 잡거나 빠는 등 단순히 자신의 신체를 움직이는 것에 집중되어 있기 때문이다. 이 과정은 외부 환경이 제공하거나 영아의 목적지향적인 행동이 아니라 자신의 우연한 신체적 경험을 반복하는 것이다. 이와 같은 반복적인 행위들을 통해 인지가 발달한다.

■ 3단계 : 이차 순환반응기(4~8개월)

일차 순환반응은 영아가 자신의 신체를 움직이는 즐거움에 한정되었지만 이차 순환반응에서는 환경 내의 사물이나 상황에 관심을 기지는 것이다. 예컨대 영아가 천장에 매달린 장난감을 우연히 건드린 후에 나타나는 소리와 모양에 흥미를 가지고 계속해서 손으로 그 장난감을 툭툭 치는 것이다. 이 시기에 영아는 자신의 행동으로 어떤 결과를 얻게 된다는 인과성을 어느 정도 알게 된다. 하지만 이러한 인과성은 의도나 목적을 가지고 시도할 수 있는 것이 아니라 외부환경과의 우연한 관계 속에서 흥미를 가지고 단순 반복하는 것에서 비롯된다.

이차 순환반응단계에 이르면 영아는 대상영속성의 개념이 나타나기 시작한다. 이전 단계에서는 시야에서 사라진 대상이 존재한다는 사실을 이해하지 못한다. 그러나 이 시기가 되면 영아는 눈앞에서 사라진 사람이나 물체에 대해 관심을 가지고 찾으려 하거나 방향을 추정한다. 이차 순환반응기에서는 대상개념이 시각적이거나 지각적인 접촉에 의존하는 한계를 벗어나지 못한다.

■ 4단계 : 이차 순환반응의 협응기(8~12개월)

이 시기가 되면 영아는 자신의 원하는 목표를 지각하고 이것을 달성하기 위해서 의도적인 행동을 하게 된다. 이 시기에 영아는 목표가 되는 하나의 도식을 활용하기 위해 그 이전에 다른 도식을 사용하는 능력을 가지게 된다. 예컨대 영아가 좋아하는 장난감을 다른 사람이 손으로 막고 있다면, 자신이 좋아하는 장난감을 잡기 위해 먼저 손을 치우는 도식을 사용한 후에 장난감을 잡는 도식을 사용한다. 이 시기는 인간이 태어나서 최초로 보이는 의도적인 문제해결 행동이고 실질적인 지적 행동의 시작이다(Piaget, 1952).

이 시기가 되면 대상영속성의 개념이 획기적으로 발달한다. 영아는 완전히 사라진 사물이나 인물을 사라진 자리에서 찾아낼 수 있다. 그러나 아직까지 자신의 행위와 대상을 완전히 구별할 수 있는 능력은 부족하다. 예컨대 영아는 눈앞에서 장난감을 베개 밑에 감추면 찾아내지만, 이러한 과정을 반복하면서 놀다가 다른 베개 밑에 이 장난감을 눈앞에서 숨겨도 이전의 베개에서 장난감을 찾으려고 한다.

■ 5단계 : 삼차 순환반응기(12~18개월)

삼차 순환반응의 시기가 되면 영아는 이차 순환반응의 협응기에서 획득한 의도적인 목적수행을 단순히 반복하는 것이 아니라 적극적인 탐색이나 실험을 통한 접근을 한다. 즉, 새로운 사물이나 사건을 접하게 되면 여러 가지 행동양식으로 실험과 탐색을 통해 흥미로운 것을 발견하고 반복하는 것이다. 예컨대 비누를 가지고 놀던 영아가 우연히 비누를 떨어뜨리고 이것에 흥미를 느껴 방향과 높이를 달리해서 반복적으로 떨어뜨리거나, 다른 숟가락이나 장난감도 반복적으로 떨어뜨려 보는 것이다. 이러한 되풀이되는 실험을 통해 사물의 속성을 파악하고 새로운 도식을 형성하는 것이다. 그러나 이 과정은 지적 사고로 내면화되는 것이 아니라 감각운동 차원에서 이루어지는 한계가 있다.

이 시기에도 대상영속성의 개념이 더욱 발달하는데, 영아는 사물을 어디에 숨기든지 사라진 그 장소에서 대상을 찾게 된다. 그러나 사라진 후에 사물의 이동을 추론하기는 어렵다. 이 시기의 영아는 자신이 볼 수 있는 공간이동에서는 대상영속성이 가능하나, 볼 수 없는 공간이동에서는 대상의 숨겨진 위치를 정확하게 추적하는 능력을 가지고 있지 못하다(송명자, 2010).

■ 6단계 : 정신적 표상기(18~24개월)

이전 단계까지 영아는 직접적인 행동을 통해서만 사물에 대한 인지가 가능하였지만 정신적 표상기에 이르게 되면 직접 경험하지 않고도 사물이나 상황에 대한 판단이 가능하다. 이 단계는 이전에 경험하지 못한 생각이나 활동들을 스스로 생각하여 고안해 내는 것이다. 그러나 이것은 성인들의 추상적 사고와 같이 정교하고 복잡한 것이 아니라 감각운동 수준에 머무르는 것이다. 예컨대 피아제는 이 시기의 딸이 성냥갑 속의 시곗줄을 찾기 위해 손가락으로 여러 번 시도해 보았지만 실패한 후에 한참을 쳐다보다가 성냥갑을 열고 시곗줄을 꺼내는 것을 사례로 제시하였다. 또한 어떤 한 아이가 상점에서 장난감을 사 달라고 뒹구는 다른 아이의 모습을 지켜보았다가 이후에 자신도 유사한 상황에서 그대로 모방하는 행동의 경우이다.

이러한 행동적 수준의 지능을 피아제는 감각적 지능이라 하였고 이는 후에 발달하게 되는 개념적 지능의 기초가 된다(최옥채 외, 2007). 이 시기에 영아는 대상영속성의 개념을 확립하게 된다. 대상영속성의 개념을 획득함으로써 영아는 이 시기 이후에 오는 여러 가지 복잡한 사고발달을 시작할 수 있게 된다.

### (2) 언어발달

인간은 언어를 통해 자신의 생각과 감정 그리고 의사를 타인에게 전달하는 동시에 타인의 생각이나 감정 및 의도를 바르게 이해하면서 사회적인 존재로 성장한다. 언어는 사회적 발달뿐만 아니라 인지발달과도 밀접한 관련이 있다. 또한 언어발달이 선천적인 것이냐 아니면 학습에 의한 것이냐의 논쟁은 학습론적 관점, 생득론적 관점, 그리고 상호작용론적 관점 등의 차원에서 계속 진행되고 있다. 여기서는 언어발달의 단계를 살펴보기로 한다(Owens, 2005, 이승복·이희란, 2003 재인용).

언어발달은 개인차가 있지만 동일한 발달의 단계를 거친다. 언어발달의 첫 단계는 울음이다. 출생 후 약 1개월까지 분화되지 않은 반사적인 울음을 울다가 점차 이유를 알 수 있는 분화된 울음으로 바뀌게 된다. 점점 울음은 보다 정확한 의사전달의 수단이 된다.

생후 4~5개월경부터 영아의 소리내기는 옹알이로 바뀐다. 옹알이는 언어와 유사한 최초의 말소리이다. 영아기의 옹알이는 언어발달 과정에서 매우 중요하다. 옹알이는 의사소통의 형태로 보기는 어렵지만 영아는 옹알이를 통해 모국어의 음소를 획득하게 되어 언어발달의 기반을 형성한다. 어른과의 접촉을 통하여 영아의 옹알이는 자신이 소속된 집단에서 자주 쓰이는 소리로 점차 바뀌게 된다.

생후 1년을 전후하여 영아는 특정 사물이나 사람 또는 사건을 지칭하기 위하여 단어를 사용하기 시작하고 그 단어가 자신의 생각을 표현하는 수단이 된다. 즉, 하나의 단어가 전체 문장을 대신하는 한 단어 시기가 나타나는 것이다. 이 시기에 영아는 하나의 단어나 어휘로 자신의 의사를 표현한다. 예를 들면, 영아가 '맘마'라고 말하는 것은 '배고파요', '우유 주세요' 등의 다양한 의미를 내포하고 있다.

생후 24개월경부터 영아는 두 개의 단어를 연결하여 문장을 만들 수 있게 되는데, 이를 두 단어 시기라고 한다. 이 시기에는 명사와 동사의 결합으로 문장이 만들어지는데, '엄마 자', '우유 더' 등과 같이 가장 핵심적인 단어만으로 구성된다(유효순, 2007). 그리고 이 시기에 유아의 언어는 자기중심적인 특성을 갖는다.

### (3) 정서발달

인간의 정서는 출생 직후부터 발달하기 시작하여 만 2세까지 성인에게 나타나는 거의 모든 정서를 보여주게 된다. 영아의 정서표현은 두 가지의 목적이 있다(Lamb, 1988). 첫째, 영아가 자신의 상태를 양육자에게 알림으로써 보살핌을 받을 수 있다는 것이다. 둘째, 영아의 정서는 특정 자극에 대해 특정한 행동을 하도록 동기를 부여한다. 예를 들면, 분노는 공격행동의 동기를 부여하고, 공포는 회피행동의 동기를 부여한다.

영아기 초기에는 기쁨, 분노, 공포 등의 일차정서가 나타나고, 첫돌이 지나면서 당황, 수치, 죄책감, 질투, 자긍심 등과 같은 이차정서가 나타나게 된다. 일차정서와 이차정서의 공통점은 영아의 인지적·사회적 행동에 영향을 미치고, 적응적 특성이 있다는 사실이다. 그러나 이차정서는 사회화 경험을 통해 발달된다는 점에서 일차정서와 차이가 있다(강문희, 2004).

일차정서인 기쁨은 미소나 웃음 등으로 표현되며, 건강한 영아일수록 기쁨의 표현이 명확하고 빈번하게 나타난다. 영아의 미소는 반사적 미소, 사회적 미소, 선택적인 사회적 미소로 나누어 볼 수 있다. 반사적 미소는 출생 직후부터 나타나며, 이는 깊은 수면이나 부드러운 감촉 등과 같은 상태에서 반응한다. 사회적 미소는 직접 보거나 듣는 사람에게 반응하면서 미소 짓는 것이며 출생 후 4주경에 시작된다. 마지막으로 선택적인 사회적 미소는 자신이 인식하는 사람과 소리에 대해 반응하면서 미소 짓게 되는데 생후 3개월경이면 시작한다. 또 다른 기쁨의 표현인 웃음은 생후 3~4개월경부터 강한 자극 후에 나타난다(심성경 외, 2010).

영아들은 분노도 자주 표현한다. 출생 초기에 영아는 배고픔이나 고통 등의 불쾌한 경험을 하게 되면 이를 울음으로 표현한다. 이후 영아는 자신의 행동이 제지되거나 욕구가 좌절되면 울음으로 표현하는 것을 넘어 성난 소리를 지르거나 2세경에는 구체적인 공격성으로 나타나기도 한다. 이때 양육자는 영아의 분노가 사회적으로 수용되는 방식으로 표현될 수 있도록 돌보아야 한다.

출생 초기에 영아는 선천적으로 큰 소리, 새로운 장소나 사람, 어둠 등에 공포를 느끼게 된다. 출생 후 6개월경부터 인지발달로 인해 익숙하지 않은 상황이나 낯선 사람과의 만남에서 새로운 공포감을 가지게 된다. 낯선 사람이나 새로운 환경 속에서 불안이 큰 영아들은 공포반응을 더욱 자주 표현하게 된다. 이 경우에 양육자는 영아의 분리불안을 이해하고 안정적으로 돌보아야 한다.

이차정서는 일차정서보다 좀 더 복잡한 인지능력을 필요로 하기 때문에 늦게 발달한다. 수치, 죄책감, 질투, 당황, 자긍심 등과 같은 이차정서는 영아가 자아를 인식할 때 나타난다. 이차정서는 영아가 자신에 대한 인식뿐만 아니라 자신의 행동을 평가하는 능력까지도 필요로 한다(Lewis, et al., 1992). 예를 들면, 자신에 대한 인식이란 영아가 거울이나 사진으로 자신을 알아보는 것을 말하며, 2세경에 주스를 엎지른 영아가 당황해하는 것은 자신의 행동을 평가하는 능력에서 비롯된 것이다.

### 3) 사회적 발달

#### (1) 애착형성

신생아들은 다양한 스트레스 상황에 노출되지만 새로운 환경에 적응할 수 있는 능력을 가지고 태어난다. 신생아는 출생 후 첫 15~30분 동안은 깨어 있지만 바로 깊은 잠에 빠진다. 따라서 태어나자마자 부모와 아기가 눈을 맞추고 신체접촉을 하는 것은 이후의 애착형성을 위해 중요하다. 영아기에 발생하는 가장 중요한 형태의 사회적 발달이 애착(attachment)이다.

애착이라는 용어는 볼비(Bowlby)가 모자 간의 유대관계를 설명하면서 최초로 사용한 개념으로, 영아와 양육자 사이에 형성되는 유대관계이며 애정이나 사랑과 같은 긍정적 정서의 의미이다. 보통 유아는 일차적 양육자인 어머니와 애착을 형성하는데 영아가 특정 인물에게 애착을 형성하게 되면 그 사람과 있을 때 기쁨을 느끼고, 불안한 상황에서는 그의 존재로 인해 위안을 받게 된다.

영아기에 형성된 애착은 이후 인지, 정서, 사회성 발달에 중요한 영향을 미치며, 일반적으로 안정된 애착관계를 형성한 영아는 유아기에 자신감, 호기심, 타인과의 관계에서 긍정적인 성향을 보인다. 인간은 출생 후 오랜 시간을 돌봐주는 사람에게 의존하는 미성숙성을 지닌 반면 무한한 학습능력을 지닌 존재이기도 한다.

따라서 양육자와의 애착관계는 영아의 발달과정에서 크게 변화하며, 2~3세에는 인지발달과 더불어 보다 성숙한 애착관계를 형성하게 된다. 볼비(Bowlby, 1969)는 애착형성을 네 단계로 분류하여 영아가 양육자와 어떻게 애착을 형성해 나가는지를 설명하였다.

〈표 9-3〉 애착 형성의 4단계

| 단 계 | 내 용 |
|---|---|
| 애착 전 단계 (preattachment phase : 출생~6주) | 영아는 눈 응시하기, 미소, 울음, 붙잡기 등으로 가까운 사람과 관계를 함. 그러나 이 단계에는 애착이 형성되지 않아 낯선 사람과 있어도 영아는 별로 개의치 않음 |
| 애착 형성 단계 (attachment in the making phase : 6주~8개월) | 이 단계에서는 낯선 얼굴과 친숙한 얼굴을 구별할 수 있으며, 반응도 다르게 함. 예를 들면, 다른 사람보다 어머니와의 상호작용에서 더 많이 웃거나 미소를 보임. 하지만 이 단계에서는 양육자가 영아를 다른 사람과 있도록 혼자 남겨두어도 분리불안을 보이지는 않음 |
| 애착 단계 (clear-cut attachment phase : 8~18개월) | 이 단계에서 영아는 애착이 형성된 사람에게 능동적으로 대하며 접촉을 시도함. 따라서 애착대상이 떠나면 분리불안을 보임. 분리불안을 보인다는 것은 유아가 대상영속성의 개념을 획득했다는 증거임 |
| 상호관계의 형성 단계 (formation of reciprocal relationships phase : 18개월~2세) | 영아는 이미 애착을 형성한 사람의 행동을 예측하고 서로 협력할 수 있음. 즉, 영아는 인지능력의 증대와 함께 애착대상의 소망이나 목표를 탐지하고 예상할 수 있으며, 사회적 관계에 대한 기본 이해를 획득하였음. 예를 들면, 양육자가 외출하면 무조건 같이 가겠다고 떼를 쓰지 않고 언제 돌아올 것인지를 물어보고 돌아올 때까지 기다릴 수 있음 |

### (2) 애착의 유형

에인스워드(Ainsworth, 1983)는 8가지 에피소드로 구성된 '낯선 상황(strange situation) 실험'을 실시하여 애착형성을 네 가지 유형으로 구분하였다. 8가지 에피소드는 실험실에서 어머니와 영아만 있는 에피소드부터 어머니가 떠난 후 낯선 사람과 단둘이 있는 에피소드, 그리고 어머니가 떠났다가 다시 돌아오는 에피소드 등의 8가지로 구성된다. 이러한 실험을 통해 에인스워드가 분류한 애착의 네 가지 유형은 다음 〈표 9-4〉와 같다.

〈표 9-4〉 애착의 유형

| 유 형 | 내 용 |
|---|---|
| 안정애착형 (secure attachment) | 이 유형은 어머니가 떠나도 능동적으로 위안을 찾고 다시 주위의 사물에 관심을 보임. 낯선 사람보다 어머니에게 더욱 밀접한 관계를 유지함. 또한 이들은 어머니가 돌아오면 반갑게 맞이하고 쉽게 편해짐. 연구 대상 중 이 유형은 65% 정도를 차지하였음 |
| 회피애착형 (avoidant attachment) | 이 유형은 낯선 사람과 비슷한 정도로 어머니에게 반응을 보임. 이들은 어머니가 방을 떠나도 별로 울지 않고, 돌아와도 무관심하거나 모른 척함. 연구 대상 중 이 유형은 20% 정도를 차지하였음 |
| 저항애착형 (resistant attachment) | 이 유형은 어머니가 방을 떠나기도 전에 불안해하고, 어머니에게서 떨어지지 않음. 어머니가 방을 떠나면 심한 분리불안을 보이고 돌아와도 안정감을 보이지 못함. 이 유형은 10~15% 정도를 차지하였음 |
| 혼란애착형 (disorganized attachment) | 이 유형은 회피애착과 저항애착이 결합된 형태로 불안정 애착의 가장 심한 유형임. 이들은 어머니와 재결합했을 때, 얼어붙은 표정으로 어머니에게 접근하거나 어머니가 안아줘도 먼 곳을 쳐다봄. 연구 대상 중 이 유형은 5~10% 정도를 차지하였음 |

출처 : Ainsworth(1983), pp. 26-45 재정리.

### (3) 낯가림과 분리불안

낯가림과 분리불안은 영아가 애착을 형성했다는 증거로 나타나는 반응이다(심성경 외, 2010). 영아가 애착을 형성하게 되면, 그 반작용으로 낯선 사람에 대해서는 불안을 보이게 되는데, 영아가 낯선 사람에 대해 불안반응을 보이는 현상을 낯가림(stranger anxiety)이라고 한다. 일반적으로 낯선 사람이 다가오거나 부모가 낯선 사람에게 자신을 맡기면 큰 소리로 운다.

낯가림은 대개 생후 5개월에서 15개월 사이에 나타나는 행동이며, 일반적으로 6~8개월경에 나타나기 시작해 첫돌 전후에 최고조에 달했다가 서서히 감소된다. 대부분의 영아는 낯선 사람에게 불안반응을 보이지만 그 정도는 개인에 따라 다르다. 낯가림이 너무 심각한 것도 문제이지만 전혀 낯가림이 없는 경우에는 애착형성이 잘 이루어지지 않았다는 증거이기 때문에 바람직한 현상이 아니다.

낯가림은 낯선 사람에 대한 불안 반응이지만 친숙한 사람과의 분리에서 나타나는 불안 반응을 분리불안(separation anxiety)이라고 한다. 분리불안은 친숙정도 및 분리기간 등 여러 요인들의 영향을 받는다. 안정적인 애착을 형성한 영아는 불안정한 애착을 형성한 영아보다 분리불안을 덜 보이는 경향이 있으며, 제대로 된 애착을 형성하지 못할 경우에는 분리불안이 심하게 표출되거나 심지어는 부모와의 접촉을 회피하는 경우가 발생하기도 한다. 분리불안은 보통 낯가림보다는 조금 늦은 시기에 나타나기 시작하여 첫돌이나 15개월경에 절정에 달하며 그 이후에는 점차 감소되어 20~24개월경에는 없어진다.

### 4) 영아기 발달과 사회복지실천

#### (1) 생물학적 발달과 사회복지실천

영아기 발달은 출생 이후부터 대략 2세까지를 다룬다. 이 시기에 사회복지실천의 중요한 관심은 영아의 선천적인 발달장애의 문제와 양육환경이라고 할 수 있다. 우선 영아의 순조로운 출산과 생물학적·심리적·사회적 발달이 이루어지고 있는지를 확인해야 한다. 영아의 전반적인 발달과정에 문제가 없는지를 살펴보아야 하는데, 특히 지적장애(mental retardation)나 뇌병변장애 등 조기 발견과 개입이 이루어져야 하는 발달과정상의 문제들을 양육자와 함께 관심을 가져 미래에 발생할 어려움을 최소화하거나 예방할 수 있도록 해야 한다. 여기서는 영아기를 생물학적·심리적·사회적 발달로 구분하여 사회복지실천에서 관심을 가져야 할 부분들을 제시하였다.

영아가 생물학적 측면에서 선천적인 발달장애를 가지고 있다면 영아의 생존뿐만 아니라 심리사회적 발달 및 부모와의 관계에도 영향을 미치게 된다. 이는 영아가 태어나면서 뇌나 심장과 같은 신체 내부기관의 결함이나 유전적 질병 및 신체적 장애를 가진 경우에 해당한다. 현대 의학의 발달로 인해 대부분의 생물학적 이상은 치료나 회복이 되지만 부모와 자녀 관계, 경제적 어려움 등이 뒤따를 수 있다. 특히 영아의 신체적 문제가 평생토록 삶에 영향을 미칠 만큼 심각하다면 양육하는 부모의 혼란과 고통, 그리고 부모와 영아 간의 유대 형성에 지장을 초래할 수 있다.

이 경우에 사회복지사는 이러한 측면들을 충분히 고려하면서 가족성원들과 협력적 관계를 유지해야 한다. 사회복지사는 이들 양육자들과의 만남에서 필요한 공감능력을 발달시켜야 하며, 가족들의 경제적 어려움을 제도적 차원에서 도와줄 수 있는 방안들을 찾아야 한다. 이러한 상황들은 모든 사회복지사들이 경험할 수 있지만, 특히 아동양육과 관련된 시설에서 근무하는 사회복지사나 병원에서 일하는 의료사회복지사들이 자주 경험하게 된다.

### (2) 심리적 발달과 사회복지실천

영아기의 심리적 발달과 관련해서 보면 인지적 측면에서의 발달이 중요하다. 영아의 인지발달에는 시각, 청각, 촉각 등의 감각기관들이 충분히 기능하여야 하며, 적절한 언어발달도 함께 동반되어야 한다. 영아의 인지발달에서 가장 대표적인 문제가 지적장애라고 할 수 있다. 이는 평균 이하의 지적인 기능과 함께 다양한 차원에서 적응행동의 문제를 보이는 장애이다.

부모들이 지적장애를 가진 영아를 거부하거나 회피할 수도 있으며 우울증 등의 정신적 어려움을 가질 수도 있다. 이 경우에 부부 및 가족들 간의 책임 및 긴장으로 인해 심각한 가족문제로 이어질 수도 있다. 이때 사회복지사는 장애영아를 위한 특수기관에 가족들을 연결시켜 주거나 가족을 위한 지지적 서비스를 제공해야 한다. 사회복지사는 지적장애뿐만 아니라 정서발달과 언어발달에 장애가 있는 영아들과 관련된 지역사회자원들을 잘 알고 있어야 하며, 서비스대상자를 발견하게 되면 체계적으로 이들 자원들을 연결시켜 주면서 지지적 상담서비스도 동시에 제공해야 한다.

### (3) 사회적 발달과 사회복지실천

영아기의 사회적 발달에서 가장 중요한 부분은 양육자와의 애착형성이다. 영아가 지속적이고 안정적으로 양육자로부터 보호받지 못하게 되면 사회적 반응을 회피하거나 거부하는 등의 문제를 보일 수 있다. 영아기의 애착형성은 이후의 유아기, 아동기, 그리고 청소년기뿐만 아니라 전 생애에 걸쳐 영향을 미치게 된다.

영아기의 애착형성에 영향을 주는 요인으로는 부모의 바람직하지 않은 양육패턴이나 학대와 방임 등이라고 할 수 있다. 사회복지사는 양육의 방법을 잘 알지 못해서 애착형성에 어려움이 있는 부모들을 훈련하는 프로그램을 실시하여야 한다. 또한 심각한 애착형성의 문제를 가져다주는 학대와 방임의 경우에는 아동보호전문기관 등과 함께 가족의 상황이나 욕구를 조사하여 적절한 개입 방안들을 찾아야 한다.

# 요약

## 1. 인간발달 개관

1) 인간발달이란 인간의 생명이 시작되는 수정의 순간에서부터 죽음에 이르기까지의 전 생애를 통해 이루어지는 모든 변화의 양상과 과정을 의미한다.

2) 인간발달은 점진적인 체계적 변화, 생물 · 심리 · 사회적 영역의 전체적 변화, 양적 변화와 질적 변화의 동시성, 상승적이고 퇴행적 변화 둘 다를 포함, 안정성과 변화를 동시에 추구하는 특성을 가진다.

3) 발달과 유사한 용어는 성장, 성숙, 학습이 있는데, 성장은 양적으로 증가하는 변화를 말하고, 성숙은 유전적 기제의 작용으로 진행되는 발달 과정을 의미하며, 학습은 인간의 출생 후의 경험을 바탕으로 한 변화를 말한다.

4) 인간발달의 영역은 생물학적, 심리적, 사회적 차원이 있다.

5) 인간발달의 원리는 유전과 환경의 상호작용, 연속적 과정, 순서와 방향성의 작용, 분화와 통합의 과정, 결정적 시기, 개인차로 설명할 수 있다.

6) 발달단계는 학자에 따라 다양하며, 이 책에서는 태내기, 영아기, 유아기, 아동기, 청소년기, 청년기, 중년기, 노년기의 8단계로 구분하여 설명하고 있다.

## 2. 태내기 발달

1) 태내기란 수정에서부터 출산에 이르기까지 약 38주의 기간을 말한다. 태내기의 발달은 배종기, 배아기, 태아기의 3단계로 나누어 진행된다.

2) 태내기에 유전인자의 이상에 의해서 나타나는 유전질환은 헌팅턴병, 페닐케톤뇨증 등이 있다. 또한 태내기에 염색체 이상에 의해 나타나는 발달장애는 클라인펠터 증후군, 터너 증후군, 취약 X 증후군, 그리고 다운 증후군 등이다.

3) 태내발달에 영향을 미치는 환경적 요인으로는 임신부의 연령, 영양, 약물 복용과 질병, 음주와 흡연 및 임신부의 정서 상태 등이다.

4) 태내기와 관련된 사회복지실천은 거시적·미시적 수준의 다양한 활동을 포함한다. 거시적으로는 저출생의 문제를 포함한 인구 구조를 다룰 수 있으며, 미시적으로는 불임, 원하지 않은 임신, 임신부와 가족의 스트레스와 경제적 문제 등과 관련된 내용들이다. 특히 사회복지실천은 임신부의 경제적 어려움 및 정서적 혼란 등과 같은 심리사회적 문제에 초점을 두고 있다.

### 3. 영아기 발달

1) 신생아는 외부 자극에 대해 무의식적이고 자동적인 반사행동을 하는데, 생존 반사와 원시 반사의 두 종류가 있다. 생존 반사의 대표적인 것으로 빨기 반사와 근원 반사가 있으며, 유아의 생존에 필요한 반사행동이다. 원시 반사는 모로 반사, 걸음마 반사, 파악 반사, 바빈스키 반사 등이 있으며, 이는 유아의 생존과는 관계가 없는 반사로 인류의 진화 과정의 흔적이라고 볼 수 있다.

2) 영아의 신체 비율은 다르며, 특히 머리 크기가 신체에서 차지하는 비율이 1/4이나 된다. 또한 신체적 성장은 몸통이 먼저 성장하고 그 다음 팔다리, 그리고 손발의 순서로 진행된다. 영아기에는 두뇌의 발달도 급속하게 이루어지며, 환경적 조건도 두뇌발달에 큰 영향을 미치는 것으로 알려져 있다.

3) 영아기에는 대근육 운동능력의 발달로 고개를 드는 것부터 시작하여 뒤집기, 기기, 서기, 걷기, 달리기를 할 수 있다. 영아기에 소근육 능력도 발달을 하지만 12개월 정도 지나야 엄지와 집게손가락으로 정확히 물체를 집을 수 있다.

4) 인간은 출생 후부터 시각, 청각, 후각, 미각, 촉각 등의 감각기관이 발달한다. 시각의 경우에 인간의 어떤 감각기관보다 중요하지만 다른 감각능력보다 가장 늦게 성숙한다.

5) 인지발달 : 피아제의 인지발달 이론

① 도식이란 외부의 사물이나 사건 또는 사실에 대해 지각하고 대응하기 위해 사용하는 기본적인 이해의 틀이다. 피아제는 도식을 유사한 상황 속에서 반복되면서 전승되거나 일반화되는 행동의 구조 또는 조직이라고 했다. 인간은 선천적으로 기본적 도식을 가지고 태어나며 이후의 적응과정에서 새로운 도식을 개발하거나 기존의 도식을 변화시킨다. 인간의 최초의 도식은 빨기와 잡기이다.

② 동화란 사건이나 상황을 이전부터 존재해 온 도식으로 이해하고 반응하는 것이다. 즉, 새로운 경험을 기존의 틀로 해석하고 통합하는 것이다.

③ 조절이란 기존의 도식으로는 새로운 사건이나 상황에 대해 이해하거나 효율적으로 대처하기가 어려운 경우에 기존의 도식을 변화하는 것을 말한다. 즉, 조절은 개인이 환경에 적응하기 위해 기존의 도식으로는 한계를 가지기 때문에 새로운 도식을 개발하는 능동적 변화이다.

④ 피아제는 유전적 요인, 신체적 경험 그리고 사회적 전달이 상호작용하면서 인지능력이 발달한다고 보았다. 피아제는 인지발달을 감각운동기(출생~2세), 전조작기(2~7세), 구체적 조작기(7~12세), 형식적 조작기(12세~청소년기)의 네 단계로 구분하여 설명하였다.

⑤ 영아기 인지발달(감각운동기)의 특성 : 감각운동기는 인간의 출생부터 대략 2세까지의 인지발달 기간을 말한다. 감각운동기란 영아가 외부자극을 감각적으로 받아들여서 이를 신체운동으로 반응하기 때문에 붙여진 명칭이다. 영아는 외

부세계로부터 들어오는 자극을 빨기, 잡기, 때리기와 같은 신체운동으로 반응한다. 신생아는 과거와 미래에 대한 개념 없이 현재의 반사적 감각운동만 행하지만 점점 사고하는 존재로 발달하게 된다. 피아제는 감각운동기를 여섯 개의 하위단계로 구분하여 발달과정을 제시하고 있다.

⑥ 감각운동기 동안에 인간은 대상영속성의 개념을 발달시킨다. 대상영속성이란 자신을 포함하는 모든 대상들이 독립적인 실체로 존재하며, 대상이 한 장소에서 다른 장소로 이동하였을 때, 시야에서 그 대상이 사라지더라도 다른 장소에 계속 존재한다는 사실에 대한 지식을 의미한다.

6) 언어발달은 개인차가 있지만 동일한 발달의 단계를 거친다. 언어발달의 첫 단계는 울음이며, 출생 후 약 1개월까지 분화되지 않은 반사적인 울음을 울다가 점차 이유를 알 수 있는 분화된 울음으로 바뀌게 된다. 생후 4~5개월경부터 영아의 소리내기는 옹알이로 바뀌는데 이는 언어와 유사한 최초의 말소리이다. 생후 1년을 전후하여 영아는 특정 사물이나 사람 또는 사건을 지칭하기 위하여 단어를 사용하기 시작하고 그 단어가 자신의 생각을 표현하는 수단이 된다. 생후 24개월경부터 영아는 두 개의 단어를 연결하여 문장을 만들 수 있게 되는데, 이를 두 단어 시기라고 한다.

7) 인간의 정서는 출생 직후부터 발달하기 시작하여 만 2세까지 성인에게 나타나는 거의 모든 정서를 보여주게 된다. 영아기 초기에는 기쁨, 분노, 공포 등의 일차정서가 나타나고, 첫돌이 지나면서 당황, 수치, 죄책감, 질투, 자긍심 등과 같은 이차정서가 나타나게 된다. 일차정서와 이차정서의 공통점은 영아의 인지적·사회적 행동에 영향을 미치고, 적응적 특성이 있다는 사실이다. 그러나 이차정서는 사회화 경험을 통해 발달된다는 점에서 일차정서와 차이가 있다.

8) 영아기에 발생하는 가장 중요한 형태의 사회적 발달이 애착이다. 애착이란 영아와 양육자 사이에 형성되는 유대관계이며 애정이나 사랑과 같은 긍정적 정서의 의미이다. 영아기에 형성된 애착은 이후 인지, 정서, 사회성 발달에 중요한 영

향을 미치며, 일반적으로 안정된 애착관계를 형성한 영아는 유아기에 자신감, 호기심, 타인과의 관계에서 긍정적인 성향을 보인다. 에인스워드는 애착을 안정 애착형, 회피애착형, 저항애착형, 혼란애착형의 네 가지 유형으로 구분하였다.

9) 낯가림과 분리불안은 영아가 애착을 형성했다는 증거로 나타나는 반응이다. 낯가림은 영아가 낯선 사람에 대해 불안반응을 보이는 현상을 말하며, 분리불안은 친숙한 사람과의 분리에서 나타나는 불안 반응을 의미한다.

10) 영아기의 생물학적 발달과 관련된 사회복지실천은 영아의 선천적인 발달장애와 양육환경에 초점을 두어야 한다. 영아기의 심리적 발달과 관련해서 보면 인지적 측면에서의 발달이 중요하기 때문에 사회복지실천에서도 관심을 가져야 한다. 영아기의 사회적 발달과 관련된 사회복지실천은 애착형성에 영향을 주는 부모의 바람직하지 않은 양육패턴이나 학대와 방임 등에 초점을 둘 필요가 있다.

Chapter 10

# 유아기 · 아동기 발달

**학습목표**

1. 유아기의 생물학적, 심리적, 사회적 특성 및 사회복지실천 관련성 탐색하기
2. 아동기의 생물학적, 심리적, 사회적 특성 및 사회복지실천 관련성 탐색하기

유아기(early childhood)는 대략 2세 이상~6세 미만까지이며, 초등학교 입학 전에 해당하는 시기이므로 학령전기(preschool period)로 불리기도 한다. 유아기는 언어발달과 인지발달이 급격하게 향상되는 시기이며, 도덕발달이 시작되고 사회성의 향상을 통해 사회적 관계를 영아기보다 획기적으로 발달시키는 시기이다. 유아기는 여전히 주양육자와 밀접한 관계를 형성하고 있지만 다른 유아나 어린이집 등 외부 환경과 새로운 접촉을 시도하는 중요한 시기이다.

아동기(childhood)는 6세부터 12세까지의 초등학교 시기로 가족을 중심으로 한 사적 영역에서 공적 영역인 학교로 활동의 중심 공간이 이동하게 되는 시기이다. 아동기는 가족이나 학교 내 1차적 사회화의 맥락에 초점이 맞추어져 있었다. 이는 아동이란 단지 기존 사회의 구성원이 '되어 가는' 존재로 규정하는 기능주의자의 관점에 따른 것이다. 하지만 최근에는 아동도 하나의 독립적인 사회집단이고 그들 나름의 상징과 의식을 가진 주체적인 존재로 규정하기도 한다. 여기서는 청소년기, 그리고 이어지는 발달단계로 전환하는 기존의 아동기 발달을 살펴보겠지만 이를 바탕으로 사회복지에서는 보다 적극적이고 주체적인 존재로서의 아동에 대한 관심을 가져야 할 것이다.

# 1. 유아기 발달

## 1) 생물학적 발달

### (1) 신체적 성장

유아기의 신체적 성장은 영아기 만큼 빠른 속도는 아니지만 신장과 체중이 꾸준히 증가한다. 유아기의 신장과 체중에 영향을 미치는 요인 중 가장 영향력 있는 것은 유전적 요인, 영양섭취, 건강관리 등이다(박성연, 2006; 유효순, 2007). 유아기에는 특히 팔과 다리가 빠른 속도로 성장한다. 유아의 신체 각 부분의 성장속도는 각기 다르며, 신체비율이 극적으로 변하게 된다. 따라서 유아기가 끝나는 무렵이 되면 머리는 크고 무거우며, 다리는 짧고, 몸은 통통하여 뒤뚱거리던 배불뚝이의 아기 모습에서 살이 빠지고 다리가 길어져 성인이 신체비율과 매우 유사하게 변한다.

유아의 외형변화는 신체 내부 장기 및 조직의 발달과 관련되는데, 뼈대는 단단해져서 내장을 보호하고 더욱 확고한 외형을 갖추게 된다. 유아기의 신체적 외형은 남아와 여아 간에 성차가 없고 비슷하다(강문희, 2004). 이와 같은 신체발달은 운동능력뿐만 아니라 인지・정서 발달 및 사회적 발달에도 중요한 영향을 미친다.

유아기의 가장 중요한 신체적 발달 중 하나는 두뇌와 신경계의 계속적인 성장이다. 두뇌의 발달은 영아기만큼 빠른 속도는 아니지만 급속하게 이루어지며, 유아기가 끝나는 무렵인 5세경에 뇌의 무게는 성인의 90%에 이른다. 이는 5세경의 체중은 성인의 30% 정도인 것과 비교하면 큰 차이라고 할 수 있다(정옥분, 2009). 즉, 두뇌와 머리의 크기는 두미발달의 원칙에 따라 신체의 다른 어떤 부분보다도 더 빨리 성장하는 것이다.

### (2) 운동능력의 발달

유아기는 신체적 성장과 함께 대근육 및 소근육의 능력이 영아기보다 정교화되고, 신체의 균형유지 및 각 부분의 협응력 등 기초적인 운동능력이 더욱 발달하는 시기이다. 따라서 유아는 영아기에 할 수 없었던 다양하고 복잡한 새로운 활동을 할 수 있게 된다.

유아기에 발달하는 대근육 운동은 걷기와 달리기, 뛰기, 균형 잡기, 계단 오르내리기, 공 던지기와 받기 등이다. 3세경에는 대근육 조절능력이 더욱 향상되어, 뛰면서 속도를 조절할 수 있으며, 발을 교대로 바꾸어 가면서 계단을 오를 수 있다. 5~6세경에는 멀리뛰기도 가능하고, 공도 잘 던지고 잡으며, 줄넘기도 할 수 있다. 평형기능이 발달하여 평균대 위를 균형 잡고 걸어갈 수 있고, 두발자전거를 탈 수도 있다. 이러한 운동능력의 발달에 따라 이동속도도 빨라지고, 이동범위도 넓어지면서 유아의 활동반경이 급격하게 확대된다.

대근육 운동능력과 함께 소근육 발달도 현저하다. 유아는 소근육 능력과 협응능력의 발달로 인해 식사하기, 옷 입기, 세면, 배변 등의 자조능력이 향상되며, 글씨쓰기, 종이접기, 가위질 등의 활동도 가능해진다. 유아가 손과 눈의 협응으로 이루어지는 행동들을 습득하기 위해서는 먼저 사물을 인식해야 하고, 그 다음에는 반복적인 감각경험이 동반되어야 한다. 유아가 서투른 숟가락질로 식사시간이 오래 걸리고, 단추를 잘못 끼워 옷을 입는 것이 느리더라도 부모는 스스로 할 수 있는 기회를 제공하여 소근육 운동능력을 발달시키도록 도와야 한다(강문희, 2004).

유아기의 운동능력은 신체적 안정성, 이동능력, 조작적 능력을 발달시키는 특성을 가진다(김나영, 2005). 신체적 안정성이란 신체의 각 부분을 효율적으로 움직일 수 있고 바른 자세를 형성할 수 있으며, 균형을 유지할 수 있는 능력을 말한다. 유아의 이동능력은 걷기, 달리기, 도약, 미끄러지기 등의 운동능력이 급속도로 발달하는 것과 관련된다. 유아기는 다음 단계의 더욱 정교하고 복합적인 이동능력 발달의 기초를 형성하는 시기이다. 유아는 주변의 여러 가지 사물들을 굴려보고, 던져보고, 끼워보고, 두드려 본다. 이 과정에서 유아는 사물에 대한 다양한 조절방법을 배우면서 신체적 발달영역에서 조작적 능력이 발달된다.

## 2) 심리적 발달

### (1) 인지발달 : 피아제의 전조작기

피아제의 인지발달 중 전조작기(pre-operational period)는 대략 2세부터 7세까지에 해당하는 유아들의 인지발달단계를 말한다. 이 시기의 유아들은 언어를 사용하며 개념적 사고를 하지만 아직까지 논리보다는 지각적 경험에 의존한다. 조작(operation)이란 사물이나 사건의 변화를 논리적으로 원래 형태로 되돌리는 능력을 말한다. 또한 사물이나 상황의 다양한 관계를 종합적으로 이해하고 하위변화가 전체에 미치는 영향을 올바르게 이해하는 것이다. 전조작기란 이러한 조작능력을 제대로 갖추지 못한 단계를 의미한다. 피아제는 전조작기를 2세부터 4세까지의 전개념적 사고(pre-conceptual thinking) 단계와 4세부터 7세까지의 직관적 사고(intuitive thinking) 단계로 구분하였다(Piaget & Inhelder, 1956).

#### ① 전개념적 사고 단계

이 시기에 유아는 여러 가지 심상을 형성하기 시작하지만 언어적 개념으로 정리하기는 어렵다(송명자, 2010). 예컨대 4세 이전의 유아에게 토끼가 무엇이냐고 물으면 '눈이 빨갛다'거나 토끼가 뛰는 흉내를 낸다. 전개념적 사고 단계의 유아는 자신의 마음속에 가지고 있는 심상들을 여러 형태의 상징으로 표현하게 된다. 또한 유아들은 두 개 이상의 측면을 동시에 고려하는 조작적 사고를 못하기 때문에 자아중심적 사고가 나타난다.

이 시기에는 상징놀이와 자아중심성이 중요한 특성이다. 상징놀이는 가상적인 사물이나 상황을 실제 사물이나 상황으로 바꾸는 놀이다. 예를 들면, 나무토막을 총이라고 하거나 베개를 아기라고 하면서 상징화하는 것이다. 이를 통해 유아는 상상력과 창의력을 기르고 사회성을 발달시킨다. 또한 유아는 물활론의 특성을 보인다. 모든 사물은 살아 있다고 믿기 때문에 장난감이 부서지면 아픔을 느낀다고 생각한다.

자아중심성은 다른 사람의 생각이나 감정, 그리고 관점 등이 자신과 똑같다고 믿는 것이다. 전조작기의 유아는 자신과 외부대상을 구별할 수 있지만 다른 사람의 입장을 이해하기는 어렵다. 예를 들면, 반대편에 있는 사람도 자신과 똑같은 물건을 볼 수 있다고 생각한다든지, 전화를 하면서 상대방도 자신이 보는 것을 똑같이 볼 수 있다고 판단하는 것이다. 이러한 자아중심성은 다른 아이들과의 관계를 통해 점차로 벗어날 수 있다.

### ② 직관적 사고 단계

직관적 사고 단계까지의 유아는 복잡하고 다양한 대상이나 상황을 단 한 가지의 가장 두드러진 지각으로 그 전체를 판단한다. 따라서 보존개념과 유목화, 서열화를 이해하는 능력을 가지지 못한다(정옥분, 2009).

보존개념은 어떤 사물의 외부 모습이 바뀌어도 그 양이나 원래의 성질은 바뀌지 않는다는 사실을 이해하는 것을 말한다. 이 시기의 대부분의 유아는 보존개념을 제대로 이해하지 못한다. 〈표 10-1〉은 수, 길이, 액체, 질량, 무게, 부피 등의 보존개념을 실험하는 예이다. 보존개념을 획득하지 못한 유아는 변형된 수, 길이, 액체, 무게, 부피 등을 외부 모습에 따라서 판단한다.

예를 들면, 〈표 10-1〉에서 왼쪽에 처음 제시한 두 줄의 동전 수는 같은지 물으면 그렇다고 대답하지만 오른쪽의 경우와 같이 간격을 달리하면 위쪽의 더 퍼져 있는 동전의 수가 더 많다고 답한다. 또한 액체보존에서도 왼쪽의 두 컵의 물은 똑같다고 대답하지만 오른쪽의 경우와 같이 넓적한 컵에 동일한 양의 물을 부으면 길고 폭이 좁은 왼쪽 컵의 물이 더 많다고 대답한다. 이는 긴 컵의 물이 윗부분까지 올라와 있다는 지각적 특성으로 직관했기 때문이다. 즉, 물의 높이라는 단 하나의 사실만으로 전체를 판단하는 것이다. 이 시기의 유아의 대부분은 〈표 10-1〉에 있는 보존과제에서 처음 제시한 왼쪽과 변형된 오른쪽이 동일하다고 판단하지 못한다. 즉, 이 시기의 유아들은 어떤 대상의 외양이 바뀌어도 그 속성이 바뀌지 않는다는 것을 이해하지 못한다는 의미이다. 이러한 변형실험은 유아들이 직접 보는 눈앞에서 실시해야 한다.

〈표 10-1〉 보존개념 실험

| 보존과제 | 처음 제시 | 변형 제시 |
|---|---|---|
| 수 | • 두 줄의 동전 수는 같은가?  | • 동전의 간격을 달리해도 동전 수는 같은가?  |
| 길이 | • 두 개의 막대의 길이는 같은가?  | • 막대기를 옮겨놓아도 길이는 같은가?  |
| 액체 | • 두 컵의 물의 양은 같은가?  | • 넓적한 컵에 옮겨 부어도 양은 같은가? 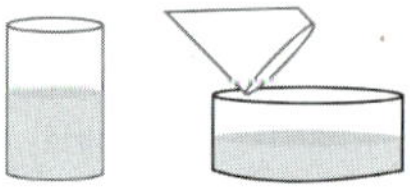 |
| 질량 | • 두 개의 공 모양의 찰흙은 양이 같은가?  | • 하나를 변형시켜도 양은 같은가?  |
| 무게 | • 두 개의 공 모양의 찰흙은 무게가 같은가? 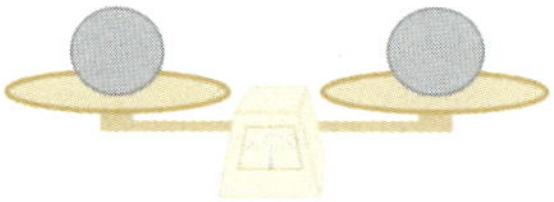 | • 하나를 변형시켜도 무게는 같은가?  |
| 부피 | • 두 개의 공 모양의 찰흙을 물에 넣으면 올라오는 물 높이는 같은가? 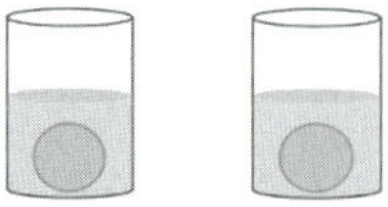 | • 하나를 변형시켜 넣어도 물 높이는 같은가?  |

출처 : 정옥분(2009), p. 275.

유목화를 이해한다는 것은 유아가 전체와 부분의 관계를 이해하여 상위유목은 하위유목보다 그 범위가 항상 넓다는 것을 안다는 것이다. 예컨대 이 시기의 유아에게 노란 꽃 10송이, 빨간 꽃 5송이, 흰 꽃 2송이를 보여주고 노란 꽃이 많은지, 꽃이 많은지를 물으면 노란 꽃이 많다고 한다. 왜냐하면 이 시기의 유아 대부분은 꽃과 노란 꽃 사이의 상위유목과 하위유목의 관계를 이해하지 못하기 때문에 눈에 보이는 숫자로 많고 적음을 판단하는 것이다. 또한 이 시기의 유아는 길이가 다른 여러 개의 막대기를 주고 길이가 짧은 것부터 순서대로 나열해 보라고 하면 제대로 할 수가 없다. 이 시기의 유아들이 아직까지 서열화 개념을 제대로 이해하고 있지 못하다는 의미이다. 그러나 전조작기의 특성들을 모든 유아에게 일률적으로 적용하거나 판단해서는 안 된다. 왜냐하면 유아에 따라 인지발달의 수준이 다르게 나타나기 때문이다(Shaffer, 1994).

### (2) 언어발달

유아기는 생애 중 가장 현저하게 언어발달이 이루어지는 시기이다(이명조, 2005). 비고츠키(Vygotsky)에 따르면 유아는 2~3세경에 언어와 사고가 겹쳐지게 되면서 빠르게 언어발달을 한다. 이때 유아의 사고는 언어의 기초를 마련하고, 언어는 사고할 때 사용하게 된다. 언어는 의사소통 이외에 유아의 사고조절에 관련되기 때문에 말을 하면서 생각할 수 있도록 한다. 보드로바와 레옹(Bodrova & Leong, 1996)의 지적처럼 유아의 언어는 실제로 마음에 있는 것을 이해하고, 명료화하고, 초점을 맞추는 도구로 기능한다(이명조, 2005 재인용). 즉, 언어는 유아의 사고를 도와주는 정신의 도구 역할을 한다.

유아 초기에 사용하는 단어의 수는 200~300개 정도이지만 4세경에는 1,500단어를 사용할 수 있다. 5세경에 사용하는 단어의 수는 2,000~2,500개 정도이며, 6세경이 되면 이해하는 단어가 5,000~6,000개 정도로 20세 성인의 1/10 수준까지 이른다(강문희, 2004). 이와 같이 유아기에 사용하는 단어의 수가 급증하는 것은 유아의 인지적 성숙으로 인해 사물을 범주화할 수 있는 능력이 발달하는 것과 관련 있다(Goldfield & Reznick, 1990). 그러나 이는 개인에 따라 상당히 큰 차이를 보인다.

유아는 두 단어 시기가 끝나는 2세경부터 두 단어 문장과 세 단어 문장을 동시에 사용하고, 점차로 세 단어 이상을 쓰는 다어문 시기로 들어가게 된다(유효순, 2007). 유아는 대체로 3세를 전후로 짧게 대화할 수 있으며 대명사, 조사, 형용사, 부사를 포함하는 복합문장을 사용하게 된다. 3~4세경의 유아는 언어에 대한 계속적 탐구와 실험을 계속하면서 의문문과 부정문도 사용하지만 부정확한 형태가 많으며, 발음도 정확하지 않은 경우가 많다.

유아는 4~6세경이 되면 문법적으로 보다 정확한 문장을 사용하며, 대부분의 기본적인 언어규칙을 터득하여 다어문을 말할 수 있게 된다(강문희, 2004). 또한 유아는 친숙하지 않은 사람도 말을 알아들을 수 있을 정도로 언어표현기술이 발달한다. 유아는 문법에 맞고 길이가 긴 문장을 사용할 수 있으며, 친구나 다른 사람들과 실제생활이나 공유한 경험에 대해 능숙하게 대화할 수 있다. 4~6세경에는 부분적으로 글자를 읽고, 책의 그림을 보며 실제 단어를 몇 개 사용하여 꾸며 말하기 식으로 읽기도 하며, 그림과 글자, 글자와 숫자를 변별한다(임은희, 2010).

유아기에는 영아기에 비해 의사소통이 보다 원활하게 이루어진다. 그러나 유아기의 자기중심적 사고 특성에 의해 언어는 의사소통을 위한 사회화된 언어로까지 발달하지 못한다. 이러한 자기중심적 언어표현의 대표적인 형태가 반복, 독백, 집단적 독백 등이다(김나영, 2005). 반복은 상대방에게 일정한 뜻을 전달하려는 의사 없이 어떤 발음을 되풀이하는 것을 말하고, 독백은 상대의 존재 여부에 관계없이 자신의 생각을 혼자 말하는 것이다. 그리고 집단적 독백은 주변에 있는 사람과 말을 하지만 상대와 대화를 하는 것이 아니고 혼자 독백을 하는 언어형식을 말한다. 비고츠키는 유아에게서 종종 들을 수 있는 혼잣말은 유아에게 처음으로 나타나는 사고과정과 행동을 조절하는 언어, 즉 자기조절적인 언어라고 본다(이명조, 2005). 유아의 혼잣말은 어려운 과제를 해결하는 동안 더 많이 사용된다. 그러나 이러한 혼잣말의 빈도는 연령이 증가하면서 점점 줄어들면서 언어의 내면화(internalization) 현상이 나타난다.

### (3) 정서발달

유아의 정서는 영아기의 정서와 별로 차이가 없으나 정서를 유발하는 요인이나 표현방법에서 차이를 보인다. 유아기가 되면 유아는 정서표현에 대해 많은 것을 이해하게 된다. 즉, 정서를 표현하는 단어를 사용하거나 이해하는 능력이 급속도로 증가한다. 이 시기에는 슬픔과 같은 부정적 정서보다는 행복과 같은 긍정적 정서를 더 쉽게 이해한다. 유아는 다른 사람의 긍정적 정서를 이해하는 데는 성인과 거의 같은 수준이지만, 부정적 정서를 이해하는 데는 아직 미숙하다(Fabes, et al., 1994).

유아는 정서표현에 대해 많은 것을 이해하나 사람들이 진짜로 느끼는 정서와 그들이 표현하는 정서를 잘 구별하지는 못한다. 따라서 유아는 행복한 얼굴표정과 슬픈 얼굴표정을 구별할 수는 있지만, 슬픔을 느끼는 사람이 행복한 표정을 짓고 있거나, 기쁜 상황에서 기쁜 표정을 짓지 않으면 혼란을 느낀다(Friend & Davis, 1993).

유아기에는 정서표현에 대한 이해의 증가와 함께 정서표현을 통제하는 능력인 정서규제 능력이 크게 발달한다(정옥분, 2009). 정서규제 능력의 발달은 정서를 통제할 수 있는 능력, 언제 부정적 정서를 감추어야 할지에 대한 지식, 정서를 통제하고자 하는 동기를 필요로 한다(Saarni, 1984).

정서를 통제하는 한 가지 중요한 측면은 좌절에 대한 참을성(tolerance for frustration)이다. 이 능력은 2세경에 나타나기 시작해서 유아기에 극적으로 증가한다(Bridges & Grolnick, 1995). 유아의 나이가 많아질수록 원하는 장난감을 가질 수 없거나, 하고 싶지 않은 일을 해야 할 때와 같은 좌절 상황에서 더 잘 견딘다. 좌절에 대한 참을성은 부모와의 관계에도 영향을 미치는데, 부모에게 떼를 쓰거나 반항하는 것이 2~5세 사이에 급격히 감소한다. 부모가 자신이 하기 싫은 일을 시켰을 때 참아가며 그 일을 하고, 그러한 갈등을 해결하기 위한 해결책을 찾아내기 시작한다(정옥분, 2009).

유아기에 자신의 정서를 통제하는 능력은 만족지연(delay of gratification)으로도 나타난다. 만족지연이라 함은 지금 바로 보상받는 것보다 만족을 지연시켜 나중에 더 큰 보상을 받게 되는 것을 말한다. 이를 위해 유아는 좌절에 수반되는 긴장을 감소시키는 전략을 사용하는 법을 배운다. 예를 들면, 재미있는 장난감들을 유리 진열장에 넣고서 손대지 못하게 한 실험에서, 많은 유아들은 그 장난감들을 보지 않으려고 고개를 돌리고 다른 활동에 전념하였다. 가질 수 없는 장난감은 더 이상 자신의 관심의 대상이 아니라는 이 전략은 긴장을 감소시킴으로써 그 상황을 좀 더 견디기 쉽게 만들어 주는 것으로 보인다(Wolf, 1990).

이 시기에는 다양한 원인에 의해 나타나는 불안과 공포심을 경험하며, 이는 대부분 상상에 근원을 둔 비합리적인 사고에 기인한다. 유아는 3세경이 되면 시각적인 것에 공포를 더 느껴서 무서운 얼굴의 아저씨나 커다란 짐승 등에 공포를 느낀다. 이후에 5세경이 되면 더 이상 두려움을 느끼지 않게 되어 공포가 없어지는 듯하다가 상상력이 발달하는 6세경이 되면 다시 증가하는 양상을 보인다. 이 시기에 아동은 상상 속의 대상, 즉 도깨비, 유령, 괴물 등을 무서워하는 경향이 있다(Flavell, 1985). 이때 양육자는 유아의 공포와 불안에 대해 이해하면서 공감적인 태도로 수용하여야 하며 강제로 금지하거나 놀리지 않아야 한다. 이와 같은 유아기의 정서적 특성은 다음과 같다(김나영, 2005).

첫째, 유아의 정서표현은 강하고 격렬하다. 즉, 유아는 아주 강렬하게 폭발하듯이 정서를 표현한다. 성인의 경우에는 이러한 유아기 정서를 통제하려고 애쓰는 반면에, 유아는 그러한 노력을 하지 않고 스스로 느끼는 대로 표현한다. 유아의 정서적 반응은 자극에 대한 강도의 차이가 존재하지 않는다. 이와 같은 특성으로 인해 아주 적은 자극이 아주 중대한 자극과 동일한 정도의 정서적 반응을 일으키기도 한다.

둘째, 유아의 정서는 일시적이다. 유아의 정서는 장기간 지속적으로 유지되지 않는다. 유아는 성인보다 상황을 이해하는 능력이 떨어지며, 강한 정서적 체험이라도 쉽게 잊어버린다. 유아의 정서가 일시적인 이유는 유아의 지적 능력이 성인보다 발달 정도가 낮기 때문이다.

셋째, 유아의 정서는 유동적이다. 유아의 정서가 자주 변하는 것은 정서적 표현을 주저하지 않고 느끼는 순간순간마다 있는 그대로 나타내기 때문이다. 따라서 유아는 금방 울다가 웃고, 화를 내다가 미소를 짓거나, 금방 질투를 보이다가 애정을 보이는 등 정서가 쉽게 변한다.

넷째, 유아는 정서적 반응을 자주 보인다. 유아는 희로애락의 표출이 매우 빠르고 자주 나타난다. 하지만 연령이 증가함에 따라 폭발적으로 정서를 표현하는 것은 바람직하지 않으며 때로는 처벌을 받을 수도 있다는 것을 알게 된다. 따라서 점차 자신의 정서적 반응을 절제하고, 자신의 정서를 변형시키거나 바람직한 방향으로 표현할 수 있게 된다.

이러한 유아기의 정서적 특성은 모든 유아들에게 비슷하게 나타나지만 학습과 환경에 의한 영향으로 점차 개별화되기 시작한다. 예를 들면, 무서운 상황에 직면했을 때 어떤 유아는 두려움을 숨기고 태연한 척하지만 다른 유아는 주저앉아 울거나 사람 뒤에 숨으며, 또 다른 유아는 오히려 공격적 반응을 보이기도 한다.

### (4) 도덕발달

도덕이란 옳고 그른 것을 구별할 수 있는 능력으로 사회집단의 규칙과 규약을 인식하고 이에 따라 판단하고 행동하는 사회적 습관과 습성을 말한다. 이러한 도덕은 오랜 시간에 걸쳐 점진적으로 내면화된다.

도덕발달은 주로 세 가지 측면에서 다루어진다. 첫째, 어떤 행동의 옳고 그름에 대한 평가인 도덕적 판단, 둘째, 사고나 행동에 대한 정서적 반응(죄책감 등)인 도덕적 감정, 셋째, 어떤 행동이 옳은지 알고 있다고 해서 반드시 그렇게 행동하는 것은 아니므로 실제로 어떻게 행동하느냐 하는 도덕적 행동이 그것이다.

피아제는 도덕발달단계를 타율적 도덕(heteronomous morality) 단계와 자율적 도덕(autonomous morality) 단계로 구분하였다(Piaget, 1965). 유아기는 타율적 도덕단계(4~7세)의 시기에 해당한다. 유아는 규칙을 신이나 부모와 같은 권위적 존재에 의해서 만들어진 것으로 믿으며, 그 규칙은 신성하고 변경할 수 없는 것으로 이를 위반하면 벌을 받아야 한다고 생각한다. 즉, 규칙은 변경할 수 없는 절대적인 것으로 반드시 따라야 한다고 믿는다. 또한 모든 도덕적 문제에는 '옳은' 쪽과 '나쁜' 쪽이 있으며, 규칙을 따르는 것이 항상 '옳은' 쪽이라고 믿는다.

또한 행위의 의도성에 대한 이해에서도, 어떤 행동의 옳고 그름을 행위자의 의도와 상관없이 단지 행동의 결과만 가지고 판단한다. 더욱이 타율적 도덕발달 단계에 있는 유아는 사회적 규칙을 위반하게 되면 항상 어떤 방법으로든 벌이 따르게 된다는 내재적 정의(imminent justice)를 믿는다. 따라서 만약 6세 남아가 과자를 몰래 꺼내 먹으려다 넘어져서 무릎을 다쳤다면, 그것은 자기가 잘못한 것에 대해 마땅히 받아야 할 벌이라고 생각한다(Shaffer, 1999).

유아의 도덕적 행위는 개별적인 상황에서 구체적으로 학습되어야 한다. 즉, 어느 경우에 어떻게 행동하는 것이 바람직한가를 구체적으로 가르쳐 주어야 한다. 또한 양심의 형성을 위하여 애정을 바탕으로 한 엄격한 훈육이 필요하다. 유아기는 양심의 기본 바탕이 형성되는 시기이므로, 유아들에게 반드시 지켜야 할 일, 해서는 안 될 일들에 대한 엄격한 규제가 필요하다. 이 규칙을 위반했을 때는 적절한 훈육을 통해서 자신의 행위에 대한 죄책감을 느끼도록 해주어야 한다. 그러나 훈육은 안정적인 애착관계가 형성된 이후에 이루어져야 한다. 즉, 충분한 애착관계가 형성된 부모의 훈육은 효과적일 수 있으나, 애착관계가 제대로 형성되지 못한 부모의 훈육은 유아로 하여금 불안과 적대감을 가지도록 만든다.

### 3) 사회적 발달

#### (1) 유아기의 사회적 특성

유아기는 가족이나 사회로부터 일방적인 돌봄을 받아야 하는 시기이다. 이를 바탕으로 유아는 이후 사회생활을 할 수 있는 능력을 점진적으로 발달시킬 수 있다. 인간이 사회생활을 할 수 있는 능력을 사회성(sociability)이라고 하는데, 유아가 점차 인간관계를 확대시키고 자신이 속한 사회에 적합한 가치관, 태도, 규범, 행동양식 등을 습득함으로써 발달하게 된다(이명조, 2005). 유아기의 사회성은 자기에 대한 개념과 타인에 대한 이해의 발달에서 비롯된다.

자기개념(self-concept)의 가장 기본이 되는 자기인식은 자신과 타인이 별개의 존재임을 아는 것이다. 이러한 능력은 대략 18개월경에 나타나며, 이는 자신의 모습에 대한 정신적 표상화가 가능하기 때문이다. 유아가 대략 3~4세 정도가 되면 주위 물건이나 사람에 대해서도 내 자동차, 내 모자, 우리 아빠 등의 소유개념을 표현함으로써 소유물에 대한 강한 집착과 고집을 나타낸다. 이러한 소유개념의 표현은 자기개념이 발달하여 '나'에 속한 물건이나 사람에게까지 확대되었음을 의미한다. 4~5세경의 유아는 자기개념의 발달로 인해 독립심과 자율에 대한 주장이 더욱 늘어난다.

유아기에는 이러한 자기개념과 함께 타인에 대한 이해가 발달하게 된다(박현선, 2008). 사회성이 발달한다는 것은 타인과 상호작용하는 능력이 발달함을 의미하며, 이를 위해서는 상대방의 느낌이나 생각에 대한 이해가 필수적이라고 할 수 있다. 전조작적인 사고 특성상 구체성에 의존하는 유아는 자신을 설명할 때와 같은 구체적이고 관찰 가능한 용어로 다른 사람을 특징짓고 설명하는 경향이 있다.

따라서 유아기에는 유아가 자기 자신의 주위 대상이나 상황을 활용하여 사회성을 발달시킬 수 있는 환경적 조건을 마련해 주어야 한다. 유아는 가족 밖으로 스스로 나오기가 어렵기 때문에 보다 적극적으로 사회에서 이들의 형편을 확인해야 한다. 사회 전체는 유아들이 적절하게 돌봄을 받으면서 사회적 관계를 발달시키는 과정에 참여하고 있는지, 그리고 학대나 방임으로 인한 고통이 없는지를 지속적이고 체계적으로 살펴야 한다.

### (2) 사회적 행동 발달

#### ① 친사회적 행동 발달

친사회적 행동(prosocial behavior)이란 다른 사람을 이롭게 하는 행동으로 도와주기, 나누어 주기, 위로하기, 협동하기 등 사회적으로 바람직하고 긍정적인 행동을 말한다(이명조, 2005). 친사회적 행동을 하기 위해서는 감정이입(empathy)을 할 수 있어야 한다. 즉, 상대방의 정서에 공감할 수 있어야 한다는 것이다. 감정이입의 발달에 따라 친사회적 행동도 그 성격이 다르게 나타난다. 호프만(Hoffman, 1970; 1987)은 피아제의 인지발달단계를 반영한 감정이입의 4단계 발달을 통해 친사회적 행동의 발달 경향을 다음과 같이 제시하고 있다.

1단계는 전체적 감정이입 단계로, 출생부터 대략 1세까지이다. 영아는 아직 자신과 타인의 존재에 대한 구분이 없기 때문에 타인의 고통을 자신의 고통과 혼동한다. 신생아가 다른 아이의 울음소리를 듣고 따라 우는 것이 그 예이다.

2단계는 자아중심적 감정이입 단계로, 대략 1세부터 2세까지이다. 영아는 자신과 타인이 별개라는 것을 알고 고통이나 슬픔에 빠진 타인을 달래줘야 한다고 느낀다. 그러나 아직까지는 자신과 타인의 감정적 관점이 다르다는 것에 대한 구분이 확실하지 않아 자아중심적 감정이입이 이루어지는 시기이다. 예를 들면, 영아는 울상을 짓는 어머니에게 자기가 좋아하는 장난감을 주어 슬픔을 달래려고 한다.

3단계는 타인의 감정에 대한 감정이입 단계로, 유아기에 발달하기 시작한다. 유아는 타인의 입장이 되어 고통의 원인을 찾고 이에 대해 보다 적절한 대응을 할 수 있게 된다. 즉, 이 단계의 유아는 친구의 고통을 감지하고 해결하는 것을 보다 효과적으로 할 수 있게 된다. 이것은 자아중심적 사고가 감소되면서 다른 사람이 자신의 도움을 필요로 한다는 것을 인식하는 인지능력이 발달되었기 때문에 가능하다.

4단계는 타인의 일반적 곤경에 대한 감정이입 단계로, 아동기 후반이나 청소년 초기에 나타나기 시작한다. 이 단계의 아동은 현재 눈에 보이는 특정 상황이나 특정인에만 국한하지 않고 일반적인 상태까지 고려한 감정이입을 할 수 있다. 즉, 가난한 사람, 장애를 가진 사람, 사회적으로 소외된 사람 등과 같이 자신과 직접 관련이 없는 사람과도 감정이입이 가능해진다는 것이다.

유아는 영아기의 자기중심적 사고가 감소되어 타인의 입장에서 감정이입을 할 수 있으며, 이를 바탕으로 하여 친사회적 행동을 발달시키게 된다. 그러나 이 시기의 감정이입은 타인의 고통을 직접 눈으로 본 것에 한정되는데, 즉 상상에 의한 감정이입은 가능하지 않다.

#### ② 반사회적 행동 발달

반사회적 행동(antisocial behavior)은 친사회적 행동과 상반되는 공격적, 적대적, 반항적, 비협력적 행동 등을 말하는데, 대표적인 반사회적 행동으로 공격성을 들 수 있다. 공격성은 의도적으로 타인에게 해를 가하려는 행동이라고 정의할 수 있으며 이는 두 가지 유형, 도구적 공격성(instrumental aggression)과 적대적 공격성(hostile aggression)으로 나눌 수 있다(이명조, 2005). 전자는 자신의 욕구나 목표를 충족시키기 위해서, 후자는 타인에게 해를 입히는 것 자체가 목적인 행동이다. 유아들 사이에서 일어나는 공격성은 서로 장난감을 갖기 위해 때리는 것과 같은 도구적 공격성이다.

### (3) 놀이발달

유아의 대부분 활동은 놀이라고 할 수 있다. 놀이를 통해 유아는 생물학적, 심리적 그리고 사회적 발달을 통합적으로 이루게 된다. 놀이의 유형은 크게 인지적 수준과 사회적 수준으로 구분할 수 있다. 인지적 수준의 놀이는 기능놀이, 구성놀이, 가상놀이, 규칙 있는 게임 등 네 가지로 구분된다(Smilansky, 1968).

기능놀이는 영아가 딸랑이를 흔드는 것과 같은 단순 반복적 행위를 말한다. 구성놀이는 유아기에 주로 나타나는 블록쌓기 등과 같이 무엇인가를 만들어 내는 것을 말한다. 가상놀이는 유아기에 많이 나타나는데, 병원놀이, 소꿉놀이 등과 같이 어느 정도 인지발달이 선행되어야 가능한 놀이다. 마지막으로 규칙 있는 게임(games with rules)은 윷놀이, 줄넘기놀이 등과 같이 미리 만들어진 규칙에 따라 하는 놀이이고, 이는 유아기 말에 나타나서 아동기에 빈번하게 나타난다.

다음으로 사회적 수준에 따른 놀이유형은 6가지로 구분된다(Parten, 1932).

첫째, '몰입되지 않은 놀이(unoccupied play)'로 주로 자신의 신체를 가지고 노는 영아기에 나타나며, 이때 영아는 놀고 있지 않은 것처럼 보이지만 주변에 흥미를 가지고 있다.

둘째, '방관자적 놀이(on-looker behavior)'로 유아가 자신이 직접 놀이에 참여하지 않고 대부분의 시간을 관찰하면서 보내는 경우이다.

셋째, '혼자놀이(solitary play)'로 다른 유아와 함께 놀기보다는 혼자 장난감을 가지고 노는 경우이다. 몰입되지 않은 놀이, 방관자적 놀이, 혼자놀이는 비사회적 형태의 놀이유형이다.

넷째, '평행놀이(parallel play)'로 유아가 같은 공간에서 비슷한 놀이를 하지만 특별한 교류도 없고 가까워지려고 노력하지도 않으며 혼자 노는 경우이다. 이는 제한된 사회적 활동이라고 할 수 있다.

다섯째, '연합놀이(associative play)'로 둘 이상의 아동이 공통적인 활동을 하지만 리더, 목표, 역할분담 등이 없는 경우이다.

여섯째, '협동놀이(cooperative play)'로 아동들이 집단을 조직적으로 구성하며 규칙에 따라 역할분담 등을 하고 노는 경우이다. 연합놀이와 협동놀이는 진정한 사회적 상호작용 형태를 띠는 놀이라 할 수 있다. 유아들은 성장하면서 점차 비사회적 형태에서 사회적 상호작용 유형의 놀이로 옮겨간다.

### 4) 유아기 발달과 사회복지실천

#### (1) 생물학적 발달과 사회복지실천

인간의 발달에서 여러 영역들은 독립적이라기보다 상호 연관되어 있어 각각의 발달 내용은 다른 발달영역에 영향을 주게 된다. 즉, 인간발달에 있어 생물학적 발달, 심리적 발달, 그리고 사회적 발달은 상호 관련되어 있다는 것이다. 따라서 각 부분들 간의 균형적이고 전체적인 발달이 중요하다.

우선 유아의 생물학적 발달을 위해서는 규칙적인 수면과 균형 있는 영양섭취가 필수적이다. 유아의 규칙적이고 충분한 수면은 성장호르몬의 분비를 촉진한다. 성장호르몬은 유아가 잠자는 시간 동안 분비되기 때문에 유아의 수면은 신체적 성장에 기여한다. 그리고 수면을 통해 휴식을 충분히 취한 유아는 놀이 및 학습에 더 집중하고 관심을 보일 수 있게 된다. 유아의 영양섭취는 신체적 성장에 중요하다. 24개월 이후 유아들의 신체성장률은 완만해지나 운동능력의 발달은 현저하게 증가한다.

유아는 계속적인 성장발육과 급증하는 운동량 및 신체활동에 필요한 영양분을 충분히 섭취해야 한다. 하지만 이것이 과도하게 영양과잉으로 연결되면 소아비만을 초래할 수 있다. 이는 친구들로부터 놀림을 당하거나 또래친구를 사귀는 데 어려움을 겪을 수 있으므로 음식물의 적절한 양과 질에 주의를 기울여야 한다. 즉, 유아의 성장에 필요한 필수영양소가 포함된 균형 있는 영양섭취가 이루어져야 한다. 사회복지실천현장의 사회복지사들은 유아의 규칙적이고 충분한 수면과 영양섭취에 관심을 가져야 한다. 특히 유아의 부모들이 빈곤이나 정서적 어려움을 가진 경우에는 더욱더 많은 관심을 가지고 지속적이고 체계적인 원조를 하여야 한다.

### (2) 심리적 발달과 사회복지실천

유아는 인지 및 언어 발달을 촉진할 수 있는 기회를 충분히 제공받아야 한다. 인지 및 언어 발달을 위해서는 안정적인 환경과 대인간 상호작용이 필수적이다. 사회복지사와 사회복지기관에서는 유아의 인지 및 언어 발달을 위한 환경을 조성해 주어야 하며, 동시에 유아가 충분하고 다양한 자극을 받을 수 있도록 해야 한다. 또한 유아와 직접 대면하는 사회복지사는 유아의 비논리적이고 비현실적인 말에도 적극적으로 반응해야 한다. 생물학적 발달의 경우에서와 마찬가지로 사회복지사들은 빈곤이나 심리적·정서적 장애를 가진 부모들이나 양육자들에게 더 많은 관심을 가지고 지지체계를 형성해 주어야 한다.

### (3) 사회적 발달과 사회복지실천

유아의 사회적 발달에 대한 관심도 필요하다. 유아기는 탐색의 장이 확대되어 타인과의 접촉이 증가하기 때문에 사회적 발달이 중요하게 다루어져야 한다. 특히 유아는 놀이를 통하여 타인과 상호작용하는 방법을 습득하게 된다. 즉, 유아가 주위의 사물을 관찰하고 탐색할 수 있는 안전한 환경을 조성하는 것이 중요하며, 이러한 유아의 활발한 탐색활동은 유아에게 만족감과 자신감을 갖게 할 수 있다. 유아의 사회적 발달은 이후의 대인관계 및 사회적 활동에 밑바탕이 되기 때문에 세심하게 관찰하면서 안정적인 환경을 제공해야 한다.

사회복지실천현장에서는 유아의 발달과 관련하여 부모교육 프로그램들을 실시하고 있다. 이러한 프로그램에서는 주양육자의 안정적인 양육태도의 중요성을 강조하고 있다. 주양육자와 안정적인 애착관계를 형성한 유아는 심리적 안정감을 얻고 다른 관계의 탐색에도 적극적이며 성공할 가능성이 높다. 반면 부부관계가 불안정하거나 유아에 대하여 거부적인 양육태도를 보이는 경우에 유아는 정서적으로 불안해지거나 부적응적인 행동을 나타낼 수 있다.

부모의 양육유형에 따라 아동의 사회적 행동도 다르게 나타난다. 유아와 대화를 많이 하면서 독립심을 격려하고 훈육 시 논리적인 설명을 하는 권위적 부모양육은 자녀들로 하여금 책임감, 자신감, 사회성을 높이도록 만든다. 반면에 엄격한 통제, 강요된 규칙과 함께 처벌 시 논리적 설명을 하지 않는 권위주의적 부모양육은 자녀들로 하여금 사회성 부족이나 의존적, 복종적, 반항적 성격의 소유자로 만든다. 애정적이고 반응적이지만 자녀에 대한 통제가 없고, 일관성 없는 훈육을 하는 허용적 부모양육은 자녀들이 자신감이 있고 적응을 잘 하도록 만들지만 규율을 무시하고 제멋대로 행동하도록 한다. 애정이 없고, 냉담하고, 엄격하지도 않은 무관심한 부모양육은 자녀들로 하여금 독립심이 없고 자기통제력이 부족하며 문제행동을 많이 하도록 만든다. 따라서 사회복지실천현장의 사회복지사들은 주양육자들이 엄격한 통제 혹은 방임으로 유아들을 양육하지 않도록 하는 사회복지실천 프로그램을 실시할 필요가 있다.

〈표 10-2〉는 엄격함과 자애로움이라는 두 차원에 의해 네 가지의 부모유형과 자녀 특성을 제시하고 있다(청소년상담원, 1996). 사회복지실천현장에서의 부모양육 프로그램은 다음 표에서 제시하는 바와 같이 엄격하면서도 자애로운 양육자가 되는 방법들로 구성되어야 할 것이다. 이때 사회복지사들은 유아양육의 책임을 전적으로 부모, 즉 주양육자에게 두지 않아야 하며, 그들을 둘러싼 환경적 요인도 중요함을 알아야 한다. 예를 들면, 국가의 제도적 측면에서의 문제는 없는지, 혹은 지역사회가 유아를 양육할 수 있도록 적절한 환경을 제공하는지, 그리고 주양육자들의 유아양육을 위한 시간과 경제적 측면은 어떠한지 등을 고려하는 것을 말한다.

〈표 10-2〉 **부모의 유형과 자녀의 특성**

| 부모의 유형 | 부모의 특성 | 자녀의 특성 |
|---|---|---|
| 자애롭기만 한 부모 | • 자녀의 모든 요구를 다 들어줌<br>• 단호하게 자녀들을 압도하기보다는 양보함<br>• 말은 엄격하나 행동으로 보여주지 못함<br>• 때로는 극단적으로 벌을 주거나 분노를 폭발하여 스스로 죄책감을 느낌<br>• 벌주는 것 자체를 잘못이라고 생각함 | • 책임회피<br>• 쉽게 좌절하고 그 좌절을 극복하지 못함<br>• 버릇없고 의존적이며 유아적인 특성<br>• 인정이 많고 따뜻함 |

| | | |
|---|---|---|
| 엄격하기만 한 부모 | • 칭찬하지 않음<br>• 부모의 권위에 의문을 제기하는 것을 허락하지 않음<br>• 자녀가 잘못한 점을 곧바로 지적함<br>• 잘못한 일에는 반드시 체벌이 따라야 한다고 생각함 | • 걱정이 많고 긴장하고 불안해함<br>• 우울하고 때로 자살을 생각함<br>• 책임감이 강하고 예절 바름<br>• 지나치게 복종적·순종적임<br>• 부정적 자아 이미지, 죄책감, 자기비하가 많음 |
| 엄격하면서 자애로운 부모 | • 자녀가 일으키는 문제를 정상적인 삶의 한 부분으로 생각함<br>• 자녀에게 적절하게 좌절을 경험하게 하여 자기훈련의 기회를 제공함<br>• 자녀를 장점과 단점을 가진 한 인간으로 간주함<br>• 자녀의 잘못을 벌할 때도 자녀가 가진 잠재력을 인정해 줌<br>• 자녀의 장점을 발견하고 키워줌 | • 자신감이 있고 성취동기가 높음<br>• 사리분별력이 있음<br>• 원만한 인간관계를 유지함 |
| 엄격하지도 자애롭지도 않은 부모 | • 무관심하고 무기력한 부모<br>• 칭찬도 벌도 주지 않고 비난만 함<br>• 자식을 믿지 못함 | • 빈사회적 성격으로 무질서하고 적대감이 많음<br>• 혼란스러워하고 좌절감이 많음<br>• 세상 및 타인에 대한 불신감이 많음 |

## 2. 아동기 발달

### 1) 생물학적 발달

#### (1) 신체적 성장

아동기의 신체적 성장은 태내기, 영아기, 유아기에 비하면 완만하게 진행된다. 이 시기에는 이전의 단계에서처럼 급격한 신체적 성장이 이루어지지는 않으나 균형 잡힌 신체가 형성된다. 즉, 신체구조가 몸통보다 팔과 다리가 빨리 성장하여 키가 크고, 팔다리가 이전의 시기보다 길어 보인다. 이 시기에는 남아보다 여아의 발육이 앞서는 경향이 있으나 이후 청소년기에는 남아의 성장이 여아의 성장보다 다시 앞서게 된다. 아동기에는 젖니가 빠지고 영구치로 대체된다. 젖니는 1년에 4개 정도씩 빠져 13세가 되면 대부분 교체된다.

아동기에는 근육이 성장하는 신체에 적응하느라 당기는 듯한 느낌의 통증을 경험하게 되는데, 이를 '성장통(growing pains)'이라고 한다(Sheiman & Slomin, 1988). 이러한 성장통은 아동의 10~20% 정도가 경험을 하지만 정확한 원인을 찾지는 못하고 있다. 전문가들은 뼈의 성장과 관련이 있다거나, 일종의 근육통으로 보거나, 스트레스와의 관련설도 제기하고 있다. 성장통은 밤에 심하고, 아침이 되면 없어지는 게 보통이다. 성장통은 다른 질병과 관련되어 있지 않다면 아동기 이후에는 대부분 사라진다.

### (2) 운동능력의 발달

아동기 시작 무렵에 대근육과 소근육의 기본적 운동기능이 거의 발달하며, 이후에는 기존의 운동능력이 더 빠르고 정교하게 발달한다. 즉, 아동기에 새롭게 발달하는 운동기능은 없지만, 운동기술이나 근육의 협응이 점차 세련되고 정교화되어 운동의 속도, 정확성, 안정성, 역량 등이 더욱 발달한다. 아동은 이 시기에 일생을 통해 활동하게 될 모든 기초적 운동능력을 습득하게 된다. 또한 아동은 달리기, 던지기, 뛰기 등의 스포츠와 조직적인 놀이에 강한 관심을 가지게 되고 새로운 운동방법을 배운다(강봉규, 2000). 아동은 스포츠와 조직적인 놀이에 참여함으로써 놀이규칙을 익히고 상호 협력하는 협동심을 키울 수 있다.

특히 이 시기에는 놀이가 매우 중요하다. 아동은 여러 놀이를 통하여 신체의 균형과 유연성을 시험한다. 또한 아동기에는 또래와의 놀이가 큰 즐거움을 가져다준다. 이 시기의 신체건강은 자신의 만족뿐만 아니라 또래와의 사회생활 참여와 관련된 중요한 부분이다. 아동의 신체적인 건강은 적응과 정신건강에도 영향을 미친다. 신체적으로 건강한 아동은 자존감이 높고 자신감을 가지며, 친구들 사이에서 인기가 높고, 또래관계에서 리더로 활동할 수 있다. 반면에 신체가 허약하거나 질환이 있는 아동은 자신감을 가지고 활동하지 못하거나 친구와의 관계에서 소외될 수도 있다.

## 2) 심리적 발달

### (1) 인지발달

#### ① 피아제의 인지발달 : 구체적 조작기

아동기는 유아기에 비해 인지능력에서 비약적 발달을 한다. 유아기의 직관적 사고나 자기중심적 사고와 같은 전조작적 사고의 특성이 남아 있지만, 7~8세경에 이르면 이전 단계와는 전혀 다른 형태의 사고가 나타난다. 피아제는 아동기를 인지발달단계에서 구체적 조작기(concrete operational period, 대략 7세부터 12세까지)라고 하였으며, 이 시기 동안에 체계적인 논리적 사고가 발달하게 된다고 보았다. 피아제에 의하면 조작은 내면화된 행동체계를 의미한다. 구체적 조작기에서는 보존개념, 분류개념, 조합개념 등이 점차로 발달한다(송명자, 2010).

먼저 보존개념이다. 구체적 조작기에 해당하는 아동들은 전조작기의 유아들과 달리 보존성의 원칙을 깨닫게 된다. 예를 들어, 높이가 높고 폭이 좁은 컵의 물을 높이가 낮고 폭이 넓은 컵에 옮겼을 때 양은 같지만 물의 높이가 낮아진다. 이때 구체적 조작기의 아동은 물을 담는 용기의 모양은 변했지만 양은 같다는 개념, 즉 보존이 된다는 것을 깨닫게 되는데, 이것은 가역성(reversibility)의 개념이 획득되었기 때문이다.

가역성이라는 논리적 조작 외에도 동일성(identity)과 보상성(compensation)은 보존개념 획득을 보여주는 사고 특성이다. 위의 사례에서 가역성이란 짧고 넓은 컵의 물을 길고 좁은 컵에 다시 쏟아 부으면 원래의 양으로 되돌아갈 수 있다는 응답을 말하며, 동일성이란 외부에서 물이 더 이상 첨가되거나 제거되지 않았으므로 똑같다는 응답을 뜻하며, 보상성이란 어떤 컵의 밑이 좁은 데 비해 다른 컵은 밑이 넓어서 두 컵에서 물의 양이 달라 보일 뿐 그렇지 않다는 응답을 말한다(조복희, 2008).

다음으로 아동기에는 분류개념이 형성된다. 분류개념이 형성되면 대상이나 사물들이 공통적으로 지니고 있는 차원에 따라 물체를 분류하고 통합하는 능력과 위계적 방식으로 하위집단을 나열하여 하나의 새로운 집단으로 분류할 수 있는 능력이 생기게 된다. 따라서 아동기에는 사물이 위계적 관계를 맺고 있으므로 조화를 이룬다는 사실을 인식하고, 사물들 사이에 어떤 관계규칙이 있음을 인식함으로써 사물의 분류가 가능해진다.

마지막으로 조합개념이 형성되어 수를 조작하는 능력을 가지게 된다. 이는 일정한 수의 사물이 있으면 그것을 펼치든 모으든 또는 형태를 바꾸든지 간에 그 수는 같다는 것을 이해할 수 있는 능력을 의미한다.

### ② 인지양식

아동기에는 개인이 환경에 대해 반응하는 인지양식이 나타나는 시기이다. 이러한 인지양식은 아동의 성격을 반영할 뿐만 아니라 아동의 인지적 수행에도 영향을 미치는데, 수렴적 사고와 확산적 사고, 장의존성과 장독립성, 사려성과 충동성으로 구분할 수 있다(정옥분, 2009 : 351-355).

수렴적 사고(convergent thinking)는 문제를 해결하기 위해 사용하는 사고방식의 한 종류이다. 수렴적 사고는 문제를 해결할 수 있는 다양한 해결책들 가운데서 가장 적합한 해결책을 찾아가는 사고를 말한다. 예를 들면, 수학문제에서 정답 찾기나, 조각그림 맞추기는 수렴적 사고를 요한다. 특별히 수렴적 사고를 많이 사용하는 경향이 있는 아동은 구조적 학습과제를 선호한다. 확산적 사고(divergent thinking)는 문제를 해결하기 위해 다양한 해결책이나 답을 모색하는 사고를 말한다. 확산적 사고는 창의성과 밀접한 연관이 있다.

장의존성(field dependence)과 장독립성(field independence)은 개인이 사물을 인식할 때 그 사물을 둘러싼 배경, 즉 장의 영향을 많이 받거나 받지 않는 인지양식을 말한다. 장의존적인 아동은 장의 영향을 많이 받고, 사물을 전체적으로 지각한다. 예를 들어, 산 그림을 볼 때 산 전체의 모양에 집중한다. 장독립적 아동은 장의 영향을 거의 받지 않으며, 사물을 여러 개의 부분으로 지각한다. 예컨대 산 전체가 아니라 나무 한 그루 한 그루, 바위 하나하나에 주목한다.

마지막으로 아동의 사려성(reflection)과 충동성(impulsiveness) 개념이다. 사려성은 주어진 문제를 찬찬히 생각하여 문제를 풀어가며 실수를 적게 하는 유형의 아동과 연관이 있다. 충동성은 주어진 문제에 즉각적인 반응을 보이면서 실수를 많이 하는 유형과 관련이 있다.

### ③ 지능

아동기에는 이전의 유아기와 달리 학업능력이 강조되며, 이는 지능과 관계가 있다. 핀트너(Pintner)에 의하면 지능은 일상생활에서 새로운 장면이나 사건에 직면했을 때 적응해 나가는 능력이라고 하였고, 콜빈(Colvin)의 경우 지능은 새로운 환경에 적응하는 것을 배우는 능력이라고 했으며, 웩슬러(Wechsler)의 경우에 지능이란 각 개인이 유목적(有目的)으로 행동하고 합리적으로 사고하고 능률적으로 자기 환경을 처리할 수 있는 총체적 능력이라고 했다(최순남, 1999).

즉, 지능은 언어능력, 논리-수학적 능력, 음악적 능력, 공간능력, 대인관계능력, 문제해결능력 그리고 환경에 대한 적응능력 등을 포함하는 총체적 능력이라 할 수 있다. 지능발달 수준은 일반적으로 지능검사에 의해 제시되는 지능지수(IQ)로 표현하며 지능지수만으로 각 개인의 지능발달 수준을 논의하는 것은 별 의미가 없지만, 일반적으로 70 미만일 경우에 지적장애아라고 하며, 140 이상을 우수아라고 한다.

지능의 발달과 관련하여서는 유전적인 요인과 환경적인 요인으로 나누어져 논쟁 중에 있다. 지능의 유전적 요인을 강조하던 예전과 달리 최근에는 유전과 환경의 영향을 반반으로 보거나, 환경을 개선함으로써 지능발달을 향상시키고, 학업수행능력도 발달시킬 수 있다고 본다(Weinberg, 1989). 또한 지능은 창의성과도 관련이 있다. 창의성이란 현존한 문제에 대한 가치 있고 탁월한 다른 대안을 찾아내며, 새로운 방법으로 그 문제에 접근하여, 다른 개념으로 그 문제를 해석하고 이해하며 해결하는 것을 뜻한다. 창의성은 지능지수(IQ)와 관련 있는 수렴적 사고와는 다르게 확산적 사고와 밀접한 관련이 있다. 창의성이 높으면 지능이 높지만 지능이 높다고 반드시 창의성이 높은 것은 아니다.

아동기에는 지능발달로 인해 보다 객관적인 지각이 가능해진다. 따라서 유아기에 발달한 운동지각은 아동기에는 점차 공간지각으로 전환되어 간다(권중돈 · 김동배, 2005). 정확한 공간개념은 6~7세경에 형성되며, 8세경에는 새로운 곳으로 여행을 가고 싶은 모험심에서 탐험여행을 떠나는 경우도 있다. 아동이 9세경이 되면 한두 번 가본 곳이면 혼자서 교통수단을 이용하여 찾아갈 수 있다. 아동기에는 시간지각도 발달하여 8세경이 되면 과거, 현재, 미래를 정확히 구분하고, 한 시간, 하루, 한 달 그리고 일 년 등의 시간에 대해서도 이해하게 된다. 아동은 초등학교 고학년이 되면서 성인과 유사한 수준의 추상적인 시간의식을 가질 수 있게 된다.

### (2) 언어발달

아동기는 언어적 유능성을 판가름하는 중요한 시기이다. 아동기에는 공식 교육을 통하여 어휘, 문법, 읽기, 말하기, 쓰기, 의사소통의 능력이 현저하게 발달한다. 따라서 아동들은 많은 단어를 익히고, 긴 문장을 활용하며, 의사소통의 기술도 대상에 따라 세분화할 수 있는 능력을 갖추게 된다.

이 시기에는 어휘를 습득하는 능력이 뛰어나서 초등학교를 졸업할 무렵에는 약 4만 단어 정도를 익히게 된다. 아동기에는 사용할 수 있는 어휘 수가 증가함에 따라 유아기에 비해 단어를 보다 정확하게 사용하게 되고, 단어가 가지고 있는 여러 의미를 이해하며, 단어와 관련한 사고도 보다 정교화된다. 또한 읽기, 쓰기, 말하기 등의 학습을 통하여 언어적 이해도가 증가할 뿐만 아니라 사물에 대한 정보를 습득하는 능력 또한 급속하게 발달한다(조복희, 2008).

아동기에는 의사소통의 기술도 크게 발달한다. 9~10세 아동은 사물에 대하여 설명할 때, 듣는 사람에 따라 다르게 설명할 수 있다(Sonnenschein, 1988). 이는 듣는 사람을 고려하여 아동이 어휘 등을 다르게 선택하여 내용을 보다 쉽게 전달하는 능력을 갖추었음을 말한다. 이를 상위의사소통이라고 하며, 이것은 아동이 자신 혹은 자신에 대한 의사소통능력에 관한 정확한 지식을 가지고 이를 상대에 따라 조정하는 의사소통능력이라고 할 수 있다. 아동기에는 연령이 높아질수록 자기중심성 언어보다는 사회성 언어 사용이 증가하는 경향을 보인다.

### (3) 정서발달

아동기에는 유아기 말 무렵에 대부분 표현할 수 있는 기본적 정서들이 더욱 발달한다. 이 시기에 죄책감이나 자긍심과 같은 정서는 어른들이 야단치거나 칭찬하지 않아도 자연스럽게 표출된다. 이 시기에는 자기인식과 사회적 민감성이 발달하기 때문에 아동의 정서적 능력도 발달한다. 따라서 이 시기의 아동들은 자의식적 정서, 정서 이해 및 정서적 자기조정의 경험에 변화가 일어나게 된다(Berk, 2006).

아동기에는 죄책감과 자긍심 같은 자의식적 정서가 개인적 책임감에 의해 통제된다. 어른들이 지적하지 않아도 아동은 새로운 성취로 긍지를 불러일으키고 반사회적 행위로 인해 죄책감을 느낀다. 또한 아동들은 책임감을 회피했거나, 속이거나 거짓말을 한 것과 같은 의도적 잘못에 대해 죄책감을 느낀다(Berk, 2006).

자긍심은 아동에게 더 큰 도전을 받아들이도록 만들고, 죄책감은 아동이 반성하고 자기발전을 추구하게 만든다. 그러나 어른들의 거칠고 무정한 비난은 아동에게 심하게 수치감과 행동의 소극성을 동반하도록 한다. 예를 들면, '그 정도는 누구라도 하겠다', 혹은 '다른 사람은 다 하는데 너는 왜 못하니?' 등과 같은 비난이다.

아동기에는 정서를 이해하는 폭이 넓어진다. 아동은 자신의 정신활동을 이해하기 때문에 정서를 설명할 때 외적 사건보다는 행복하거나 슬픈 생각과 같은 내적 상태를 언급할 가능성이 커진다. 또한 아동은 혼합정서를 이해할 수 있기 때문에 사람들이 표현하는 정서와 실제로 느끼는 정서가 다르다는 사실을 이해한다(Saarni & Harris, 1989). 아동기의 자기 이해와 더불어 정서 이해는 인지발달과 사회적 경험을 통해 발달하게 된다. 여기서의 사회적 경험이란 어른들이 아동의 감정에 민감하게 반응하고 정서에 대해 기꺼이 이야기를 나누는 과정들을 말한다. 이러한 요인들의 복합적인 작용으로 인해 아동의 공감능력은 발달하게 된다.

아동기에는 정서적 자기조정이 빠르게 발달한다. 아동은 또래와 자신을 비교하고 또래들의 인정에 관심을 두면서 자아존중감을 위협하는 부정적 정서를 관리하는 방법을 습득한다. 10세경이 되면 대부분의 아동은 정서를 관리하기 위해 문제중심 대처와 정서중심 대처 중에서 상황에 맞게 적절하게 대처하려고 한다(조복희, 2008).

아동이 문제중심 대처를 한다는 것은 주어진 상황이 변화할 수 있는지 평가하고, 문제를 확인하여 무엇을 해야 하는지를 결정할 수 있다는 의미이다. 그러나 이 방법이 효과가 없으면 아동은 정서중심 대처를 하게 되며, 이는 내적이고 개인적이며 결과를 바꿀 수 없을 때 고통을 통제하는 책략이다.

정서적 자기조정이 잘 발달한 아동은 정서적 자기효능감, 즉 정서적 경험을 자신이 통제할 수 있다는 느낌을 가지게 된다(Saarni & Harris, 1989). 이를 통해 아동은 긍정적 자기상과 낙관적 삶의 태도를 가지게 되며 정서적 도전에 더 당당하게 맞서게 된다. 정서를 잘 조정하는 아동은 공감적이며 친사회적이어서 또래관계를 잘 형성할 수 있다. 반대로 정서를 잘 조정하지 못하는 아동은 충동적으로 부정적 감정을 폭발시키고 친사회적 행동을 하지 못하여 또래의 거부감을 불러일으킬 수 있다.

### (4) 도덕발달

#### ① 피아제의 도덕발달

아동기는 피아제의 자율적 도덕(autonomous morality)발달단계에 해당한다. 그러나 피아제는 7세부터 10세까지는 일종의 과도기적인 단계로서 타율적 도덕발달과 자율적 도덕발달의 특성이 모두 나타나는 시기라고 하였다(Piaget, 1965). 그러므로 아동기에는 유아기에 해당하는 타율적 도덕발달단계의 특징도 나타난다. 타율적 도덕(heteronomous morality)발달단계에 있는 아동의 경우에 규칙은 부모나 성인 등의 권위자에 의한 것이므로 무조건 지켜야 하고 위반하면 벌을 받아야 한다고 생각한다.

따라서 어떤 문제든지 옳은 쪽과 나쁜 쪽이 있으며 원인이나 동기와는 상관없이 결과에 준하여 판단한다. 예를 들면, 어머니가 설거지하는 것을 도와드리다가 실수로 컵을 다섯 개 깨뜨리는 것이 어머니 몰래 과자를 꺼내 먹다가 컵을 한 개 깨뜨리는 것보다 더 나쁘다고 생각한다. 그리고 어머니 몰래 과자를 꺼내 먹으려다 넘어져서 다쳤다면, 그것은 자기가 잘못한 것에 대해 마땅히 받아야 할 벌이라고 생각한다(Shaffer, 1999).

10세경의 아동은 대부분 자율적 도덕발달단계에 도달한다(Piaget, 1965). 이 시기의 아동은 점차 규칙은 사람이 만든 것이고, 그 규칙을 변경할 수 있다고 생각하며, 상황적 요인을 고려하는 융통성을 보인다. 따라서 옳고 그름의 기준도 나타난 행위의 결과보다는 원인이나 동기에 달려 있음을 받아들이게 된다. 벌을 받아야 하는 행위와 받지 않아도 되는 행위를 상황에 따라 분별할 줄 알게 되는 것이다.

이 단계의 아동은 위의 사례에서 어머니의 설거지를 도우려다 컵을 깨트린 행위는 나쁜 행동이 아니기 때문에 처벌받지 않아야 하며, 컵을 한 개 깨트렸지만 과자를 몰래 먹은 것은 나쁜 행위이기 때문에 처벌받아야 한다고 생각한다.

#### ② 콜버그의 도덕발달

콜버그(Lawrence Kohlberg, 1927~1987)는 피아제의 인지발달이론에 근거하여 도덕발달이론을 확립하였다. 콜버그는 피아제의 인지발달과 마찬가지로 도덕발달도 불변의 순서로 진행되고 자발적인 호기심으로 나타나는 행동의 결과라고 보았다. 콜버그는 피아제의 인지적 도덕발달이론(타율적 도덕발달과 자율적 도덕발달)을 보다 세분화하여 3수준 6단계의 도덕발달이론으로 발전시켰다. 아동기는 피아제의 도덕발달단계와 마찬가지로 4세부터 10세경까지의 전인습적 수준과 10세부터 13세경까지의 인습적 수준이 아동에 따라 다르게 나타난다.

콜버그는 10~16세 사이의 청소년 72명을 대상으로 유사한 9개의 도덕적 갈등상황을 제시하였다. 그리고 그 청소년들에게 갈등상황에 등장하는 주인공의 행동을 어떻게 생각하며, 왜 그렇게 생각하는가를 질문하여 기록하였다. 9가지의 갈등상황 중 가장 유명한 것이 다음의 하인츠 갈등(Heinz dilemma) 상황이다(Kohlberg, 1984).

〈표 10-3〉 **하인츠 갈등**

| 어떤 부인이 암으로 죽어가고 있었다. 그녀를 구할 수 있는 약은 이 세상에서 단 하나가 있었다. 그 약을 만드는 약제사는 제조하는 비용의 열 배를 약값으로 매겨, 실제로는 200달러였지만 2,000달러를 받고 팔았다. 암으로 죽어가는 부인의 남편인 하인츠는 약값이 없어 자신이 아는 모든 사람들에게 약값을 빌렸지만 1,000달러 정도밖에 구할 수 없었다. 하인츠는 약제사에게 찾아가서 아내가 죽어가고 있다고 말하고, 모자라는 돈은 나중에 받든지 아니면 자신이 가진 모든 돈인 1,000달러에 약을 팔 것을 간청하였다. 그러나 약제사는 자신이 발견한 약으로 돈을 벌어야겠다고 하인츠의 제안을 거절하였다. 절망에 빠진 하인츠는 그 약제사의 상점에 침입하여 아내를 구할 약을 훔쳤다. |
|---|

위의 각 단계별로 하인츠 사례에서 그의 행동에 대한 구체적인 반응의 예는 다음과 같다. 다음 분석에서 보듯이 도덕발달 수준은 괜찮다거나 나쁘다는 도덕적 판단 자체에 의해 결정되는 것이 아니라 그러한 판단을 하도록 만든 사고내용에 의해 결정된다.

〈표 10-4〉 하인츠 반응의 예시

| | |
|---|---|
| 1단계 : (괜찮다) | 훔친 약값이 실제로는 200달러밖에 안 된다. |
| (나쁘다) | 남의 것을 훔치면 죄다. 비싼 것을 훔쳤으니 그만큼 죄가 크다. |
| 2단계 : (괜찮다) | 약제사에게 큰 해를 끼치는 것도 아니고 갚으면 된다. 아내를 살리려면 훔치는 길밖에 없었다. |
| (나쁘다) | 약제사가 돈을 받고 약을 팔려는 것은 당연하다. 그것은 영업이며, 이익을 내는 것이 당연하다. |
| 3단계 : (괜찮다) | 훔치는 것은 나쁘다. 그러나 아내를 사랑하는 남편으로서는 당연한 행동이다. 아내를 살리려는 행동이 아니었다면 나쁜 행동이다. |
| (나쁘다) | 아내가 죽는다 해도 하인츠가 비난받을 일이 아니다. 자신이 할 수 있는 일을 다했기 때문에 약을 훔치지 않는다고 무정한 남편이 되는 것은 아니다. |
| 4단계 : (괜찮다) | 약제사가 잘못한 것이다. 아내를 살리는 것이 하인츠의 의무이다. 그러나 약값은 반드시 갚아야 하고 훔친 것에 대한 처벌도 받아야 한다. |
| (나쁘다) | 아내를 살리는 것은 당연하지만 그래도 훔치는 것은 나쁘다. 자신의 상황에 관계없이 규칙은 항상 지켜야 한다. |
| 5단계 : (괜찮다) | 훔치는 것이 나쁘다고 말하기 전에 전반적인 상황을 고려해야 한다. 이 경우에 훔치는 것은 분명히 법적으로 바람직하지 않다. 그러나 이 상황에서는 누구라도 약을 훔칠 수밖에 없을 것이다. |
| (나쁘다) | 약을 훔쳐서 아내를 살릴 수는 있지만 그의 행동이 옳은 것이 될 수는 없다. 아무리 결과가 좋더라도 목적이 수단을 타당화하지 못한다. |
| 6단계 : (괜찮다) | 생명을 구하는 것과 법을 준수하는 것 사이에서 선택한다면 약을 훔치더라도 아내의 생명을 구해야 하는 것이 더 높은 수준의 원칙이다. |
| (나쁘다) | 이 경우에 모든 사람에게 보편적으로 옳다고 생각되는 행동을 해야 한다. 감정이나 법에 따라 행동할 것이 아니라 한 인간으로서 무엇이 궁극적으로 바람직한지를 생각했어야 한다. |

출처 : 송명자(2010), pp. 277-278.

콜버그는 위의 하인츠 사례와 같은 갈등상황에 대한 청소년의 도덕적 판단과 그 이유에 대한 설명을 함께 분석하여 도덕발달이론을 확립하였다. 콜버그는 도덕발달은 3수준에서 진행되며, 각 수준에는 두 단계의 발달을 제시하고 있다. 3수준은 전인습적 수준(pre-conventional level), 인습적 수준(conventional level), 후인습적 수준(post-conventional level)으로 구분하고 있다(Kohlberg, 1976).

전인습적 수준에서 아동은 규칙이 내면화되어 있지 않기 때문에 보상이나 처벌에 의해 옳고 그름을 판단하거나 규칙을 정한 사람의 권위에 의해 도덕적 가치를 판단한다. 인습적 수준의 아동은 기존의 가족, 사회, 국가를 유지하기 위한 규칙과 규범을 따르려고 한다. 이 시기의 아동은 사회적 질서에 동조할 뿐만 아니라 보다 적극적으로 질서를 유지하려고 하거나 그 집단에 소속되거나 충성하려고 한다. 후인습적 수준의 사람들은 사회나 집단에서 권위를 행사하는 사람들과 무관하게 자신만의 도덕적 가치를 규정하려고 노력한다.

콜버그의 연구에 의하면 5단계에 도달한 사람의 비율은 10% 이내이며, 6단계에 도달한 사람의 비율은 극히 드물다고 하였다. 3수준에 따른 6단계의 도덕발달단계는 〈표 10-5〉와 같다(송명자, 2010 : 274-281; 엄신자, 2007 : 347-352).

〈표 10-5〉 **콜버그의 도덕발달단계**

| 수 준 | 단 계 | 내 용 |
|---|---|---|
| 전인습적 수준(대략 4~10세까지) | 1단계 : 복종과 처벌 지향 | 인간의 의미와 가치 등과는 상관없이 물리적 결과에 의해 옳고 그름을 판단함. 이 시기에는 처벌을 받는 것은 나쁘고 힘이 있는 사람에게는 무조건 복종하는 것이 도덕적으로 옳다고 생각함 |
| | 2단계 : 도구적 상대주의 지향 | 자신이나 타인의 욕구를 만족시키는 행위가 옳은 것이라고 생각함. 고정적이거나 절대적인 도덕적 가치가 있는 것이 아니라 자신에게 돌아오는 이익을 생각하는 상호적 관계 수준까지를 생각함 |
| 인습적 수준(대략 10~13세까지) | 3단계 : 착한 소년/소녀 지향 | 도덕적으로 옳은 행위는 다른 사람을 도와주거나 인정받는 것임. 사회적 규제와 고정관념을 받아들이고 타인의 반응이 도덕성 판단의 기준이 됨. 즉, 타인으로부터 착하다는 심리적 인정을 얻기 위해 행동함 |
| | 4단계 : 법과 질서 지향 | 이 단계의 아동은 사회적 규범과 규칙을 지향함. 자신이 해야 할 의무를 다하고 권위를 존중하고 사회질서를 유지하기 위해 법을 지키는 것이 옳다고 생각함 |

| | | |
|---|---|---|
| 후인습적 수준(대략 13세 이상) | 5단계 : 합법적 사회계약 지향 | 개인의 권리를 존중하고 사회 전체를 위해 바람직한 것이 옳은 행동이라고 판단함. 법도 사회 전체의 이익을 위해 존재하므로 대다수의 보다 나은 이익을 위해 절차를 통해 변경시킬 수 있다고 생각함. 이전의 단계와 달리 도덕적 융통성이 존재함 |
| | 6단계 : 보편적 원리 지향 | 이 단계에서 옳은 행동은 자신이 선택한 윤리적 가치와 일치하는 양심에 의해 나타남. 이 원리는 구체적인 규범이나 규칙이 아니라 인간의 존엄성, 사회정의, 공정성에 근거하는 보편적인 지침에 따름. 이 단계의 도덕성은 극히 개인적인 것이기 때문에 사회 대다수가 생각하는 가치 및 규범과 다를 수 있음. 6단계는 소크라테스, 간디와 같은 위대한 철학자나 종교적 지도자 등의 소수만이 도달한다고 봄. 6단계의 도덕발달을 이룬 사람은 사회에서 가하는 처벌보다 자신의 양심이 가하는 처벌을 더욱 고통스럽게 생각함 |

아동기의 도덕발달은 또래관계와 학교생활에서 경험하는 여러 가지 활동들을 통하여 이루어진다. 특히 이 시기의 아동들은 단체운동을 통하여 규칙의 준수와 타인의 권리를 존중하는 도덕적 기본 가치를 배우게 된다. 이를 통해 집단목표의 중요성, 분업과 경쟁의 원리를 깨우치고 자신의 역할을 객관적이고 상호관계적 측면에서 이해함으로써 사회성을 기를 수 있게 되는 것이다(이인정・최해경, 2007).

아동기의 도덕발달은 교사, 부모, 또래, 그리고 대중매체로부터 영향을 받는다. 특히 아동기의 도덕발달은 교사로부터 많은 영향을 받는다. 애정적이고 수용적인 부모의 양육태도는 아동의 도덕발달에 긍정적이지만 지나치게 엄격하고 통제적인 양육태도는 부정적인 영향을 미친다. 부모와 또래친구의 가치관이 다를 경우 아동은 도덕적 결정을 내리는 데 혼란을 경험한다. 또한 대중매체에 등장하는 모델을 통해 아동들은 부모, 교사와 동일한 수준에서 도덕적 판단이나 행동을 배우게 된다.

### 3) 사회적 발달

#### (1) 아동기의 사회적 특성

전통적으로 아동기는 단지 사회적 역할을 잘 수행할 수 있는 구성원으로 성장하도록 사회화시키는 생애과정의 과도기적 단계라고 본다. 기능주의적 관점에 근거한 이와 같은 가정은 사회 내 아동이 차지하는 사회 구조적 위치를 무시하는 것이다. 아동은 사회 계급이나 인종 집단의 경우에서처럼 독립적으로 뚜렷이 구분되는 하나의 사회집단으로 개념화될 수 있다(김미숙 외, 2018). 이는 아동들도 그들 나름의 의식과 상징을 가지고 삶을 경험하고 있다고 보는 것이다.

아동기 경험이나 사회에서 차지하는 의미는 시대별로 다르며, 또한 동일 시대라 할지라도 지역, 국가, 인종, 민족별로도 큰 차이가 있다. 만약 아동도 스스로의 삶, 문화 및 인간관계를 그들의 방식으로 주도적으로 해석하고 구축해 나가는 '존재'로 규정한다면 기존의 기능주의 관점에서 결별하는 것이다. 그 대신 아동은 어느 정도 자율적이며 타인과의 관계에서 자유로운 존재로서 '절대불가침적 개인'으로 가정할 수 있다(Giddens & Sutton, 2017).

하지만 아동기는 분명히 사회구성원으로서의 역할을 위해 학습하고 변화하면서 성장해야 하는 과제가 존재한다. 따라서 아동기는 적극적이고 주체적인 '존재'로서의 인정과 동시에 '성장하고 되어 가는 상태' 사이의 균형을 고려하면서 살펴볼 필요가 있다. 이 과정에서 아동의 권리에 대한 보편적 기준들을 확인하고 지역이나 사회경제적 지위와 관계없이 보장될 수 있도록 노력해야 한다.

#### (2) 사회화 기관과 주요 대상

##### ① 학교

학교는 아동의 인지발달뿐만 아니라 사회적 활동의 장으로 사회적 발달에도 많은 영향을 미친다. 특히 교사는 아동의 사회화 과정에 매우 큰 영향을 미친다. 저학년 아동이 고학년 아동보다 교사의 영향을 더욱 많이 받는다. 교사는 상벌에 의한 사회적 강화라는 기제를 활용하여 아동의 사회적 발달을 도모한다. 아동은 교사의 행동이나 지도방법에 의해 사회적으로 바람직한 행동과 관련된 규범을 학습한다. 아동과 교사의 관계는 중요하다. 예를 들면, 교사의 행동을 긍정적으로 지각하는 아동일수록 긍정적 자아개념을 형성하는 경향이 있는 것으로 나타났다.

초등학교 저학년에서 발달하지 못했던 급우들과의 관계는 학년이 올라갈수록 더욱 강화된다. 아동들이 고학년이 되면 급우와의 상호작용이 확대되고, 성인의 승인보다는 또래의 승인을 받고 싶어 하는 아동기의 특성 때문에 교사의 영향력은 점차 줄어들게 된다. 그리고 급우와의 상호작용을 통해 자기중심적 관점이 감소되고, 협동, 경쟁, 협상의 원리를 체득하게 되며, 사회적 규칙이나 압력에 반응하는 방법을 학습하게 된다(권중돈 · 김동배, 2005).

### ② 대중매체

아동의 사회적 발달에 영향을 미치는 또 다른 요인은 인터넷, 스마트폰을 비롯한 대중매체이다. 대중매체는 아동의 사회적 발달에 긍정적인 영향도 미치지만 폭력적이고 공격적인 장면들로 인해 폭력성에 쉽게 노출되도록 한다. 이는 다음과 같이 아동에게 부정적 영향을 미친다(최옥채 외, 2007). 첫째, 아동들이 대중매체에서 본 공격적인 행동을 모방하게 된다. 둘째, 폭력은 공격적인 감정의 표출이자 촉발기제가 될 수 있기 때문에, 그것을 본 아동들이 쉽게 통제력을 잃고 폭력적이 될 수 있다. 셋째, 반복적인 폭력장면에의 노출은 아동으로 하여금 이 세상을 바라보는 인식의 틀을 변화시키고, 나아가 가치와 신념체계를 바꾸어 놓을 가능성이 높다는 것이다.

정보지식사회에서 아동은 텔레비전, 인터넷, 스마트폰 등 다양한 매체를 통해 정보를 수집하거나 활용한다. 이들 매체들을 통해 아동은 학습이나 필요한 정보들을 신속하게 획득하여 유익하게 활용하고 있다. 그러나 아동들은 개인용 컴퓨터와 스마트폰, 그리고 게임방 등을 통해 중독 수준의 게임을 하거나 폭력적이고 선정적인 내용에 그대로 노출되고 있다. 대중매체들이 아동에게 미치는 순기능도 많이 있지만 이들 매체들이 아동의 사회적 발달에 미치는 부정적 영향들도 계속하여 증가하고 있다. 따라서 이들 매체의 부정적인 영향으로부터 아동을 적절히 보호할 수 있는 방안들이 마련되어야 한다.

#### ③ 또래친구

초등학교에 입학하면 아동은 같은 나이의 또래들과 접촉하고 관계를 유지하는 것이 그들 생활 가운데 매우 중요한 의미를 차지하게 된다. 이 시기의 아동은 또래와의 상호작용을 통해서 자기 자신에 대해 새롭게 지각하게 되고, 집단에 대한 소속감 또는 소외감을 발달시키게 된다. 그러므로 또래와의 관계는 사회적 환경에 적응하여 타인과 더불어 공동생활을 하려는 성향인 사회성 발달에 중요하다. 또한 또래친구와의 관계는 아동의 개인적 자신감 형성에 중요한 역할을 하며, 이후의 발달 단계인 청소년기와 청년기에도 지속적인 영향을 미치게 된다(최옥채 외, 2007).

이러한 또래는 이웃에 살고 연령이 비슷한 동성의 아동으로 주로 집단이 구성된다. 또한 이들은 외모, 성숙 정도, 운동기술, 학업성적이나 지도력 등에 따라 서열을 정하기도 한다. 아동은 또래친구와의 접촉을 통해 사회적 상호작용에 필요한 기술이나 규범을 배우고, 진정한 우정을 나눌 수 있는 기회를 갖게 된다. 아동은 저학년에선 지역적 친구선택 경향이 강하지만, 학년이 높아질수록 성격적 특성을 보고 친구를 선택한다(권중돈, 2014).

아동기에 이루어지는 친구관계, 즉 우정발달의 특성은 다음과 같다. 초등학교 저학년의 경우에는 이성친구와는 배타적인 반면에 동성친구들하고만 어울려 노는 경향이 있다. 고학년이 될수록 아동들은 강한 연대감과 소속감을 가진 또래친구집단을 형성하여 조직적인 활동을 하는 것을 좋아한다. 이러한 또래친구집단은 아동에게 긍정적 혹은 부정적 결과를 동시에 제공한다.

긍정적 결과를 보면, 아동은 집단참여를 통해 자기표현을 할 수 있는 기회를 갖게 되므로 성취감을 경험하게 된다. 아동들은 친구와의 관계 속에서 자기중심성을 극복하고 우정을 지속하기 위해 상호 협동관계를 맺는다. 또한 또래친구로부터 승인받게 되면 자아존중감의 발달과 함께 긍정적인 사회적 태도를 형성하는 데 많은 도움이 된다.

그러나 아동이 또래친구집단에 참여할 기회를 갖지 못하거나 집단으로부터 무시당하거나 거부당하는 경우에는 부정적 결과를 초래한다. 이러한 아동들은 학교생활에 잘 적응하지 못하거나 낮은 자아존중감과 부정적 자아개념을 형성할 수 있다. 이는 이 시기에 중요한 문제인데, 왜냐하면 이러한 결과들은 아동기 발달뿐만 아니라 이후 청소년기, 청년기의 발달에까지 영향을 미치기 때문이다.

## 4) 아동기 발달과 사회복지실천

### (1) 생물학적 발달과 사회복지실천

아동기의 생물학적 발달은 영유아기에 비해 급격하게 이루어지지는 않지만 충분한 영양공급과 규칙적인 수면 등이 반드시 필요한 시기이다. 사회복지사는 빈곤이나 가족해체 그리고 적절한 양육환경을 제공받을 수 없는 가족 등을 대상으로 아동의 생물학적 발달에 대한 관심을 더욱 가져야 한다. 빈곤 등으로 인한 아동의 결식과 영양부족의 문제에 대해 사회복지서비스로 지원해야 한다.

한편으로는 서구식의 식습관, 과도한 학업스트레스와 부모의 과보호와 무관심 등으로 인한 비만 아동도 점차로 증가하고 있다. 비만은 신체적 건강뿐만 아니라 자신에 대한 부정적 이미지와 열등감을 형성하도록 하여 또래관계와 사회적 발달에도 영향을 미치기 때문에 중요한 문제이다. 만성 신체질환이나 장애를 가진 아동에게도 집중적인 관심을 가져야 한다. 만성 신체질환을 가진 아동의 가족에 대한 심리정서적 지원뿐만 아니라 경제적 지원도 동시에 고려하여야 한다.

또한 사회복지기관과 사회복지사는 장애아동을 위한 지원체계를 알고 있어야 하며, 자신이 소속된 기관에서 장애아동을 위한 지원서비스가 무엇인지를 충분히 인지하고 서비스를 실시하여야 한다. 따라서 아동과 관련된 서비스를 하는 사회복지관, 사회복지전담공무원 그리고 학교사회복지사 등은 아동의 생물학적 발달과 전반적 발달의 관계에 대한 이해를 바탕으로 구체적 서비스를 실시하여야 한다.

### (2) 심리적 발달과 사회복지실천

아동의 심리적 발달 영역에서 인지발달은 중요하다. 초등학교 시기인 아동기는 공식적인 교육을 최초로 경험하며 학습이나 창의적 활동을 통해 인지를 발달시킨다. 아동과 관련된 실천을 하는 사회복지사는 아동의 인지발달의 정도를 이해하는 동시에 학업능력에 대한 다양한 상황적 특성들을 파악하여야 한다. 아동의 학업성취능력이 떨어진다면 가족 및 친구관계, 학습장애(learning disorder), 아니면 다른 어떤 환경적 문제인지 등을 포괄적으로 조사해 볼 필요가 있다.

최근에는 초등학교 고학년의 경우에 학업스트레스, 가족불화 등에 기인한 흡연과 음주 문제들이 나타나고 있다. 이러한 문제들에 대해 사회복지사는 단일한 원인으로 보지 않아야 하며, 관련된 체계들도 학교에만 한정하지 않고 가족, 지역사회 그리고 국가의 정책과 제도 등을 동시에 살펴보아야 한다.

### (3) 사회적 발달과 사회복지실천

아동기에는 사회성 발달이 특히 중요하다. 아동의 사회적 위축의 가장 극단적인 형태가 학교거절(school refusal)이나 학교공포(school phobia)이다. 이는 아동이 단순히 학교에 가기 싫다고 핑계를 대는 것이 아니라 무의식적 수준에서 학교에 가는 것을 극도로 꺼리거나 공포를 느끼는 것이다. 이러한 아동들은 두통, 복통, 심지어 기절하는 등의 신체증상을 보이거나 어머니와의 분리에 대해 극도로 불안해하며 학교나 다른 친구들에 대한 다양한 불평을 호소하기도 한다. 학교거절이나 학교공포에 대해 가장 바람직하지 않은 대처는 강제적으로 등교시키려고 꾸중, 협박 등을 하는 것이다. 오히려 충분한 시간을 가지고 주양육자와 학교, 그리고 교사와의 협력적 관계를 통해 아동이 학교로 돌아가도록 해야 한다.

특히 아동기에 사회복지실천에서 사회적 발달과 관련하여 관심을 가져야 하는 대상은 취약계층 및 다문화가족의 아동이다. 사회복지기관과 사회복지사는 빈곤아동, 가정위탁아동, 시설보호아동, 가족 구조 및 기능의 변화로 생겨난 가정(이혼가정, 별거가정, 조손가정 등)의 아동에 보다 많은 관심을 가져야 한다. 이러한 아동들은 학교 내에서 친구들에게 놀림을 받거나 따돌림을 받을 우려가 높으며, 아동의 자존감 또한 낮아질 우려가 있다.

다문화가족의 아동들은 매년 증가하고 있는데, 국제결혼을 통한 가족의 아동은 이중 언어, 다른 피부색 등으로 인하여 학교에 부적응하거나 친구들 사이에서 따돌림을 당하기도 한다. 북한이탈주민가족 아동의 경우에도 국제결혼을 통한 가족의 아동과는 다르지만 학교에서 다양한 차별과 배제를 경험하고 있다. 이러한 문제에 대해 사회복지기관과 사회복지사는 교사 및 학생들에게 문화적 다양성에 대해 이해시킬 필요가 있으며, 다문화가족의 아동들이 함께 살아가야 할 친구임을 보다 적극적으로 교육해야 한다.

마지막으로 사회복지기관과 사회복지사는 아동의 인권과 학대에 보다 전문적이고 집중적인 관심을 가져야 한다. 아동은 사회적 약자이며, 아직까지 다양한 사회적 경험을 하지 못하였으며, 자신의 이득을 위해 사회적 연대를 형성하기도 어렵다. 따라서 아동의 안전과 보호는 사회 전체의 책임이며 의무이기도 하다. 아동은 차별 없는 교육, 의료서비스 등을 받아야 하며, 이를 통해 잠재적 능력을 발휘할 수 있는 환경 속에서 살아가야 한다. 특히 아동학대의 예방과 해결을 위해 사회복지기관과 사회복지사는 노력해야 한다. 아동의 신체학대, 정서학대, 성학대, 방임 및 유기 등의 문제를 예방하기 위한 활동을 하여야 한다. 또한 아동학대의 문제를 해결하기 위해 아동보호전문기관 등과 같은 관련 기관과 협조하면서 다양한 서비스를 제공하여야 한다.

## 요약

### 1. 유아기 발달

1) 유아기의 신체적 성장은 영아기만큼 빠른 속도는 아니지만 신장과 체중이 꾸준히 증가하며 두뇌발달도 급속하게 이루어진다. 두미발달의 원칙에 따라 5세경의 체중은 성인의 30% 정도이지만 뇌의 무게는 성인의 90%에 이른다.

2) 유아기는 신체적 성장과 함께 대근육 및 소근육의 능력이 영아기보다 정교화되고, 신체의 균형유지 및 각 부분의 협응력 등 기초적인 운동능력이 더욱 발달한다.

3) 인지발달 : 피아제의 전조작기

① 유아기는 피아제의 인지발달 중 전조작기(대략 2세부터 7세까지)에 해당한다. 전조작기란 사물이나 사건의 변화를 논리적으로 원래 형태로 되돌리는 조작 능력을 갖추지 못하거나, 사물이나 상황의 다양한 관계를 종합적으로 이해하고 하위변화가 전체에 미치는 영향을 올바르게 이해하지 못하는 시기를 말한다. 피아제는 전조작기를 2세부터 4세까지의 전개념적 사고 단계와 4세부터 7세까지의 직관적 사고 단계로 구분하였다.

② 전개념적 사고 단계의 유아는 여러 가지 심상을 형성하기 시작하지만 언어적 개념으로 정리하지 못한다. 또한 이 시기에는 상징놀이와 자아중심성이 중요한 특성이다.

③ 직관적 사고 단계까지의 유아는 복잡하고 다양한 대상이나 상황을 단 한 가지의 가장 두드러진 지각으로 그 전체를 판단한다. 따라서 보존개념과 유목화,

서열화를 이해하는 능력을 가지지 못한다. 보존개념은 어떤 사물의 외부 모습이 바뀌어도 그 양이나 원래의 성질은 바뀌지 않는다는 사실을 이해하는 것을 말한다. 유목화를 이해한다는 것은 유아가 전체와 부분의 관계를 이해하여 상위유목은 하위유목보다 그 범위가 항상 넓다는 것을 안다는 것이다. 또한 이 시기의 유아는 서열화 개념을 제대로 형성하고 있지 않기 때문에 길이가 다른 여러 개의 막대기를 길이가 짧은 것부터 순서대로 나열하는 것에 어려움을 겪는다.

4) 유아기는 생애 중 가장 현저하게 언어발달이 이루어지는 시기이다. 유아는 2~3세경에 언어와 사고가 겹쳐지게 되면서 빠르게 언어발달을 한다. 이때 유아의 사고는 언어의 기초를 마련하고, 언어는 사고할 때 사용하게 된다. 유아는 4~6세경이 되면 문법적으로 보다 정확한 문장을 사용하며, 대부분의 기본적인 언어규칙을 터득하여 다어문을 말할 수 있게 된다.

5) 유아의 정서는 영아기의 정서와 별로 차이가 없으나 정서를 유발하는 요인이나 표현방법에서 차이를 보인다. 유아기가 되면 유아는 정서표현에 대해 많은 것을 이해하게 된다. 유아기에는 정서표현에 대한 이해의 증가와 함께 정서표현을 통제하는 능력인 정서규제 능력이 크게 발달한다. 유아기의 정서적 특성은 강하고 격렬하며, 일시적이고, 유동적이며, 정서적 반응을 자주 보이는 것이다.

6) 유아기는 도덕이 발달하는 시기이다. 피아제는 도덕발달단계를 타율적 도덕단계와 자율적 도덕단계로 구분하였다. 유아기는 타율적 도덕단계(4~7세)의 시기에 해당한다. 타율적 도덕발달단계에 있는 유아는 규칙을 신이나 부모와 같은 권위적 존재에 의해서 만들어진 것으로 믿으며, 그 규칙은 신성하고 변경할 수 없는 것으로 이를 위반하면 벌을 받아야 한다고 생각한다. 따라서 유아의 도덕적 행위는 개별적인 상황에서 구체적으로 학습되어야 한다.

7) 유아기는 사회생활을 할 수 있는 능력인 사회성을 발달시키는 중요한 시기이다. 유아기의 사회성은 자기에 대한 개념과 타인에 대한 이해의 발달에서 비롯

된다. 유아기에는 친사회적 행동과 반사회적 행동을 포함한 사회적 행동이 발달하게 된다. 친사회적 행동이란 다른 사람을 이롭게 하는 행동으로 도와주기, 나누어 주기, 위로하기, 협동하기 등 사회적으로 바람직하고 긍정적인 행동을 말한다. 반사회적 행동은 친사회적 행동과 상반되는 공격적, 적대적, 반항적, 비협력적 행동 등을 말한다. 유아의 대부분 활동은 놀이라고 할 수 있다. 놀이를 통해 유아는 생물학적, 심리적 그리고 사회적 발달을 통합적으로 이루게 된다. 놀이의 유형은 크게 인지적 수준과 사회적 수준으로 구분할 수 있다.

8) 유아의 생물학적 발달과 관련한 사회복지실천은 규칙적이고 충분한 수면과 영양섭취에 초점을 두어야 한다. 특히 유아의 부모들이 빈곤이나 정서적 어려움을 가진 경우에는 더욱더 많은 관심을 가질 필요가 있다. 심리적 발달과 관련된 사회복지실천은 유아가 인지 및 언어 발달을 촉진할 수 있는 기회를 충분히 제공받고 있는지에 초점을 두어야 한다. 유아기는 탐색의 장이 확대되어 타인과의 접촉이 증가하기 때문에 사회적 발달이 중요한데, 사회복지실천에서는 유아의 사회적 발달을 위해 양육자에 대해 개입하는 미시적 방법과 더불어 사회 환경이나 문화 및 구조를 개선하는 일에도 관심을 가져야 한다.

## 2. 아동기 발달

1) 아동기의 신체적 성장은 태내기, 영아기, 유아기에 비하면 완만하게 진행된다. 이 시기에는 남아보다 여아의 발육이 앞서는 경향이 있으나 이후 청소년기에는 남아의 성장이 여아의 성장보다 다시 앞서게 된다. 아동기에는 젖니가 빠지고 영구치로 대체된다.

2) 아동기 시작 무렵에 대근육과 소근육의 기본적 운동기능이 거의 발달하며, 이후에는 기존의 운동능력이 더 빠르고 정교하게 발달한다. 아동은 여러 놀이를 통하여 신체의 균형과 유연성을 시험하고 큰 즐거움을 가져다준다.

3) 아동기는 피아제의 인지발달단계 중 구체적 조작기에 해당한다. 구체적 조작기의 아동은 보존개념, 분류개념, 조합개념 등이 점차로 발달한다. 보존개념은 가

역성, 동일성, 보상성을 이해하는 사고 특성이다. 분류개념은 대상이나 사물들이 공통적으로 지니고 있는 차원에 따라 물체를 분류하고 통합하는 능력과 위계적 방식으로 하위집단을 나열하여 하나의 새로운 집단으로 분류할 수 있는 능력을 말한다. 조합개념은 수를 조작하는 능력을 말한다.

4) 아동기에는 개인이 환경에 대해 반응하는 인지양식이 나타나는 시기이다. 이러한 인지양식은 아동의 성격을 반영할 뿐만 아니라 아동의 인지적 수행에도 영향을 미치는데, 수렴적 사고와 확산적 사고, 장의존성과 장독립성, 사려성과 충동성으로 구분할 수 있다.

5) 아동기에는 이전의 유아기와 달리 학업능력이 강조되며, 이는 지능과 관계가 있다. 지능은 언어능력, 논리-수학적 능력, 음악적 능력, 공간능력, 대인관계능력, 문제해결능력 그리고 환경에 대한 적응능력 등을 포함하는 총체적 능력이라 할 수 있다. 지능의 발달과 관련하여서는 유전적인 요인과 환경적인 요인으로 나누어져 논쟁 중에 있다.

6) 아동기는 언어적 유능성을 판가름하는 중요한 시기이다. 아동들은 많은 단어를 익히고, 긴 문장을 활용하며, 의사소통의 기술도 대상에 따라 세분화할 수 있는 능력을 갖추게 된다.

7) 아동기에는 유아기 말 무렵에 대부분 표현할 수 있는 기본적 정서들이 더욱 발달한다. 이 시기에 죄책감이나 자긍심과 같은 정서는 어른들이 야단치거나 칭찬하지 않아도 자연스럽게 표출된다.

8) 아동기는 피아제의 도덕발달단계 중 자율적 도덕발달단계에 해당한다. 그러나 피아제는 7세부터 10세까지는 일종의 과도기적인 단계로서 타율적 도덕발달과 자율적 도덕발달의 특성이 모두 나타나는 시기라고 하였다. 10세경의 아동은 대부분 자율적 도덕발달단계에 도달한다.

9) 콜버그는 피아제의 인지발달이론에 근거하여 도덕발달이론을 확립하였다. 콜버그는 피아제의 인지발달과 마찬가지로 도덕발달도 불변의 순서로 진행되고 자발적인 호기심으로 나타나는 행동의 결과라고 보았다. 콜버그는 피아제의 인지적 도덕발달이론(타율적 도덕발달과 자율적 도덕발달)을 보다 세분화하여 3수준 6단계의 도덕발달이론으로 발전시켰다. 3수준은 전인습적 수준, 인습적 수준, 후인습적 수준으로 구분하고 있다.
전인습적 수준에서 아동은 규칙이 내면화되어 있지 않기 때문에 보상이나 처벌에 의해 옳고 그름을 판단하거나 규칙을 정한 사람의 권위에 의해 도덕적 가치를 판단한다. 인습적 수준의 아동은 기존의 가족, 사회, 국가를 유지하기 위한 규칙과 규범을 따르려고 한다. 이 시기의 아동은 사회적 질서에 동조할 뿐만 아니라 보다 적극적으로 질서를 유지하려고 하거나 그 집단에 소속되거나 충성하려고 한다. 후인습적 수준의 사람들은 사회나 집단에서 권위를 행사하는 사람들과 무관하게 자신만의 도덕적 가치를 규정하려고 노력한다. 아동기는 피아제의 도덕발달단계와 마찬가지로 4세부터 10세경까지의 전인습적 수준과 10세부터 13세경까지의 인습적 수준이 아동에 따라 다르게 나타난다.

10) 전통적으로 아동기는 단지 사회적 역할을 잘 수행할 수 있는 구성원으로 성장하도록 사회화시키는 생애과정의 과도기적 단계라고 본다. 하지만 아동도 사회 계급이나 인종 집단의 경우에서처럼 독립적으로 뚜렷이 구분되는 하나의 사회집단으로 개념화될 수도 있다.

11) 아동기의 주요 사회화 기관으로는 학교가 있으며, 사회적 발달에 영향을 미치는 주요 대상은 대중매체, 또래친구 등이다. 학교는 아동의 인지발달뿐만 아니라 사회적 활동의 장으로 사회적 발달에도 많은 영향을 미친다. 아동의 사회적 발달에 영향을 미치는 또 다른 요인은 인터넷, 스마트폰을 비롯한 대중매체이다. 대중매체들이 아동에게 미치는 순기능도 많이 있지만 이들 매체들이 아동의 사회적 발달에 미치는 부정적 영향들도 계속하여 증가하고 있다. 또래와의 관계는 사회적 환경에 적응하여 타인과 더불어 공동생활을 하려는 성향인 사회성 발달에 중요하다.

12) 아동기의 생물학적 · 심리적 · 사회적 발달과 관련된 사회복지실천의 내용들을 확인할 필요가 있다. 특히 사회복지사와 사회복지기관에서는 장애아동이나 경제적 어려움 및 학대와 방임, 그리고 학교적응의 문제를 가진 아동들에 대해 각별한 관심을 가져야 한다.

Chapter 11

# 청소년기 · 청년기 발달

**학습목표**

1. 청소년기의 생물학적, 심리적, 사회적 특성 및 사회복지실천 관련성 탐색하기
2. 청년기의 생물학적, 심리적, 사회적 특성 및 사회복지실천 관련성 탐색하기

청소년기(adolescence)를 정확하게 규정하기에는 어려움이 많지만 여기서는 초등학교를 졸업하고 나서 중학교와 고등학교에 재학하는 시기인 12~19세를 청소년기로 규정하고자 한다. 중학교 재학 시기인 청소년 전기와 고등학교 재학 시기인 청소년 후기로 청소년기를 나누는 경우도 있지만 여기서는 이러한 구분 없이 통합하여 설명하기로 한다. 청소년기는 아동기에서 성인기로 옮겨 가는 과도기이며 신체적 성장이 급격히 이루어져 제2의 성장급등기라고 불린다. 청소년기는 흔히 '질풍노도의 시기', '사춘기(puberty)', '제2의 탄생기' 등으로 언급되는데, 이러한 용어들은 청소년기의 과도기적 특성과 급격한 성장 및 변화를 잘 설명하고 있다.

청년기는 학자들에 따라 정의하는 연령에는 다소 차이가 있으나 청소년기 이후 20세부터 중년기가 시작되는 40세 이전까지의 시기를 말한다. 청년기에 가장 중요한 발달과업은 일과 사랑이다. 청년기에는 자신에게 맞는 직업을 선택하고 이를 통해 사회적 활동이 시작되며, 경제적 여건의 조성 및 자기실현을 이루어 나갈 수 있는 기회를 갖는 시기이다.

# 1. 청소년기 발달

## 1) 생물학적 발달

### (1) 신체적 성장

청소년기가 되면 신장 및 체중이 급격히 증가하는데, 이 시기를 제2의 성장 급등기(second growth spurt) 혹은 청소년기 성장급등기(adolescent growth spurt)라고 지칭한다. 이러한 신체적 급등 현상은 여아가 남아보다 2~3년 정도 빠르게 나타나서 여자의 경우 11세경에, 남자의 경우는 13세경에 시작해서 4년 정도 지속되지만 개인적인 차이가 있다(Tanner, 1991). 이 시기에는 신체의 모든 부분들이 극적인 변화를 이루지만 이와 달리 두뇌의 발달은 청소년기 이전에 거의 완성된다.

이 시기에는 급격한 신체구조적인 발달의 영향으로 신체내부기관의 발달도 현저하게 나타난다. 그중에서도 가장 특징적인 신체내부기관의 발달은 내분비선의 발달이다. 청소년기에 여드름이 나는 것도 내분비선의 발달로 인하여 지방이 과대해지기 때문이다. 성호르몬의 분비로 인하여 남자 청소년은 어깨가 벌어지고 각진 외모를 가지게 되며, 여자 청소년은 체지방이 증가하고 골반 부위가 발달하며, 허리가 가늘어지고 어깨 폭이 좁고 둥근 체형으로 변화된다(권중돈, 2014).

청소년기는 아동기와 달리 급격한 신체 변화를 겪기 때문에 여러 가지 혼란이 일어난다. 청소년은 자신의 용모와 신체에 대해 많은 관심을 가지게 되고, 급격하게 변하는 자신의 신체에 대해 극도로 예민해진다(Henderson & Zivian, 1995). 또한 청소년기에는 신체변화가 급격하게 일어나기 때문에 신체상이 왜곡되기 쉽다. 신체상(body image)이란 자신의 신체에 대한 느낌이라고 할 수 있으며, 즉 얼마나 자신의 신체에 대해 만족하고 있는가를 말하는 것이다. 청소년의 신체상은 자신의 주관적 평가뿐만 아니라 다른 사람들의 반응에 의해서도 크게 영향을 받는다.

청소년기의 신체적 성숙은 상당한 개인차가 있다. 청소년기의 조숙과 만숙은 성격 및 사회적 행동에 영향을 미친다. 청소년의 이른 신체적 성장은 교우관계에서 성공할 뿐만 아니라 자신에게도 긍정적 영향을 미친다. 일찍 성숙한 청소년은 운동능력도 뛰어나고 신체적 우월감에 따른 자신감을 바탕으로 리더의 역할을 하기도 한다. 하지만 이른 신체적 성숙은 사회 적응에 유리한 면도 있지만 어떤 경우에는 흡연, 음주, 우울증, 섭식장애, 이른 이성교제와 성 경험 등의 문제를 보일 수도 있다(Stattin & Magnusson, 1990). 이는 신체적으로는 빠른 성숙을 하였지만 인지적 · 사회적 발달은 미흡하여 현재 자신의 행동이 미래에 미칠 영향을 정확하게 인식하지 못함에서 비롯된 것이다.

### (2) 성적 성숙

사춘기에 이른 청소년들은 신장 및 체중의 변화 외에도 남녀의 신체가 급격한 변화를 보인다. 사춘기는 주로 청소년기에 일어나는 호르몬의 변화로 인해 급격한 신체적 · 성적 성숙이 이루어지는 기간을 말한다. 남자 청소년의 경우에는 목소리가 변화하고 턱수염이 나고 몽정을 경험하는 등의 특징이 나타난다. 여자 청소년의 경우는 가슴이 발달하며 초경을 경험하게 된다. 초경이 나타난다는 것은 생식력을 갖추게 된다는 의미이다. 하지만 초경을 시작한 후 1년 내지 1년 반 동안에는 임신이 가능하지 않다(Tanner, 1991). 초경의 경험 시기는 점점 빨라지는 추세이다. 우리나라의 경우에도 초등학교 고학년이면 상당수의 아동이 초경을 시작하며, 심지어 저학년에도 초경을 하는 사례가 나타나고 있다.

청소년 남녀의 성적 성숙, 즉 남자의 남성다워짐과 여자의 여성다워짐과 밀접한 관련이 있는 것은 호르몬의 변화이다. 청소년기 이전에 남녀는 거의 비슷한 양의 남성 호르몬과 여성 호르몬을 분비한다. 그러나 청소년기가 되면 남자는 남성 호르몬인 안드로겐(androgen)의 분비가 더욱 활성화되고, 여자는 여성 호르몬인 에스트로겐(estrogen)의 분비가 활성화된다. 다른 신체적 발달과 마찬가지로 성적 성숙도 개인차가 상당히 크다.

청소년기에는 성인과 같은 체격을 갖추게 되고 성과 관련하여 성인으로서의 생식기능 및 성역할이 가능해진다. 청소년기의 성호르몬의 분비는 성적 욕구를 갖게 하며 남녀로서의 성역할 및 성 정체감을 형성해야 하는 심리·사회적 과제를 동반한다(김성이 외, 2010). 청소년기의 성적 욕구는 죄의식과 충동성 조절의 문제를 초래한다. 청소년기에 성에 대한 관심과 욕구를 갖는 것은 자연스러운 현상이다.

그러나 많은 청소년은 성적 욕구를 가지고 있는 것에 대해 심리적인 불안감이나 수치심, 죄책감 등의 부정적인 정서를 가지고 있다. 특히 잘못된 정보로 인해 자위행위에 대한 죄책감이나 수치심을 크게 가지기도 한다. 자신이 통제할 수 없는 과도한 자위행위는 신체적·정신적으로 바람직하지 않지만 그 자체를 부정적으로 볼 필요는 없다. 청소년기의 성적 에너지를 자위행위를 통해서만 해결하기보다는 취미활동이나 스포츠 등으로 전환시키는 것이 좋다.

이러한 급격한 변화로 인하여 청소년은 자신의 신체 변화에 대하여 놀라기도 하고, 불안해하기도 하며, 자신의 변화를 숨기려 하는 경우도 있다. 이 시기에는 부모 등 주양육자의 사회적 지지가 청소년기의 자아존중감과 밀접한 관련성이 있다. 주양육자가 청소년의 급격한 신체적·성적 변화를 긍정적으로 지지해 줄수록 청소년의 자아존중감은 높아지게 된다.

### (3) 운동능력의 발달

남아와 여아는 급격한 신체적·성적 성숙이 이루어지는 사춘기가 되기 전까지는 신체적인 능력이 거의 같으나, 사춘기 동안에 남자 청소년들은 대근육 활동검사에서 계속해서 점수가 증가하고 여자 청소년들은 변함이 없거나 감소한다. 이와 같은 성차(gender difference)는 부분적으로 생물학적인 원인에 의해 나타난 결과이다. 그러나 생물학적인 원인론만으로는 남자 청소년과 여자 청소년들 간의 대근육 수행에 대한 모든 차이를 설명하지 못한다(Tanner, 1991).

또 다른 성차의 원인을 사회적 통념에 기인한 것으로 보기도 한다. 남자 청소년들은 여자 청소년들보다 근육이 많고 지방이 적으며 신체적인 힘에서 여자 청소년들을 능가할 것으로 기대된다. 즉, 여자 청소년들의 신체적인 약화가 성역할 사회화의 산물이라는 것이다. 골반이 넓어지고 가슴이 커지게 되면서 여자들은 말괄량이처럼 행동하지 말고 전통적으로 여성적인(덜 운동적인) 활동들에 관심을 가지도록 격려받는다(Shaffer, 2002). 이 관점에서 본다면 청소년기에는 남녀 모두 근육이 발달하지만 성역할 사회화에 의하여 여자는 남자보다 운동량이 적은 여성스러움을 반영한 활동에 참여하는 경향이 강해서 나타난 차이라는 것이다.

결과적으로 보면 청소년기의 운동능력에서는 성차가 크게 나타난다. 남자 청소년은 운동능력의 발달에 필요한 활동을 더 많이 하며, 17세경까지 운동능력이 계속적으로 발달한다. 반면에 여자 청소년의 경우에는 13세경에 운동능력이 최고조에 달하고 이후부터는 쇠퇴하거나 기존의 능력을 유지하게 된다(정옥분, 2009). 그 결과 남자 청소년은 대근육을 사용하는 야구와 농구 등의 스포츠에 능하고, 여자의 경우에는 손과 손가락을 사용하는 소근육 활동에서 유능성을 보이게 된다. 이러한 성차가 반드시 일어나는 것은 아니며 개인에 따른 차이가 크게 나타난다.

## 2) 심리적 발달

### (1) 인지발달

#### ① 피아제의 인지발달 : 형식적 조작기

청소년기에는 아동기보다 훨씬 확대된 사고와 판단 능력을 가진다. 이러한 능력을 통해 효율적으로 지적 과업을 완성할 수 있다. 피아제의 인지발달이론에 따르면 이 시기의 인지발달은 형식적 조작기(formal operations)에 해당한다. 형식적 조작기란 피아제의 인지발달의 마지막 단계이며, 사물이나 상황을 직접적으로 경험하지 않고 추상적으로 사고하면서 가설을 세우고 확인할 수 있으며, 대략 12세에서 15세경에 발달한다고 본다. 이 시기의 청소년은 직접 지각이나 경험을 하지 않고도 논리적 사고를 할 수 있다. 또한 청소년기에는 가설・연역적 사고가 가능하고 문제해결을 위해 체계적인 사고를 수행할 수 있으며 인과적 추론도 가능하다는 것이다.

피아제의 인지발달이론에 기초하여 청소년기 사고의 질적인 특징을 요약해 보면 다음과 같다(Bynes, 1988).

첫째, 청소년기에는 현실지향적 사고에서 가능성 지향적 사고로의 변화가 일어난다. 아동기와는 달리 청소년은 실제 사건이나 상상의 사건을 가능한 모든 것 중의 일부로 다룬다. 청소년은 여러 가능성들을 추론할 수 있으며, 이러한 가능성을 증명함으로써 실제세계를 이해하게 된다. 이러한 특성으로 인해 청소년들은 독창적이고 창의적인 발명을 해내기도 하지만 이들의 독특한 사고와 성인들의 고정관념 간에 마찰을 빚기도 한다.

둘째, 청소년기에는 경험 귀납적 문제해결에서 가설・연역적 문제해결로의 발달이 이루어진다. 형식적 조작기가 되면 청소년은 직접 관찰하지 않은 간접적인 대상과 추상적인 사건에 대해서도 연역적인 추론을 할 수 있다. 따라서 청소년기에는 논리적이고 체계적인 사고와 인과적 추론이 가능하다.

셋째, 형식적 조작기의 청소년들은 자신의 믿음, 즉 종교, 정치, 도덕 등에 대하여 논리의 일관성을 검토하게 된다. 그러므로 이들은 어떤 특정한 믿음에 대해 의문을 갖게 되면 다른 모든 믿음에 대해서도 일관되게 의심을 할 뿐만 아니라 더 심하게 공격하거나 비난하는 경향이 있다.

### ② 청소년기의 자기중심성

청소년기 인지의 또 다른 특징은 자기중심성이다. 청소년은 자신과 타인들의 생각을 체계화할 수 있지만 다른 사람들도 자기만큼 자신에게 관심이 있다고 생각하여, 자신의 관심사와 타인의 관심사를 구체적으로 구분하지 못하는 자기중심적 사고를 한다. 즉, 청소년은 자신이 특별한 존재라고 인식하는 독특성에 대한 착각에 빠져들게 되며, 자신이 우주의 중심이 된다고 믿을 만큼 강한 자의식을 보인다는 것이다. 청소년기의 자기중심성을 다음과 같이 두 가지 형태로 구분할 수 있다(Elkind, 1978).

우선 청소년기의 자기중심성은 상상적 청중(imaginary audience)의 형태로 나타난다. 이는 과장된 자의식으로 인해 자신이 타인의 집중적인 관심과 주의의 대상이 되고 있다고 믿는 것이다. 여기서 늘 자신을 지켜본다고 생각하는 타인이 바로 상상 속의 청중인 것이다. 청소년들이 자의식이 강하고 대중 앞에서 유치한 행동을 하는 것 등은 모두 이 상상적 청중 때문이라고 한다. 청소년들은 자신이 매력적이라고 믿는 것과 다른 사람이 매력적이라고 생각하는 것을 구별하지 못하기 때문에 어른들이 자신의 복장과 행동방식을 못마땅하게 생각하는 이유를 이해하지 못한다. 상상적 청중의식이 높은 청소년은 부정적 자아개념을 갖는 경향이 높으며, 자아존중감이 낮고 자아정체감의 확립 수준도 낮다. 또한 상상적 청중의식이 높을수록 다른 사람과의 관계를 위한 사회적 기술도 부족하다(송명자, 2009).

다음으로 청소년기의 자기중심성은 개인적 우화(personal fable)의 형태로 나타난다. 청소년들은 자신이 특별하고 독특한 존재라고 생각하며, 자신의 감정이나 경험 세계는 다른 사람의 그것과 근본적으로 다르다고 믿는다. 즉, 개인적 우화는 청소년 자신의 독특성에 대한 비합리적이고 허구적인 관념을 지칭한 것이다. 예를 들면, 자신의 첫사랑은 누구도 이해할 수 없는 아름답고 숭고한 경험이며, 그 사랑이 끝났을 때의 아픔은 아무도 이해할 수 없을 만큼 고통스러웠다는 생각이나, 자신은 무엇을 하더라도 죽지 않는다든지, 여자 청소년의 경우에 다른 사람은 전부 임신을 하더라도 자신은 임신하지 않는다는 생각 등이다(Elkind, 1978).

이러한 청소년기의 개인적 우화는 그들에게 자신감과 위안을 부여하는 측면도 있지만 지나치면 자기 존재의 영속성과 불멸성을 믿게 함으로써 과격한 행동에 빠져들게 만든다. 개인적 우화가 심해지면 청소년들은 음주운전, 폭주, 마약, 성문란, 자살생각 등의 무모한 행동을 계획하거나 실행하게 된다. 그러나 청소년들은 성숙해 감에 따라 각자의 관심사가 다르며, 자신의 경험이 다른 사람과 크게 다르지 않다는 것을 이해하면서 상상적 청중과 개인적 우화가 점차로 사라지게 된다.

### (2) 자아정체감 발달

#### ① 자아정체감이란

청소년기에는 '나는 누구인가?', '나는 무엇을 위해 사는가?', '나는 무엇이 될 것인가?' 등을 끊임없이 자신에게 질문한다. 이 시기 동안에 청소년은 많은 시간 동안 자신에 대해 생각하고 자신의 내면을 깊이 있게 바라보면서 자신을 알아가고 발견하려고 노력한다. 이 시기에는 다양한 과업을 달성해야 하는데, 그중에서도 가장 중요한 것이 자아정체감의 확립이다.

자아정체감은 여러 가지 함축적 의미를 지니고 있기 때문에 한마디로 정의하기에는 어려움이 있다. 에릭슨(Erikson, 1982)은 자아정체감을 자신에 대한 과거로부터의 내적 동일성이고 연속성인 동시에 타인과의 관계에서 자신의 존재에 대한 동일성과 연속성을 의미하며, 이는 '내면으로부터 축적된 확신'을 바탕으로 한다고 하였다. 자아정체감이 형성되면 자신이 평가하는 자신의 모습과 다른 사람이 보는 나의 모습이 일관되게 통합을 이루게 된다. 따라서 확고한 자아정체감을 지닌 사람은 개별성, 총체성, 계속성을 경험하게 된다(정옥분, 2009).

개별성은 가치와 동기 또는 관심을 얼마쯤 타인과 공유했다 하더라도 자신은 타인과는 다르다는 인식, 즉 자신은 독특하고 특별하다는 인식이다. 총체성은 자신의 욕구, 태도, 동기, 행동양식 등이 전체적으로 통합되어 있다는 느낌이다. 계속성은 시간이 경과하여도 자신은 동일한 사람이라는 인식, 즉 어제의 나와 오늘의 나는 같은 사람이라는 인식이다.

개인의 자아정체감 형성은 아동기의 경험과 동일시에서 시작되며, 청소년기를 거쳐 성인기에 이르기까지 계속 발달하게 된다. 자아정체감을 형성하기 위해서는 신체적·성적 성숙, 추상적 사고, 정서적 안정이 필요하며, 동시에 부모나 또래의 영향권에서 어느 정도 벗어나야 한다. 따라서 자아정체감 형성은 초기 청소년기보다는 이러한 조건들이 어느 정도 갖추어진 후기 청소년기와 더욱 관련이 있다.

자아정체감이 제대로 형성되어 있지 않은 개인은 책임감 있는 성인으로서의 행동을 하지 못하며, 책임을 회피하기 위해 퇴행하거나, 심사숙고하지 않고 충동적인 행동을 하게 된다(Zastrow & Kirst-Ashman, 2001). 자아정체감을 확립하지 못한 청소년은 자신의 문제를 내면화(우울, 불안 등)하거나 외현화(가출, 폭력 등)시키기도 한다. 청소년기에 자신이 누구이며 어떻게 살아야 하는지와 관련된 자아정체감을 제대로 형성하지 않으면 이후의 직업선택, 결혼 등의 발달과업을 제대로 수행하기가 어려워진다.

### ② 자아정체감의 유형

마르시아(Marcia, 1994)는 에릭슨의 정체감 형성 이론에서 위기(crisis)와 수행(commitment)을 중요한 구성요소로 보고 이것의 조합을 통해 자아정체감을 네 가지의 유형으로 나누었다. 위기란 자신의 가치관에 대해 재평가하는 기간을 의미하고, 수행은 계획 · 가치 · 신념 등에 대해 능동적 의사결정을 내린 상태를 의미한다. 자아정체감의 네 가지 유형은 정체감 탐색의 위기를 경험했는가의 여부와 주어진 과업을 수행했는가의 여부라는 두 개 차원의 배합에 의해 결정된다(송명자, 2010). 자아정체감의 유형을 상세히 살펴보면 다음과 같다(전용호, 2008).

〈표 11-1〉 자아정체감의 네 가지 유형

| | | 위 기 | |
|---|---|---|---|
| | | 예 | 아니요 |
| 수 행 | 예 | 성취 (위기해결) | 유실 (위기경험 없음) |
| | 아니요 | 유예 (위기 현재 진행 중) | 혼란 (위기경험 없음) |

■ 자아정체감 성취

자아정체감 성취(identity achievement)란 자아정체감의 위기를 성공적으로 극복하여 신념・직업・정치적 견해 등에 대해 스스로 의사결정을 할 수 있는 상태를 말한다. 정체감 성취와 정체감 유실의 경우에만 의사결정을 할 수 있기 때문에 양자 모두 자아정체감 위기를 해결한 것으로 볼 수 있다. 어떤 경우에는 자아정체감 성취 상태에서 정체감 유예나 혼란 상태로 퇴행했다가 다시 정체감 성취 상태로 도달하기도 한다. 자아정체감을 획득한 사람은 넓고 다양한 영역에서 긍정적 적응 패턴을 보인다.

■ 자아정체감 유예

자아정체감 유예(identity moratorium)는 현재 위기의 상태에 있으면서 자아정체감 형성을 위해 다양한 역할・신념・행동 등을 실험하고 있으나 의사결정을 못한 상태를 말한다. 정체감 유예로 분류된 사람의 대부분은 정체감 성취로 옮겨가지만 그중에는 정체감 혼란 상태로 가는 경우도 있다. 정체감이 유예된 사람은 가장 높은 수준의 불안을 보인다. 이들은 이미 만성적으로 높은 스트레스를 경험하고 있기 때문에 강한 정서를 조절하는 데 더 큰 어려움을 가진다. 정체감 유예는 다양한 탐색의 과정을 통해 적극적으로 자신의 정체감을 성취하려는 시도를 하기 때문에 가장 불안정한 정체감 지위이다.

■ 자아정체감 유실

자아정체감 유실(identity foreclosure)은 자신의 신념, 직업 선택 등의 중요한 의사결정을 함에 있어 수많은 대안에 대해 생각해 보지 않고, 부모나 다른 역할모델의 가치・기대 등을 그대로 수용하여 그들과 비슷한 선택을 하는 경우이다. 위기를 경험하지 않고 쉽사리 의사결정을 하는 사람들이 이 범주에 속한다. 자아정체감이 유실된 사람은 많은 것을 탐색하지 않고 전형적으로 부모의 가치에 순응하고 실행한다. 이들의 가족은 아동 중심적이고 순응자인 경향이 있으며, 아동은 부모가 가치를 높이 부여하는 것과 가까워지려고 한다.

자아정체감이 유실된 사람은 더 독재적이고 고정관념을 가지고 세상을 보려 한다. 이전에는 자아정체감 혼란만이 청소년기의 심리적 문제인 소외, 부적응 등을 유발한다고 보았으나, 최근에는 정체감 유실도 문제가 있는 것으로 지적되고 있다. 또한 이들은 자신의 지위에 대해 가장 낮은 불안을 보이는데, 왜냐하면 부모에 의해 조장된 역할과 가치를 따르는 청소년은 호기심과 탐색으로 인해 유발되는 불안과 갈등을 경험하지 않기 때문이다.

■ 자아정체감 혼란

자아정체감 혼란(identity diffusion)은 자아에 대한 안정되고 통합적인 견해를 갖는 데 실패한 상태를 말한다. 이 범주에 속하는 사람은 위기를 경험하지 않았고 직업이나 이념 선택에 대한 의사결정을 하지 않았을 뿐만 아니라 이러한 문제에 관심도 없다. 이런 점에서 유예와 구별된다. 유예는 자아에 대한 통합된 견해를 갖지 못했더라도 자아정체감과 관계된 갈등을 해결하려고 열심히 노력하고 있는 경우이기 때문이다.

자아정체감이 혼란된 청소년들은 발달적으로 여러 영역에서 어려움이 있다. 그들의 가족상황은 정체감이 유실된 사람들과 정반대이다. 그들은 일반적으로 부모와 거칠고 부정적인 관계를 경험했으며 부모의 가치를 별로 동일시하지 않는다. 그들의 학문적 목표는 가장 쉬운 과목을 선택하고 인지적 도전으로부터 후퇴하기 때문에 일반적으로 낮다. 자아정체감이 혼란된 청소년들은 개인적 실패 경험을 외부환경 탓으로 돌리고 비난하며, 사회적 관계에서도 어려움을 겪는다.

### (3) 정서발달

청소년기는 다른 연령대보다 급격한 정서 변화를 경험하며 정서적으로 불안정하고, 요구되는 다양한 역할로 인하여 역할혼란을 겪는 시기이다. 이러한 정서적 특성 때문에 청소년기를 질풍노도의 시기로 부른다. 청소년기에 나타나는 정서적 특징은 다음과 같이 몇 가지로 요약될 수 있다(조흥식 외, 2010).

첫째, 청소년기의 정서는 격렬함과 동요성을 동반한다. 청소년은 사소한 상황 변화나 주변 사람의 반응에 쉽게 감정이 유발되거나 정서표현을 하곤 한다.

둘째, 청소년기에는 정서의 자극 대상이 변한다. 즉, 아동기에는 사회적 학습과정에서 불쾌한 정서 자극을 받지만, 청소년기에는 죽음, 부모의 불화, 교우관계의 실패와 같은 무능력감과 불안정감을 일으키는 대상으로부터 정서자극을 많이 받는다.

셋째, 청소년기에는 성적 성숙의 영향으로 정서가 성적인 색채를 띠는 경우가 많다. 예를 들면, 신체적 성숙과 더불어 성에 대한 관심과 욕구가 증가하지만, 이를 수치스럽게 생각하여 이성에 반대되는 감정을 표현하거나, 주변 사람들에게 과장하여 반항하기도 한다.

넷째, 청소년기에는 정서표현이 내면화된다. 즉, 청소년기의 정서는 의식적으로 억제하는 경우가 많아, 공포심이 불안 혹은 우울로 나타나거나 우울감이 분노 혹은 비행 등으로 나타나곤 한다.

### (4) 도덕발달

청소년기의 도덕성은 아동기에 비해 두드러진 차이가 있다. 청소년들은 형식적 조작사고의 발달과 더불어 획득되는 가설설정 능력으로 인해 대인관계 및 사회 전반의 도덕적 특성에 대해 관념적이고 이상주의적 가능성을 설계할 수 있다. 이러한 이상주의적 경향성으로 인해 강력한 이타적 성향을 보이며 정의에 대한 인식과 주장을 하게 된다. 청소년들이 타인을 돕는 자원봉사활동에 적극 참여하며, 부정과 불의에 대해 비판과 저항을 보이는 이유이다.

콜버그(Kohlberg, 1976)의 도덕발달이론에 의하면 청소년기는 인습적 수준을 넘어 후인습적 수준에 도달하는 시기이다. 그러나 실제로 청소년기에 후인습적 수준의 도덕발달을 이룬 청소년은 그리 많지 않다(송명자, 2010). 인습적 수준에서 도덕적 사고를 하는 청소년은 사회가 기대하는 바에 따라 행동하며,

사회적 규범과 의무를 준수하려고 한다. 다른 사람과의 관계에 있어서 서로에게 호감을 가지고 상호 신뢰하면서 관계한다.

따라서 청소년들은 자신의 사회적 역할에 수반되는 도덕적 책무를 중요시하며, 친구 간의 우정을 지키려는 강한 의무감을 가진다. 청소년기에는 규칙과 질서를 중시하고 인간관계의 신의를 소중히 하는 도덕적 의무감을 유지하게 된다. 일부 청소년들은 사회적 구속으로부터 벗어나기 위해 인습적 수준의 도덕발달단계에서 퇴행하여 사회적 규범을 배척하려는 도덕적 사고와 행동을 하기도 한다.

### 3) 사회적 발달

#### (1) 청소년기의 사회적 특성

청소년기는 아동과 성인 사이에 끼어 있는 샌드위치와 같은 집단이다. 예를 들면, 청소년이 성인의 방식을 따르려고 할 때 법률적으로는 아동으로 간주되는 경우라든지, 본인이 취업해 직장생활을 원할지 모르지만 여전히 학생 신분으로 남아 있어야 하는 경우 등이다. 아동기와 성인기 중간에 놓인 청소년은 지속적으로 변화하는 사회적 분위기에서 자신의 사회적 역할을 찾아가는 과정에 참여해야 한다.

우리 사회에서는 아동기와 마찬가지로 여전히 청소년기는 사회구성원, 즉 성인으로서 사회에 참여할 수 있도록 훈련받고 준비하는 기간으로 자리매김되어 있다. 이렇게 잘 짜인 사회화 과정에 어려움을 느낀 청소년들은 일탈이나 비행과 연관된 하위문화에 참여하기도 한다. 서구와 마찬가지로 우리 문화는 연령별 구분을 명확히 하여 특정 의식을 통해 성인으로 성장하였음을 공식적으로 알리지 않는다. 전환기의 청소년들은 사회 내 지위의 불안정과 함께 사회집단에서 좌충우돌하면서 스스로 과도기의 단계를 지나야 하는 어려움 속에 있다.

### (2) 사회적 발달의 주요 대상

#### ① 부모

청소년기에 부모와의 관계는 아동기와 많이 다르다. 청소년은 여전히 부모에게 의존하고 애착관계를 유지하기를 원하는 한편 부모로부터 독립하고 싶어 하는 욕구가 급격히 증가한다. 청소년은 심리적으로 부모로부터 독립한다고 하더라도 경제적으로 자립할 수 없기 때문에 부모로부터 여전히 아동으로 간주되므로 갈등이 일어날 수 있다. 이러한 갈등에 대한 대처는 아동기와 사뭇 다르다. 청소년의 급격한 신체적 성장은 부모의 체벌이나 통제를 어렵게 만든다. 또한 청소년기에는 인지적 발달로 인해 부모가 설정한 규칙이나 가치관에 대해 자기 나름대로의 논리로 따지며 예전과 같이 무조건 부모가 시키는 대로 하지는 않는다. 즉, 청소년은 여태까지와는 달리 부모를 절대시하지 않고 비판적으로 대하고 부모의 간섭, 강제, 몰이해에 대해 반항한다(강봉규, 2000). 이 과정에서 부모와 자녀의 갈등이 심각하게 나타날 수 있다.

청소년기의 부모와 자녀의 갈등은 해결하기가 쉽지 않다. 청소년기의 자녀를 둔 대부분의 부모는 중년기 위기를 경험하고 있으며, 오늘날에는 가족들이 친지와 친척들로부터 고립되어 있고 지역사회로부터도 적절한 지원을 받을 수가 없기 때문이다. 또한 대중매체에서는 청소년 문제의 해결에 대한 상충적 조언이나 지나친 정보들을 제공하여 부모와 청소년을 혼란스럽게 한다. 우리나라의 청소년들은 대학입시를 정점으로 한 지나친 성적 경쟁체제 속에서 다양한 사회적 관계를 형성하고 발달시키기도 어렵다.

청소년기에도 자율과 독립뿐만 아니라 부모와의 안정적인 관계를 지속하는 것이 중요하다. 청소년기에 부모와 안정적인 관계를 지속하면 청소년의 사회적 능력, 자아존중감, 정서적 적응, 신체적 건강에 도움이 된다(Allen, 2003). 또한 청소년기에 부모와의 안정적인 관계는 이들이 새로운 사회환경에 적응하기 위한 도전에 밑바탕이 되며, 과도기적 시기에 나타나는 심리정서적 혼란을 줄여주는 요인이 된다.

안정적인 관계를 유지하기 위해서는 부모와 청소년의 의사소통이 중요하다. 의사소통에서 중요한 것은 상호신뢰, 자유롭게 표현할 수 있는 분위기, 다른 사람의 생각을 진지하게 듣는 것 등이다. 청소년과 부모의 의사소통은 일방적이고 부정적 · 방어적이지 않아야 한다. 부모와 청소년 모두가 상호 존중하는 자세 속에서 기다려 주고 인정하는 의사소통이 필요하다. 이 과정에서 청소년과 부모 모두 성장할 것이며, 다양한 문제들이 서서히 해결될 것이다. 청소년 후기에는 독립된 인격체로서 부모에 대한 객관적 인식과 더불어 새로운 부모-자녀 간의 관계가 확립된다.

### ② 또래친구

청소년기에는 부모와 성인의 인정보다는 또래친구들이 자신을 어떻게 보느냐가 그들의 삶에서 매우 중요하다. 청소년은 또래집단에 소속되어 지지와 이해를 받고 싶어 하며, 따돌림을 당하게 되면 큰 스트레스와 좌절을 경험한다. 또래친구와의 관계는 사회적 발달에 필수적인 요소이다. 청소년기에 친구와 관계를 형성하지 못하고 고립되면 음주문제, 우울증, 비행 등의 여러 가지 부적응 형태들이 나타난다(Kupersmidt & Coie, 1990).

자아의식이나 독립의 욕구가 강한 청소년은 또래와 협조가 잘 안 되고 혼자서 독서하거나 백일몽에 빠지는 등 모든 것에 대해 회의적이고 비판적일 수 있다. 고독감이 강해지면 자신의 속마음을 다 털어놓고 서로 이해하고 공감할 수 있는 친구를 찾게 되지만 이와 같은 친구는 여간해서 구하지 못한다(강봉규, 2000). 자아정체감이 확립되면서부터는 목적에 따라 다른 또래집단을 구성하게 된다. 청소년기의 또래관계는 아동기와 관련이 있으며, 이후의 발달에도 영향을 미친다.

또래집단에 소속되어 그 영향을 받는 것은 긍정적인 측면도 있고 부정적 측면도 있다. 청소년들은 또래집단에서 친구들과의 상호작용을 통해 '상호성'을 배우게 된다. 청소년은 친구와 의견이 불일치하게 될 때 서로 간의 양보와 타협을 통해 공평성과 정의를 배운다. 또한 소수의 친밀한 친구관계를 통해 상대방의 욕구에 민감하고 적절하게 대처하는 방법을 배우게 되는데, 이는 향후의 이성교제와 부부관계의 기초적 의사소통 방법을 학습하는 것이 된다.

반면에 또래친구가 청소년들에게 미치는 부정적 요인도 많다. 또래집단으로부터 알코올과 약물, 가출, 비행 등을 소개받거나 집단 분위기에 의해 문제행동들을 시도하기도 한다. 만약 또래집단으로부터 거부되거나 무시당하게 되면 심리적 고독감뿐만 아니라 다양한 일탈행동들을 하기도 한다.

청소년기에는 신체적 성숙으로 인해 이성에 관심을 갖게 된다. 청소년기의 이성교제는 사랑의 본질과 기쁨을 알고, 예의를 갖추고 이성에 대한 관심을 표현하는 방법 등을 배울 수 있다. 그러나 이 시기의 이성에 대한 관심은 주로 자기에게 관심을 보이는 사람에게만 관심을 보이는 등 다소 소극적이고 제한적인 면이 있다. 청소년기에는 이성으로부터 관심을 끌기 위해 노력하지만 이성과의 실제적 만남에서는 자신의 감정을 숨기기 위해 떠들고 웃거나, 무관심한 척 행동한다(김태련 외, 2004). 또한 소수 청소년의 경우에 이성교제에서의 무분별한 성관계로 인해 십대 임신과 미혼모 문제를 동반하게 되어 이들을 고통스럽게 만든다. 바람직한 이성교제를 위한 교육과 사회·문화적 환경을 조성할 필요가 있다.

### ③ 교사

청소년기에는 교사에 대한 신뢰가 얕아지며, 허세적인 반항을 시도하거나, 또래집단에 과시하거나 강력한 자기주장을 위한 영웅적 반항이 나타난다. 특히 교사가 권위주의적이거나 자신에게 모욕을 주거나 빈정거리게 되면 더욱 반항한다. 청소년기 초기에는 자유의 속박 때문에 반항하지만 중기 이후부터는 비판적 반항이 많아진다(강봉규, 2000).

청소년기에 모든 교사에게 반항하는 것이 아니며 교사가 공평한 태도, 풍부한 교양과 학식, 청소년에 대한 이해심을 바탕으로 열성적으로 지도한다면 신뢰와 존경을 가지고 대한다. 훌륭한 교사는 위엄이 있고, 열의가 있으며, 공정하고, 적응력이 있으며, 따뜻하고, 융통성을 가지고 학생들의 개인차를 이해하기 위해 노력한다. 이들 교사와 청소년들 간에는 상호 신뢰를 바탕으로 의사소통이 이루어질 것이며, 청소년들의 사회적 발달에 긍정적 요인으로 작용한다.

### 4) 청소년기 발달과 사회복지실천

#### (1) 생물학적 발달과 사회복지실천

청소년기는 아동기와 성인기의 과도기적 단계로 불안정한 시기이다. 흔히 청소년은 미래의 주인공이며, 한 사회의 구성원이자 권리를 행사하는 주체라고 일컬어지고 있다. 그러나 아직까지 청소년의 시민권적 권리들은 유보되고 있으며, 부모, 교사, 그리고 성인들에 의해 지도 및 보호되어야 하는 대상으로만 인식되고 있다. 이러한 상황 속에서 청소년들은 신체적 성숙이 점점 빨라지고 그에 따라 수행해야 하는 과업도 달라지고 있다. 과도기적인 청소년기의 특성과 우리나라의 특수성 등으로 인해 청소년들은 더욱 혼란스러운 발달과업을 수행하고 있으며, 그에 따른 문제들도 많이 발생하고 있다.

우선 생물학적 발달에서 사회복지실천의 관심영역을 살펴보면 신체적 · 성적 성숙으로 인해 나타나는 문제이다. 청소년기는 신체적 성숙이 급격이 이루어지는 시기로서 외모에 대한 관심이 급증하는 때이다. 이로 인하여 대중매체 속의 연예인의 몸매를 닮으려는 경향이 있으며, 자신의 신체가 정상임에도 불구하고 과도한 다이어트를 시도하는 등 신체상을 왜곡하기도 한다. 보다 심각할 경우에는 극단적으로 음식을 거부하는 거식증이나 과다하게 음식을 섭취한 후에 토하는 폭식증과 같은 섭식장애(eating disorder)로 이어질 수도 있다.

이와 같은 섭식장애는 단지 시대의 유행에 의해서만 나타나는 것이 아니라 생리적, 심리적, 가족적, 사회적으로 다양한 원인에 의해 나타나기 때문에 복합적이고 포괄적인 접근이 필요하다. 따라서 이와 관련되는 사회복지기관이나 사회복지사는 가정이나 학교에서의 균형 잡힌 식사지도뿐만 아니라 청소년의 개인적 문제와 신체상도 경청하고 가족과의 스트레스, 학업 및 친구관계에서의 어려움도 동시에 살펴볼 필요가 있다. 또한 사회복지사가 소속된 기관 이외에도 다양한 지역사회기관과 협력적 관계를 구축하여 자문과 연계 등을 실시하여야 한다.

청소년기는 성적 성숙을 통하여 임신이 가능한 시기이며, 자신의 성 정체성과 관련하여 고민하는 시기이다. 사회복지기관이나 사회복지사는 청소년을 대상으로 성에 대한 올바른 이해와 가치관을 형성하기 위한 다양한 도움을 주어야 한다. 또한 청소년기의 성적 성숙으로 인하여 나타나는 초경 및 몽정 불안, 자위행위, 이성의 성적 요구 등의 성과 관련된 심리사회적 문제에 대한 이해를 바탕으로 적극적으로 개입하여야 한다.

청소년기에 대표적으로 성과 관련된 문제는 십대 임신, 미혼모 그리고 성폭력이다. 우리나라에서도 좋은 영양, 개방적 성의식, 피임방법의 무지 등으로 십대 임신이 점점 증가하고 있다. 십대 임신은 많은 문제들이 연속적으로 이어진다. 만약 인공임신중절수술을 할 경우에는 임신부의 건강을 해칠 뿐만 아니라 이후의 정신적 고통, 그리고 결혼 후 불임이 될 수도 있다. 아이를 낳게 되더라도 생식기관이 완전히 성숙되지 않았기 때문에 미숙아를 출산하거나 산모와 태아 모두 건강에 위협을 받게 된다. 아이를 출산하여 미혼모가 되면 학업을 유지하는 것에서도 어려움을 가지게 되며 개인적, 가족적, 사회적으로 다양한 어려움에 직면하게 된다. 이 경우에 사회복지기관과 사회복지사들은 미혼모들이 학업을 유지할 수 있도록 지원하며, 아동양육에 따른 경제적·심리적 문제들을 해결할 수 있도록 체계적으로 지원하여야 한다. 미혼모와 아동이 저학력과 경제적 곤란의 악순환에 빠지지 않도록 장기간 계획적으로 사례관리를 할 필요가 있다.

성폭력이란 단순히 강제적인 성행위뿐만 아니라 성적으로 가해지는 모든 언어적·신체적·정신적인 폭력이 포함된다. 모든 연령대의 성폭력이 마찬가지이지만 청소년기의 성폭력 피해는 더욱 많은 후유증을 가져 온다. 우선 육체적 고통으로는 부상, 임신, 낙태, 성병 등의 문제가 동반되며, 심리적으로는 불안, 공포, 우울, 좌절과 죄의식, 수치심, 가해자에 대한 혐오감 등의 정신적 고통이 뒤따르고, 심각할 경우에는 자살을 시도할 수도 있다. 청소년과 관련된 분야의 사회복지기관과 사회복지사들은 이러한 문제의 심각성을 인지하여 교육, 상담, 그리고 제도와 문화를 변화시키기 위해 노력하여야 한다.

### (2) 심리적 발달과 사회복지실천

청소년기의 심리적 발달의 관심영역을 살펴보면 스트레스와 정신건강의 문제이다. 우리나라의 청소년들은 입시 위주의 학업, 교우관계, 부모와의 관계, 진로 문제 등으로 인해 심각한 스트레스를 경험하고 있다. 청소년기의 스트레스는 다양한 정신건강의 문제로 이어지고 있다. 청소년기의 심각한 정신건강 문제는 불안, 우울, 게임중독, 자살 등이다.

청소년기의 불안은 아동기와 달리 사회적 자극과 관련된다. 우리나라 청소년의 대부분은 입시불안이나 시험불안을 가지고 있다. 특히 대인관계나 사회적 활동에 제약이 많은 사회공포증의 경우에는 청소년기 후반에 더욱 빈번하게 나타난다. 만약 청소년이 불안장애를 가진다면 친구가 적고 학업수행에 어려움이 많으며 결석이나 유급 등의 문제를 보일 가능성이 많다.

심각한 우울을 가진 청소년은 학업에 대한 집중곤란, 흥미상실로 인해 성적이 떨어지며 심한 경우 학업을 포기하고 등교거부를 하는 등의 전반적 사회생활에 대한 위축과 의욕상실을 보인다. 매사에 부정적이고 반항적이 되어 가족과 잦은 마찰을 빚게 되고, 심한 경우는 가출을 해서 알코올 등의 약물남용과 비행을 저지르기도 한다. 또한 이들은 항상 즐거움을 못 느끼고 의욕상실, 무력감, 절망감을 경험하며, 행동이 느려지고 수면장애, 식욕장애를 보이며 체중의 감소가 있다. 청소년기의 우울은 대인관계 의존성을 증가시키며 또래로부터 고립되고 자신에 대한 부정적인 인지도식이 형성되어 자존감이 매우 낮아지도록 한다.

게임중독은 대부분의 청소년들과 관련이 있다. 비디오게임과 같은 오프라인 게임도 있지만 대부분의 심각성은 개인용 컴퓨터를 매개하여 인터넷이나 통신망을 통해 복수의 이용자가 서버에 접속하여 플레이하는 게임에서 나타난다. 특히 폭력적 인터넷게임은 일상생활에서 폭력적 구성을 중심으로 관련된 정보를 처리하며, 나아가 고정적인 개인의 성격으로 자리 잡을 수 있다. 청소년의 경우, 인지구조가 성숙되어 있지 않기 때문에 빈번한 폭력적 게임의 반복적인 접촉으로 말미암아 사회인지적 발달에 심각하게 부정적 영향을 미칠 가능성이 높다. 또한 자극적이고 가상의 세계에 지나치게 몰입시키는 게임은 청소년들에게 현실도피의 수단으로 이용되거나 심리적 의존성을 일으킬 수 있다. 우리나라의 청소년들은 학업 스트레스가 높고 다양한 활동 공간의 부족 등으로 더욱 게임에 몰입하는 경우가 흔하다.

자살과 관련된 문제들은 청소년의 정신건강은 물론이고 그들 가족 전체에게도 심각한 영향을 미친다는 점에서 중요하다. 자살은 전 연령층에서 질병에 의한 원인을 제외하고 가장 높은 사망 원인이 되고 있다. 청소년의 경우에도 사망원인 가운데 상위를 차지하고 있는 것으로 나타나 심각한 사회문제로 인식되고 있다. 청소년 자살은 폭력, 정학, 퇴학, 물질남용, 중독, 성적 학대, 불안, 두려움, 외로움, 부끄러움, 우울과 같은 외현화되거나 내재화된 행동문제들 중에 가장 치명적인 사건이라고 할 수 있다. 또한 자살이 모든 문제의 해결책으로 간주되거나 자살시도 방법이 치명적이라면 심각성은 증대된다.

청소년기의 정신건강 문제를 다루는 사회복지기관과 사회복지사는 보다 전문적인 개입을 필요로 한다. 지역사회의 다양한 자원들로부터 자문을 받아야 하며, 보다 전문적인 서비스가 필요한 경우에는 구체적으로 연계하여야 한다. 청소년기의 정신건강 문제는 일시적이고 제한적인 특성도 있지만 평생 동안 영향을 미치는 정신장애의 시작 시기가 되기도 한다. 청소년 정신건강 문제 중에 가장 심각한 조현병(schizophrenia)의 경우에는 보통 청소년기 후반에 처음으로 나타난다. 따라서 청소년기의 정신건강 문제를 다루는 사회복지사들은 지역사회로부터의 자문과 연계가 특히 중요하다.

### (3) 사회적 발달과 사회복지실천

사회적 발달의 관심영역을 살펴보면 학교적응과 비행이다. 우리나라에서 학교를 떠나는 학교밖 청소년들이 점점 증가하고 있다. 학교밖 청소년들을 위한 프로그램과 제도들이 있지만 모든 청소년들을 충족시킬 만큼 풍부하지는 않다. 사회복지기관과 사회복지사는 학교 청소년에도 관심을 가져야 하지만 학교밖 청소년들을 위해 보다 많은 대안들을 제시하고 개입할 필요가 있다.

비행청소년의 비율이 그렇지 않은 청소년에 비해 소수이겠지만 우리나라 청소년의 비행 및 소년범죄는 매년 발생비율과 심각성이 지속적으로 증가하고 있다. 청소년의 비행과 관련해서는 여러 가지 이슈가 있지만 학교폭력과 가출이 자주 언급되고 있다. 학교폭력은 집단화 현상이 갈수록 심각해져 가고 있다. 또한 이러한 폭력에 노출된 피해청소년은 심한 우울을 경험하거나 자살생각을 하거나 실제로 자살을 시도하기도 한다. 청소년의 가출은 유해한 환경과의 접촉, 학업중단, 건강과 성문제, 약물남용, 비행문제, 가정에의 부적응 등 다양한 문제로 이어진다. 사회복지기관과 사회복지사는 청소년의 가출, 폭력, 그리고 비행과 관련 이슈들에 대하여 청소년 개인, 부모와 가족, 또래집단과 학교, 그리고 사회환경의 변화를 시도하는 다체계적 접근을 해야 한다.

## 2. 청년기 발달

### 1) 생물학적 발달

인간의 생물학적 성장은 청년기에 거의 완성되며, 이 시기에는 신체적으로 활기, 힘, 건강에서 최고 수준을 보인다. 또한 청년기에는 시각, 청각과 같은 감각기관이 가장 예민하다. 일반적으로 사람의 생물학적 발달은 대략 25세에서 30세까지 최고 수준에 이르고, 보통 30세가 지나면 신체적 기능이 감퇴하기 시작하며, 손이나 손가락의 동작도 점차로 둔감해지기 시작한다(Troll, 1985).

신체의 감각기관인 시력, 촉각, 후각, 미각 등은 20세경에 최고에 달했다가 40세 정도가 지나면 점점 나빠지기 시작한다. 청년기에는 근육과 내부기관의 기능도 최고 수준에 달한다(Turner & Helms, 1983).

청년기가 되면 신장, 체중, 간을 포함하는 일반곡선(general curve), 생식기관의 성장곡선(reproductive curve), 두뇌, 눈, 귀 등을 포함하는 두뇌곡선(brain and head curve), 아데노이드, 림프노이드 등의 임파선 곡선(lymphoid curve) 등이 성장률 100에 도달하는 등 성장의 최고 수준이 된다. 즉, 생물학적 성장은 청년기 초기에 극대화되며 그 이후에는 점진적으로 쇠퇴한다(이소희 외, 2005). 그러나 규칙적인 운동과 적절한 영양 상태를 유지한다면 대부분의 신체적 능력은 청년기 이후에도 지속될 수 있다.

## 2) 심리적 발달

### (1) 인지발달

#### ① 청년기 인지발달의 특성

청소년기 이후에도 인지발달이 지속적으로 이루어질 수 있는지에 대해 아직까지 명확한 결론에 이르지 못하고 있다. 피아제의 경우에는 청소년기인 형식적 조작기 이후의 인지발달단계를 제시하지 않았다. 그러나 학자에 따라 인지적 능력은 청년기 이후에는 감소한다거나 혹은 노년기에 심각한 질병이 걸리기 전까지 안정적으로 유지된다는 주장도 있다. 어떤 학자들은 반응속도와 관련된 인지적 능력은 감소하지만 실생활과 관련된 지식이나 지혜와 같은 능력은 계속해서 발달한다고 주장하기도 한다.

청년기의 사고 특징은 '형식적' 사고가 아닌 '성숙한' 사고를 보인다(Arlin, 1990). 성숙한 사고란 어떤 사실이 진실일 수도 있고, 진실이 아닐 수도 있음을 받아들이는 것이다. 청년기에는 이원론적 사고에서 벗어나서 다원론적 사고로 옮겨 간다는 의미이다. 청년기가 되면 복잡하고 다양한 세계와 인간관계

속에서 인지발달이 이루어진다. 따라서 청년기에 이르면, 어떤 지식이란 절대적이고 고정불변의 것이 아니라 여러 개의 타당한 견해 중 하나일 수 있다는 사실을 이해하게 된다.

### ② 샤이에의 인지발달

샤이에(Schaie, 1990)는 지능의 양적 증가나 감소보다는 사고하는 방식의 질적 변화가 더 중요하다고 보고 〈표 11-2〉와 같이 5단계 인지발달단계를 제시하였다.

〈표 11-2〉 샤이에의 인지발달단계

| 구 분 | 연 령 | 특 징 |
|---|---|---|
| 1단계<br>(습득단계) | 아동 · 청소년기 | 감각운동 기능에서 형식적 조작사고에 이르기까지 기본적 인지구조의 발달 |
| 2단계<br>(성취단계) | 청년기 | 성취와 독립의 목표를 지향하는 인지행동 |
| 3단계<br>(책임단계) | 중년기 | 일상의 문제해결에 있어서 개인적 목표와 가족 및 사회적 책임의 통합 |
| 4단계<br>(실행단계) | 중년기 | 보다 복잡한 조직적 위계와 책임을 갖는 문제해결 |
| 5단계<br>(재통합단계) | 노년기 | 자신의 흥미, 가치에 적합한 문제 및 과제의 선택 |

1단계인 습득단계는 아동 · 청소년기의 연령에 해당하며, 이 단계에서는 감각운동기능에서 형식적 조작사고에 이르기까지 기본적인 인지구조를 발달시킨다. 또한 이 단계에서는 자신의 목적과 상관없이 지식 그 자체를 위한 정보와 기술을 습득한다. 2단계인 성취단계는 청년기에 해당하며, 이 단계에서 지적 기능은 주로 직업선택과 가정의 설계 등 전 생애에 중요한 의미를 갖는 실제적 문제들을 해결하는 데 사용된다.

3단계인 책임단계와 4단계인 실행단계는 중년기에 해당하며, 이 시기에는 배우자, 자녀, 동료, 지역사회에 대해 많은 책임을 갖고 과업에 관여하며 중요한 의사결정을 해야 한다. 따라서 중년기의 지적 기능은 자신의 사고, 판단, 의사결정에 책임을 질 수 있어야 한다. 또한 중년기에는 복잡한 위계구조와 중요한 책임 속에서 문제를 해결할 수 있어야 하는데, 이를 강조하기 위해 실행단계라고 한다.

5단계인 재통합단계는 노년기에 해당하며, 이 시기에는 직업, 결혼 등 일상의 과업과 관련하여 장기적인 목표를 설정할 필요가 없으며, 사회적 책임 또한 급격히 감소된다. 따라서 노년기에는 개인적인 흥미, 가치, 태도를 바탕으로 자신의 지적 기능을 대단히 선택적으로 사용할 필요가 있다. 즉, 노년기 인지발달의 특성은 자신의 필요성에 의해 지적 기능을 선택적으로 사용하는 재통합능력을 획득하는 데 있다.

또한 샤이에는 종단적 조사로 연령에 따른 지능의 변화를 네 가지의 유형으로 구분하였다(Schaie, 1990). 네 가지 유형을 정리해 보면, '시각-운동적 융통성'은 시각과 운동의 통합이 필요한 능력이고, '인지적 융통성'은 동의어나 반대어를 생각해내는 것처럼 한 사고로부터 다른 사고로 전환하는 능력이고, '결정성 지능'은 언어적 이해력이나 수리력과 같이 교육이나 경험에 의해 축적되는 지능이며, '시각화 능력'은 시각적 자료를 조직하고 처리하는 능력을 말한다.

네 가지 유형을 연령에 따라 살펴보면, '시각-운동적 융통성'은 청년기인 25세경을 정점으로 하여 쇠퇴하였으나 '인지적 융통성'은 연령에 따른 변화가 없었으며, '결정성 지능'과 '시각화 능력'은 오히려 연령이 증가하면서 향상되었다. 이러한 결과들에 의하면 청년기 이후에도 특정한 영역의 인지적 능력은 감소될 수 있지만 다른 영역에서는 유지되거나 오히려 증가한다는 사실을 알 수 있다.

### (2) 정서발달

청년기에는 대학 진학, 군 입대, 취업 등으로 부모로부터 독립하게 된다. 부모로부터 자립하여 생활하기 위해서는 일상생활능력, 신체적 성숙, 자아정체감 형성을 통한 자율적 판단을 내릴 수 있어야 한다. 이와 동시에 독립적인 생활을 할 수 있는 행동능력, 부모와 분리되는 것에 대한 불안의 극복, 경제적 확실성 등의 신체적 · 심리적 · 사회적 영역에서 분리가 가능할 때 이루어진다(이소희 외, 2005).

이러한 과정에서 청년들은 독립과 의존에 대한 양가감정을 가지게 된다. 이는 부모로부터의 독립에 대한 갈망과 동시에 미래에 대한 불안으로 지속적인 밀착관계를 유지하고 싶은 감정에서 비롯되는 것이다. 청년들 중에 부모와 지나치게 밀착 혹은 격리 관계를 유지하였던 경우에는 부모와의 정서적 관계를 단절하기도 한다(Nichols & Schwartz, 2004). 그러나 대부분의 청년들은 이러한 불안들을 극복하고 자신의 삶의 진정한 주체로서 심리적 · 사회적 독립을 추구하기 시작한다.

에릭슨은 청년기에는 친밀감(intimacy)을 발달시키는 것이 중요한 인생과업이라고 하였다. 친밀감을 형성하기 위해서는 먼저 자아정체감의 확립이 전제되어야 한다. 친밀감은 가족과 그 외의 사람들과 친근한 관계를 형성하는 것이며, 자신의 정체감을 잃을지도 모른다는 두려움 없이 타인과 개방적, 지지적이고 조화로운 관계를 형성하는 능력을 말한다. 친밀감을 성취하기 위해서는 감정이입능력, 자기통제능력, 타인의 장 · 단점에 대한 수용능력을 갖추어야 한다. 친밀감의 과업을 성취한 청년은 타인과 서로 의논하고 개인적 감정표현도 서로 허용하면서 자신을 가치 있고 유능한 존재로 인식하게 된다. 그러나 친밀감을 확립하지 못한 청년은 고립감을 형성할 가능성이 높다(김태련 외, 2004).

청년기의 친밀감은 주로 결혼생활을 통해 확립된다. 그러나 결혼이 친밀감으로 반드시 이어지는 것은 아니다. 결혼 초기의 배우자 간의 상이한 욕구, 자녀 출산과 양육, 부모나 친척의 기대 등이 친밀감 형성을 방해할 수도 있다(이

소희 외, 2005). 다시 말해, 가정은 서로의 약점과 의존성을 표현할 수 있는 장소인 동시에 확신감과 사랑을 공유하는 공간이다. 그러나 다른 환경에서 성장한 사람들이 결혼을 하여 가정을 이루면 처음부터 친밀감을 형성하기가 쉽지 않다. 성인기에 한 가정을 이루어서 사랑하는 관계로 발전하기 위해서는 상호 간의 노력이 있어야 하고 때로는 엄청난 도전을 감내해야 한다(최옥채 외, 2007). 청년기에는 친밀감 확립을 바탕으로 배우자를 만나게 되고 자신의 가족을 형성하게 된다. 뿐만 아니라 청년기의 친밀감은 이후의 대인관계와 성숙한 성인이 되는 데에 기본적 특성이다.

### 3) 사회적 발달

#### (1) 청년기의 사회적 특성

청년기는 20대와 30대의 연령대 사람들이 속해 있는 시기를 말하는데, 어떤 측면에서는 전적인 독립적 삶을 살고 있는 것처럼 보이지만 또 다르게 보면 의존적인 삶의 형태도 여전히 남아 있다. 청년기의 개인들은 확고하게 자신의 사회적 삶을 살아가기보다는 아직까지 시행착오도 거듭한다.

청년기에 이르면 일반적으로 성별, 사회 계급별, 또는 인종 집단별로 동일한 삶을 사는 것 같지는 않다. 가족의 지원이 뒷받침되는 청년의 경우에는 20대 초·중반기에 전 세계를 여행하거나 정치적, 종교적인 경험을 하며 자신의 가치관이나 인생에 대해 깊이 있는 성찰을 한다. 하지만 그렇지 않은 청년들은 학비를 마련하기 위해 아르바이트를 하거나 충분한 준비기간 없이 저숙련 노동현장에 낮은 임금을 받으며 참여할 수밖에 없다.

대부분의 청년은 높은 주거비, 거액의 부채, 직업적 불안정에 내몰리고 있다. 특히 가족으로부터 물질적 또는 재정적 보조를 받을 수 없는 청년들은 미래 전망이 밝은 일들을 수행하면서 독립적인 삶을 사는 데 심각한 어려움을 겪고 있다. 청년들은 기존의 잘 짜인 사회구조 속에서 자신들의 역할과 비전을 찾기가 어려워서 전통적인 발달과업이라고 할 수 있는 결혼과 출산을 미루고 있다. 또한 청년들은 사회계급의 고착화로 인해 사회이동의 폭이 좁아져서 더욱더 많은 스트레스와 고통 속에 살고 있다.

### (2) 청년기의 발달과업

#### ① 직업선택

■ 청년기의 직업선택

청년기는 직업에 대한 준비를 하고 직업선택에 대한 의사결정을 해야 하는 결정적 시기이다. 이는 청년기에 달성해야 할 중요한 과업 중의 하나이기도 하다. 직업은 성인의 전반적 삶의 형태를 결정하는 요인이라 할 수 있다. 직업을 선택하고 준비하는 과정에서는 개인의 인성 특성과 사회적 · 경제적 · 직업적 현실과의 조화를 맞추는 것이 바람직하다.

청년기는 직업에 대한 실험과 훈련의 단계라고 볼 수 있다. 청년기에는 일단 직업을 선택하기 전에 그 직업에 대한 다양한 상황들을 사전에 탐색하여야 한다. 또한 직업을 선택하고 직장에 입사하여서도 그 직업이 요구하는 전문적 기술, 직업에 존재하는 권위적 관계, 독특한 요구나 이해, 인간관계 등을 지속적으로 평가하여야 한다. 이러한 평가를 바탕으로 자신이 수행해야 할 특정 직무와 관련된 전문지식과 기술을 학습하여야 한다. 또한 의사결정 등과 같은 권위관계, 직업적 요구사항에 대한 정확한 대처방법, 동료들과의 우애로운 상호관계를 형성하도록 노력하여야 한다. 이를 통해 자신의 분야에서 전문성을 강화하고 장기간 직업을 유지, 강화하면서 경제적 목적 이외에도 직업정체감을 확립하면서 자아실현의 도구로 삼을 수 있을 것이다.

■ 직업선택의 절충이론

직업선택이론 중 긴즈버그(Ginzberg, 1990)의 절충이론이 있는데, 여기서 청년의 직업선택의 근거는 흥미, 능력, 가치 등과 같은 개인 내적 요인이라고 보면서 청년기에는 현실에 바탕을 두며 욕구와 현실을 절충한다고 보았다. 긴즈버그는 직업선택은 대략 10세경부터 일어나는 하나의 과정이라고 하였다. 직업선택의 과정은 환상적 시기(fantasy period), 시험적 시기(tentative period), 그리고 마지막으로 직업에 필요한 훈련, 자신의 흥미나 재능, 직업기회 등을 현실적으로 고려하는 현실적 시기(realistic period)를 거쳐 직업을 선택하는 것으로 이어진다.

■ 직업선택의 8단계

슈퍼(Super, 1990)에 의하면, 직업선택은 자기개념의 발달과 밀접한 관계가 있다고 한다. 청년기가 직업선택에 있어서 결정적 시기이기는 하지만 직업정체감 확립은 일생을 통해서 이루어지는 과정이다. 슈퍼에 의하면 직업선택은 모두 8단계의 발달과정을 거친다고 한다.

첫 번째는, 결정화(crystallization) 단계이며 청소년 초기에 해당하고 직업 개념 형성기라고도 하며 자신의 전반적 자기개념에 대한 생각과 조화시키는 단계이다. 이때에는 직업에 관해 막연하고 일반적인 생각만 가지다가 점차로 확고한 자기정체감을 확립함에 따라 직업정체감도 발달하게 된다.

두 번째는, 구체화(specification) 단계이며 이 시기는 청소년 후기에 해당하고 희망직업 세분화 단계라고 한다. 이때 청소년들은 다양한 직업과 직업세계에 관해 더 많은 것을 알게 된다. 직업에 대한 생각이 보다 구체화되고 하나의 직업을 선택한다는 것은 또 다른 가능성을 배제한다는 것을 인식하게 된다.

세 번째는, 실행(implementation) 단계이며 이 시기는 20대 초중반에 시작되는데, 이때 청년들은 한두 개의 초보적인 직업을 시험해 보거나 전문직종에 첫발을 들여놓는다.

네 번째는, 확립(establishment) 단계이며 20대 후반의 청년기에 해당한다. 이들은 자신이 선택한 직업분야에서 발전이 이루어지고, 이제 자신의 직업을 자기개념의 일부로 간주하기 시작한다.

다섯 번째는, 강화(consolidation) 단계이며 30대 중반이 되면 확립 단계에서 이루어진 전문지식이나 기술에 기초하여 강화기로 옮겨간다.

여섯 번째는, 유지(maintenance) 단계이며 40대 중반 정도에 시작되며 직업분야의 높은 지위를 획득하게 된다.

일곱 번째는, 쇠퇴(deceleration) 단계이며 주로 50대 후반의 중년기에 해당하며, 일의 양을 줄이고 자신의 신체적으로나 정서적 차원에서 직업을 분리하기 시작한다. 직업에 지나치게 몰두하지 않아야 하는 단계이다.

여덟 번째는, 은퇴(retirement) 단계이며 주로 노년기에 해당하는데, 대부분 직장에서 은퇴하고 직업 외에 자신이 만족할 수 있는 새로운 역할을 찾아야 한다.

■ 직업선택의 확인 요인

청년기는 직업을 선택하는 시기이다. 직업을 찾거나 직업에 대해 준비하는 과정에서 청년들은 다음과 같은 네 가지 요소들을 확인할 필요가 있다(Newman & Newman, 1987).

첫째, 그 직업에서 필요로 하는 기술적 전문성을 확인해야 한다. 자신이 원하는 직업에서 요구하는 기술이나 능력이 있는지, 그리고 그러한 능력을 발휘하는 것으로부터 만족을 얻을 수 있는지에 관해 평가해 보아야 한다.

둘째, 그 직업이 가지고 있는 권위적 관계를 확인해야 한다. 대부분의 직업에서는 구성원들 간의 지위와 정책결정에 관해 위계적 계급구조를 가진다. 그러므로 직업을 선택할 때는 누가 자신의 일을 평가할 것이며, 평가에 대해 어떤 기준이 적용될 것인가를 이해하고, 직책에서 자신의 자율성의 한계를 파악해야 한다. 이러한 의사결정과정 속에 자신이 얼마만큼 잘 포함될 수 있을지를 판단해야 한다.

셋째, 그 직업에 존재하는 고유한 요구나 위험을 확인해야 한다. 모든 직업은 독특한 직업적 요구를 가진다. 예를 들면, 생산성에 대한 규칙이라든가 자기표현에 대한 규범과 같은 것이다. 어떤 직업은 높은 수준의 헌신을 요구하기도 하는데, 이 경우에는 직업상 역할에 의해 여가나 가족생활 등이 모두 제한을 받게 된다. 종사자가 상당히 소외되는 직업도 있으며, 또 어떤 직업은 신체적인 위험이나 심리적 스트레스가 존재하는 경우도 있다. 사회복지사를 비롯하여 클라이언트들과 깊은 정서적 접촉을 해야 하는 직업을 가진 사람들은 '소진(burnout)'의 위기를 경험하기도 한다. 직업마다 종사자에게 가하는 위험이 다르며, 또한 각 종사자도 이러한 위험에 대한 취약성에 개인적 차이가 있다. 그러므로 직업에서 얻는 보상에 비추어서 그 직업에 존재하는 특정한 위험을 받아들일 것인지 스스로 결정하여야 한다.

넷째, 그 직업이 가지고 있는 특성상 동료들과의 인간관계를 확인해야 한다. 이는 협동적 또는 경쟁적인 관계로 구분할 수 있다. 협동적 관계를 유지할 수 있는 우호적인 동료들의 존재는 직업환경을 크게 향상시켜 준다. 이에 반해 어떤 직업은 경쟁을 강조하며 경쟁을 촉진하기 위하여 자극이 주어진다. 어떤 사람에게는 경쟁적 환경이, 또 어떤 사람에게는 협동적 환경이 적성에 맞는다. 그러므로 직업선택의 과정에서 자신이 선택하는 직업이 어떠한 인간관계를 주로 형성하는 직업환경인지를 사전에 확인할 필요가 있다.

### ② 결혼

청년 초기는 자신의 삶을 어떻게 살아야 할 것인지를 결정하는 시기이다. 이때 청년들은 결혼을 할 것인지 혼자서 살 것인지, 아이를 가질 것인지 가지지 않을 것인지에 대하여 고민한다. 사회통념상으로 한 개인이 성장한 후에는 원가족을 떠나서 배우자를 만나 가정을 이룬다.

결혼하게 되는 이유로는 자녀출산, 경제적 안정, 사회적 지위, 사랑, 부모의 기대, 도피의 수단, 혼전임신, 교제, 성적 매력, 공통된 관심사, 모험, 사회적 기대, 심리적 보상 등이 있다. 이러한 이유 중에서 대표적인 것은 결혼을 통하여 얻을 수 있는 정서적 지지, 안정감, 애정, 사랑 그리고 우정을 들 수 있다(최옥채 외, 2007). 즉, 결혼은 청년기에 친밀감과 성숙한 사회적 관계를 성취하는 데 중심이 되는 배경이다. 대부분의 성인에게 있어서 삶의 행복은 성인생활의 다른 어떤 영역보다도 만족스러운 결혼 생활에 달려 있다.

결혼 상대자를 선택하는 것과 결혼하겠다는 결정을 내리는 것은 모두 여섯 개의 여과망을 거치게 되는데, 이를 여과이론이라고 한다(Udry, 1971). 여섯 개의 여과망은 다음과 같다.

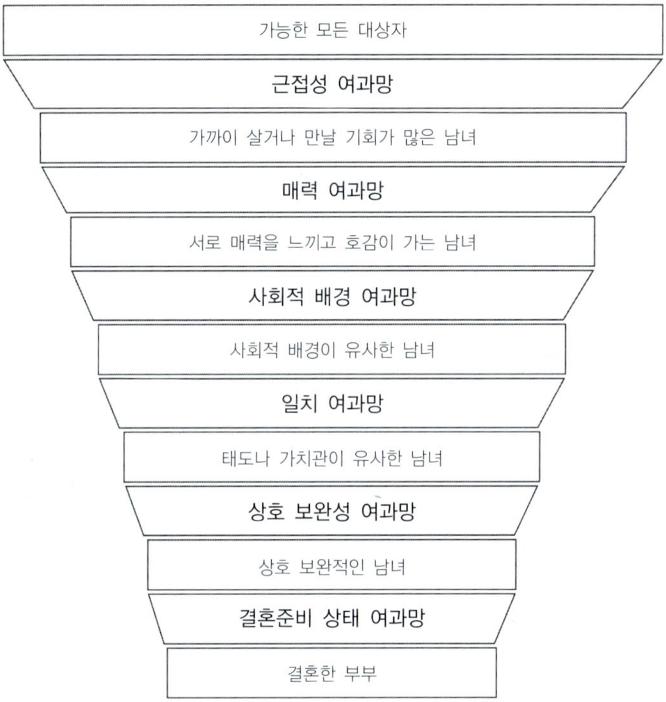


|그림 11-1| 결혼 상대자 선택 과정의 여과이론

첫째, 근접성(propinquity)의 여과망을 통해 가능한 모든 대상자 가운데서 지리적으로 가깝고, 만날 기회와 상호작용의 가능성이 많은 대상자로 제한된다.

둘째, 매력(attractiveness)의 여과망을 통해 서로 매력을 느끼고 끌리는 사람들로 그 대상이 좁혀진다.

셋째, 사회적 배경(social background)의 여과망을 통해 인종, 연령, 교육수준, 종교 등의 사회적 배경이 유사한 사람들로 범위가 더욱 좁혀진다.

넷째, 일치(consensus)의 여과망을 통해 태도나 가치관이 자신과 비슷한 사람만이 남게 된다.

다섯째, 상호 보완성(complementarity)의 여과망을 통해 욕구와 성격 특성에서 서로의 단점을 보완해 줄 수 있는 사람을 선호하게 된다.

여섯째, 결혼준비 상태(readiness for marriage)라는 여과망을 통과함으로써 비로소 결혼에 이르게 되는데, 결혼 적령기, 결혼하라는 부모의 압력, 결혼하고자 하는 강한 욕구 등으로부터 영향을 받는다.

결혼을 하게 되면 초기의 몇 년은 상호 적응의 과정이다. 실제로 이 시기를 보내는 것이 매우 어려운데, 이것은 결혼 초기에 오는 긴장이나 갈등이 존재하리라고 예상하지 못했기 때문이다. 이는 결혼한 후 2~4년 정도의 기간에 이혼율이 가장 높다는 보고에 의해서도 알 수 있다. 결혼 초기에 부부는 사회계층·문화적 배경에 차이가 있을 때 여러 가지 결정을 내리는 것에서 서로 간에 타협이 필요한데, 이때 상호 간에 갈등이 나타날 수 있다. 즉, 이전에는 그러한 결정들을 혼자서 해왔지만 이제는 상대방의 의사를 고려해야 하며, 두 사람 다 만족할 수 있는 결정을 찾아야 한다는 것이 부담을 초래한다(이인정·최해경, 2007).

그러나 최근에는 청년들의 결혼연령이 점점 높아지고 있으며, 결혼보다는 직업과 사회활동을 통해 개인적 삶을 완성하려는 경향이 증가하고 있다. 청년들 중 학력이 높고 사회적 지위와 경제적 여유를 가지고 있는 30~40대 미혼들이 증가하고 있다. 이러한 결과들은 단순히 청년들의 개인적 성향이나 만족추구로 인해 나타난 것이라고 단정할 수 없다. 이는 아동양육에 따른 경제적 부담감, 여성의 결혼 및 임신으로 인한 차별과 제약 등의 사회적 요인도 크게 작용한다. 사회통념상으로 청년들에게 결혼과 출산을 강요할 것이 아니라 사회적 여건과 분위기를 마련하여야 한다.

### ③ 자녀양육

자녀의 출생은 부부의 인생에 있어 중요한 전환점이 된다. 결혼한 부부가 자녀를 가짐으로써 얻는 효과는 자녀가 사랑을 주고 애정을 나눌 수 있는 기회를 제공하며, 어른들을 외로움에서 보호하여 준다는 것이다(Newman & Newman, 1987). 사람은 누군가를 보살피고자 하는 욕구를 갖는데, 자녀는 이러한 양육의 욕구를 충족시켜 주는 역할을 한다. 그러나 자녀를 갖는 것은 이와 같이 만족을 주는 반면에 새로운 적응을 필요로 하는 급격한 변화를 동반한다. 이것은 결혼 초기에 형성되기 시작한 부부간의 친밀감에 위협이 되기도 한다. 첫 자녀의 출산은 결혼생활에서 스트레스가 발생하는 시기가 될 수도 있다.

일반적으로 자녀의 존재는 낮은 결혼만족도와 관련되는데, 이것은 자녀를 가진 후에도 결혼에 대한 만족은 지속되나 그 정도가 다소 낮아진다는 것을 뜻한다. 그 원인으로는 자녀의 출생에 따르는 새로운 책임의 등장, 이러한 책임의 분담, 그리고 자녀에게 맞춘 일과 등을 들 수 있다. 그 외에 자녀를 돌보는 데 대해 자신이 없는 것, 육아에 대한 가치관이 부부간에 일치하지 않는 것 등이 결혼생활에 긴장을 가져온다(이인정 · 최해경, 2007).

그럼에도 불구하고 많은 부부들은 자녀를 갖기로 합의한다. 자녀를 출산한 이후에 부부와 자녀 모두 행복한 삶을 위해서는 준비를 할 필요가 있다. 우선 부부는 부모로서의 역할 변화에 대해 교육을 받고 책임감 있는 역할수행을 준비하여야 한다. 자녀양육 분담을 부부간에 어떻게 조정할지, 경제적 부담을 어떻게 해결할지, 부부만의 여가시간 감소에 어떻게 대처할지, 자녀양육에 따른 스트레스를 어떻게 대처할지 등에 관한 내용이다. 또한 아동양육에 대한 부부의 역할뿐만 아니라 소유물로서의 자녀가 아니라 한 명의 인간으로서의 자녀로 어떻게 양육할 것인지를 지속적으로 의사소통할 필요가 있다.

### 4) 청년기 발달과 사회복지실천

#### (1) 생물학적 발달과 사회복지실천

청년기의 생물학적 발달의 관심영역을 살펴보면 최고조에 달한 신체적 기능을 지속적으로 유지하는 것이다. 사회복지기관과 사회복지사들은 지역사회의 청년들이 생물학적 기능을 유지, 강화할 수 있도록 다양한 프로그램을 개발할 필요가 있다. 또한 신체적 기능 향상을 스스로 할 수 없는 청년들을 대상으로 하는 프로그램들을 마련하여야 한다.

### (2) 심리적 발달과 사회복지실천

심리적 발달의 관심영역을 살펴보면 청년기는 대인관계의 기본 바탕이 되는 친밀감 확립과 관련된다. 특히 청년기의 친밀감 형성은 결혼생활과 직장생활에서 중요하게 작용한다. 사회복지기관과 사회복지사들은 친밀감을 발달시키지 못하여 고립감 속에서 사회생활과 직장생활을 하고 있는 청년들에게 관심을 가져야 한다. 이들에게는 개별상담과 집단상담 및 지역사회교육 차원에서도 접근할 필요가 있다.

### (3) 사회적 발달과 사회복지실천

사회적 발달의 관심영역을 살펴보면, 결혼상대자 선택과 결혼, 그리고 직업선택과 유지라고 할 수 있다. 청년기는 부모로부터 독립하여 자신이 하나의 독립적인 주체가 되어 삶의 다양한 성취들을 이루어 내게 되는데, 이 중 가장 중요한 것이 결혼을 통한 새로운 가정의 형성과 직업을 통한 사회적 성취라고 할 수 있다. 즉, 상호 신뢰할 수 있는 이성을 배우자로 선택하여 부부로서의 역할을 획득하고, 자녀를 출산하면서 부모로서의 역할을 하며, 경제적 및 자아실현의 기반인 직업을 통해 사회인으로서의 역할을 수행하게 되는 것이다.

결혼 및 직업선택은 앞으로의 인생에 많은 영향을 미칠 수 있는 중요한 사건이다. 따라서 사회복지관과 사회복지사는 청년들이 결혼 및 직업 선택이 올바르게 이루어질 수 있도록 하고, 선택한 새로운 역할들에 잘 적응할 수 있도록 도울 수 있는 사회복지서비스들을 제공하여야 한다. 우선 서로 다른 두 사람이 부부라는 이름으로 하나로 맞추어 나가는 과정에서 겪게 되는 많은 갈등과 문제들을 다루어 줄 수 있는 부부상담 및 교육 프로그램이 필요하다. 다음으로 자녀양육에 있어서 부모의 역할은 무엇보다 중요하므로 올바른 양육태도 및 방법을 제공해 줄 수 있는 부모교육서비스가 필요하다. 최근 맞벌이 가정이 늘어나고 있으며, 이들 부모의 경우에 양육스트레스와 부담감 등이 높으므로 이러한 욕구를 충족시킬 수 있는 프로그램을 준비하여야 한다.

또한 직업선택 및 취업준비에 있어서 다양한 직업정보를 제공해 주고 각종 진로와 관련된 검사 및 기업체들에서 요구하는 조건들을 충족시킬 수 있도록 하는 프로그램들이 필요하다. 홀랜드(Holland, 1985)는 〈표 11-3〉과 같이 직업과 관련이 있는 여섯 가지 기본 성격유형이 있다고 믿는다. 사회복지기관에서는 다양한 직업선택에 대한 정보 제공 시 참고로 할 수 있을 것이다. 그러나 홀랜드의 직업 관련 성격유형은 너무 단순화되어 있고, 많은 사람들이 아래의 여섯 가지 성격유형 중 어느 한 가지에 딱 들어맞지 않는다는 비판도 있다. 따라서 여러 참고자료 중 하나로 활용할 필요가 있다. 동시에 청년들의 취업난을 해소시킬 수 있는 정책들과 제도들을 마련하도록 노력하여야 한다.

〈표 11-3〉 홀랜드의 직업과 성격유형

| 유 형 | 특 징 |
|---|---|
| 현실적 유형 (realistic type) | 이 유형은 추상적이고 창의적인 접근을 요하는 문제보다는 체계적이고 분명하게 정의된 문제를 좋아함. 대인관계의 기술이 부족하여 협동적인 일은 선호하지 않음. 적합한 직업의 예는, 기계공, 농부, 트럭운전사, 건설공사 인부, 측량기사 등 |
| 지적 유형 (intellectual type) | 이 유형은 창의적이고 분석적인 접근을 요하는 일을 좋아함. 이들은 인간관계를 회피하여 혼자 일하는 것을 선호하지만 반복을 요하는 일은 싫어함. 적합한 직업의 예는, 과학자, 의사, 작가, 컴퓨터 전문가 등 |
| 사회적 유형 (social type) | 이 유형은 사람 사귀는 것을 좋아하고 붙임성이 있으며 모임의 리더가 되는 것을 좋아함. 문제해결 시 이성보다는 감성에 호소하여 해결함. 적합한 직업은 사회복지사, 상담, 목사, 교사 등 |
| 관습적 유형 (conventional type) | 이 유형은 권위나 규칙에 순응하며 비구조적인 활동을 싫어하고 성실함. 적합한 직업은 은행원, 사무원, 회계사, 비서직 등 |
| 기업가적 유형 (enterprising type) | 이 유형은 대인관계의 기술이 뛰어나고 자기주장이 강하며 다른 사람들을 거느리거나 지배하려고 함. 적합한 직업은 부동산 중개인, 세일즈맨, 정치가, 법조인, 경영인 등 |
| 예술가적 유형 (artistic type) | 이 유형은 관습적인 것을 싫어하며 독창적이고 창의적이며 상상력이 풍부함. 적합한 직업은 작가나 화가, 음악가, 작곡가, 지휘자, 무대감독 등 |

## 요약

### 1. 청소년기 발달

1) 청소년기가 되면 신장 및 체중이 급격히 증가하는데, 이 시기를 제2의 성장급등기 혹은 청소년기 성장급등기라고 지칭한다. 청소년기의 신체적 성숙은 상당한 개인차가 있다. 청소년기의 조숙과 만숙은 성격 및 사회적 행동에 영향을 미친다.

2) 사춘기에 이른 청소년들은 신장 및 체중의 변화 외에도 남녀의 신체가 급격한 변화를 보인다. 사춘기는 주로 청소년기에 일어나는 호르몬의 변화로 인해 급격한 신체적 · 성적 성숙이 이루어지는 기간을 말한다. 이러한 급격한 변화로 인하여 청소년은 자신의 신체 변화에 대하여 놀라기도 하고, 불안해하기도 하며, 자신의 변화를 숨기려 하는 경우도 있다.

3) 남아와 여아는 급격한 신체적 · 성적 성숙이 이루어지는 사춘기가 되기 전까지는 신체적인 능력이 거의 같으나, 사춘기 동안에 남자 청소년들은 대근육 활동 검사에서 계속해서 점수가 증가하고 여자 청소년들은 변함이 없거나 감소한다. 이와 같은 성차는 부분적으로 생물학적인 원인에 의해 나타난 결과로 보기도 하지만 또 다르게 사회적 통념에서 찾기도 한다.

4) 청소년기는 피아제의 인지발달단계 중 형식적 조작기에 해당한다. 형식적 조작기란 피아제의 인지발달의 마지막 단계이며, 사물이나 상황을 직접적으로 경험하지 않고 추상적으로 사고하면서 가설을 세우고 확인할 수 있으며, 대략 12세에서 15세경에 발달한다고 본다.

5) 청소년기 인지의 또 다른 특징은 자기중심성이다. 청소년기의 자기중심성은 상상적 청중과 개인적 우화의 형태로 나타난다. 상상적 청중은 과장된 자의식으로 인해 자신이 타인의 집중적인 관심과 주의의 대상이 되고 있다고 믿는 것이다. 개인적 우화는 자신이 특별하고 독특한 존재라고 생각하며, 자신의 감정이나 경험 세계는 다른 사람의 그것과 근본적으로 다르다고 믿는 것이다.

6) 마르시아는 에릭슨의 정체감 형성 이론에서 위기와 수행을 중요한 구성요소로 보고 이것의 조합을 통해 자아정체감을 네 가지의 유형으로 나누었다. 첫째, 자아정체감 성취란 자아정체감의 위기를 성공적으로 극복하여 신념 · 직업 · 정치적 견해 등에 대해 스스로 의사결정을 할 수 있는 상태를 말한다. 둘째, 자아정체감 유예란 현재 위기의 상태에 있으면서 자아정체감 형성을 위해 다양한 역할 · 신념 · 행동 등을 실험하고 있으나 의사결정을 못한 상태를 말한다. 셋째, 자아정체감 유실이란 자신의 신념, 직업 선택 등의 중요한 의사결정을 함에 있어 수많은 대안에 대해 생각해 보지 않고, 부모나 다른 역할 모델의 가치 · 기대 등을 그대로 수용하여 그들과 비슷한 선택을 하는 경우이다. 넷째, 자아정체감 혼란이란 자아에 대한 안정되고 통합적인 견해를 갖는 데 실패한 상태를 말한다.

7) 청소년기 정서적 특성은 격렬함과 동요성, 정서의 자극 대상이 쉽게 변함, 정서가 성적인 색채를 띠는 경우가 많음, 정서표현이 내면화됨 등이다.

8) 콜버그의 도덕발달이론에 의하면 청소년기는 인습적 수준을 넘어 후인습적 수준에 도달하는 시기이다. 그러나 실제로 청소년기에 후인습적 수준의 도덕발달을 이룬 청소년은 그리 많지 않다.

9) 청소년기는 아동과 성인 사이에 끼여 있는 샌드위치와 같은 집단이다. 전환기의 청소년들은 사회 내 지위의 불안정과 함께 사회집단에서 좌충우돌하면서 스스로 과도기의 단계를 지나야 하는 어려움 속에 있다.

10) 청소년기 사회적 발달의 주요 대상은 부모, 또래친구, 교사 등이다. 청소년은 여전히 부모에게 의존하고 애착관계를 유지하기를 원하는 한편 부모로부터 독립하고 싶어 하는 욕구가 급격히 증가한다. 청소년기에는 부모와 성인의 인정보다는 또래친구들이 자신을 어떻게 보느냐가 그들의 삶에서 매우 중요하다. 청소년기에는 교사에 대한 신뢰가 얕아지며, 허세적인 반항을 시도하거나, 또래집단에 과시하거나 강력한 자기주장을 위한 영웅적 반항이 나타난다.

11) 생물학적 발달과 관련된 사회복지실천의 관심영역을 살펴보면 신체적·성적 성숙으로 인해 나타나는 문제이다. 청소년기에 대표적으로 성과 관련된 문제는 십대 임신, 미혼모 그리고 성폭력이다. 청소년기의 심리적 발달의 관심영역을 살펴보면 스트레스와 정신건강의 문제이며, 사회적 발달과 관련된 사회복지실천의 관심영역을 살펴보면 학교적응과 비행이라고 할 수 있다.

## 2. 청년기 발달

1) 인간의 생물학적 성장은 청년기에 거의 완성되며, 이 시기에는 신체적으로 활기, 힘, 건강에서 최고 수준을 보인다. 일반적으로 사람의 생물학적 발달은 대략 25세에서 30세까지 최고 수준에 이르고, 보통 30세가 지나면 신체적 기능이 감퇴하기 시작하며, 손이나 손가락의 동작도 점차로 둔감해지기 시작한다.

2) 청소년기 이후에도 인지발달이 지속적으로 이루어질 수 있는지에 대해 아직까지 명확한 결론에 이르지 못하고 있다. 피아제의 경우에는 청소년기인 형식적 조작기 이후의 인지발달단계를 제시하지 않았다. 학자에 따라 인지적 능력은 청년기 이후에는 감소한다거나 혹은 노년기에 심각한 질병이 걸리기 전까지 안정적으로 유지한다는 주장도 있다. 청년기의 사고 특징은 '형식적' 사고가 아닌 '성숙한' 사고를 보인다.

3) 샤이에는 지능의 양적 증가나 감소보다는 사고하는 방식의 질적 변화가 더 중요하다고 보고 5단계 인지발달단계를 제시하였다. 5단계는 습득단계, 성취단계,

책임단계, 실행단계, 재통합단계인데, 청년기는 성취단계에 해당한다. 또한 샤이에는 종단적 조사로 연령에 따른 지능의 변화를 네 가지의 유형으로 구분였는데, '시각-운동적 융통성'은 청년기인 25세경을 정점으로 하여 쇠퇴하였으나 '인지적 융통성'은 연령에 따른 변화가 없었으며, '결정성 지능'과 '시각화 능력'은 오히려 연령이 증가하면서 향상되었다.

4) 청년기에는 대학 진학, 군 입대, 취업 등으로 부모로부터 독립하게 된다. 이러한 과정에서 청년들은 독립과 의존에 대한 양가감정을 가지게 된다. 에릭슨은 청년기에는 친밀감을 발달시키는 것이 중요한 인생과업이라고 하였다.

5) 청년기에 이르면 일반적으로 성별, 사회 계급별, 또는 인종 집단별로 동일한 삶을 사는 것 같지는 않다. 오늘날 청년들은 사회계급의 고착화로 인해 사회이동의 폭이 좁아져서 더욱더 많은 스트레스와 고통 속에 살고 있다.

6) 우드리의 6단계 배우자 선택 여과망이론은 근접성 여과망, 매력 여과망, 사회적 배경 여과망, 일치 여과망, 상호 보완성 여과망, 결혼준비 상태 여과망의 순으로 진행된다.

7) 자녀의 출생은 부부의 인생에 있어 중요한 전환점이 된다. 결혼한 부부가 자녀를 가짐으로써 얻는 긍정적 효과도 있지만 결혼 초기에 형성되기 시작한 부부간의 친밀감에 위협이 되기도 한다. 부부는 부모로서의 역할 변화에 대해 교육을 받고 책임감 있는 역할수행을 준비하여야 한다.

8) 청년기는 직업에 대한 준비를 하고 직업선택에 대한 의사결정을 해야 하는 결정적 시기이다. 이는 청년기에 달성해야 할 중요한 과업 중의 하나이다. 직업선택이론 중 긴즈버그의 절충이론이 있는데, 여기서 청년의 직업선택의 근거는 흥미, 능력, 가치 등과 같은 개인 내적 요인이라고 보면서 청년기에는 현실에 바탕을 두며 욕구와 현실을 절충한다고 보았다. 직업선택 시 확인 요인은 그 직업에서 필요로 하는 기술적 전문성, 그 직업이 가지고 있는 권위적 관계, 그

직업에 존재하는 고유한 요구나 위험, 그 직업이 가지고 있는 특성상 동료들과의 인간관계 등의 네 가지이다.

9) 청년기의 생물학적 발달에 대한 관심은 신체적 기능이 최고조에 달하는 시기이기 때문에 사회복지실천의 큰 고려 대상이 아니지만 신체적이고 기능적인 어려움에 있는 특별한 대상을 위한 사회복지서비스도 중요하다. 심리적 발달은 독립과 의존의 문제 그리고 타인과의 친밀감 형성과 관련된 사회복지실천 방안들을 마련할 필요가 있다. 사회적 발달의 관심영역인 결혼과 직업선택은 이후의 인생에서 중요한 과업이기 때문에 제도적·실천적 차원에서 사회복지실천에 보다 많은 초점을 둘 필요가 있다.

Chapter 12

# 중년기 · 노년기 발달

**학습목표**

1. 중년기의 생물학적, 심리적, 사회적 특성 및 사회복지실천 관련성 탐색하기
2. 노년기의 생물학적, 심리적, 사회적 특성 및 사회복지실천 관련성 탐색하기

중년기(middle age)는 청년기 이후부터 노년기가 시작되기 전까지의 시기를 말한다. 중년기는 인생의 전성기로 일컬어지며, 다른 어떤 시기보다 경제적으로 안정되어 있고, 직업에서도 높은 지위와 책임을 가진다. 그러나 중년기는 노년기로 접어들기 전에 다양한 변화들을 맞이하게 되면서 위기가 존재하며 사람에 따라 불행하고 우울한 시기가 될 수도 있다.

연령에 따른 노년기(old age)의 구분은 더욱 어려워지고 있다. 일반적으로 노년기는 65세 이상을 의미한다고 보지만 65세 이상의 건강하고 활기찬 노인들의 숫자가 급격히 늘어나고 있다. 또한 개인 차이도 심하여 어떤 사람들은 50세에 이미 은퇴하기도 하며, 또 다른 사람들은 70대 이후에도 건강하게 일을 하며 사회적 역할을 계속하기도 한다. 연령에 따른 구분에서는 65세부터 75세까지를 전기 노년기라고 하며, 75세 이후를 후기 노년기로 분류하기도 한다. 우리나라의 경우 국민연금법에서는 60세 이상, 노인복지법에서는 65세 이상을 노인으로 규정하고 있는데, 여기서는 학자들의 구분, 사회통념, 그리고 노인복지법의 기준에 근거하여 노년기가 시작되는 연령을 65세로 보았다.

# 1. 중년기 발달

## 1) 생물학적 발달

대부분의 중년기 성인은 신체적으로 건강하지만 자신이 늙어가고 있다는 사실을 처음으로 깨닫는 시기이기도 하다. 중년기에는 육체적인 일을 할 수 있는 능력이 약화되며, 청년기의 신체적인 힘과 활력도 점차로 잃어간다. 그러므로 중년기에는 작업에서 능력을 발휘하려면 에너지를 단시간에 집중해야 하는 일보다는 지구력이 필요한 일을 선택하는 것이 더 낫다(Welford, 1977).

40대 초반에 신진대사의 저하가 일어나며 체중이 늘기 시작한다. 그리고 건강상의 문제가 일어나기 쉬우며 질병에 대해 취약해진다. 청년기까지는 사고가 가장 큰 사망의 원인이지만, 중년기에는 질병으로 인한 사망률이 높아진다. 중년기의 생물학적 변화의 특성들을 살펴보면 다음과 같다(이소희 외, 2005).

첫째, 신체구조상 신진대사의 활동이 둔화된다. 허리둘레와 체중이 늘기 시작하며, 흰머리가 생기고 머리카락이 많이 빠지기 시작한다. 또한 피부의 탄력이 줄고 주름이 생긴다.

둘째, 신체적 기능의 쇠퇴가 빠르다. 중년기가 시작되면 활기를 잃고, 육체적 체력이 떨어진다. 질병에 대한 저항력이 약해질 뿐만 아니라 질병에서 회복되는 데도 오랜 시간이 걸린다. 성인병이라 부르는 중년병(관절염, 당뇨병, 고혈압 등)이 나타난다.

셋째, 감각기관의 능력이 감소한다. 특히 시력이 감퇴된다. 나이가 듦에 따라 눈의 수정체가 탄력성을 잃게 되면 초점이 잘 모아지지 않는다. 그 결과로 노안이 되어 가까이 있는 물체를 잘 볼 수 없게 된다. 청각도 점진적으로 감퇴하는데, 특히 높은 진동수의 소리에 그러하다. 소음에 대한 노출이 심한 직업에 종사하였던 사람의 경우에는 더욱 청력 감퇴가 심하다.

중년기의 여성은 폐경을 경험하게 되는데 이에 수반하여 다양한 생리적 변화를 겪는 2년에서 5년까지의 기간을 갱년기라고 부른다. 폐경은 여성이 배란과 월경을 멈추고, 더 이상 아이를 가질 수 없음을 의미한다. 남성은 계속해서 정자를 생산할 수 있는 반면, 여성은 월경주기 30~40년이 지나면 더 이상 난자를 배출할 수 없게 된다. 폐경의 평균연령은 50세 정도이지만 개인적인 차이가 있다. 폐경과 더불어 신체적 변화가 일어나는데 그 대표적인 증상이 얼굴이 붉게 달아오르는 홍조현상이다. 또한 폐경기 여성의 1/4 정도가 골다공증을 경험하게 된다. 남성과 여성 모두 30세경에 골밀도 감소가 나타나지만 여성의 경우에는 폐경으로 가속화된다(정옥분, 2009).

폐경에 따라 여러 가지 심리적 반응이 있게 되지만 폐경을 단순히 이제까지 경험해 온 삶의 사건들 중의 하나로 받아들이면 심각한 심리적 곤란을 겪지 않는다(Zastrow & Kirst-Ashman, 2001). 폐경기 여성에 대한 일반적인 고정관념은 쉽게 짜증을 낸다거나, 고함을 지르고, 특별한 이유 없이 눈물을 흘리거나, 정서가 불안정하거나, 심하면 우울증에 빠진다는 것이었다. 그러나 대부분의 여성들에게 폐경은 심리적인 것보다는 여성 호르몬의 감소로 인한 신체적 변화이다. 폐경을 경험한 여성들 대부분이 폐경으로 인한 생활의 변화를 거의 경험하지 않았으며, 일부 여성들의 경우에는 전반적 삶이 오히려 예전보다 더 좋아졌다고 하였다(Unger & Crawford, 1992).

남성의 경우에 여성보다는 10년 정도 늦게 갱년기가 시작된다. 남성의 갱년기에는 남성 호르몬인 테스토스테론의 분비가 감소하여 근육조직의 손실과 심장질환의 위험 증가, 그리고 성기능의 약화가 나타나기 시작한다. 여성의 경우와 마찬가지로 심리적 증상은 갱년기에 따른 문제가 아니라 중년의 생활 압박에 기인하는 경우가 더 많다.

### 2) 심리적 발달

#### (1) 인지발달

중년기의 인지적 능력에 대한 상반된 견해가 있지만 속도에 크게 의존하는 능력을 제외하고는 크게 감소하지 않는다고 알려져 있다. 또한 중년기에 인지적 능력이 감소한 경우에도 그 원인에 대한 이견이 있다. 즉, 노화과정으로 인한 중추 신경계의 감소와 같은 생리적 원인에 의한 것인지, 아니면 정신건강이나 생활습관과 같은 환경적 원인이 더 중요한지에 관한 것이다.

일반적으로 기억에서는 연령에 따른 감소가 있다. 연령이 증가하면서 단기기억에서 기억하는 숫자, 단어 등의 자료가 줄어드는 것으로 알려져 있다. 그러나 단기적 기억능력은 중년기가 되면서 약화되는 것처럼 보이지만 실제로는 미미한 수준이며, 장기적 기억능력 역시 변화가 없다고 보기도 한다. 이렇게 실제로 기억능력이 감퇴하지 않지만 그렇게 보이는 것은 정보처리시간이 길어지기 때문이다(송명자, 2010).

중년기 이후의 기억력 감퇴는 실질적인 뇌세포의 감소나 퇴화의 문제가 아니라 기억재생을 위한 연습이 부족하기 때문이라고 보기도 한다. 중년기에 해당하는 연령층의 사람이라도 새로운 사실에 대한 호기심을 가지고 활발하게 생활하면 기억력의 감퇴를 막을 수 있다(오창순 외, 2010).

또한 중년기에는 추상적인 문제해결능력은 감소하지만 현실적이고 실제적인 문제해결능력은 중년기에 절정에 이르게 된다. 중년기에 해당하는 사람들은 일상적인 문제를 해결한 경험이 많기 때문에 현실적이고 실제적인 문제해결능력이 중년기에 높게 나타난다(Morrow, et al., 1994). 따라서 중년기의 사람들은 이러한 인지적 능력으로 인해 사회의 모든 영역에서 가장 큰 영향력을 행사하고 있다.

### (2) 정서발달 및 심리적 적응

#### ① 에릭슨

에릭슨에 의하면 중년기에는 생산성 대 침체라는 일곱 번째 위기를 경험한다고 하였다. 생산성이란 한 세대가 다음 세대에 물려줄 문화와 사회질서를 발전시키며 살아갈 기초를 구축하는 것을 의미한다. 그러므로 중년기의 사람들은 자녀를 보호하고 직업생활에 능동적으로 대처하며 가정과 사회의 발전을 위해 살아간다. 또한 자녀양육뿐만 아니라 자신의 부모를 돌보는 책임을 동시에 지며 다양한 사회적 책임을 감당한다. 침체란 심리적인 성장이 결핍되고 자신의 에너지와 능력을 자기만족만을 위해서 사용한다는 의미이다. 사람들은 자신의 무능력이나 열악한 환경조건으로 인하여 자기가 생각하는 인생의 목표를 달성하는 것에 실패하고 사회를 위해서도 의미 있는 기여를 하지 못했다고 느낄 때 침체감을 경험한다.

### ② 펙

에릭슨의 개념을 확장하여 펙(Peck, 1968)은 성공적인 적응에 중요한 네 가지 심리적 발달을 구분하였다. 20대 후반이 지나면 체력과 젊음의 매력이 감소한다. 그러나 청년기와 달리 중년기에는 인생의 경험들이 축적되어 새로운 지혜들을 획득하게 된다. 펙의 중년기 적응과 관련된 네 가지 심리적 발달은 다음과 같다.

**첫째, 지혜의 중시 대 육체적 힘의 중시** : 지혜란 인생에서 최선의 선택을 하는 능력이라고 할 수 있으며, 이는 광범위한 관계 및 상황과 만날 기회 그리고 삶의 경험에 의해 좌우된다. 중년기에 성공적으로 적응한 사람들은 그들이 획득한 지혜가 쇠퇴하는 육체적 힘과 젊음의 매력을 충분히 보상하고도 남는다고 생각한다.

**둘째, 대인관계의 사회화 대 성적 대상화** : 중년기에 신체적 쇠퇴와 더불어 이혼이나 배우자 사망에 의해 초래되는 신체적·사회적 변화에 의하여 대인관계를 성적 친밀성이나 경쟁보다는 한 개인, 친구 그리고 동료로서의 사이를 강조하는 관계로 재정의하도록 만든다. 중년에 이른 사람들의 갱년기 변화는 남자와 여자가 서로 간의 관계에 대해서 성적 대상으로 가치를 두기보다는 개인적인 인격에 가치를 두도록 한다. 따라서 이 시기에는 다른 사람들의 고유한 성격을 감지할 수 있으며 훨씬 깊게 상호 간의 이해에 도달할 수 있다.

**셋째, 정서적 융통성 대 정서적 고갈** : 정서적 융통성이란 한 사람으로부터 다른 사람으로, 또 어떤 활동에서 다른 활동으로, 정서적 투자를 전환할 수 있는 능력을 말한다. 중년기에는 부모의 사망, 자녀의 독립, 친지의 사망 등에 의하여 정서적으로 초점이 되었던 대상들이 사라지는데, 이 상황에서 감정을 다른 사람이나 활동에 재투자하지 못하면 정서적 고갈을 경험한다. 이러한 위기는 새로운 정서적 투자의 대상을 발견하게 될 때 극복할 수 있다.

**넷째, 지적 융통성 대 지적 경직** : 중년기까지 대부분의 사람들은 인생의 중요한 문제들에 대해 고민하며 나름의 해답을 얻어왔다. 따라서 중년기가 되면 많은 사람들은 이때까지 자신이 찾은 해답에만 안주하려는 경향이 있다. 이런 사람들은 생각이 경직되고 새로운 사상들을 받아들이지 못한다. 중년기에도 지적 융통성을 유지하는 사람들은 어떤 상황에 부딪힐 때 자신이 이미 찾아낸 해답만 고수하는 것이 아니라 새로운 견해나 사상에도 수용적이 된다.

### ③ 굴드

중년기에는 새롭게 적응해야 할 과제들도 많다. 굴드(Gould, 1978)는 중년기에 있는 사람들이 벗어나야 할 다섯 가지 비합리적인 가정이 있다고 하였다(이인정 · 최해경, 2007).

**첫째, 안전이 영원히 지속될 것이라는 가정** : 실제로 중년기에는 부모의 보호를 상실하게 되며 부모가 생존해 있더라도 역할전도(role reversal)가 일어나게 된다.

**둘째, 자신과 자기가 사랑하는 사람들에게 죽음이 일어나지 않을 것이라는 가정** : 이 시기에 부모가 병들거나 사망하며, 자신의 죽음에 관해서도 신호를 받게 된다.

**셋째, 배우자 없이 사는 것이 불가능하다는 생각** : 중년기에 이르게 되면 다수가 배우자와의 이혼, 사별 등의 변화를 겪게 된다. 특히 중년기의 여성들은 배우자의 보호 없이 살 수 없다는 사고를 버림으로써 더 광범위한 사회적 접촉을 경험하게 되고 인격의 발달을 도모할 수 있다.

**넷째, 가족 밖에서는 어떠한 삶이나 변화도 존재할 수 없다는 가정** : 중년기에 자신을 재정의하고 결혼생활에 대한 새로운 협상, 실험 등을 통해서 가족 밖의 생활과 자신의 변화 가능성을 발견하는 것은 의미 있는 일이다.

**다섯째, 자신이 순수하다는 가정** : 많은 성인들이 탐욕, 시기, 경쟁 같은 속성들은 타인들에게 존재한다고 의식해 왔으나 이제는 자신에게도 그러한 속성들이 있음을 깨달아야 한다. 이를 통해 자신의 장점뿐만 아니라 약점도 분명하게 알게 된다.

### 3) 사회적 발달

#### (1) 중년기의 사회적 특성

이전 시대의 사람들은 오늘날보다 인구 이동의 경향이 높지 않았기 때문에 부모나 친인척들과 보다 긴밀한 인간관계를 중년기 이후에도 지속하였다. 또한 중년기 전후에 실행하였던 일상적 작업 내용은 그들 조상들과 크게 다르지 않았다. 하지만 현대에는 결혼, 직장, 가족생활 그리고 그 밖의 사회적 맥락에서 발생하고 대처해야 하는 일들의 불확실성이 매우 증가하고 있다.

중년기의 사람들은 자녀 세대와의 가치관이나 사회적 환경, 그리고 부모 세대와의 가치관이나 사회적 환경이 자신들과 크게 다르다는 사실을 인지해야 한다. 그에 따른 인식의 전환이나 가족관계를 재정립할 필요도 있다. 중년기에도 개인이 선택해야 하는 다양한 상황들이 있지만 그 책임은 다른 시기보다도 훨씬 크다고 할 수 있다. 최근에는 중년기를 '신중년 시대'라고도 부르는데, 이는 중년기가 보다 적극적인 소비의 주체이기도 하고 젊음에 대한 관심과 함께 자신을 재발견하려고 시도하기 때문이다.

중년기는 사회 전체, 그리고 자신의 장래 전망을 내다볼 수 있는 인생관을 가져야 한다. 중년기 자신과 가족뿐만 아니라 인류 전체가 보다 풍요롭고 인간답게 살기 위해서 바람직한 사회현상이나 방향에 대한 가치관을 가지고 사회적인 활동에 참여해야 한다. 또한 자신의 직업이나 자녀 양육, 그리고 부부관계를 새롭게 정립하고 다 함께 잘살 수 있는 방안들에 대한 고민이 필요한 시기이다.

### (2) 가족발달

중년기에 해당하는 사람들은 사춘기의 십대 자녀들을 돌보아야 하며, 함께 거주하지 않더라도 노부모들을 돌보아야 하는 등 가족 속의 역할이 중첩되어 있다. 이때 안정된 가족환경을 유지하기 위해서는 가정의 민주적 분위기와 명료한 규칙 및 규범이 존재해야 한다. 중년기 가족 모두의 성장을 위해서는 다음과 같은 기술이 필요하다(이인정 · 최해경, 2007).

첫째, 가족성원 각자의 욕구와 능력을 세심하게 살펴야 한다. 중년기의 사람들은 가족성원들이 각자의 연령, 기질, 건강상태, 지적인 능력, 직업이나 사회적 활동에 기인하여 특별한 자신의 욕구나 기호를 가지고 있다는 것을 알아야 한다. 이를 바탕으로 가족성원들의 욕구 차이를 이해하여 개별 욕구에 적절한 대처를 해야 한다.

둘째, 가족의 의사결정은 가족성원 모두가 동참하여야 한다. 가족단위로 의사결정을 내려야 할 상황들이 있다. 구체적으로 보면, 가족 전체의 재정, 주거, 교육, 일상생활, 여가, 사교, 자녀양육 등에 관한 것이다. 이때 어느 한 명의 가족성원이 독단적으로 결정을 하는 것이 아니라 가족 모두 책임을 공유하면서 공정한 절차를 통해 의사결정을 할 필요가 있다.

셋째, 모든 가족성원들은 공평하게 집안일을 분담하여야 한다. 만약 배우자 중 한 명만 직업을 가지고 있다고 하더라도 모든 집안일을 직업이 없는 배우자에게 맡기지 않아야 한다. 예를 들면, 치매 노부모를 케어하고 있는 가족이라면 직업이 없는 배우자에게 모든 돌봄을 맡기지 않아야 한다. 일을 가진 가족들은 주말이나 퇴근 이후에는 직접 돌봄을 분담해야 하며, 그렇게 하지 못할 경우에도 정서적 부담을 공유해야 한다.

넷째, 가족 전체의 미래목표를 세워야 한다. 가족성원 모두가 성장할 수 있는 가족의 목표를 세워야 하며, 이는 가족 모두가 받아들일 수 있는 수준에서 이루어져야 한다. 이때의 목표는 정확한 평가를 통해 현실적으로 달성 가능해야 한다. 이러한 목표가 일부 가족을 지나치게 압박하지 않아야 한다.

다섯째, 가족은 적절한 수준에서 외부의 사회적 체계들과 관계를 유지하여야 한다. 중년기의 사람들은 가족들이 다른 사람이나 확대가족, 종교집단, 교육집단, 지역사회집단 등의 사회적 집단에서 고립되지 않도록 유대관계를 확립해야 한다. 그러나 이러한 사회적 집단과 지나치게 밀착되거나 압박을 받지 않도록 만족스럽고 적절한 관계를 유지하도록 노력해야 한다.

### (3) 부부관계

중년기에 가장 친밀하고 접촉빈도가 높은 대인관계는 부부관계이다. 부부관계의 질은 가족 전체의 안정적 생활패턴에 영향을 미친다. 일반적으로 부부의 결혼만족도는 결혼 초기에는 높고, 자녀 양육기에는 만족도가 낮아지며, 자녀가 독립한 이후에는 다시 높아지는 U자형의 곡선을 그린다. 오늘날 대부분의 중년기 부부들은 자녀들이 독립하여 따로 사는 것이 아니라 청소년기 및 청년기 자녀들과 함께 살고 있다. 또한 평균예상수명의 증가로 인해 노부모를 모시는 기간도 길어지고 있다. 따라서 중년기의 부부관계는 부부 두 사람으로만 한정되는 것이 아니라 자녀 및 노부모와 관계된 다양한 상황 속에서 전개된다.

중년기 부부의 만족스러운 부부관계를 유지하기 위해서는 부부가 동시에 성장하여야 하며, 효과적인 대화체계를 개발하고, 부부의 역경과 갈등을 창의적으로 해결할 수 있어야 한다(Newman & Newman, 1987). 중년기 부부는 밀착된 의존 관계가 아니라 각자 독립적으로 성장하여야 하며, 부부 공동의 성장을 위해서도 상호 간에 헌신하여야 한다. 중년기의 부부는 갈등이 존재할 수 있다는 사실을 인정하고 상호 간에 부정적 의사소통의 지속이 아니라 공감과 수용을 통해 갈등을 이해하고 해결방안을 함께 찾아나가야 한다.

중년기의 부부관계는 신체적 · 가족적 · 사회적 요인 등에 의해 위기를 경험할 수 있다. 중년기 부부의 위기는 서로 간에 신뢰와 공감 속에서 지속적인 관심으로 해결해 나갈 수 있다. 이전까지 성공적으로 부부의 위기를 잘 극복하였거나 안정감 있고 행복한 가정생활을 유지해 온 부부들은 중년기의 부부위기도 훨씬 수월하게 극복할 수 있다.

### (4) 자녀양육

중년기는 대략 자녀들이 독립적으로 성장하는 시기이다. 자녀가 아동기에 해당하는 중년 부모는 아동의 발달과제에 맞는 적절한 자녀교육 및 훈육방식을 선택하여야 한다. 아동기 자녀들을 위해 부모는 규칙을 설정하고 자녀들이 이에 순응할 수 있도록 훈육하고 자녀들의 역할수행을 위한 원조자, 교육자로서의 역할을 수행해야 한다.

자녀가 청소년기가 되면 중년의 부모는 자녀의 자율성과 독립성을 향상시키기 위하여 부모-자녀 관계를 재조정해야 한다. 자녀들과 더 많은 대화의 시간을 가지고 자녀의 선해를 수용하고, 지나친 간섭이나 통제보다는 스스로 판단할 수 있도록 지원하면서 부모의 권위를 유지하도록 해야 한다. 이후 자녀들이 독립하여 떠나면서 두 부부만 남게 되는 '빈 둥지 시기(empty nest stage)'를 경험하게 되는데, 이때는 부모로서의 역할이 감소하게 된다(오창순 외, 2010).

중년기의 부모들은 자녀들을 신체적으로 보호하면서 정서적으로 안정시키고 자녀의 행동에 대해 훈육을 해야 한다. 이때 부모들은 자녀들과 친밀감을 형성하면서 적절한 통제도 해야 하므로 많은 스트레스를 가진다. 또한 우리 사회에서는 아동·청소년의 경우에 학업에 대한 관심이 집중되므로 그 과정에서 부모와 자녀의 갈등이 심각하게 나타날 수 있다. 중년기에는 부모와 자녀 상호 간에 문제를 해결하는 과정을 통해 자녀뿐만 아니라 부모도 성장할 수 있는 기회를 가지게 된다.

### (5) 노부모 부양

중년기에는 자녀를 양육해야 할 뿐만 아니라 노부모를 부양해야 하는 시기이다. 중년기에는 노부모가 신체적 노화와 질병 등으로 어려움을 경험하고 심리적으로나 경제적으로 의존하게 되는 시기이다. 중년기 자녀와 노부모 모두 심각한 질병이나 빈곤이 아니라면 함께 살기를 원하지는 않는다. 그러나 다양한 이유로 중년기 자녀가 노부모를 모시게 되면 스트레스를 받게 될 수 있다. 노부모가 정신적인 문제와 성격변화를 동반하게 되면 이들을 돌보는 부담 때문에 중년기 자녀들은 더욱 어려움을 겪게 된다.

중년기 자녀가 노부모를 부양할 때 가장 바람직하지 않은 문제는 노인학대이다. 노인학대는 아동학대, 배우자학대와 더불어 가장 심각한 사회적 문제 중의 하나라고 할 수 있다. 노인학대는 음식, 주거, 의복, 의료를 행하지 않는 등의 유기와 욕설을 하는 등의 심리적 학대, 그리고 자신을 방어할 수 없는 노인을 대상으로 하는 매질, 주먹다짐이나 화상 입히기 등의 적극적 폭력으로 나타날 수 있다. 노인학대를 하는 사람들은 어린 시절에 아동학대를 경험한 사람이라는 증거들이 있지만 단일한 원인으로 설명할 수는 없다. 노인학대는 가족이나 개인의 문제가 아니라 사회문제로 보고 접근하여야 한다.

### (6) 직업 유지 및 전환

중년기에는 직업적 야망을 달성하였거나 아니면 처음에 기대한 만큼은 아니지만 어느 정도 직업적 성취를 거둔 시기에 해당한다. 따라서 이 시기에 직업 활동은 안정과 유지에 초점이 맞추어진다. 중년기에는 자신의 직업에 대해 설정한 목표를 평가하며 앞으로 달성할 목표를 새롭게 세우기도 한다. 이 시기에는 직업에서 지금까지의 경험과 지혜의 축적 때문에 많은 사람들이 책임 있는 지위를 얻고 사회에서 뛰어난 업적을 이루게 된다.

중년기에 직업 적응력을 발달시키기 위해서는 동료 간의 대인관계능력이 뛰어나야 한다. 중년기에는 자신의 직업이 동료 간에 협동적 관계를 강조하는가 아니면 경쟁적 관계를 강조하는 입장인가를 분간할 수 있는 능력도 필요하다. 경쟁적 직장에서는 자신의 생산성을 유지하기 위해 대인관계의 요구를 무시할 수도 있지만, 협동적 환경에서는 자기의 성취나 생산성을 저하시키더라도 대인관계에 필요한 요구를 따라야 한다. 또한 중년기에는 직장의 권력구조를 바르게 이해하여 대처하여야 한다. 중년기에는 직업의 경력이 축적됨에 따라 직장의 권력구조 내에서 지위가 향상되며 책임과 결정권도 증가한다. 이 시기에는 직장 내의 권위관계의 본질을 잘 이해하는 것이 중요하다(이인정 · 최해경, 2007).

중년기에는 직업전환도 고려해야 한다. 오늘날 평생 동안 한 가지 직업만 가질 수 없는 경우도 많이 발생한다. 하물며 중년기 내내 동일한 직장에서 일하는 것은 더욱 어려울 수 있다. 중년기에는 직업의 은퇴까지 얼마나 남았는가에 비추어 이상적인 꿈이나 희망을 현실적 가능성으로 대체해야 한다. 중년기에 직업에서의 인생목표를 재평가하여 직업을 전환하는 것은 쉽지 않다. 동일 직업에서 직장을 새롭게 구하는 것도 어려울 수 있다. 왜냐하면 중년기에는 선택의 폭이 좁고 기회도 다양하지 않기 때문이다. 따라서 중년기의 직업전환을 위해서는 오랜 기간의 준비가 필요하다.

중년기에 이르러 직업에서 자신의 목표를 달성하지 못했다고 생각한다면 슬픔과 우울에 빠지고 자신을 쓸모없는 존재로 느낄 수 있다. 중년기의 직업과 관련하여 가장 큰 스트레스는 실직이다. 실직에 대한 두려움은 중년기에 가장 높다. 청년기에는 새로운 직업을 구하는 데 훨씬 낙관적이고 현실적이며, 노년기에는 은퇴하면 된다고 생각한다. 그러나 중년기에는 실직하면 반드시 새로운 직장을 구해야 한다고 생각하지만 기회가 부족할 뿐만 아니라 급여도 줄어들 가능성이 높다. 중년기의 실직은 우울, 불안, 알코올중독, 심지어 자살에 이르게 되기도 하며, 부부관계와 자녀관계에도 부정적 영향을 미칠 수 있다.

### 4) 중년기 발달과 사회복지실천

#### (1) 생물학적 발달과 사회복지실천

이제까지 중년기에 대한 사회복지의 관심은 부족하였다. 왜냐하면 대부분 중년기의 성인들은 신체적으로나 심리적으로 안정되어 있으며, 사회적 활동이 왕성하며 경제적으로도 전 생애 발달단계에서 가장 여유로운 시기에 있다고 보았기 때문이다. 그러나 중년기는 자신의 삶을 다시 돌아보면서 노후생활을 준비해야 하는 변화의 시기이기 때문에 다양한 어려움을 겪게 되므로 지금부터라도 사회복지에서 관심을 가져야 한다.

중년기는 노부모와 성인자녀의 중간세대로서 부모로부터 독립하여 성인의 지위를 획득하고자 하는 자녀와 노부모의 권위의식과 의존적 욕구 사이에서 어려움을 겪는 시기이다. 따라서 중년기는 두 세대 모두에게 정서적 및 물질적 자원의 주된 제공자가 되어야 하는 부담이 큰 시기를 말하는 '샌드위치 세대'로 표현되기도 한다.

중년기의 생물학적 발달영역을 살펴보면, 중년기에 이르면 신진대사의 저하가 일어나서 체중이 늘고 건강상의 문제들이 나타나기 시작한다. 중년기에는 당뇨병, 고혈압, 순환기질환, 암, 류머티즘, 디스크, 천식 등이 시작되거나 청년기보다 훨씬 발병할 확률이 높아진다. 그러나 중년기의 성인들은 가족부양과 사회적 역할 수행 등의 이유로 조기에 발견하여 적극적인 치료를 받기가 어렵다.

사회복지사와 사회복지기관은 이러한 신체적 문제를 가진 중년기 성인들을 발굴하여 의료적 문제의 해결과 가족지원을 동시에 실시하여야 한다. 특히 저소득층의 의료문제는 경제적 측면의 영향을 강하게 받기 때문에 사회복지기관은 공식적 · 비공식적 자원을 동원하여 이를 해결하도록 해야 한다.

### (2) 심리적 발달과 사회복지실천

중년기는 지나온 삶의 전반에 대한 재평가와 재조명을 해보는 시기로 제2의 사춘기라 부르기도 한다. 이는 중년기에 겪게 되는 다양한 변화들이 위기로 진행될 수 있음을 말하는 것이다. 중년기 위기란 개인이 인생의 중반에 이르러 삶의 의미와 자신의 실체에 대한 의문을 가지면서 시작된다. 이 과정에서 자신의 인생의 목표와 성취 정도, 중요하게 생각되었던 가치들과 생의 우선권, 그리고 자신과 타인과의 관계 등을 새롭게 검토하게 된다. 그러나 동시에 삶의 무의미함과 공허함, 절망, 침체감, 무기력감과 같은 정서적 혼란과 방황도 겪게 된다.

중년기의 위기는 남성과 여성 모두에게 나타난다. 하지만 어떤 여성이 아내역할과 어머니역할로 자아정체감의 위기를 일부 해결한 경우라면 자녀양육역할이 감소되는 중년기에 보다 심각하게 위기를 겪게 된다. 또한 중년기 여성은 신체적인 특성, 가족관계와 주부역할의 특성 때문에 이 시기에 더욱 실망과 허탈감을 느끼게 된다. 특히 전업주부인 경우 주부역할을 수행하면서 느끼는 무력감과 무가치함을 포함하여 남편과 자녀로부터 느끼는 소외감, 상실감 등이 부가될 수 있다. 중년 남성의 경우에 직업적 성취로 자아정체감의 위기를 일부 해결하였다면 조기 퇴직에 대한 압력, 새로운 직업선택에 있어서의 제한성, 은퇴에 대한 부담감 등에 기인한 정체감 위기가 다시 나타날 수 있다.

사회복지기관과 사회복지사는 중년기 위기에 대한 개별상담뿐만 아니라 집단 프로그램이나 교육 등을 통해서 이들이 생의 의미를 재확인하고 자아정체감 위기를 극복하면서 이후 노년기를 준비할 수 있도록 지원해야 한다.

### (3) 사회적 발달과 사회복지실천

중년기에는 가족관계, 직업 등에서 사회복지실천과 관련이 있다. 중년기에는 부부관계, 자녀양육, 그리고 노부모와의 관계에서 역할 재정립과 조정이 필요하다. 10대 청소년 자녀가 있는 경우에 중년기 부모들이 자녀들과의 관계를 재정립하는 것이 어렵다면 사회복지기관과 사회복지사가 관여할 수 있다. 특히 중년기 부부가 이혼, 사별, 별거 등의 상황에 있다면 부 혹은 모와 자녀관계에 보다 신중히 접근할 필요가 있다.

중년기 부모와 자녀의 가치관이 다를 수 있으며, 이에 근거한 심각한 갈등이 지속될 경우에 가족 전체를 위한 교육과 지원 프로그램들을 기획하여 실시해야 한다. 또한 사회복지기관과 사회복지사는 지역사회에서 부모-자녀 관계가 심각함에도 불구하고 외부지원을 받지 않고 있는 경우에는 찾아가는 서비스도 해야 한다. 중년기 성인들에 의한 아동학대, 배우자학대, 노인학대의 문제는 관련 전문기관들과 긴밀히 협조하여 신속하고도 지속적인 관심을 가지고 해결해야 한다.

중년기의 모든 성인들이 직업에서 안정을 유지하고 경제적 기반을 구축하는 것은 아니다. 중년기에 구조조정으로 직장을 잃거나 조기퇴직 등으로 일찍 직업생활에서 벗어나게 되면 경제적 어려움을 겪게 되는 경우가 많다. 경제적 문제는 다른 모든 생활영역에 영향을 미치게 된다. 따라서 사회복지기관과 사회복지사는 실직이나 조기 퇴직한 중년기 성인들을 대상으로 재취업 등을 통하여 경제적 독립성을 확보할 수 있도록 노력해야 한다.

사회복지기관은 중년기에 직업전환을 시도하는 사람들에게 실제적인 지원뿐만 아니라 심리적 안정을 위한 프로그램도 개발하여 실시할 필요가 있다. 중년기의 직업전환은 어느 정도의 기간이 필요하기 때문에 이때 가족 전체가 생활할 수 있는 최소한의 경제적 지원 방안도 검토해야 한다.

## 2. 노년기 발달

### 1) 생물학적 발달

#### (1) 계획된 노화이론과 마멸이론

노년기에는 주로 노화(aging)와 관련된 생물학적 변화가 나타난다. 노화를 설명하는 대표적인 이론은 계획된 노화이론과 마멸이론이다(Papalia, et al., 2004). 계획된 노화이론은 인간을 포함한 모든 유기체 내에 미리 형성된 발달유형이 있기 때문에 종에 따라 어떤 기간이 지나면 신체가 노화하게 된다는 주장이다. 따라서 계획된 노화이론에 의하면 인간의 신체적 노화를 변화시키려는 노력은 미미하게 작용할 수밖에 없다고 본다. 이와 달리 마멸이론은 오랜 기간 신체를 사용하였기 때문에 노화가 온다는 주장이다. 즉, 노화는 장기간 신체에 축적된 피로의 결과라는 것이다.

그러나 노화현상은 유전적 프로그램으로만 설명될 수 없는 것과 마찬가지로 단지 신체에 축적된 해로운 결과물의 작용 때문이라고 단정할 수도 없다. 노화를 설명하는 두 이론 중 어느 하나의 이론이 맞거나 틀렸다고 할 수 없으며 모두 옳다고 볼 수 있다. 예를 들면, 인간 수명의 최대치를 유전적 프로그램이 결정한다면 그러한 한계까지 다다르는 것은 내적·외적인 사용 혹은 마멸 정도의 영향을 받을 것이다.

### (2) 신체적 · 감각적 변화

노화는 겉으로 드러나는 현상도 있고, 신체 내부에서 눈에 띄지 않게 진행되기도 한다. 외적 변화는 피부, 모발, 치아와 관련된다(권중돈 · 김동배, 2005). 피부는 탄력성을 잃으면서 주름이 생기며 사마귀나 기미와 같은 반점과 노화반점(age spot)이 나타난다. 체중은 60세부터 점차 줄어들며 머리카락 등 체모도 줄어들고, 흰머리가 많아지며 눈썹, 귀 등에 뻣뻣한 털이 나기도 한다. 노년기에는 척추의 디스크 수축으로 인해 신장이 약 2.5㎝ 줄어들며, 척추 사이에 있는 콜라겐의 감소로 등뼈가 굽기도 한다. 치아는 60대에 14개, 70대에 11개, 80대에는 6개 정도에 이른다. 치아의 상실은 영양과 밀접한 관련이 있다.

노화의 내적 변화는 신경, 심장혈관, 호흡, 위장, 면역기관 등의 감퇴로 나타난다. 이렇게 퇴행적으로 변화하지만 우리 신체가 가지고 있는 예비능력이 있으므로 노년기의 일반적 활동은 적절하게 유지될 수 있다.

노년기에는 감각기능에도 변화가 오며, 연령이 증가함에 따라 기능이 손상된다. 이 시기에는 시각, 청각 및 촉각의 기능뿐만 아니라 미각과 후각의 기능이 떨어지게 된다. 노년기의 감각 손상은 심리적 문제를 동반할 수도 있다. 특히 시각과 청각의 손상은 일상생활에서 의존성을 증대시키고 고집스러우며 괴팍스러운 성격으로의 변화를 가져올 수 있다.

노년기에는 어둠과 밝음의 상이한 수준에 적응할 수 있는 시력은 떨어지고, 색채 지각력 또한 줄어든다. 노년기에는 노란색 안경을 쓰고 주위의 물체를 보는 것과 같은 황화현상이 나타나기도 한다. 또한 수정체가 혼탁해져서 생기는 백내장과 눈 안의 압력이 높아져 시신경이 눌려 손상을 받아 시야가 이상하게 보이는 녹내장의 발병률도 높아진다. 백내장은 간단한 수술로 치유될 수 있지만 녹내장은 심각한 시각의 문제를 초래할 수 있다.

청각은 일반적으로 고음을 듣는 능력이 가장 먼저 영향을 받게 되며, 65~79세는 45~64세 때보다 청력의 손실이 5배가량 높고, 남성의 청각 손상이 여성보다 더욱 빈번하다. 노년기의 청각 손상은 의사소통의 장애를 일으키는 중요한 요인 중의 하나다. 노인들이 말을 잘 알아듣지 못하면 사람들과의 관계에서 왜곡되게 사실을 받아들이거나 고립감과 고독감을 느끼게 된다.

미각은 후각과 관련이 있으며 80세 이상에서는 5명 중 4명이 후각기능에 주요한 손상을 입고 있다. 그중 1/2 이상은 전혀 냄새를 맡지 못한다(Papaliaet, al., 2004). 후각과 미각 기능에 손상을 입은 노인들은 점차 식욕을 잃게 되며 자칫하면 영양부족에 시달리기도 한다. 또한 피부 건조와 주름이 늘면서 피부가 거칠어지기 때문에 전체적인 촉각이 떨어지기도 한다.

노년기에는 특히 수면에 변화가 온다. 전체 수면시간은 줄어들며 자주 잠에서 깨어난다. 노인들은 하룻밤에 평균적으로 약 20번 잠에서 깨어나며, 밤 시간의 약 20%는 깨어 있다(Hayachi & Ende, 1982). 노인의 약 1/3은 불면증을 호소하며, 잠자는 동안 일시적으로 호흡이 중단되는 현상도 노년기 수면의 한 특성이다. 호흡중단(apnea)은 한 번에 약 2초에서 2분간 지속되며 하룻밤에도 수백 번 일어날 수 있다.

노년기에는 질병의 가능성도 급증하여 노인의 70% 정도가 적어도 하나의 만성질환을 앓고 있으며, 보편적으로 복합적 질환을 가진다(이종복 · 전남련, 2007). 노년기에 흔히 나타나는 일반적인 질병은 관절염, 고혈압, 심장질환, 청력장애, 백내장과 다리, 둔부, 척추 등의 이상이다. 관절염은 관절에 염증이 생기는 질병이며, 노년기에 흔히 나타나는 질병이다. 암은 모든 발달단계에서 발병할 수 있지만 연령이 증가할수록 발병률이 증가한다.

대부분의 노인들이 가장 두려워하는 문제는 노인성 치매이다. 치매는 어떤 특정 질병을 일컫는 것이 아니고, 인지적 기능과 행동적 기능이 심각하게 쇠퇴하는 전반적인 장애를 의미한다. 가장 보편적이고 심각한 유형이 알츠하이머형 치매이다. 초기에는 기억장애에서 시작하지만 점점 심각해져서 대화가 되지 않으며, 가까운 가족도 알아보지 못하고 혼자서 일상생활을 할 수 없게 된다.

## 2) 심리적 발달

### (1) 인지발달

노년기에는 일반적으로 지능 및 기억력의 감퇴가 나타나는 것으로 알려져 있다. 그러나 노년기에 지적 능력이 쇠퇴한다는 주장에는 이견이 많다. 지적 능력에는 다양한 영역이 있으며, 대부분의 지적 능력은 나이가 들더라도 잘 유지된다. 지능검사에서 보면, 노인이 젊은 사람보다 다소 낮은 점수를 받는 경향이 있으며, 이 점수는 나이가 들수록 점점 낮아진다. 하지만 지능 자체가 노년기에 실제로 낮아진다고 보기는 어렵다. 지능점수는 낮아지지만 이것이 지적 능력의 감소를 의미하는 것은 아니기 때문이다. 지적 활동을 계속할 때 지적 능력은 유지된다고 보는 견해들이 많이 있다.

노년기의 인지발달 정도는 개인차가 매우 크다. 지적 능력은 연령 이외의 변인, 즉 교육 수준, 생활 경험, 직업, 동년배집단 효과 및 건강 상태 등의 영향을 많이 받기 때문에 개인차가 있을 수밖에 없다. 창의성의 경우에도 일반적으로 30대에 정점에 이른 후 그 이후부터는 조금씩 감퇴한다고 알려져 있다. 하지만 60~70세에도 20대와 동일한 수준의 창의성을 발휘할 수 있으며, 80세에도 여전히 중요한 일을 훌륭하게 수행하는 경우도 많다. 노년기의 지적 능력은 사망 직전에 급격히 감퇴하는데, 이를 종말적 저하(terminal drop) 현상이라고 부른다(Kleemeier, 1962). 이러한 현상은 아마도 죽음을 앞두고 건강이 나빠지기 때문인 것으로 보인다.

많은 문화권에서 노년기에는 지혜를 획득하는 것으로 여겨진다. 지능이 논리적 · 추상적으로 사고하는 능력이라면 지혜는 역설(paradox)에 대한 이해, 모순(contradictions)에 대한 화해와 타협의 능력이다(Clayton, 1982). 지능은 어떤 일을 하는 방법을 아는 것이지만, 지혜는 어떤 일을 해야 하는 이유를 알게 한다. 지혜가 반드시 연령과 정비례하는 것은 아니지만 대부분의 경우에 노년기에는 인생의 의미에 대한 통찰력이 그 이전 시기보다 높아진다. 따라서 노년기의 인지적 능력의 감퇴는 오랜 기간의 경험을 통해 축적된 지혜를 활용하면서 어느 정도 보완해 나갈 수 있다.

### (2) 정서 및 성격 발달

노년기에 이르게 되면 감정표현능력이 저하되고, 이러한 감정표현능력의 저하는 연령의 증가에 기인한 것이라기보다는 사회문화적 요인에 더 큰 원인이 있다고 본다. 노년기에 흔히 일어나는 성격 변화는 다음과 같다(윤 진, 1989).

첫째, 내향성과 수동성이 증가한다. 노년기에는 외부 사물이나 행동보다는 내적인 측면에 관심과 주의를 기울이며, 자신의 사고나 감정에 따라 사물을 판단하고 능동적 문제해결보다는 타인에 대한 의존성이 증가한다.

둘째, 조심성이 증가한다. 노년기에는 정확성을 중시하며, 감각능력이 감퇴하고 결정에 대한 자신감의 결여로 인하여 확실한 것을 추구하는 경향이 강해진다.

셋째, 경직성이 증가한다. 노년기에는 자신에게 익숙한 습관적 태도와 방법을 고수하며, 이로 인해 학습능력과 문제해결능력이 저하되는 것이 일반적이다.

넷째, 우울 성향이 증가한다. 노년기에는 질병, 배우자 사망, 경제사정 악화, 고립, 일상생활에 대한 통제력 약화, 과거에 대한 회상의 증가로 인하여 우울 성향이 증가하고 이로 인한 불면, 무감각, 강박관념, 증오심, 체중감소 등이 나타나기도 한다.

다섯째, 생에 대한 회상의 경향이 증가한다. 노년기에는 자신의 과거 삶을 회상하며 남은 시간에 지금까지 해결하지 못한 것을 찾아서 새로운 해결을 시도하면서 인생의 의미를 발견하려 한다.

여섯째, 친근한 사물에 대한 애착이 증가한다. 노년기에는 사용해 온 물건에 대한 애착이 증가하며, 이를 통해 과거 인생을 회상하고 마음의 평온을 추구한다.

일곱째, 성역할 지각에 변화가 생긴다. 노년기에 남성은 친밀성, 의존성, 관계지향성이 증가하는 반면 여성은 공격성, 자기주장, 자기중심성, 권위주의 성향이 상대적으로 높아진다.

여덟째, 의존성이 증가한다. 노년기에는 노화가 진행됨에 따라 경제적 의존, 신체적 의존, 정서적 의존, 사회적 의존성이 전반적으로 증가한다.

아홉째, 시간전망의 변화를 보인다. 40세 이후부터 시간전망의 변화가 나타나는데, 노년기에는 남아 있는 시간을 계산하고 시간이 얼마 남지 않았다는 사실을 회피하기 위해서 과거에 대한 회상에 집중하거나 또는 과도하게 미래 지향적이 된다.

열째, 유산을 남기려는 경향이 나타난다. 노년기에는 죽기 전에 자손, 예술작품, 기술, 지식, 재산 등 무언가를 남기려는 성향이 강해진다.

노년기의 성격적 특성을 근거로 하여 노년기 성격유형을 구분하면 〈표 12-1〉과 같다(장인협 · 최성재, 2006). 노년기의 성격적 특성이나 유형의 구분은 개인차가 크며, 모든 노인들에게 적용되는 것은 아니다. 예를 들면, 어떤 노인의 경우에는 질병이나 장애로 인하여 신체적 의존이 발생하더라도 심리적, 경제적, 사회적으로 독립성을 유지하기도 한다. 또한 노인의 성격유형도 반드시 하나의 유형으로 구분되는 것이 아니라 상황에 따라 중복되거나 바뀔 수도 있으며, 한 명의 노인에게 다양한 유형적 특성이 존재할 수도 있다.

〈표 12-1〉 노년기의 성격유형

| 성격유형 | 주요 특징 |
|---|---|
| 성숙형 | 매사에 신중하고 은퇴 후의 변화를 수용하고 과거에 집착하지도 않으며, 여생이나 죽음에 대한 과도한 불안이 없는 유형 |
| 방어형 | 노화에 따른 불안을 방지하기 위하여 사회적 활동 및 기능을 계속 유지하려는 유형 |
| 은둔형 | 은퇴 후 과거에 힘들었던 일이나 복잡한 대인관계에서 벗어나 조용히 수동적으로 보내는 것에 만족하는 유형 |
| 분노형 | 인생목표를 달성하지 못하고 늙어버린 것을 비통해하거나, 실패원인을 외부에 투사하여 남을 질책하고, 자신의 늙음을 받아들이지 않으려는 유형 |
| 자학형 | 지난 인생에 대한 후회가 많고 불행이나 실패의 원인이 자신에게 있다고 여겨 자신이 무가치하고 열등하다고 생각하며, 우울 성향이 높은 유형 |

### 3) 사회적 발달

#### (1) 노년기의 사회적 특성

노년기에는 사회에서 은퇴하여 조용하게 지내는 것이 바람직한 것인지, 아니면 계속해서 사회적 활동을 해야 하는지에 대해서는 명확한 결론이 내려지지 않았다. 이와 관련하여 이탈이론과 활동이론이 있다. 이탈이론에서는 노인 자신과 사회 모두 사회로부터 노인이 분리되도록 하는 것이 바람직하다고 본다. 즉, 노년기가 되면 노인 스스로 자기 자신에게 몰두하면서 다른 사람들에 대한 정서적 투자를 줄임과 동시에 사회제도에서도 노인의 사회적 역할을 철회하는 것이 성공적인 노화로 가는 과정이라고 보는 것이다. 그러나 이탈이론은 사회로부터 노인을 분리하려고 하는 문화에서 발생한 합리화라는 시각도 있다. 이 이론이 모든 노인에게 적용되는 것은 아니다.

활동이론에서는 노인들이 계속해서 활동적인 일을 수행하는 것이 바람직하다고 본다. 이 이론에서는 노년기의 은퇴, 배우자나 친구의 죽음을 통해 상실하였던 것을 대체할 수 있는 그 무엇을 추구하면서 사회적 활동을 해야 성공적으로 늙어가는 것이라고 본다. 이 이론도 활동이론과 마찬가지로 모든 노인에게 적용되는 것이 아니다. 왜냐하면 모든 활동이 노인의 자아개념이나 생활만족도에 긍정적 영향을 주는 것이 아니기 때문이다. 예를 들면, 어떤 노인의 경우에는 자신의 현재 생활에 대한 불만족을 공식적 활동을 통해 해소하려고 할 수도 있고, 공식적 활동에서 다른 노인들과의 비교는 또 다른 불만족을 일으킬 수 있기 때문이다.

노년기 사회적 활동에 대한 이탈이론과 활동이론의 논쟁과 다르게 전 세계적으로 사회 전체가 고령화 추세에 있으며, 우리 사회도 마찬가지의 길로 가고 있다. 세계적으로나 우리 사회에서 고령화 시대의 화두는 불평등과 빈곤, 그리고 질병과 관련된다고 할 수 있다. 불평등은 국가 간의 차이도 있지만 계급, 인종 및 젠더 불평등이 전 세계적으로 나타나고 있다. 특히 노년기에 유급의 직장을 그만두게 될 때에 이러한 현상이 더욱 심화된다. 빈곤은 전 연령대의 문제이지만 노년기에는 더욱 심각하고 은밀하게 발생할 수 있다. 질병은 나이가 들면서 어쩔 수없이 증가하지만 그 사회의 의료보장 시스템에 따라 삶의 질적 수준이 확연하게 달라질 수 있다.

### (2) 배우자 상실로 인한 역할 변화

노년기에는 자녀의 독립, 친구의 사망 등으로 정서적으로 친밀감을 나눌 수 있는 유일한 대상으로 배우자만 남을 수 있다. 따라서 노년기에 이혼, 사별 등으로 배우자를 상실하였을 때 새롭게 적응하기는 대단히 어렵다. 이러한 상실은 슬픔이나 우울뿐만 아니라 극심한 혼란을 초래하기도 한다. 배우자를 상실한 사람들은 가정이나 사회에서 혼자 살아가는 방법을 배워야 한다. 특히 홀로 남은 여성 노인의 경우에는 경제적 어려움이 큰 문제로 나타나고 있다.

배우자를 사별한 경우에 홀로 남은 사람들은 슬픔과 고립감 등으로 사별 후 2~3년 사이에 사망률이 가장 높고, 여성 노인보다 남성 노인이 홀로 남겨질 경우에 더욱 적응이 어려운 것으로 알려져 있다. 이 시기의 재혼은 새로운 상대와 유대관계를 할 수 있기 때문에 적응의 한 방법이 될 수 있다. 그러나 황혼의 결혼은 황혼의 이혼만큼 다양한 이해관계 속에서 어려움을 겪을 수도 있다. 대부분의 노인들은 배우자의 상실로 인한 극도의 고통과 슬픔에서 잘 대처해 나간다. 이들은 가까운 친지와 친구, 그리고 자녀에게서 지지를 받고, 의미 있는 활동에 참여하여 즐거움을 찾는다. 노년기에 경험한 상실을 극복한 사람들은 타인에 대해 더욱 공감할 수 있으며, 자신의 늙음과 죽음도 잘 받아들이게 된다.

### (3) 조부모 역할

노년기의 부모-자녀 관계는 어느 한쪽이 일방적인 원조의 제공자이거나 수혜자라고 단정할 수 없다. 노년기의 부모-자녀 관계는 상황에 따라 정서적 혹은 경제적 지지가 상호 호혜적으로 발생한다. 이와 동시에 많은 노인들은 조부모의 역할을 수행하게 된다. 조부모 역할이란 노인이 아동기와의 새로운 만남을 의미하는 것이다. 즉, 손자녀에게 동화를 이야기해 주고 놀이터에 데려가면서 즐거움을 느끼고, 자신의 어린 시절을 되돌아보면서 자신의 존재가치를 확인하고 상실감을 극복하게 되는 것이다.

조부모로서의 역할은 쉽지 않다. 그러나 조부모 역할수행은 자신의 전체적인 자기개념이나 목적의식에도 긍정적인 영향을 미치게 된다. 일반적으로 조모가 조부보다 손자녀와 더욱 친밀하고 좋은 관계를 유지하는 경향이 있으며, 대리부모 역할을 담당하기가 쉽다. 또한 외조부모가 친조부모보다 손자녀와 가까우며 위기 시에 더 많이 관여하는 경향이 있다. 조부모의 역할수행 유형은 〈표 12-2〉와 같다(Neugarten & Weinstein, 1964).

〈표 12-2〉 조부모 역할유형

| 역할 구분 | 역할수행의 특성 |
|---|---|
| 공식형 | 조부모의 약 1/3에 해당되는 가장 보편적인 유형임. 이들은 손자녀에게 관심을 가지고 때때로 필요할 때 돌봐주기도 하며 손자녀에게 선물을 주기도 하지만 부모의 역할을 침해하지 않음 |
| 재미추구형 | 즐거움을 추구하는 유형임. 이들은 손자녀와 재미있는 비공식적 상호작용을 가지며, 손자녀를 여가활동의 원천으로 봄. 조손 상호 간에 만족함 |
| 대리부모형 | 대리부모 역할을 하는 유형임. 이들은 주로 손자녀의 엄마가 직업을 가진 경우에 육아와 교육을 담당함 |
| 가족지혜 저장형 | 권위적인 관계 유형임. 조부모, 특히 조부가 가족의 지혜 원천으로 작용하면서 지혜, 기술, 자원을 베풀고 부모 및 손자녀들은 이에 복종하는 형태임 |
| 원거리형 | 손자녀들이 휴일 또는 생일, 명절 때나 조부모를 방문하기 때문에 손자녀와 거의 접촉이 없는 유형임 |

### (4) 친구관계

노년기에 새로운 친구를 많이 사귄다는 것은 어려운 일이나 오래된 친한 친구의 존재는 노인의 삶의 의욕을 유지하고 인생 만족을 경험하게 하는 요인이다(Burrus-Bammel & Bammel, 1985). 대부분의 노인은 한두 명의 친구만 있어도 외롭다는 생각을 하지 않는다. 노년기의 친구는 친밀감을 제공하며 인지적 자극을 주는 역할을 한다. 또한 이 시기의 친구는 여가활동을 함께 하면서 즐거움과 기쁨의 원천이 된다. 친밀한 친구는 일상생활에서의 긴장이나 스트레스를 경감시키고 통제할 수 있도록 도움을 주는 역할을 한다.

### (5) 은퇴

노년기에 어떤 사회적 지위에서 물러나 그 지위에 관련된 역할수행을 중단하게 된 현상을 은퇴라 하며, 은퇴의 가장 대표적인 유형이 일에서 물러나는 퇴직이다(권중돈, 2014). 개인의 삶의 전반적인 부분이 직업을 중심으로 일상활동, 사회관계, 자아정체감을 형성해 왔기 때문에 퇴직이라는 것은 한 개인의 삶의 양식을 바꿀 수 있는 중요한 변화이다. 은퇴에 잘 적응하는 사람은 신체적으로 건강하고 안정적인 수입이 있으며, 활동적이고 교육수준이 높으며 사회적 지지를 많이 받는 경우이다. 하지만 준비되지 않은 갑작스러운 퇴직 혹은 직업역할과 자기개념이 과도하게 밀착된 사람들은 은퇴 과정에서 부적응할 수도 있다.

빈곤한 노인들은 생계비나 용돈 마련을 위해 본인의 의사와 관계없이 은퇴하지 못하고 계속해서 경제활동을 할 수밖에 없다. 이들은 설령 재취업을 하더라도 이전까지 종사하던 직업에 비해 직업적 지식이나 기술, 그리고 임금수준이 낮은 직업에서 일해야 하는 경우가 많으므로 노년기의 생활에 적응하는데 어려움을 경험하게 된다(Christensen, 1990).

따라서 노년기의 퇴직 이후에 적응하기 위해서는 퇴직 이전에 건강유지, 안정적 소득의 확보, 여가활동계획의 수립 등과 같은 퇴직 이후의 생활에 대한 체계적인 준비가 선행되어야 한다. 그리고 퇴직 이후에도 만족스러운 은퇴생활을 위한 노력을 지속적으로 해야 한다. 퇴직 이후의 적응단계는 개인차가 있지만 일반적으로 〈표 12-3〉과 같이 진행된다(Atchley & Barusch, 2004).

**〈표 12-3〉 퇴직자의 적응단계**

| 단 계 | 퇴직자의 생활 양상 |
|---|---|
| 퇴직전단계 | 먼 단계 : 은퇴에 대한 막연한 인식<br>근접단계 : 은퇴를 의식하게 되고, 퇴직 후 생활에 대한 환상을 가지기도 함 |
| 밀월단계 | 일에서 해방된 것에 도취. 대부분 시간을 자신의 관심사나 흥미와 관련된 영역에 소모함. 밀월기간에는 경제적 지출이 필요하므로 재정 상태에 따라 지속기간에서 차이가 있음 |
| 휴식단계 | 밀월단계보다 전반적인 활동이 줄어들고, 휴식과 이완을 통해 삶의 의미를 재성찰함 |

| | |
|---|---|
| 환멸단계 | 퇴직 전에 비현실적인 환상을 많이 한 사람일수록 환멸이나 공허감이 나타남. 퇴직생활에 대한 환상에서 벗어나 실망과 우울을 경험하는 단계이나 많은 퇴직자들이 이 단계를 거치지는 않음 |
| 재지향단계 | 퇴직 이후의 자신의 상황을 현실적으로 인지하고 판단하여 새로운 계획이나 인간관계를 확립해 나가는 시기임 |
| 일상화단계 | 하루하루의 삶을 일정한 패턴으로 살아가는 시기임. 개인에 따라 삶이 일상화되는 시기에 차이는 있지만 큰 변화가 없으면 오래 지속되는 단계임 |
| 종결단계 | 재취업이나 질병 등으로 퇴직자 역할이 중단되는 시기임. 재취업이 아니라 질병이나 장애의 발생으로 종결된 경우에는 가족이나 사회의 지지망에 의존하게 됨 |

### 4) 노년기와 죽음

#### (1) 죽음

죽음은 노년기에만 해당되지는 않지만 노년기에는 어느 누구도 피할 수 없는 인생의 과제이다. 모든 죽음은 모든 삶이 사람마다 다른 것처럼 사람마다 다양하다. 마찬가지로 유족들의 경험도 같지 않다. 그러나 모든 인간의 삶에서 공통점이 있는 것처럼 죽음에서도 공통점이 있다.

죽음의 의미는 문화와 연령, 건강, 인지능력, 개인의 발달 특성과 생활상황 등에 따라 달라질 수 있기 때문에 죽음을 한마디로 정의하는 것은 쉬운 일이 아니다. 세계보건기구(WHO)는 죽음을 '소생할 수 없는 영원한 종말'이라고 정의하였다. 또한 논쟁이 있지만 죽음을 생물학적 · 사회적 · 심리적 측면에서 정의하고 있다(정옥분, 2009).

생물학적 죽음은 신체기능의 정지로 판정하지만 현대 의학의 발달로 인해 매우 복잡하게 되었다. 죽음의 사회적 측면은 장례의식 및 권리와 재산의 법적 재분배에 관한 것이다. 이는 그 사회의 법적 규범과 문화에 따라 차이가 난다. 죽음의 심리적 측면은 가까운 사람들의 죽음과 자신의 죽음에 대해 어떻게 느끼는가와 관련된다. 애도의식을 통해 슬픔과 비탄을 자연스럽게 배출해야 하는데, 오늘날에는 이러한 전통적 애도의식을 찾기가 어렵다.

사람은 누구나 죽게 되어 있지만 노년기에는 반드시 직면해야 한다. 노년기에는 죽음이 가까이 다가온다고 생각하지만 오히려 중년기보다 죽음에 대한 두려움이 적다. 노년기에는 가까운 친구와 친지를 떠나보내면서 자신의 죽음을 생각하게 된다. 그러므로 노년기에는 인생에 대한 재평가와 함께 죽음에 대비해야 하며, 죽음에 대한 태도는 노년기의 삶 전체를 좌우할 수 있는 중요한 요인이다. 그렇지만 대부분의 사람들은 죽음에 대해 긍정적인 평가보다는 부정적인 평가를 하며 대체적으로 죽음에 대한 이야기는 금기시되고 있다.

노인들의 죽음은 노화에 의한 질병, 사고, 범죄 등에 의해 일어난다. 대체로 노화에 따른 질병으로 죽음을 맞이한 경우에는 임종을 거치지만 사고나 범죄에 의한 죽음은 임종의 과정 없이 이루어진다. 또한 자연사 외에 자살에 의한 죽음도 종종 일어난다. 노인의 자살은 신체적 질병, 경제적 어려움, 외로움 등의 다양한 원인에 의해 일어난다.

### (2) 죽음에 직면한 사람들의 심리적 변화

노년기의 죽음에 대한 두려움은 자연스러운 현상이다. 인간은 자신이 죽고 난 후의 세계에 대해 알고 있는 것이 전혀 없다는 사실 때문에 죽음에 대해 막연하게 두려워한다. 사람들이 죽음에 대해 두려워하는 이유는 크게 두 가지이다.

하나는 죽는 과정에서 오는 두려움인데, 죽는 과정에서의 고통, 자신의 신체와 정신에 대한 지배력의 상실, 고독사에 대한 걱정 등이다. 다음으로 죽음의 결과에서 오는 두려움인데, 죽음 이후를 알 수 없다는 것, 자기가 이 세상에서 잊혀진다는 것, 사랑하는 사람들의 슬픔 등이다(Florian & Kravetz, 1983). 그러므로 죽음을 앞둔 대부분의 사람은 자신의 죽음을 받아들이는 과정에서 괴로워할 수 있다. 특히 노년기에 이르면 죽음에 대한 공포는 모든 불안의 원인이 되기도 한다.

죽음에 직면한 사람들은 매우 복잡한 심리적 반응을 보인다. 큐블러-로스(Kübler-Ross, 1969)는 중년의 말기 암환자를 대상으로 한 연구에서 이러한 죽음에 대해 적응해 가는 단계를 부정(denial)단계, 분노(anger)단계, 협상(bargaining)단계, 우울(depression)단계, 수용(acceptance)단계로 구분하였다. 그러나 큐블러-로스의 죽음에 대한 적응 단계는 중년의 말기 암환자를 대상으로 한 연구결과이므로 노년기의 모든 죽음에 동일하게 적용하기는 어렵다. 또한 죽음에 직면한 모든 사람들이 동일한 과정으로 적응하는 것도 아니다. 퀴블러-로스의 죽음에 대한 다섯 단계는 노화로 인한 죽음보다는 노년기에 암과 같은 질병으로 죽음을 받아들여야 하는 노인들에게 보다 적절한 심리적 변화라고 볼 수 있다.

### ① 부정단계

죽음을 거부하고 부정하며 고립상태에 빠지는 단계이다. '아니야, 그럴 리 없어', '이건 분명히 오진이야', '나에게 이런 일이 일어날 리가 없어' 등으로 죽음이라는 현실을 거부하고 여러 병원을 찾아다니기도 한다. 이 단계에서 대부분의 사람들은 부정을 통해 죽음과 관련된 심각한 감정에서 자신을 보호하려고 한다. 부정은 죽음을 통보받은 거의 모든 사람들에게 나타나는 현상이다. 이는 인간이 무의식적으로 불멸을 믿기 때문에 자신이 죽을 것이라는 사실을 받아들이기가 어렵기 때문이다.

### ② 분노단계

죽음을 더 이상 부정할 수 없게 되면 감정 상태는 분노와 원망으로 변하게 된다. 이 단계에서는 '왜 하필 내가 죽어야 하나?'라고 생각하면서 주위 사람이나 신에게 원망, 시기, 질투, 화, 분노의 감정을 폭발한다. 그리고 '더 빨리 치료했다면 이렇게 빨리 죽지 않아도 되었을 텐데' 하는 후회가 밀려오는 시기이다. 이 단계에서 분노는 자연스러운 반응이므로 죽음을 앞둔 사람들에게 감정을 표출하도록 도와주어야 한다.

### ③ 협상단계

이 단계는 절박하게 다가온 죽음을 초인적인 능력이나 의학 또는 신과의 타협을 통하여 잠시 동안 연기하려는 시기이다. 이들은 '내가 죽어 가고 있구나. 그러나…'라고 하면서, '아들이 결혼할 때까지, 손자가 태어날 때까지 허락하신다면 더 좋은 사람이 되겠습니다' 등의 자세를 보이며 신과 타협하려고 한다. 이 단계에서는 의사의 지시를 잘 따르고 열심히 기도한다면 아마도 신이 죽음을 연기시켜 줄 것이라고 믿는다.

### ④ 우울단계

이 단계는 자신의 힘으로 어떻게 해볼 수 없다는 사실과 회복의 가망이 없음을 알게 되어 그 사실을 부인할 수 없을 때 우울감이 발생하는 시기이다. 이때는 체념, 절망, 비탄의 감정 상태가 되며, 죽음을 더 이상 부정하지 않고 우울 상태로 접어들게 된다. 이 단계에서는 가족, 친지와 이별하기 위하여 사전에 자신을 분리시킬 준비를 하며 미래의 상실에 대해 예비적 우울감을 경험하게 된다. 이 시점에서는 죽어가는 사람을 위로하지 않는 것이 좋다고 큐블러-로스는 말한다. 왜냐하면 자신의 임박한 죽음에 대해 슬퍼할 시간이 필요하기 때문이다. 그럼에도 불구하고 이 시기에는 슬픔을 함께 나누면서 옆에 있어줄 사람을 필요로 한다.

### ⑤ 수용단계

이 시기에는 우울감도 분노감도 느끼지 않으며, 거의 아무런 감정도 갖지 않게 된다. 행복의 단계는 아니며, 아무 감정이 없는 단계로서 침착함과 평온함을 보이고 '이제 떠날 시간이다'라는 태도를 보인다. 이 시기는 마치 고통과 몸부림이 끝나고 나서 머나먼 여행을 떠나기 전에 취하는 마지막 휴식의 시간과도 같은 단계라고 볼 수 있다. 그리고 대부분의 환자들은 병원보다 본인이 살았던 집에서 가족들이 보는 가운데 임종하기를 원한다.

### (3) 애도

노년기가 되면 가까운 가족과 친지의 죽음을 많이 목격하게 된다. 따라서 애도(mourning)의 시간이 늘어나게 된다. 노년기에는 친구의 죽음을 통해 자신의 삶을 되돌아보면서 죽음을 준비할 수 있다. 하지만 배우자와 성인자녀의 죽음은 크나큰 고통이다. 전 연령대에서 배우자의 죽음은 스트레스 지수가 가장 높은 생활사건이다(김기태, 2006). 노년기의 사별은 여성 노인보다는 남성 노인에게 더 큰 심리적·생활적 어려움을 가져온다. 특히 노년기에 성인자녀의 죽음은 연령과 관계없이 부모에게 큰 아픔을 남긴다. 노년기에도 자녀의 죽음은 이들에게 죄책감, 분노, 불안감, 고립감을 느끼도록 하며 가장 견디기 힘든 슬픔이 된다. 후기 노년기로 갈수록 노인들은 자신뿐만 아니라 사랑하는 사람의 죽음과 가까이 하게 된다. 큐블러-로스(Kübler-Ross, 1969)는 본인의 죽음과 유사하게 사랑하는 사람의 죽음에 대한 애도 과정을 충격 → 그리움 → 절망 → 회복의 4단계로 제시하였다. 노년기에는 죽음을 공포로 보면서 불안해하는 것이 아니라 인생의 또 하나의 과정으로 보면서 다가오는 죽음에 대해 의연하게 대처해야 하는 과제를 가진다.

## 5) 노년기 발달과 사회복지실천

### (1) 생물학적 발달과 사회복지실천

노년기는 생물학적 노화와 심리사회적 변화에 적응해야 하는 과업을 갖는다. 또한 다른 단계와 달리 이 시기의 모든 사람들은 죽음이라는 인생의 과제를 해결해 나가야 한다. 노년기는 이전 발달단계에서 달성한 결과들이 통합되는 시기이지만 개인에 따라 더욱 다양한 삶을 살게 된다. 어떤 사람들은 노년기의 과업을 해결해 나가면서 인생을 평화롭고 안정적으로 마무리해 나가는 반면에, 또 다른 사람들은 신체적 쇠약과 질병, 지적 능력의 상실, 경제적 곤란 등에 의해 고통스럽게 살아갈 수도 있다.

노년기에 이르러서도 외모와 외적 성취, 그리고 사회적 권력에 대한 지속적 갈망도 바람직하지 않지만 불안, 우울, 죽음 거부, 그리고 사회적 고립 속에 살지 않도록 지원해야 한다. 노년기에는 자신의 신체, 심리, 사회적 변화에 대해 적응하고, 인생의 전반을 평가하면서 삶의 의미를 확인하고 죽음을 하나의 인생과업으로 받아들이면서 자신에게 맞는 적절한 삶을 살아가야 한다.

노년기 생물학적 발달과 관련된 사회복지실천의 관심 영역은 건강약화와 질병이라고 할 수 있다. 노년기에는 신체적 기능의 저하로 대부분의 노인이 만성질환으로 고통을 받고 있다. 사회복지기관과 사회복지사는 만성질환을 가진 노인들을 대상으로 심리사회적 안정이나 교육 프로그램을 실시할 수 있지만 가장 기본적인 것은 지속적으로 치료받을 수 있도록 의료비 등을 지원하는 것이다.

### (2) 심리적 발달과 사회복지실천

심리적 발달영역을 보면, 노년기에는 특히 심리적 고립과 소외의 문제가 중요하다. 또한 지금까지 사회적 문제로 인식하지는 않았지만 최근에는 노년기 성 문제에 대한 관심도 증가하고 있다. 노인의 성에 대한 무지와 편견을 극복하고 문제를 해결하기 위한 다양한 사회적 서비스를 마련할 필요가 있다. 노년기의 노인학대는 가장 비극적인 사회문제이다. 노인학대와 관련하여 사회복지기관은 노인보호를 위한 서비스 및 학대 예방을 위한 제도적 장치의 보완을 위해 노력해야 하며, 노인학대를 방지하기 위한 가족지원을 보다 충분히 제공해야 한다.

### (3) 사회적 발달과 사회복지실천

노년기 사회적 영역의 사회복지실천의 관심은 소득감소에 따른 경제적 궁핍과 의존이라고 할 수 있다. 우리나라의 경우에 노인의 경제적 여건은 매우 열악하다. 노년기의 경제적 문제는 개인적 차원의 해결이 아니라 연금제도 등의 사회보장제도의 보완으로 해결할 필요가 있다. 사회복지기관과 사회복지사는 노인의 소득보장을 위한 거시적 실천과 함께 저소득 노인들을 대상으로 현 제도에서 지원할 수 있는 다양한 방안들을 마련해야 한다.

노인들의 사회적 역할의 상실에 대해서도 사회복지기관과 사회복지사는 관심을 가져야 한다. 노년기의 역할상실에 따른 여러 가지 문제를 해결하기 위한 제도들이 마련되어야 한다. 현재 사회복지관이나 노인복지관 등에서 실시하는 사회복지서비스들이 노인들에게 실제적인 도움이 될 수 있도록 보완할 필요가 있다.

노인복지실천의 영역에서 활동하는 사회복지사는 노인의 죽음과 임종을 함께할 수 있다. 이때 사회복지사는 임종 과정에 있는 클라이언트의 권리를 생각하는 전문가가 되어야 한다. 죽음에 임박한 클라이언트는 신체적 기능에 의해 사망선고를 받겠지만 그 과정에서 사회복지사는 '한 명의 인간이 죽어가고 있다'라는 사실을 명확히 인식할 필요가 있다.

**〈표 12-4〉 죽어가는 사람의 권리**

| | |
|---|---|
| 사실을 알 권리 | 죽어가는 사람이 자신의 병에 대한 상황을 자세히 알고 싶어 한다면 사실 그대로를 알려야 함. 그러나 임종 과정에 있는 사람들 중에는 그들의 병에 대한 슬픈 사실을 알기 원하지 않는 사람도 있으므로 그런 사람에게는 다르게 대처를 해야 함 |
| 비밀을 보장받을 권리 | 죽어가는 사람의 상황을 타인에게 말할 것인가 하지 않을 것인가는 가족들이나 다른 친구들의 의견이 아니라 당사자의 요구에 의해 결정되어야 함. 어떤 임종 과정에 있는 사람이 자신의 병에 대해 함묵하기를 원하면 그대로 존중해 주어야 함 |
| 치료를 수락·거부할 권리 | 죽어가는 사람도 치료에 대해서 자세히 설명을 들을 권리가 있고, 당사자 자신이 치료를 승낙할지 거부할지를 결정할 권리가 있으며, 치료의 종류를 결정할 권리도 있음 |

| | |
|---|---|
| 죽을 장소를 선택할 권리 | 어떤 죽어가는 사람은 배우자, 형제, 자매, 자녀, 친척 등이 함께 모여 있는 집에서 죽기를 원하지만 또 다른 사람은 고통에 대하여 대처해 줄 전문적 의료교육을 받은 전문가가 있는 병원에서 죽기를 원하기 때문에 당사자의 모든 소원은 존중되어야 함 |
| 시신처리 결정권 | 죽어가는 사람이 만일 자기 시신을 매장하는 것보다 화장을 원할 경우에는 당사자가 원하는 대로 처리해야 함. 만일 그가 자기 신체 중의 한 부분, 즉 눈이라든지 신장 등을 기증하기를 원한다면 그렇게 해야 함 |

출처 : 김기태(2006), pp. 616-617 재정리.

## 요약

### 1. 중년기 발달

1) 중년기의 생물학적 변화의 특성들은 신체구조상 신진대사 활동의 둔화, 신체적 기능의 쇠퇴, 감각기관 능력의 감소이다. 중년기의 여성은 폐경을 경험하게 되는데 이에 수반하여 다양한 생리적 변화를 겪는 2년에서 5년까지의 기간을 갱년기라고 부른다. 남성의 경우에 여성보다는 10년 정도 늦게 갱년기가 시작된다.

2) 중년기의 인지적 능력에 대한 상반된 견해가 있지만 속도에 크게 의존하는 능력을 제외하고는 크게 감소하지 않는다고 알려져 있다. 중년기에는 추상적인 문제해결능력은 감소하지만 현실적이고 실제적인 문제해결능력은 중년기에 절정에 이르게 된다.

3) 펙의 중년기 적응과 관련된 네 가지 심리적 발달은 다음과 같다. 첫째, 지혜의 중시 대 육체적 힘의 중시, 둘째, 대인관계의 사회화 대 성적 대상화, 셋째, 정서적 융통성 대 정서적 고갈, 넷째, 지적 융통성 대 지적 경직으로 구분하여 살펴볼 수 있다.

4) 굴드는 중년기에 있는 사람들이 벗어나야 할 다섯 가지 비합리적인 가정이 있다고 하였다. 그것은 안전이 영원히 지속될 것이라는 가정, 자신과 자기가 사랑하는 사람들에게 죽음이 일어나지 않을 것이라는 가정, 배우자 없이 사는 것이 불가능하다는 생각, 가족 밖에서는 어떠한 삶이나 변화도 존재할 수 없다는 가정, 자신이 순수하다는 가정이다.

5) 중년기의 사람들은 자녀 세대와의 가치관이나 사회적 환경, 그리고 부모 세대와의 가치관이나 사회적 환경이 자신들과 크게 다르다는 사실을 인지해야 한다. 그에 따른 인식의 전환이나 가족관계를 재정립할 필요가 있다.

6) 중년기 가족 모두의 성장을 위해서는 가족성원 각자의 욕구와 능력을 세심하게 관찰하고, 가족의 의사결정에는 가족성원 모두가 동참해야 하며, 모든 가족성원들은 집안일을 공평하게 분담하고, 가족 전체의 미래목표를 세우고 적절한 수준에서 외부의 사회적 체계들과 관계를 유지하여야 한다.

7) 중년기에 가장 친밀하고 접촉빈도가 높은 대인관계는 부부관계이다. 부부의 결혼만족도는 결혼 초기에는 높고, 자녀 양육기에는 만족도가 낮아지며, 자녀가 독립한 이후에는 다시 높아지는 U자형의 곡선을 그린다. 중년기 부부의 만족스러운 부부관계를 유지하기 위해서는 부부가 동시에 성장하여야 하며, 효과적인 대화체계를 개발하고, 부부의 역경과 갈등을 창의적으로 해결할 수 있어야 한다.

8) 중년기는 대략 자녀들이 독립적으로 성장하는 시기이다. 자녀들이 독립하여 떠나면서 두 부부만 남게 되는 '빈 둥지 시기'를 경험하게 되는데, 이때는 부모로서의 역할이 감소하게 된다.

9) 중년기에는 자녀를 양육해야 할 뿐만 아니라 노부모를 부양해야 하는 시기이다. 중년기 자녀가 노부모를 부양할 때 가장 바람직하지 않은 문제는 노인학대이다. 노인학대는 가족이나 개인의 문제가 아니라 사회문제로 보고 접근하여야 한다.

10) 중년기에는 직업적 야망을 달성하였거나 아니면 처음에 기대한 만큼은 아니지만 어느 정도 직업적 성취를 거둔 시기에 해당한다. 오늘날 평생 동안 한 가지 직업만 가질 수 없는 경우도 많이 발생하기 때문에 중년기에는 직업전환도 고려해야 한다. 한다. 중년기에 이르러 직업에서 자신의 목표를 달성하지 못했다고 생각한다면 슬픔과 우울에 빠지고 자신을 쓸모없는 존재로 느낄 수 있다.

11) 이제까지 중년기에 대한 사회복지의 관심은 부족하였다. 왜냐하면 대부분 중년기의 성인들은 신체적으로나 심리적으로 안정되어 있으며, 사회적 활동이 왕성하며 경제적으로도 전 생애 발달단계에서 가장 여유로운 시기에 있다고

보았기 때문이다. 그러나 중년기는 이른바 '샌드위치 세대'라 일컬어지는 자녀 양육과 노부모 부양의 이중고를 겪기도 한다. 따라서 중년기를 대상으로 가족 관계, 직업, 사회적 역할 등과 관련된 사회복지실천을 필요로 한다.

## 2. 노년기 발달

1) 노화를 설명하는 대표적인 이론은 계획된 노화이론과 마멸이론이다. 계획된 노화이론은 인간을 포함한 모든 유기체 내에 미리 형성된 발달유형이 있기 때문에 종에 따라 어떤 기간이 지나면 신체가 노화하게 된다는 주장이다. 마멸이론은 오랜 기간 신체를 사용하였기 때문에 노화가 온다는 주장이다. 즉, 노화는 장기간 신체에 축적된 피로의 결과라는 것이다. 노화를 설명하는 두 이론 중 어느 하나의 이론이 맞거나 틀렸다고 할 수 없으며 모두 옳다고 볼 수 있다.

2) 노화는 겉으로 드러나는 현상도 있고, 신체 내부에서 눈에 띄지 않게 진행되기도 한다. 노년기에는 감각기능에도 변화가 오며, 연령이 증가함에 따라 기능이 손상된다. 이 시기에는 시각, 청각 및 촉각의 기능뿐만 아니라 미각과 후각의 기능이 떨어지게 된다. 노년기의 감각 손상은 심리적 문제를 동반할 수도 있다.

3) 노년기에는 일반적으로 지능 및 기억력의 감퇴가 나타나는 것으로 알려져 있다. 그러나 노년기에 지적 능력이 쇠퇴한다는 주장에는 이견이 많다. 노년기의 인지발달 정도는 개인차가 매우 크다.

4) 노년기에 흔히 일어나는 성격 변화는 내향성과 수동성의 증가, 조심성의 증가, 경직성 증가, 우울 성향의 증가, 생에 대한 회상의 경향 증가, 친근한 사물에 대한 애착 증가, 성역할 지각의 변화, 의존성의 증가, 시간전망의 변화, 유산을 남기려는 경향 등이다.

5) 노년기의 성격유형으로는 성숙형, 방어형, 은둔형, 분노형, 자학형이 있지만 개인차가 크며, 모든 노인들에게 적용되는 것은 아니다. 또한 노인의 성격유형도

반드시 하나의 유형으로 구분되는 것이 아니라 상황에 따라 중복되거나 바뀔 수도 있으며, 한 명의 노인에게 다양한 유형적 특성이 존재할 수도 있다.

6) 노년기 사회적 활동에 대해서는 이탈이론과 활동이론의 논쟁이 있다. 이탈이론에서는 노인 자신과 사회 모두 사회로부터 노인이 분리되도록 하는 것이 바람직하다고 본다. 활동이론에서는 노인들이 계속해서 활동적인 일을 수행하는 것이 바람직하다고 본다.

7) 노년기에 이혼, 사별 등으로 배우자를 상실하였을 때 새롭게 적응하기는 대단히 어렵다. 그러나 노년기에 경험한 상실을 극복한 사람들은 타인에 대해 더욱 공감할 수 있으며, 자신의 늙음과 죽음도 잘 받아들이게 된다.

8) 노년기의 부모-자녀 관계는 상황에 따라 정서적 혹은 경제적 지지가 상호 호혜적으로 발생한다. 노인의 조부모 역할은 공식형, 재미추구형, 대리부모형, 가족지혜 저장형, 원거리형 등으로 구분할 수 있다. 조부모 역할수행은 자신의 전체적인 자기개념이나 목적의식에도 긍정적인 영향을 미치게 된다.

9) 노년기에 어떤 사회적 지위에서 물러나 그 지위에 관련된 역할수행을 중단하게 된 현상을 은퇴라 하며, 은퇴의 가장 대표적인 유형이 일에서 물러나는 퇴직이다. 퇴직 이후의 적응단계는 개인차가 있지만 일반적으로 퇴직전단계, 밀월단계, 휴식단계, 환멸단계, 재지향단계, 일상화단계, 종결단계로 진행된다.

10) 죽음은 생물학적 · 사회적 · 심리적 측면에서 정의되고 있다. 사람은 누구나 죽게 되어 있지만 노년기에는 반드시 직면해야 한다. 노년기에는 죽음이 가까이 다가온다고 생각하지만 오히려 중년기보다 죽음에 대한 두려움이 적다.

11) 죽음에 대해 적응해 가는 과정을 큐블러-로스는 중년의 말기 암환자를 대상으로 한 연구에서 부정단계, 분노단계, 협상단계, 우울단계, 수용단계로 구분하

였다. 퀴블러-로스의 죽음에 대한 다섯 단계는 노화로 인한 죽음보다는 노년기에 암과 같은 질병으로 죽음을 받아들여야 하는 노인들에게 보다 적절한 심리적 변화라고 볼 수 있다.

12) 우리 사회가 고령화 추세에 있기 때문에 이와 관련된 다양한 대책이나 논의들이 폭발적으로 증가하고 있다. 사회복지실천에서도 노년기의 특성을 바탕으로 정책적 · 실천적 노력들이 이루어지고 있다. 사회복지기관과 사회복지사는 노인 개인의 질병이나 빈곤의 문제뿐만 아니라 구조적 불평등과 인권 등에도 실천의 초점을 두어야 한다.

# 참고문헌


강문희(2004). 아동발달. 경기 : 교문사.

강봉규(2000). 인간발달. 서울 : 동문사.

강상경(2011). 인간행동과 사회환경. 경기 : 나남.

강흥구(2007). 의료사회복지실천론. 경기 : 학현사.

권중돈(2014). 인간행동과 사회환경-이론과 실천. 서울 : 학지사.

권중돈 · 김동배(2005). 인간행동과 사회환경. 서울 : 학지사.

김기태(2006). 위기개입론. 서울 : 대왕사.

김기태 · 김수환 · 김영호 · 박지영(2005). 사회복지실천론. 경기 : 양서원.

김나영(2005). 영유아발달. 경기 : 양서원.

김달효(2013). 사회정의의 역사적 배경, 개념, 유형에 관한 연구. 인문과학연구, 19. 대구가톨릭대학교 인문과학연구소.

김병무 · 최병영(2014). 최신사회학입문. 서울 : 형지사.

김성이 · 조학래 · 노충래 · 신효진(2010). 청소년복지학. 경기 : 양서원.

김유숙(2006). 가족상담. 서울 : 학지사.

김제한(1998). 발달심리학. 경기 : 양서원.

김종옥 · 권중돈(1993). 집단사회사업방법론. 서울 : 홍익재.

김지현(2008). 한국 사회에서 다문화주의와 교육. 철학연구, 106. 철학연구회.

김춘경(2006). 아들러의 아동상담 : 이론과 실제. 서울 : 학지사.

김태련 외(2004). 발달심리학. 서울 : 학지사.

김필진(2007). 아들러의 사회적 관심과 상담. 서울 : 학지사.

노안영 · 강영신(2002). 성격심리학. 서울 : 학지사.

민경환(2002). 성격심리학. 서울 : 법문사.

박성연(2006). 아동발달. 경기 : 교문사.

박성연 · 도현심(2001). 아동발달. 서울 : 동문사.

박아청(2006). 성격발달심리의 이해. 서울 : 교육과학사.

박지영 · 배화숙 · 엄태완 · 이인숙 · 최희경(2014). 함께하는 사회복지의 이해. 서울 : 학지사.

박현선(2008). 아동복지론. 서울 : 학지사.

법무부(2016). 외국인통계.

설동훈(1999). 외국인노동자와 한국사회. 서울 : 서울대학교출판부.

______(2000). 노동력의 국제이동. 서울 : 서울대학교출판부.

손병덕 · 강란혜 · 백은령 · 서화자 · 양숙미 · 황혜원(2008). 인간행동과 사회환경. 서울 : 학지사.

손승길 · 김수청 · 김남희 · 한수선(2009). 문화, 그리고 윤리. 경북 : 신지서원.

송명자(2010). 발달심리학. 서울 : 학지사.

송정애 · 이양훈 · 정해은(2009). 가족과 생활문화. 경기 : 양서원.

심성경 · 김경의 · 이효숙 · 변길희 · 박유미(2010). 아동발달. 서울 : 학지사.

양옥경 · 김정진 · 서미경 · 김미옥 · 김소희(2001). 사회복지실천론. 서울 : 나남출판.

엄명용 · 노충래 · 김용석(2008). 사회복지 실천기술의 이해. 서울 : 학지사.

엄신자(2007). 인간행동과 사회환경. 서울 : 인간과복지.

엄태완(2018). 정신건강사회복지론. 서울 : 학지사.

엄태완 · 최권호 · 채수진(2019). 사회복지교육에서 인간행동과 사회환경 교과목을 다시 생각하다. 한국사회복지조사연구, 60. 연세대학교 사회복지연구소.

오창순 · 신선인 · 장수미 · 김수정(2009). 인간행동과 사회환경. 서울 : 학지사.

유효순(2007). 아동발달. 서울 : 창지사.

윤 진(1989). 성인노인심리학. 서울 : 중앙적성출판사.

이근홍(2010). 인간행동과 사회환경. 경기 : 공동체.

이기영 · 박영희 · 엄태완 · 김현경 · 김현아(2009). 이주난민의 정신건강과 상담. 서울 : 나눔의집.

이명조(2005). 영유아 발달과 교육. 경기 : 양서원.

이부영(2001). 분석심리학. 서울 : 일조각.

이소희 · 손홍숙 · 홍숙자 · 송 순 · 이명옥(2005). 인간행동과 사회환경. 경기 : 학현사.

이인정 · 최해경(2007). 인간행동과 사회환경. 서울 : 나남출판.

이종복 · 전남련(2007). 인간행동과 사회환경. 경기 : 학현사.

이철우(2015). 新사회학 초대. 서울 : 학지사.

임은희(2010). 인간행동과 사회환경. 경기 : 양서원.

장미혜(2008). 다문화사회의 미래와 정책적 대응방안. 젠더리뷰. 가을호, 한국여성정책연구원.

장수한 · 김현주 · 임 혁(2008). 인간행동과 사회환경. 경기 : 공동체.

장인협 · 이혜경 · 오정수(2007). 사회복지학. 서울 : 서울대학교출판부.

장인협 · 최성재(2006). 노인복지학. 서울 : 서울대학교출판부.

전숙자 · 박은아 · 최윤정(2009). 다문화사회의 새로운 이해. 서울 : 그린.

전용호(2008). 인간행동과 사회환경. 서울 : 학문사.

정옥분(2009). 발달심리학. 서울 : 학지사.

정 은(2010). 인간행동과 사회환경. 서울 : 학지사.

조민식 · 이한메 · 임창규 · 김세현(2014). 사회학의 이해. 경기 : 양서원.

조복희(2008). 아동발달. 경기 : 교육과학사.

조영훈(2017). 복지국가의 사회이론-고전이론부터 현대이론까지. 경기 : 공동체.

조흥식 · 김혜래 · 신은주 · 우국희 · 오승환 · 성정현 · 이지수(2010). 인간행동과 사회환경. 서울 : 학지사.

청소년대화의 광장(1996). 자녀의 힘을 북돋우는 부모. 서울 : 청소년대화의 광장.

최명민 · 이기영 · 최현미 · 김정진(2009). 문화적 다양성과 사회복지. 서울 : 학지사.

최무현(2008). 다문화 시대의 소수자정책 수단에 관한 연구. 한국행정학보, 42(3). 한국행정학회.

최순남(1999). 인간행동과 사회환경. 경기 : 한신대학교출판부.

최옥채 · 박미은 · 서미경 · 전석균(2007). 인간행동과 사회환경. 경기 : 양서원.

최일섭(2006). 지역사회복지론. 서울 : 서울대학교출판부.

한국청소년정책연구원(2009). 국제기준 대비 한국 아동 · 청소년의 인권 수준 연구. 서울 : 한국청소년정책연구원.

한상복 · 이문웅 · 김광억(2011). 문화인류학. 서울 : 서울대학교출판문화원.

Adler, A.(1958). *What Life Should Mean to You*. New York : Capricorn Books.

Ainsworth, M. D. S.(1983). Patterns of Infant-mother Attachment as Related to Maternal Care : Their Early History and Their Contribution to Continuity. In D. Magnusson & V. I. Allen(Eds.), *Human Development*. New York : Academic Press.

Ainsworth, M. D. S., Blehar, M. C., Waters, E., & Wall, S.(1978). *Patterns of Attachment*. Hilsdale, NJ : Erlbaum.

Allen, B.(2003). *Personality Theories : Development, Growth and Diversity*(4th ed.). Boston : Allyn & Bacon.

Allport, G.(1961). *Pattern and Growth in Personality*. New York : Holt, Rinehart and Winston.

Anderson, R. E., & Carter, I.(1990). *Human Behavior in the Social Environment : A Social Systems Approach*. New York : Aldine de Gruyter.

Arat, Z. F.(1991). *Democracy and Human Rights in Developing Countries*. Colorado : Lynne Rienner.

Arlin, P. K.(1990). Wisdom : The Art of Problem Finding. In R. J. Sternberg(Ed.), *Wisdom :*

*Its Nature, Origins, and Development*. Cambridge. England : Cambridge University Press.

Atchely, R. C., & Barusch, A. S.(2004). *Social Forces and Aging : An Introduction to Social Gerontology*(10th ed.). Belmont, CA : Wordsworth.

Bandura, A.(1977). *Social Learning Theory*. Englewood Cliffs, NJ : Prentice-Hall.

__________(1978). The Self System in Reciprocal Determinism. *American Psychologist, 33*, 344-358.

Baltes, P. B.(1987). Theoretical Propositions of Life-span Development Psychology : On the Dynamics between Growth and Decline. *Developmental Psychology, 23*(5), 611-626.

Bank, M. S., & Salapatek, P.(1983). Infant Visual Perception. In M. M. Haith & J. J. Campos(Eds.), *Handbook of Child Psychology : Vol. 2. Infancy and Developmental Psychology*. New York : Wiley.

Bardill, D. R., & Ryan, F. J.(1973). *Family Group Casework*. Washington, DC : NASW Press.

Barker, R. L.(1999). *The Social Work Dictionary*(4th ed.). Washington, DC : NASW Press.

Barnard, C. I.(1938). *The Functions of the Executive*. Cambridge : Harvard University Press.

Bee. H. L.(1997). *The Developing Child*. New York : Harper & Raw.

Beck, A. T.(1976). *Cognitive Therapy and the Emotional Disorders*. New York : International Universities Press.

__________(1991). Cognitive Therapy : A 30-year Retrospective. *American Psychologist, 46*, 368-375.

__________(1995). *Cognitive Therapy*. New York : Guilford Press. 최영희 · 이정흠 공역(1997). 인지치료. 서울 : 하나의학사.

Beck, A. T., Rush, A. J., Shaw, B. F., & Emery, G.(1979). *Cognitive Therapy of Depression*. New York : Guilford.

Berger, K. S.(1991). *The Developing Person through Childhood and Adolescence*(3rd ed.). New York : Worth publishers.

Berk, L. E.(1996). *Infant, Children, and Adolescents*(2nd ed.). Needham Heights, MA : Allyn & Bacon.

__________(2006). *Development through the Lifespan*(4th ed.). Boston : Allyn & Bacon. 이옥경 · 박영신 · 이현진 · 김혜리 · 정윤경 · 김민희 공역(2009). 생애발달 I. 서울 : 시그마프레스.

Berkow, R.(1987). *The Merck Manual of Diagnosis and Therapy*(15th ed.). Rahway, NJ : Merck, Sharp & Dohme Research Laboratories.

Berry, J. W.(1990). Psychology of Acculturation : Understanding Individuals Moving between

Culture. In R. Brislin(Ed.), *Applied Cross-cultural Psychology*. Newbury Park, CA : Sage.

__________(1997). Immigration, Acculturation, and Adaptation. *An International Review, 46*, 5-34.

Blau, P. M., & Scott, W. R.(1962). *Formal Organizations*. San Francisco : Chandler Publishing, Co.

Bochner, S.(1982). *Cultures in Contact*. Oxford : Pergamon.

Bower, T. G. R.(1979). *Human Development*. San Francisco : Freeman.

Bowlby, J.(1969). *Attachment and Loss : Vol. 1. Attachment*. New York : Basic Books.

Brenner, C.(1973). *An Elementary Textbook of Psychoanalysis*. New York : International Universities Press. 이근후 · 박영숙 공역(1987). 정신분석학. 서울 : 하나의학사.

Bridges, L. J., & Grolnick, W. S.(1995). The Development of Emotional Self-regulation in Infancy and Early Childhood. In N. Eisenberg(Ed.), *Social Development : Review of Child Development Research*. Thousand Lakes, CA : Sage.

Bronfenbrenner, U.(1979). *The Ecology of Human Development : Experiments by Nature and Design*. Cambridge, MA : Harvard University Press.

______________(1992). Ecological Systems Theory. In R. Vasta(Ed.), *Annals of Child Development : Six Theories of Child Development : Revised Formulations and Current Issues*. London : Jessica Kingsley.

Brooks, W. K.(1986). Human Behavior/ Social Environment : Past and Present, Future of Folly?. *Journal of Social Work Education, 1,* 18-23.

Brown, L. N.(1991). *Groups for Growth and Change*. New York : Longman.

Burger, J. M.(2000). *Personality*(5th ed.). Belmont, CA : Wadsworth/ Thomson.

Burrus-Bammel, L. L., & Bammel, G.(1985). *Leisure and Recreation*. New York : Van Nostrand Reinhold.

Bynes, J. P.(1988). Formal Operations : A Systematic Reformulation. *Development Review, 8,* 66-87.

Carter, B., & McGoldrick, M.(1989). *The Changing Family Life Cycle : A Framework for Family Therapy*. Boston, MA : Allyn & Bacon.

Charles, S., Carver, C. S., & Scheier, M. F.(2004). *Perspectives on Personality*(5th ed.). NJ : Pearson Education, Inc. 김교헌 · 심미영 · 원두리 공역(2005). 성격심리학. 서울 : 학지사.

Chess, W. A., & Norlin, J. M.(1988). *Human Behavior and the Social Environment : A Social Systems Model*. Boston, MA : Allyn & Bacon.

Christensen, K.(1990). Bridges over Troubled Water : How Older Workers View the Labor Market. In P. B. Doeringer(Ed.), *Bridges to Retirement : Older Workers in a Changing Labor Market*. New York : ILR Press.

Clayton, V.(1982). Wisdom and Intelligence : The Nature and Function of Knowledge in the Later Years. *International Journal of Aging and Development, 15,* 315–321.

Compton, B. R., & Galaway, B.(1989). *Social Work Processes*. Belmont, CA : Wadsworth Publishing, Co.

Crain, W.(2000). *Theories of Development : Concepts and Applications*(4th ed.). New York : Pearson Education, Inc.

Duvall, E. M.(1977). *Family Development*(5th ed.). Philadelphia : Lippincott.

Edwards, N.(1987). The Unconscious Ego-ideal and Analytic Group Psychotherapy. *Group, 2,* 165–176.

Elkind, D. E(1978). Understanding the Young Adolescent. *Adolescence, 13*(49), 127–134.

Erikson, E. H.(1963). *Childhood and Society*(2nd ed.). New York : Norton.

__________(1974). *Dimensions of New Identity*. New York : Norton.

__________(1982). *The Life Cycle Completed : A Review*. New York : Norton.

Etzioni, A.(1969). *A Comparative Analysis of Complex Organizations*. New York : The Free Press.

Fabes, R., Eisenberg, N., Karbon, M., Bernzweig, J., Speer, A., & Carlo, G.(1994). Socialization of Children's Vicarious Emotional Responding and Prosocial Behavior. *Developmental Psychology, 30,* 44–55.

Flavell, J. H.(1985). *Cognitive Development*. Englewood Cliffs, NJ : Prentice-Hall. 서봉연 · 송명자 공역(1995). 인지발달. 서울 : 중앙적성출판사.

Florian, V., & Kravertz, S.(1983). Fear of Personal Death : Attribution Structure, and Relation to Religious Belief. *Journal of Personality and Social Psychology, 44,* 600–607.

Fraser, A. M., Brockert, J. E., & Ward, R. H.(1995). Association of Young Maternal Age with Adverse Reproductive Outcomes. *The New England Journal of Medicine, 332*(17), 1113–1117.

Freud, S.(1920). Beyond the Pleasure Principle. In P. Gay(Ed.), *The Freud Reader*. London : Vintage.

Friend, M., & Davis, T.(1993). Appearance-reality Distinction : Children's Understanding of the Physical and Affective Domains. *Developmental Psychology, 29,* 907–913.

Germain, C. B., & Gitterman., A.(1980). *The Life Model of Social Work Practice*. New York : Columbia University Press.

Giddens, A., & Sutton, P. W.(2017). *Sociology*(8th ed.). Cambridge : Polity Press. 김미숙 · 김용학 · 박길성 · 송호근 · 신광영 · 유홍준 · 정성호 공역(2018). 현대사회학. 서울 : 을유문화사.

Ginzberg, E.(1990). Career Development. In D. Brown, L. Brooks, & Associates(Eds.), *Career Choice and Development*. San Francisco : Jossey-Bass.

Goldfield, B. A., & Reznick, J. S.(1990). Early Lexical Acquisition : Rate, Content, and the Vocabulary Spurt. *Journal of Child Language, 17*(1), 171-183.

Goldstein, E. G.(1984). *Ego Psychology and Social Work Practice*. New York : Free Press.

Gould, S. J.(1978). *Transformations, Growth and Change in Adult Life*. New York : Simon & Schuster.

Gouldner, A. W.(1961). Metaphysical Pathos and the Theory of Bureaucracy. In A. Etzioni(Ed.), *A Sociological Reader on Complex Organizations*. New York : Holt, Rinehart, & Winston.

Graves, T. D.(1967). Psychological Acculturation in a Tri-ethnic Community. *Southwestern Journal of Anthropology, 23,* 337-350.

Havighurst, R. J.(1972). *Developmental Tasks and Education*. New York : David McKay.

Hayachi, Y., & Enda, S.(1982). All-night Sleep Polygraphic Recordings of Healthy Aged Person : REM and Slow Wave Sleep. *Sleep, 5,* 277-283.

Hayes, S. C., Rincover, A., & Volosin, D.(1980). Variables Influencing the Acquisition and Maintenance of Aggressive Behavior : Modeling versus Sensory Reinforcement. *Journal of Abnormal Psychology, 89,* 254-262.

Hebb, D. O.(1980). *A History of Psychology in Autobiography Vol. VII*. San Fransisco : W. H. Freeman.

Henderson, K. A., & Zivian, M. T.(1995). The Development of Gender Differences in Adolescent Body Image. Paper Presented at the Meeting of the Society for Research in Child Development, Indianapolis.

Hepworth, D. H., Rooney, R. H., & Larsen, J. A.(1977). *Direct Social Work Practice : Theory and Skills*(5th ed.). Pacific Grove, CA : Brooks/ Cole.

Hjelle, L. A., & Ziegler, D. J.(1992). *Personality Theories : Basic Assumptions, Research, and Applications*. New York : McGraw-Hill.

Hoffman, M. L.(1970). Moral Development. In P. H. Mussen(Ed.), *Manual of Child Psychologist*(3rd ed., Vol. 2). New York : Wiley.

______________(1987). The Contribution of Empathy to Justice and Judgement. In N. Eisenberg & J. Strayer(Eds.), *Empathy and Its Development*. Cambridge, UK : Cambridge University Press.

Holland, J. L.(1985). *Making Vocational Choices : A Theory of Vocational Personalities and Work Environments*(2nd ed.). Englewood Cliffs, NJ : Prentice-Hall.

Hughes, C. C.(1993). Culture in Clinical Psychiatry. In A. C. Gaw(Ed.), *Culture Ethnicity and Mental Illness*. Washington, DC : American Psychiatry Press.

Hughes, J. A., Sharrock, W. W., & Martin, P. J.(2003). *Understanding Classical Sociology : Marx, Weber, Durkheim*. 박형신 역(2018). 고전사회학의 이해 : 마르크스, 베버, 뒤르켐. 경기 : 한울.

Ife, J.(2010). *Human Rights from Below-Achieving Rights through Community Development*. New York : Cambridge University Press.

Johnson, D. W., & Johnson, F. R.(1997). *Joining Together*(6th ed.). Englewood Cliffs, NJ : Prentice-Hall.

Jones, M.(1979). The Therapeutic Community. In R. D. Hinshelwood & M. Manning(Eds.), *Therapeutic Communities*. London : Routledge & Kegan Paul.

Jung, C. G.(1968). *Analytical Psychology : Its Theory and Practice*. New York : Pantheon.

Kernberg, O.(1987). Projection and Projective Identification : Developmental and Clinical Aspects. *Journal of the American Psychoanalytic Association, 35,* 795-819.

Kirst-Ashman, K., & Hull, G.(1997). *Generalist Practice with Organizations and Communities*. Chicago : Nelson-hall.

Kleemeier, R. W.(1962). Intellectual Change in the Senium. *Proceedings of the American Statistical Association, 1,* 181-190.

Kolb, B.(1995). *Brain Plasticity and Behavior*. Mahwah, NJ : Erlbaum.

Kohlberg, L. A.(1976). Moral Stages and Moralization : The Cognitive Development Approach. In T. Likona(Ed.), *Moral Development and Behavior : Theory, Research, and Social Issues*. New York : Holt, Rinehart, & Winston.

____________(1984). *The Psychology of Moral Development : The Nature and Validity of Moral Stages*. New York : Harper & Row. 김민남 · 진미숙 공역(2001). 도덕발달의 심리학. 서울 : 교육과학사.

Kübler-Ross, E.(1969). *On Death and Dying*. New York : Macmillan.

Kupersmidt, J. B., & Coie, J. D.(1990). Preadolescent Peer Status, Aggression, and School Adjustment as Predictors of Externalizing Problems in Adolescence. *Child Development, 61,* 1350-1362.

Lamb, M. E.(1988). Social and Emotional Development in Infancy. In M. H. Bornstein & M. E. Lamb(Eds.), *Social, Emotional and Personality Development*. Hillsdale, NJ : Erlbaum.

Lewis, M., Alessandri, S. M., & Sullivan, M. W.(1992). Differences in Shame and Pride as a Function of Children's Gender and Task Difficulty. *Child Development, 63,* 630–638.

Liebert, R. M., & Liebert, L. L.(1998). *Personality : Strategies & Issues*. New York : Brooks/ Cole. 조현춘 · 조현재 · 문지혜 공역(2002). 성격심리학. 서울 : 시그마프레스.

Lum, D.(2004). *Social Work Practice and People of Color : A Process–stage Approach*. Belmont, CA : Brooks/ Cole.

Marcia, J.(1994). The Empirical Study of Ego Identity. In H. A. Boston, T. L. G. Grotevant, & D. J. De Levita(Eds.), *Identity and Development*. New York, CA : Stag.

Marsella, A. J., & Yamada, A.(2000). Culture and Mental Health : An Introduction and Overview of Foundation, Concepts, and Issues. In I. Cuellar & F. Paniagua(Eds.), *The Handbook of Multicultural Mental Health : Assessment and Treatment of Diverse Populations*. New York : Academic Press.

Maslow, A. H.(1970). *Motivation and Personality*. New York : Harper & Row.

____________(1979). *The Journals of A. H. Maslow*(R. J. Lowry Ed.). Monterey, CA : Brooks/ Cole.

Meyer, C.(1983). *Clinical Social Work in the Eco–systems Perspective*. New York : Columbia University Press.

Mischel, W., Shoda, Y., & Smith, R. E.(2003). *Introduction to Personality : Toward an Integration*. New York : John Wiley & Sons. 손정락 역(2006). 성격심리학. 서울 : 시그마프레스.

Moore, W. E.(1969). Occupational Socialization. In D. A. Goslin(Ed.). *Handbook of Socialization Theory and Research*. Chicago : Rand McNally.

Morgan, B., & Gibson, K. R.(1991). Nutrition and Environmental Interactions in Brain Development. In K. R. Gibson & A. C. Peterson(Eds.), *Brain Maturation and Cognitive Development : Comparative and Cross–cultural Perspectives*. New York : Aldine De Gruyter.

Morrow, D., Leirer, V., Altieri, P., & Fitzsimons, C.(1994). When Expertise Reduces Age Differences in Performance. *Psychology and Aging, 9,* 134–148.

Murdock, G. P.(1949). *Social Structure*. New York : Free Press.

NASW(1987). *Encyclopedia of Social Work*(18th ed.). Silver Spring, MD : NASW Press.

Neugarten, B., & Weinstein, K.(1964). The Changing American Grandparent. *Journal of Marriage and the Family, 26,* 199–204.

Newman, B., & Newman, P. R.(1987). *Development through Life : A Psychosocial Approach*. IL : Dorsey Press.

Nichols, M., & Schwartz, R.(2004). *Family Therapy : Concepts and Methods*(6th ed.). London : Pearson Education, Inc.

Owens, R. E.(2005). *Language Development : An Introduction*(6th ed.). Needham Heights, MA : Allyn & Bacon. 이승복 · 이희란 공역(2013). 언어발달. 서울 : 시그마프레스.

Papalia, D. E., Olds, S. W., & Feldman, R. D.(2004). *Human Development*. New York : McGraw-Hill.

Pardeck, J. T.(1992). *Social Work Practice : An Ecological Approach*. Westport, CT : Greenwood Press.

Parsons, T.(1960). *Structure and Process in Modern Society*. Glenco, Ill : The Free Press.

Parten, M.(1932). Social Play among Preschool Children. *Journal of Abnormal and Social Psychology, 27,* 243-269.

Peck, R. F.(1968). Psychological Developments in the Second Half of Life. In B. Neugarten(Ed.), *Middle Age and Aging*. Chicago : University of Chicago Press.

Pervin, L. A., & John, O. P.(2001). *Personality Theory and Research*(8th ed.). New York : John Wiley & Sons.

Piaget, J.(1952). *The Origins of Intelligence in Children*. New York : International Universities Press.

________(1965). *The Moral Judgment of the Child*. New York : Free Press.

Piaget, J., & Inhelder, B.(1956). *The Child's Conception of Space*. London : Boutledge & Kegan Paul.

Pincus, A., & Minahan, A.(1973). *Social Work Practice : Model and Method*. Itasca, Ill : F. E. Peacock Publishers, Inc.

Potocky-Tripodi, M.(2002). *Best Practices for Social Work with Refugees and Immigrants*. Columbia : Columbia University Press.

Raskin, N., & Rogers, C.(1995). Person-centered Therapy. In R. Corsini & D. Wedding(Eds.), *Current Psychotherapies*(5th ed.). Itasca, Ill : Peacock.

Rawls, J.(1971). *A Theory of Justice*. 황경식 역(2003). 정의론. 서울 : 이학사.

Reichert, E.(2011). *Social Work and Human Rights*. New York : Columbia University Press.

Richmond, M. E.(1922). *What is Social Case Work?*. New York : Rusell Sage Foundation.

Roazen, P.(1975). *Freud and His Followers*. New York : Knopf.

Rogers, C.(1980). *A Way of Being*. Boston : Houghton Mifflin.

Rosa, H., Strecker, D., & Kottmann, A.(2013). *Soziologische Theorien*(2nd ed.). Stuttgart : UTB. 최영돈 · 이남복 · 이종희 · 이 철 · 전태국 공역. 사회학이론 : 시대와 관점으로 본 근현대

이야기. 경기 : 한울.

Rosenstein, D., & Oster, H.(1988). Differential Facial Responses to Four Basic Tastes in Newborns. *Child Development, 59,* 1555-1568.

Saarni, C.(1984). An Observational Study of Children's Attempts to Monitor Their Expressive Behavior. *Child Development, 55,* 1504-1513.

Saarni, C., & Harris, P. L.(1989). *Children's Understanding of Emotion*. Cambridge : Cambridge University Press.

Schaie, K. W.(1990). Intellectual Development in Adulthood. In J. E. Birren & K. W. Schaie(Eds.), *Handbook of the Psychology of Aging*(3rd ed.). New York : Academic Press.

Shaffer, D. R.(1994). *Social and Personality Development*. California : Brooks/ Cole.

____________(2002). *Development Psychology : Childhood and Adolescence*(6th ed.). California : Brooks/ Cole. 송길연 · 장유경 · 이지연 · 정윤경 공역(2005). 발달심리학. 서울 : 시그마프레스.

Sheafor, B. W., Horejsi, C. R., & Horejsi, G. A.(1997). *Techniques and Guidelines for Social Work Practice*. Toronto, Ontario : Allyn & Bacon. 서울대학교사회복지실천연구회 역(1998). 사회복지실천기법과 지침. 서울 : 나남출판.

Sheiman, D. L., & Slomin, M.(1988). *Resources for Middle Childhood*. New York : Garland.

Sigelman, C. K., & Shaffer, D. R.(1995). *Life-span Human Development*. California : Brooks/ Cole.

Simmons, R. G., & Blyth, D. A.(1987). *Moving into Adolescence : The Impact of Pubertal Change and School Context*. New York : Aldine & de Gruyter.

Siverman, D.(1970). *The Theory of Organizations : A Sociological Framework*. London : Heinemann.

Skinner, B. F.(1971). *Beyond Freedom and Dignity*. New York : Knopf.

Smilansky, S.(1968). *The Effects of Sociodramatic Play on Disadvantaged Preschool Children*. New York : Wiley.

Sonnenschein, S.(1988). The Development of Referential Communication : Speaking to Different Listeners. *Child Development, 59,* 694-702.

Specht, R., & Craig, G. J.(1987). *Human Development : A Social Work Perspective*(2nd ed.). Englewood Cliffs, NJ : Prentice-Hall.

Super, D. E.(1990). A Life-span, Life-space Approach to Career Development. In D. Brown, L. Brooks, & Associates(Eds.), *Career Choice and Development*(2nd ed.). San Francisco : Jossy-Bass.

Stattin, H., & Magnusson, D.(1990). *Pubertal Maturation in Female Development : Paths through Life*. Hillsdale, NJ : Erllbaum.

Strang, R.(1957). *The Adolescent Views Himself*. New York : McGraw–Hill.

Stuart, R. B.(1970). *Trick or Treatment*. Champaign, IL : Research Press Co.

Tanner, J. M.(1991). Growth Spurt, Adolescent. In R. M. Lerner, A. C. Petersen, & J. Brooks–Gunn(Eds.), *Encylopedia of Adolescence*. New York : Garland.

Troll, L. E.(1985). *Early and Middle Adulthood*(2nd ed.). Pacific Grove, CA : Brooks & Cole.

Turner, J. S., & Helms, D. B.(1983). *Lifespan Development*(2nd ed.). New York : Holt, Rinehart, & Winston.

Tylor, E. B.(1958). *Primitive Culture*. New York : Harper.

Udry, J. R.(1971). *The Social Context of Marriage*(2nd ed.). New York : Lippincott.

Unger, R., & Crawford, M.(1992). *Women and Gender : A Feminist Psychology*. Philadelphia : Temple University Press.

Wade, R. C.(2007). *Social Studies for Social Justice : Teaching Strategies for the Elementary Classroom*. New York : Teachers College Press.

Wagner, A. R., Siegel, S., Thomas, E., & Ellison, G. D.(1964). Reinforcement History and the Extinction of a Conditioned Salivary Response. *Journal of Comparative and Physiological Psychology, 58,* 354–358.

Walby, S.(1990). *Theorizing Patriarchy*. Oxford : Blackwell.

Warren, R. L.(1978). *The Community in America*. Chicago, Ill : Rand McNally & Co.

Weinberg, R. A.(1989). Intelligence and IQ : Landmark Issues and Great Debates. *American Psychologist, 44*(2), 98–104.

Welford, A. T.(1977). Psychomotor Performance. In J. E. Birren & K. W. Schaie(Eds.), *Handbook of the Psychology of Aging*. New York : Van Nostrand Reinhold Co.

White, R. W.(1959). Motivation Reconsidered : The Concept of Competence. *Psychological Review, 66,* 279–333.

Wilcox, A. J., Weinberg, C. R., O' Connor, J. F., Baird, D. D., Schlatterer, J. P., Canfield, R. E., Armstrong, E. G., & Nisula, B. C.(1988). Incidence of Early Loss of Pregnancy. *New England Journal of Medicine, 319*(4), 189–194.

Wolf, D.(1990). Being of Several Minds : Voices and Versions of the Self in Early Childhood. In D. Cicchetti & M. Beeghly(Eds.), *The Self in Transition : Infancy to Childhood*. Chicago : University of Chicago Press.

Wood, K. C., Becker, J. A., & Thompson, J. K.(1996). Body Image Dissatisfaction in

Pre-adolescent Children. *Journal of Applied Developmental Psychology, 17,* 85-105.

Yalom, I. D.(2005). *The Theory and Practice of Group Psychotherapy*(5th ed.). New York : Basic Books. 최해림 · 장성숙 공역(2008). **최신 집단정신치료의 이론과 실제.** 서울 : 하나의학사.

Zastrow, C.(2009). *Social Work with Groups : A Comprehensive Workbook*(7th ed.). Belmont, CA : Books/ Cole.

Zastrow, C., & Kirst-Ashman, K. K.(2001). *Understanding Human Behavior and the Social Environment*(5th ed.). Belmont, CA : Thomson Brooks/ Cole. 김규수 · 김인숙 · 박미은 · 박정위 · 설진화 · 우국희 · 홍선미 공역(2002). **인간행동과 사회환경.** 서울 : 나눔의집.

Zimmerman, D. W.(1957). Durable Secondary Reinforcement : Method and Theory. *Psychology Review, 14,* 373-383.

# 찾아보기

## 인명



## 내용

## ㅇ

A



M

저/자/약/력

■ 엄태완

부신대학교 대학원 시회복지학 박사
백석대학교 사회복지학부 교수 역임
University of Washington School of Social Work Visiting Scholar
정신보건사회복지사 1급(수련슈퍼바이저)
현 진해노인종합복지관(경남대 운영) 관장
경남사회서비스원 이사장
경남대학교 사회복지학과 교수

〈주요 저서〉
정신건강사회복지론(2018, 학지사)
디아스포라와 노마드를 넘어 : 이북이주민과의 공존(2016, 경남대학교출판부)
사회문제론(공저, 2016, 정민사)
사회복지의 이해(공저, 2014, 학지사)
탈북난민의 위기적 경험과 외상(2010, 경남대학교출판부)

[제2판]

**인간행동과 사회환경**

**|저자|** 엄태완

**|1판 1쇄|** 발행 2017년 2월 28일
**|1판 2쇄|** 발행 2018년 9월 5일
**|2판 1쇄|** 발행 2020년 1월 5일
**|2판 2쇄|** 발행 2021년 7월 15일
**|2판 3쇄|** 발행 2022년 7월 25일
**|2판 4쇄|** 발행 2023년 8월 30일

**|발행인|** 김 동 훈
**|발행처|** 공 동 체

**|주소|** 경기도 고양시 일산동구 호수로 358-39, 동문타워 I 905호(백석동)
**|전화|** 031) 814-3000(대표)
**|팩스|** 031) 814-3100
**|홈페이지|** http://www.compub.co.kr
**|전자우편|** compub@naver.com
**|출판등록|** 2005년 10월 6일
**|등록번호|** 제396-2005-36호

**|ISBN|** 979-11-6105-535-0
정가 20,000원

저자와 협의하여 인지를 생략합니다.
무단전재와 복제를 금합니다.